本书为2012年度教育部人文社会科学研究西部和边疆地区项目《新中国成立初期四川基层政权的建立与乡村社会治理》（项目批准号12XJA770002）的最终成果；西南交通大学《川陕革命根据地研究》（项目批准号26816WTD15）研究团队成果之一。

西南交通大学马克思主义研究文库

新中国成立初期四川基层政权建设与乡村社会治理

冉绵惠 ◎ 等著

中国社会科学出版社

图书在版编目(CIP)数据

新中国成立初期四川基层政权建设与乡村社会治理/冉绵惠等著.
—北京：中国社会科学出版社，2017.4
ISBN 978-7-5203-0230-2

Ⅰ.①新… Ⅱ.①冉… Ⅲ.①地方政府—建设—研究—四川②农村—社会管理—研究—四川 Ⅳ.①D625.71②C912.82

中国版本图书馆CIP数据核字(2017)第072247号

出 版 人	赵剑英
选题策划	刘 艳
责任编辑	刘 艳
责任校对	陈 晨
责任印制	戴 宽

出　　版	中国社会科学出版社
社　　址	北京鼓楼西大街甲158号
邮　　编	100720
网　　址	http://www.csspw.cn
发 行 部	010-84083685
门 市 部	010-84029450
经　　销	新华书店及其他书店
印　　刷	北京明恒达印务有限公司
装　　订	廊坊市广阳区广增装订厂
版　　次	2017年4月第1版
印　　次	2017年4月第1次印刷
开　　本	710×1000 1/16
印　　张	22.25
插　　页	2
字　　数	353千字
定　　价	99.00元

凡购买中国社会科学出版社图书，如有质量问题请与本社营销中心联系调换
电话：010-84083683
版权所有　侵权必究

编委名单

主　　任 王顺洪

副 主 任 林伯海　刘占祥

编　　委（按姓氏笔画排序）

　　　　　　王炳林　田永秀　田雪梅　冯　刚

　　　　　　苏志宏　杨先农　何云庵　郑永廷

　　　　　　胡子祥　鲜于浩

总　　序

　　从《共产党宣言》的发表、马克思主义诞生至今已达169年，在历史长河中，这虽然十分短暂，但历史和现实都已经证明且将继续证明马克思主义有着强大生命力。马克思主义深刻揭示了自然界、人类社会、人类思维发展的普遍规律，为人类社会发展进步指明了方向；马克思主义关注劳动阶级的解放、维护普罗大众利益的立场，以实现人的自由而全面的发展和全人类解放为己任，描绘出了一副人类对理想社会——共产主义的美好图景；马克思主义的世界观与方法论，是"伟大的认识工具"，是人们观察世界、分析问题的有力思想武器；马克思主义具有鲜明的实践品格，不仅致力于深刻地"解释世界"，而且致力于积极而彻底地"改变世界"。美国学者海尔布隆纳在他的著作《马克思主义：赞成与反对》一书中一针见血地指出，要探索人类社会发展前景，必须向马克思求教，因为人类社会至今仍然生活在马克思所阐明的发展规律之中。实践也证明，无论科学如何发展、社会如何进步、时代如何变迁，马克思主义依然显示出它的科学性、实践性和真理性，依然占据着道义的制高点。

　　习近平总书记在2016年哲学社会科学工作座谈会上指出："马克思主义中国化取得了重大成果，但还远未结束。我国哲学社会科学的一项重要任务就是继续推进马克思主义中国化、时代化、大众化，继续发展21世纪马克思主义、当代中国马克思主义。"他要求广大哲学社会科学工作者要把坚持马克思主义和发展马克思主义统一起来，结合新的实践不断做出新的理论创造，并认为"这是马克思主义永葆生机活力的奥妙所在。"他说："坚持问题导向是马克思主义的鲜明特点。问题是创新的起点，也是创新的动力源。只有聆听时代的声音，回应时代的呼唤，认真研究解决重大而紧迫的问题，才能真正把握住历史脉络、找到发展规律，推动理论创新。"他在2016年12月全国高校思想政治工作会上也说："你们登泰山，只登到半中央，没有登顶难道泰山就不存在吗？小平同志说过，社会主义初级阶段要经过几代、十几代和几十代人的努力才能完成。孔夫子时期到现在也就70多代。要看到社会发展的历史规律，急不得，要有历史耐心。共产主义虽然遥远，但不等于不存在。她是人类追求真善美的目标。难道因为遥远，就觉得渺茫，因为渺茫，就可以不信吗？我们要做好我们现阶段的事情。"他的这一系列有关要坚持和发展马克思主义，要看到社会发展的历史规律，要有历史耐心，要做好我们现阶段的事情，要不断繁荣和发展中国特色社会主义道路、理论、制度、文化等等一系列新思想新论述，无疑为广大哲学社会科学工作者指明了未来开展马克思主义理论研究与建设的目标、任务与方向。

  西南交通大学有着悠久的马克思主义理论教学与研究的历史和传统。作为一所以工科见长的大学，1952年在院系调整基础上建立马克思主义教研室，通过教育部分配从中共中央党校、北京大学、中国人民大学等校招收毕业生和学员组建起了第一批马克思主义理论课教师队伍。1978年招收马列主义师资班，既培养了一批学生，为马克思主义理论学科专业人才队伍建设打下基础，又教学相长，促使一批老师成为名师，享誉西南乃至全国，如1990年朱铃教授荣获国家级优秀教学成果特等奖，开了全国高校思想政治理论课教师获最高奖项的先河，为全国高校的思想政治教育工作者竖起了标杆。1984年学校在马列教研室基础上建立了社会科学系，进一步扩展了队伍、壮大了实力。1987年起开始招收思想政治教育本科专业。1991年率先获得马克思主义理论硕士学位授权点，系在川高校最早；1996年又在社会科学系基础上成立了人文社会科学学院，增办了相关的学科与专业，推动了学校人文社会科学的发展，提升了工科人才的人文素养和马克思主义理论水平。2006年初获得马克思主义基本原理和思想政治教育两个二级学科博士学位授权点，实现了学校百余年建校史上真正意义上的人文社会科学博士点的突破。2007年获批建立国家教育部辅导员培训与研修基地。

2008年建立政治学院，主要负责马克思主义理论学科建设和思想政治理论课教育教学的任务；2015年调整更名为马克思主义学院，全面达到了一个机构、一支队伍和一个学科的要求，形成了从本科、硕士到博士教育完备的人才培养体系。

西南交通大学一贯重视马克思主义理论教育与研究的专职队伍建设，汇聚了一批致力于马克思主义理论研究和思想政治理论课教育教学的高素质人才。在思想政治理论课程与团队建设方面，拥有国家级教学团队1个，国家级精品课2门，国家级资源共享课2门。在人才队伍方面，有国家马克思主义理论研究与建设工程专家2名，教育部思想政治理论课教学指导委员会委员1人，教育部新世纪人才1人，全国高校优秀中青年思想政治理论课教师择优资助计划获得者2人；思想政治教育中青年杰出人才支持计划培育对象1人；全国高校思想政治教育研究会学术委员会委员1人；全国高校思想政治理论课教师年度影响力人物1人、提名人物1人。在教育教学方面，获得教育部思想政治理论课"精彩一章"、"优秀教学案例"、"优秀教案"、"优秀课件"、"疑难解答"、"教学方法"等立项者10余人。正因为如此，在2011年底召开的西南片区思想政治理论课教师座谈会上，时任教育部副部长李卫红特别举例指出："西南交大成果丰硕，这是与他们长期重视抓队伍建设、重视抓学科建设、重视抓课堂教学，突出教学中的'三贴近'分不开的，……是当之无愧的，是长期积淀下来的。"

近年来，全校哲学社会科学工作者，尤其是马克思主义学院的教师们认真学习贯彻习近平总书记系列重要讲话精神，深入探索马克思主义中国化和中国化马克思主义理论与实践，特别是以习近平总书记为核心的新一届党中央治国理政的新理念新思想新战略，取得了大量卓有成效的理论研究与教育教学成果。鲜于浩教授担任国家马克思主义理论研究与建设工程教材的编写专家；何云庵教授担任了马克思主义理论研究与建设工程重大项目子项目负责人，同时他还是四川省社科规划重大招标项目主持人；林伯海教授主持了教育部"高校示范马克思主义学院重点选题"项目。管中窥豹，可见一斑，这些都从一个侧面展现了我校马克思主义理论研究的实力与水平，也体现了交大马列人为繁荣和发展我国哲学社会科学所做的贡献与担当。

总之，这些年来西南交大在马克思主义理论研究与教育教学领域推出了一批相当有见地和影响的学术成果。我们挑选了其中有代表性的成果，形成了这一研究文库，集结出版。这批学术著作有的是国家社科基金的结项成果，有的是基于博士学位论文修缮后的成果，都与马克思主义研究与建设有着相当密切的联系。所有成果入选和出版前都经过了多位马克思主义理论学科专家的评审和把关。西南交通大学马克思主义研究文库的编纂的原则是，以问题为导向，坚持用马克思主义基本原理，特别是贯穿其中的立场、观点、方法来研究中国问题和中国实践，坚持道路自信、制度自信、理论自信和文化自信，说"中国话语"、讲"中国故事"、展"中国气派"。我们真诚地希望，这套"马克思主义研究文库"能帮助和引导读者加深对新时期、新阶段马克思主义理论的学习与认知，能够回应时代的呼唤、推动理论创新，能够为扎根中国办大学、繁荣中国哲学社会科学事业尽绵薄之力！

王顺洪

2017 年 3 月 21 日

目 录

第一章 绪论 …………………………………………………… (1)
    一 选题的缘由 ………………………………………………… (1)
    二 目前国内外研究的现状和趋势 …………………………… (3)
    三 本书的研究目标 …………………………………………… (6)
    四 本书的研究内容 …………………………………………… (6)
    五 本书拟突破的重点和难点 ………………………………… (10)
    六 本书的研究思路和研究方法 ……………………………… (11)
    七 本书几个概念的说明 ……………………………………… (12)

第二章 新中国成立初期四川面临的复杂社会形势 ………… (13)
    第一节 保甲制度对四川基层社会的控制 ………………… (13)
    第二节 新中国成立之际四川乡村权力结构及其特点 …… (16)
    第三节 新中国成立初期四川严峻形势的加剧 …………… (31)

第三章 新中国成立初期四川基层政权的建立与乡村权力重构 ……………………………………………………………… (40)
    第一节 四川的解放和各级农会及村政的建立 …………… (40)
    第二节 四川乡(镇)政权的建立和加强 …………………… (71)
    第三节 四川乡(镇)人民代表大会制度的建立 …………… (96)
    第四节 新中国成立初期四川乡村权力的重构 …………… (109)

第四章　新中国成立初期成都基层政权的建立与乡村权力重构 ……（140）

第一节　成都市政府的成立和各区政府的调整 …………（140）

第二节　成都市街道居民组织的建立和发展及其职能的发挥 ……………………………………………（144）

第三节　成都城郊基层政权的建立和发展 …………（148）

第四节　成都市区、乡人民代表会议的召开及人民代表大会制度的形成 ………………………………（165）

第五节　成都市乡村权力结构的变迁及基层政权的职能、作用 ………………………………………（167）

第六节　成都市乡镇政权建立过程中取得的经验教训 ……（177）

第五章　新中国成立初期重庆基层政权的建立与乡村权力结构变迁 ………………………………………………（179）

第一节　重庆城镇基层政权的建立 ……………………（180）

第二节　重庆村乡基层政权的建立 ……………………（193）

第三节　重庆乡村权力结构的变迁及基层政权的职能、作用 …………………………………………（221）

第四节　重庆建乡过程中取得的经验教训 ……………（227）

第六章　新中国成立初期西康省政权建设的变迁 ………（229）

第一节　清末西康的政治架构 …………………………（229）

第二节　民国时期西康省制的形成与基层政权的建立 ……（232）

第三节　新中国成立初期西康省农村基层政权的建立 ……（237）

第七章　新中国成立初期四川乡村社会治理的其他举措 ………（256）

第一节　贯彻婚姻法，实现男女平等，解放乡村社会生产力 …………………………………………（256）

第二节　禁绝烟毒，促进乡村经济的健康发展 …………（266）

第三节　取缔封建会门，扫除封建势力的最后根基 ………（272）

第八章 新中国成立初期四川基层政权建立和乡村社会治理的成功经验 …………………………………………………… (284)

第一节 中国共产党正确的理论和政策指导 ………………… (284)

第二节 各级党委和政府的坚强领导 ………………………… (290)

第三节 紧密结合中心工作 …………………………………… (292)

第四节 坚持劳动人民翻身解放、当家做主 ………………… (295)

第五节 充分发扬民主和政策推进相互结合 ………………… (298)

第六节 典型示范与阶段推进有机融合 ……………………… (300)

第七节 建立一支立场坚定、人民拥护、有奉献精神的基层干部队伍 ……………………………………………… (301)

附录 …………………………………………………………………… (306)

附录一 农民协会组织通则 …………………………………… (306)

附录二 区人民政府及区公所组织通则 ……………………… (309)

附录三 区各界人民代表会议组织通则 ……………………… (311)

附录四 乡（行政村）人民代表会议组织通则 ……………… (313)

附录五 乡（行政村）人民政府组织通则 …………………… (314)

附录六 四川省人民政府关于乡及城镇政权建设的实施办法（草案） ……………………………………………… (315)

附录七 关于彻底废除旧乡保政权建立乡村人民政权的指示 …………………………………………………… (321)

附录八 重庆市乡人民代表会议组织通则 …………………… (324)

附录九 重庆市乡人民政府暂行组织规程 …………………… (325)

附录十 重庆市人民政府区公所暂行组织规程草案 ………… (326)

附录十一 华阳县中兴镇人民政府一九五三年工作总结 …… (328)

附录十二 土改后农村基层组织领导骨干的实际情况 ……… (336)

附录十三 基层人民代表大会情况统计表 …………………… (338)

后记 …………………………………………………………………… (341)

第一章 绪论

本书为2012年度教育部人文社会科学研究西部和边疆地区项目《新中国成立初期四川基层政权的建立与乡村社会治理》（项目批准号12XJA770002）的最终成果，也是西南交通大学《川陕革命根据地研究》（项目批准号26816WTD15）研究团队的成果之一。

一　选题的缘由

（一）中国共产党历来重视基层政权建设和乡村社会的改造与治理，把马克思主义国家政权学说同中国实际相结合，形成和发展了毛泽东基层政权建设思想和乡村治理理论。早在中华苏维埃共和国建设时期，毛泽东就强调指出，基层政权是整个政权大厦的基石，上级的一切政策法令都要通过城乡基层政权贯彻执行。如1933年毛泽东在南部十八县选举动员会的报告《今年的选举》中，就以当时会场侧边正在修建的红军烈士纪念堂为例做了一个比喻，这个塔是打下了一丈五尺深的石脚的，"我们要建立一个坚固的塔，就要从打下坚固的塔脚做起，我们要建立坚固的苏维埃，也要打下坚固的苏维埃脚，这就是城乡代表苏维埃了"。他还说："上级苏维埃的一切法令政策，一切扩大红军，查田运动，实行劳动法，经济建设，文化建设等等工作，均须经过城乡苏维埃才能实际去执行。"[1]

毛泽东为代表的中国共产党人也深深懂得，谁赢得农民，谁就赢得中国。在民主革命时期，正是中国共产党在根据地建立并逐步巩固了基

---

[1] 毛泽东：《今年的选举》，《红色中华》1933年9月6日第108期第2版。

层政权，实现了对乡村社会的有效改造与治理，才使根据地有了稳固的基础，最终使落后的农村成为先进的巩固的根据地，这是中国革命最终夺取全国政权并取得革命胜利的基本条件。在此过程中毛泽东基层政权建设思想和乡村治理理论在实践中形成和发展起来。新中国成立以后，中国共产党很快即开始了城乡社会的改造和治理，建立了城乡基层政权和稳定的社会秩序，保证了国家各方面建设的顺利进行，同时也使中国共产党获得了在全国执政的深厚的群众基础。毛泽东基层政权建设思想和乡村治理理论在新实践中得到运用和发展。所以基层政权建设对整个国家政权的巩固和社会的发展具有极其重要的作用。对中国共产党成为执政党以后四川如何建立基层政权和乡村社会改造与治理问题进行研究，对我们深刻把握近现代中国乡村社会结构的变迁及其对经济社会发展的影响，并从中得到历史的启示是非常有益的，这一方面有利于对四川现代历史及整个共和国史的深入研究，另一方面，也有利于加强对研究还尚薄弱的毛泽东基层政权建设思想和乡村治理理论的研究。

（二）我国现在正处于全面建成小康社会的关键时期，而"实现全面建设小康社会的宏伟目标，最艰巨最繁重的任务在农村，最广泛最深厚的基础也在农村"（引自《十七届三中全会报告》）。十七大以来，中共中央特别强调"加强农村基层组织和基层政权建设"，并把新形势下推进农村改革发展作为党和国家工作的重中之重。十八大报告则明确要求完善基层民主制度，"发挥基层各类组织协同作用，实现政府管理和基层民主有机结合"。十八届三中全会则明确提出，通过"畅通民主渠道，健全基层选举、议事、公开、述职、问责等机制"等措施发展基层民主。因此，总结历史的经验以之作为借鉴十分必要。

（三）当前我国一些地方出现了农村基层组织软弱涣散；乡镇政权"空心化"；黑恶势力渗透乡村基层政权；乡村政权脱离群众；小官、村官巨腐等问题，所以"加强农村民主法制建设、基层组织建设、社会管理任务繁重"（引自《十七届三中全会报告》）。而新中国成立初期短短几年，四川基层人民政权和党政团群等基层组织在匪特猖獗，袍哥遍布城乡，各种封建和反动的会道门影响巨大，社会秩序极度混乱的情况下建立和巩固起来，并在经济文化卫生等各方面发展和社会稳定、清除各种邪恶势力方面发挥了积极的作用，的确值得我们好好总结和借鉴。

（四）四川省地处西南，天府之国，地势复杂，有众多山川、平原、山区、丘陵、长江岸边；居住着汉族和十多个少数民族。新中国成立初期四川基层政权建设和乡村治理既有典型性又具有普遍借鉴意义，值得我们认真研究。

（五）四川又是国民党政权在大陆的最后据点，解放之初，四川匪特遍地，溃兵成群，形势极其复杂，所以探讨新中国成立初期中共重构四川基层政权权力结构和乡村社会治理的问题尤其具有特殊意义。

二 目前国内外研究的现状和趋势

近些年来，关于中国共产党在各个时期的基层政权建设和乡村治理问题的研究已得到相当的关注，出现了一批成果，代表性的著作主要有：郭正林著《中国农村权力结构》（中国社会科学出版社2005年版）；张鸣著《乡村社会权力和文化结构的变迁》（1903—1953）（广西人民出版社2001年版）；于建嵘著《岳村政治：转型期中国乡村政治结构的变迁》（商务印书馆2004年版）；黄宗智著《华北的小农经济与社会变迁》（中华书局1986年版）和杜赞奇著《文化、权力与国家——1900—1942年的华北农村》（江苏人民出版社2004年版）。公开发表的代表性的论文有：渠桂萍、王先明《论述晋西北抗日根据地乡村权力结构的变动》（《社会科学研究》2002年第1期）；余桂芳《中央根据地乡村政治制度的创建》（《史学月刊》2004年第11期）；王力、郑彬《论中华苏维埃共和国乡村基层政权建设的历史经验》（《理论学刊》2006年第2期）；李正华《毛泽东与中央苏区基层政权建设》（《中国井冈山干部学院学报》2008年第3期）；曹海林《乡村权力结构的演变与新农村建设再组织化》（《社会科学》2008年第3期）；冉绵惠、马艳娟《毛泽东中华苏维埃共和国基层政权建设思想探析》（《毛泽东思想研究》2013年第1期）；邓红、梁丽辉《"三位一体"：抗战时期晋察冀边区村政权的构成及职能》（《抗日战争研究》2011年第3期）等。还有一些大学的硕士学位论文研究了中国共产党各个时期的基层政权建设及其相关的问题。

关于新中国成立初期基层政权和乡村问题的研究，目前或多为个案研究，如侯松涛《建国初期农村基层政权的建构》(《党史研究与教学》2004年第2期)研究了山东省郯城新中国成立初期农村基层政权的个案；陈益元《1949—1957年中国共产党政权建设与农村社会变迁》(《吉首大学学报(社会科学版)》2007年第3期)通过发掘湖南省醴陵县档案馆资料对醴陵县新中国成立初期中共政权建设与农村社会变迁的关系进行了个案探讨，作者还在2006年由上海社会科学院出版社出版了专著《革命与乡村——建国初期农村基层政权建设研究：1949—1957(以湖南醴陵县为个案)》；范连生《新中国成立初期乡村政治的重建与整合》是以贵州省黔东南为例进行的考察；张一平、尚红娟《权威、秩序与治理转型》(《江南大学学报(人文社科版)》第9卷第1期)则对新中国成立初期苏南农村基层政权进行了研究。或者比较笼统，如谢迪斌《论新中国成立初期乡村社会改造的经验》(《中共党史研究》2010年第3期)认为，新中国初期中共承接五四运动以来各方势力改造乡村社会的巨大能量，提出了改造乡村社会的正确理论体系，又制定了以土地改革为基础的合理方案，采取了思想改造先行，重点推进与全面铺开、广泛动员与重点控制相结合等有效措施对乡村社会进行了空前广泛和深入的改造。谢迪斌《论新中国成立初期中共对乡村村落的改造与重建》(《中共党史研究》2012年第8期)认为，作为前现代社会的重要基础和核心组成部分的中国传统的乡村村落是社会现代化的障碍，新中国成立初期，中共及其领导的人民政府通过集体合作的经济社区、阶级关系纽带、国家政权的直接监管、中共意识形态分别取代了自给自足的自然经济、血缘关系纽带、村落自治、儒家伦理，并通过正确的方法和路径，对传统的以宗法社会为核心的乡村村落进行了有效的改造，使之成为现代社会的基础。田天亮《论建国初期土地改革对农村基层政权建设的推动》(《西安建筑科技大学学报(社会科学版)》2016年第3期)提出，新中国成立初期土地改革运动中土地所有权的变更、群众运动方式的运用、农村组织机构的组建、对传统权威势力的打击等为农村基层政权奠定了经济基础，从而在此基础上重构了农村政权的权力结构。李春峰《新中国成立初期农村基层政权研究》(《广西社会科学》2011年第1期)粗略说明了新中国成立初期农村基层政权建立的前提条件、过程和经验。

综观新中国成立初期基层政权和乡村问题的研究，还缺乏将理论与实践相结合，制度设计与实际效果相比较，兼有定性和定量分析相结合，整体考察和个案研究相结合的专门著作。

关于新中国成立初期四川基层政权和乡村问题的研究，除本书第一作者冉绵惠在2013年第6期《四川师范大学学报（社会科学版）》发表的《新中国成立初期中共重构四川乡村权力结构的努力与成效》；本书第二作者邓小林在《社科纵横》2013年第5期上发表的《建国初期西部民族地区基层政权的变迁与重构——以西康省雅安县蔡龙乡为中心的研究》外，还有洪鉴、徐学初《建国初期四川的土地改革与乡村社会变动——当代四川农村现代化变革之个案分析》（《西南民族大学学报（人文社会科学版）》2010年第12期）提出，经过新中国成立初期以土地改革为中心的一系列乡村政治运动和社会变革导致了农地制度、农村阶级关系、乡村政治格局等发生了重大变化，改变了解放前封建势力统治四川乡村基层社会的局面，广大农民获得了土地和其他生产生活资料，翻身做主人，逐渐构建了农村基层社会政治、经济、文化等各方面的组织网络，提高了中国共产党对乡村基层的号召力和影响力，建立了当代国家与村民的新型关系，成为当代四川农村经济社会的现代化变迁的重要一环。崔一楠、邹微《土地改革与农村权力秩序的重建——以1950年至1952年的绵阳为个案》（《成都理工大学学报（社会科学版）》2016年第1期），主要运用绵阳地区的档案资料，阐述了中共运用巧妙的动员技术，唤醒了农民的阶级意识，继而又通过激烈的清算（包括经济和政治上），摧毁了地主阶级的统治基础和政治权威，农民逐渐成为政治生活的主体；再加上农村干部的培训，将土改与建政同时进行，成功实现了重构乡村权力秩序，从根本上改变了乡村原有的政治秩序和社会结构，巩固了中国共产党的执政地位，也为顺利开展社会主义现代化建设奠定了厚实的基础。

综观目前学界的各种著作和文章，对新中国成立初期中国共产党在农村基层政权建立与乡村治理的研究尚感有些薄弱，各省、市、县、区大量档案资料和从中央到地方的各种报刊资料也亟待挖掘整理和研究，今后的研究需要我们充分利用档案资料和当时的报刊资料，扩大研究的地域，尤其是各省农村基层政权建立与乡村治理的实际情况亟须加强研究；并将理论与实践相结合，把毛泽东基层政权建设思想与新中国成立初期基层政权建设的实践密切结合，清晰地勾画新中国成立初期中国共产党对基层政权建设的探索和取得的成效，总结毛泽东基层政权建设思想和乡村治理理论在新的实践中的运用和发展；并注重定性和定量分析相结合，整体考察和个案研究相结合，力求全面地考察新中国成立初期各地基层政权建立、巩固和乡村治理的概貌，并总结经验教训为今天社会主义新农村建设提供切实可行的借鉴。

三 本书的研究目标

本书主要以新中国成立初期四川省（包括现在成为直辖市的重庆和1955年划归四川的西康省）基层政权建设和乡村治理为研究领域；并将理论与实践相结合，把毛泽东基层政权建设思想与新中国成立初期四川基层政权建设的实践密切结合，力求清晰地勾画新中国成立初期中国共产党在四川基层政权建设和乡村治理中的探索和取得的成效，总结毛泽东基层政权建设思想和乡村治理理论在四川基层建设实践中的运用和发展；并注重定性和定量分析相结合，整体考察和个案研究相结合，力求全面深入地总结新中国成立初期四川基层政权建立、巩固和乡村治理的经验教训为当今社会主义新农村建设和基层民主自治制度的建立和发展提供借鉴。

四 本书的研究内容

正文第一部分（第二章）：考察四川解放初期面临的复杂社会形势。1949年11月30日，重庆解放；12月9日，刘文辉、邓锡侯、潘文华在彭县通电起义，西康省等地和平解放；12月30日，中国人民解放军胜利进入四川省会成都；1950年3月下旬，西昌战役结束，四川全境解放。但从抗战以来蒋介石国民党在四川经营多年，加上四川地势复杂，所以四川在新中国成立初期面临的形势十分严峻：匪特、保甲、乡绅、袍哥、宗族势力、会道门等各种势力混杂乡间。国民党经营了十多年的保甲制度在乡村社会发挥了一定的作用，但并没有完成对四川乡村社会的控制，乡绅、袍哥、宗族势力等仍保持着对乡村权力不同程度的影响力；袍哥势力巨大，影响深入城乡；而由于国民党败退时的有意布置和安排，大量特务潜伏下来，他们有的与土匪、乡保甲长等勾结在一起，使四川各地匪特猖獗；还有归根道、中合道、刀儿教、一贯道、高峰山道等封建和反动的会道门充斥乡村社会。如何对旧乡村权力势力进行利用和改造，对恶势力进行废除和镇压，建立人民当家做主的新政权，实现对乡村社会的有效治理是当时中国共产党在四川面临的既困难又急迫的问题。

新中国成立以后，中国共产党治理乡村总的目标是重构新的乡村权力结构，促进乡村经济健康发展，提高人民生活水平，建立劳动人民自己的政权。在中国共产党和人民政府理论政策的指导下，具体的实践则可分为"破"和"立"两个方面。"破"就是废除旧有的乡村势力和权力结构，废除封建剥削，"立"就是政治上建立新的城乡政权，让劳动人民当家做主，经济上解放和发展生产力，促进农村经济发展，提高人民生活水平。"破"和"立"两个方面在新中国成立初期是同时推进的。而废除旧的城乡权力结构，建立劳动人民当家做主的政权体系是新中国成立初期乡村治理最关键的环节。

正文第二部分（第三章）：主要研究四川（主要指成都、重庆两个大城市和西康等民族地区之外的四川地区）乡村政权的建立、巩固，乡村权力结构的重构和新的乡村秩序的建立。四川解放的最初时期，由于情况的不够熟悉和工作的需要，中国共产党采取对旧保甲人员控制使用的办法，减少了农村工作的阻力，顺利站稳了脚跟，开展了工作。经过征粮、剿匪、清匪、反霸、减租、退押等群众运动，广大农民的阶级觉悟已有提高，1950年，人民政府正式宣布废除保甲制度，分别集训和处理了旧乡保甲人员，普遍成立并健全了各级农民协会，使之成为人民基层政权的核心支柱。

减租退押胜利结束后，四川全省展开了土地改革运动，并在土改运动末期群众得到普遍发动的基础上，广泛建立了以贫雇农为骨干的乡村民主政权，成立了乡人民政府，选举了村长和农会会长等，部分地区召开了乡人民代表会议，选举了乡人民政府委员会。土改后，又进一步深入发动了群众，调整和改造了某些不纯的基层组织，贫雇农真正掌握了领导权，巩固了乡村基层政权。此后，根据中共中央指示和西南区第一次民政工作会议修正后的有关城乡基层政权建设的初步意见，四川拟定了《四川省人民政府关于乡及城镇政权建设的实施办法（草案）》颁发各市县。1952年冬到1953年春，四川各地结合土改复查，调整了乡的区划，整顿了乡人民政府的组织机构，建立健全了乡政权的工作制度，加强了乡政权的战斗力，保证了国家大规模的经济建设和文化建设的胜利进行。1953年夏季以后到1954年，配合各级人民代表大会的召开，四川又广泛进行了基层选举，基层政权得到进一步的巩固和加强。

正是在新中国成立初期四川乡村政权建立、巩固的过程中实现了四川乡村权力结构的重构和新的乡村秩序的建立。

保甲制度废除以后，四川又清理了袍哥组织；通过划小乡和对农民的宣传教育，使宗族势力对乡村社会的影响力也淡化了；1953年四川各地又顺利进行了取缔反动的会道门的工作；新的乡村干部队伍和积极分子队伍在培育和锻炼中形成；党、政、团、妇及其他群众团体等基层组织建立和发展起来。正是新中国成立初期，四川通过对旧乡村权力势力进行利用和改造，对恶势力进行废除和镇压，尤其是随着四川乡村基层政权的建立、整顿和逐步巩固，各种基层组织的建立，四川乡村权力结构发生了根本的变化，原来由国民党实行保甲制度后大致形成的"以政统绅、以绅统袍"但却结构复杂的乡村权力结构解体，广泛建立了以贫雇农为骨干的乡村民主政权和基层组织，实现了对乡村权力结构的根本改造和重新建构，四川乡村社会实现了有效的治理，建立了新的乡村秩序。

四川各地基层政权建立后，在武装、政治、经济、文化教育及生产生活的各个方面行使了基层政权的职能和作用。

正文第三部分（第四章）：成都市新中国成立初期的基层政权建立及乡村权力结构的变迁。鉴于成都在新中国成立后为川西行署驻地，四川省成立后又为四川省省会，在四川省处于特殊重要地位，所以笔者将其单列一章进行叙述。第一，介绍成都解放后，成都市政府的成立和各区政府的调整。第二，叙述了成都市街道居民组织的建立和发展及其职能的发挥。成都市街道居民组织的建立和发展过程经历了三个阶段：建立居民委员会的阶段；各区建立居民小组的阶段；建立街道办事处的阶段。在每一个阶段街道居民组织均发挥了其应有的职能和积极的作用。第三，专门探讨了成都城郊基层政权的建立和发展情况。成都市郊区基层政权的建立和发展也随着各种反封建运动的进行而经历了几个阶段：成立农民协会，以农协会代政；划大乡为小乡，召开乡镇各界人民代表大会选举成立乡人民政府；在土改复查的同时改选正副乡长、乡政府委员；召开普选的乡镇人民代表大会，选举乡长、副乡长和乡政府委员。第四，成都市市、区、乡各级人民代表会议的召开及人民代表大会制度的形成。第五，总结成都市乡镇政权建立过程中取得的经验教训。第六，分析成都市乡村权力结构的变迁及基层政权的职能、作用。

正文第四部分（第五章）：新中国成立初期重庆基层政权的建立与乡村社会改造。重庆在新中国成立初期处于特殊的地位，1949年6月，中共中央决定建立重庆中央直辖市。重庆也是当时中共中央西南局和西南军政委员会以及川东行署驻地。1954年7月，中央正式下文改重庆由中央直辖市为四川省辖市。重庆市城乡基层政权的建立情况与当时四川其他地区及成都也不尽相同。鉴于此种情况，笔者将重庆单列一章进行叙述。该部分叙述了重庆城镇基层政权的建立（建立区政府和段代表小组；建立街道居民委员会和部分街道办事处；人民代表会议制度的建立和巩固等）。重庆村乡基层政权的建立（重庆村级基层组织的建立情况；重庆乡级基层政权的建立情况）。重庆乡村权力结构的变迁及基层政权的职能、作用。重庆建乡过程中取得的经验教训等问题。

正文第五部分（第六章）：新中国成立初期西康省政权建设的变迁与权力重构。西康省在新中国成立初期曾是独立的省级地区，又有很多山区和少数民族聚居区，其建政更有特殊性，所以也单列一章叙述。本章介绍了西康省的由来。民国时期西康省制的形成与基层政权的建立。着重叙述了新中国成立初期西康省基层政权的变迁，主要包括西康省各级人民政府的建立；雅安县蔡龙乡的建政经验及启示；西康省人民代表会议（大会）制度的逐步建立及政权建设的职能和作用等。

正文第六部分（第七章）：新中国成立初期四川乡村社会治理的其他举措。包括：贯彻婚姻法，实现男女平等，解放生产力，为乡村社会顺利发展奠定更好的群众基础；禁绝烟毒，促进乡村经济的健康发展，为乡村社会发展奠定良好的物质基础；取缔封建会门，扫除封建势力在乡村社会的最后根基，为乡村社会治理提供更好的社会基础等内容。

正文第七部分（第八章）：总结新中国成立初期四川基层政权建立

和乡村治理的历史经验，从中提炼毛泽东基层政权建设思想和乡村治理理论的运用和发展，体现出了中国共产党的执政理念和执政规律。如必须坚持中国共产党的坚强领导是搞好政权建设的根本保证；坚决打碎旧的政权，彻底颠覆旧的权力体系，才能建立全新的乡村权力结构；坚持劳动人民翻身解放、当家做主，充分体现人民民主政权的性质；建立一支人民拥护的、能为人民服务、有奉献精神的基层干部队伍才能保持政权的纯洁和党的方针政策的贯彻执行……

总之，通过基层政权的建立和乡村社会治理，新中国成立初期四川乡村社会得到发展，新的社会风尚逐步形成：在四川基层政权建立巩固和乡村治理的过程中，移风易俗，四川乡村社会发生了翻天覆地的变化，农牧业增产、教育卫生事业大发展、农民的社会观念也发生了巨大的变革（如从男尊女卑到男女平等、从"包办婚姻"到自由恋爱结婚、从种毒贩毒制毒到戒毒反毒抵制毒品、从会门帮派盛行到群团组织活跃等），婚姻自主，家庭和睦的新风气、新道德开始在社会上树立……群众的生产积极性空前高涨，妇女参加社会活动尤其是生产的积极性更加提高，无论农村还是厂矿，出现了团结、和睦、愉快劳动的新气象。中国共产党和人民政府在群众中的声望也不断提高，执政基础日益巩固。

五 本书拟突破的重点和难点

（一）资料的收集和选择：四川乃天府之国，人口众多，汉族和十多个少数民族杂居，如何选择具有代表性的县乡，详细收集四川新中国成立初期基层政权和乡村问题的资料，为研究提供扎实的资料基础，是本书首先要解决的难题。

（二）整体考察和个案研究相结合：目前学界关于新中国成立初期基层政权和乡村问题研究有的是个案研究，有的是缺乏实际例子而显得粗略的勾画和总结，还缺乏足够的影响力。所以把整体考察和个案研究有机地结合起来，使之既具有典型性和特殊性，又带有全国普遍意义，是本课题的重点和难点之一。本书将以当时四川具有代表性的10个到20个县，30个到50个乡，500名到1000名基层干部为重点考察对象，力争全面地把握新中国成立初期四川基层政权建立和乡村治理的历史。

（三）理论与实践相结合：理论提炼是目前关于中国共产党基层政

权和乡村问题研究中尤为薄弱的环节,需要特别加强。因此总结新中国成立初期四川基层政权建立和乡村治理的历史经验,从中提炼毛泽东基层政权建设思想和乡村治理理论的运用和发展,体现出的中国共产党的执政理念和执政规律,为今天社会主义新农村建设提供借鉴也是本书的重点和难点之一。

六　本书的研究思路和研究方法

(一)深入四川省、市及县区档案馆,查阅当时四川各地基层政权建立和乡村治理的相关资料,充分掌握当时四川各地基层政权建立和乡村治理的原始资料并进行分类研究,为研究提供扎实的资料基础。

本书第一作者冉绵惠1995年参加编写《四川省志·政务志》开始接触民国时期保甲制度的相关资料,开始关注和从事四川基层政权的研究已有二十多年,其间在中国第二历史档案馆、四川省档案馆、成都市档案馆、重庆市档案馆、重庆市图书馆、西昌市档案馆、新津县档案馆、双流县档案馆、巴州区档案馆、达州市档案馆、万源县档案馆、宣汉县档案馆、通江县档案馆、南江县档案馆、平昌县档案馆、简阳市档案馆、重庆垫江县档案馆、重庆渝北区档案馆、重庆巴南区档案馆、重庆江津区档案馆、国家图书馆、四川省图书馆、四川大学图书馆、西南交通大学图书馆等二十多个档案馆和图书馆,查阅过大量民国时期到新中国成立初期的档案资料和报刊书籍及我国古代文献典籍,积累了上千万字的这个时期四川基层政权与乡村社会问题的第一手资料,如反映匪特、保甲、乡绅、袍哥、宗族势力、会道门等各种势力的一些材料;新中国成立后基层人民政权的建立和乡村权力结构变化的部分资料;新中国成立初期四川各地掀起的土地改革、禁烟禁毒、取缔会道门、贯彻新婚姻法运动等的资料等。

(二)注重定性和定量分析相结合,整体考察和个案研究相结合,使之既具有典型性和特殊性,又带有全国普遍意义。本书以当时四川具有代表性的10个到20个县,30个到50个乡,500名到1000名基层干部为重点考察对象,力争全面地把握新中国成立初期四川基层政权建立和乡村治理的历史。

(三)理论与实践相结合,把毛泽东基层政权建设思想和乡村治理理论与新中国成立初期四川基层政权建立和乡村治理的实践密切结合，总结新中国成立初期四川基层政权建立和乡村治理的历史经验，从中提炼毛泽东基层政权建设思想和乡村治理理论的运用和发展，体现出的中国共产党的执政理念和执政规律，为今天社会主义新农村建设和基层民主制度建设提供借鉴。

七　本书几个概念的说明

本书涉及的几个概念需要稍加界定，以便明确研究的范围。

（一）关于"新中国成立初期"。根据有关资料，笔者采纳关于"新中国成立初期"一般是指1949年10月中华人民共和国成立到1956年"三大改造完成"这种观点。因1954年乡镇人民代表大会制度的确立标志基层政权已完成建立，所以本书主要写1949年10月新中国成立到1954年四川各地第一届乡镇人民代表大会的正式召开为止。

（二）关于"四川"。鉴于"新中国成立初期"是指1949年10月到1956年，所以本书所指的四川是指1956年前属于四川辖区的所有地区，即是1955年合并后的大四川。1949年6月，中共中央决定将四川当时地域以及紧密相连的西康划分为川东、川南、川西、川北四个省级行署区以及西康省、中央直辖的重庆市。1952年7月，中央人民政府决定合并四川四区。8月，川东、川南、川西、川北四区撤销。9月1日合并后的四川省诞生。1954年7月，重庆改中央直辖为四川省辖。1955年10月1日，按照全国人大的决议，四川、西康两省合并为四川省。

（三）关于"基层政权"。"基层政权"是相对于中央政权系统、中层政权系统（省县及其中间的层级）的最低一层行政区域内的国家政权系统。根据中华人民共和国宪法和地方组织法等的规定，基层政权在乡村，主要是指乡、民族乡、镇一级；在城市，主要是指不设区的市、市辖区一级。但在城市，基层政权一般还包括有自己的派出机关——街道办事处或街公所等，如1953年四川各市遵照中央人民政府内务部关于城市街公所组织的暂行办法在区人民政府下设立了街公所。在乡村则涉及乡镇上面的区政府和下面的村级权力机构等。从组织机构上说，基层政权主要是指乡、镇、民族乡人民代表大会和人民政府以及市（不设区的市）、市辖区人民代表大会和人民政府。

第二章　新中国成立初期四川面临的复杂社会形势

由于自抗战以来蒋介石国民党在四川经营多年，加上地势复杂，所以四川在新中国成立初期面临的形势十分严峻：匪特、保甲、乡绅、袍哥、宗族势力、会道门等各种势力混杂乡间。国民党经营了十多年的保甲制度有了相当的控制力，但并没有完全控制四川乡村社会，乡绅、袍哥、宗族势力等仍保持着对乡村权力不同程度的影响力；袍哥势力巨大，影响深入城乡；还有一贯道、归根道、中合道、刀儿教、高峰山道等封建和反动的会道门充斥乡村社会。再加上由于国民党败退时的有意布置和安排，大量特务潜伏下来，他们有的与土匪、乡保甲长及会道门等勾结在一起，使四川各地匪特猖獗，形势更加严峻。

第一节　保甲制度对四川基层社会的控制

从中国传统社会来看，"传统中国属于'强权力、弱能力'型的国家，名义上国家权力无处不至，而实际上权力只达于县，广大的乡村地区则为绅权与族权所把持。这样的权力结构虽然与当时中国落后的农业自然经济及组织能力相适应，但晚清时期中国的积贫积弱已经证明了它并不利于国家的现代化发展。自1895年甲午战败后，即有许多有识之士倡导地方自治"[①]。因此，从清末新政开始，近代以来，无论是哪一

[①] 李巨澜：《试论民国时期新乡绅阶层的形成及其影响》，《华东师范大学学报》（哲学社会科学版）2003年第4期，第16—17页。

种类型的政府，都一直在努力建立县级以下主要包括乡镇一级的行政管理体系，力图使国家权力与威信能够深入影响到偏远的农村。作为中华民国临时政府临时总统的孙中山先生，对于地方自治也是十分重视。他曾说道，"中华民国之建设，必当以人民为基础，而欲以人民为基础，必当先行分县自治"[①]。中华民国临时政府建立后，孙中山先生力图实现自己设计的蓝图，但是，在袁世凯窃取辛亥革命胜利果实之后，这一切美好的设想就成镜花水月了。

保甲制度是南京国民政府（包括抗战时期国民政府迁都重庆时期）推行最力，实行时间最长的基层政权制度。民国时期正式实施保甲制度，是从1931年在江西修水等43县试行保甲开始的，目的是"反共剿共"，控制基层社会等。民国时期国民政府在全国推行保甲制度分两个大的时期：1931年至1939年为新县制实行前的时期；1939年至1949年为新县制实行后的时期。国民党在四川建立保甲制度，则是自1935年开始，目的是为了打破传统的乡村权势结构，以实现国民党对乡村政权的控制。新县制实行前，四川省县以下之组织，采用县、区、联保、保、甲五级制。也就是说，保和甲是县以下的两个层级，所以《剿匪区内各县编查保甲户口条例》第三十一条规定保设有保长办公处，甲设有甲长办公处。此时的四川保甲是自卫性质的组织，没有各级基层民意机构的设立，乡镇保甲机构也不健全，人员配备较少，联保有联保主任1人，书记1—2人；保有保长1人，书记1—2人；甲有甲长1人。基层权力的运作更多依靠联保主任、保甲长的纵向领导关系，联保主任、保甲长的责任和权力也就更显重要，工作更为繁重。新县制实行后，则采用县与乡镇二级制，区署为县政府之辅助机关，保甲则为构成乡镇的细胞。换言之，保甲不再是县以下之层级，所以《县各级组织纲要》第四十七条和第五十四条规定保设保办公处，而甲则取消了甲长办公处，只置甲长1人。这个时期国民党将保甲纳入"自治"之中，所以建立各级保甲民意机构遂成为这一时期保甲制度的新特点，建立和争夺各级保甲民意机构也是这一时期乡村权力结构变化的组成部分。在实行新县制的时期，国民党试图将历代各有侧重的保甲制度功能融为一

---

① 孙中山：《民权与国族——孙中山文选》，上海远东出版社1994年版，第244页。

体，建立一种融自治与自卫于一体的保甲基层组织。将保甲组织与自治机构融合，这是当时国民党实现基层权力运作的重要方式。其中一个重要的标志就是在县设县参议会，在乡镇保甲等基层组织设乡镇民代表会、保民大会和户长会议等民意机构。

民国时期四川省的保甲，在1935—1944年十年中，共编查或整编过五次，这五次整编的结果和后来的统计，保甲的总数均有增减。到1949年6月，四川解放前夕，四川仍辖两市，即成都市和自贡市，16行政督察区。全省的乡镇保甲户口总数为：4364乡镇，53280保，584074甲，7991098户，47056860口人。

四川作为抗战大后方，曾被国民党蒋介石称为民族复兴的基地，为了显示对四川的格外重视，1939年9月19日至1940年11月15日蒋介石还亲自兼任四川省政府主席达一年零两个月之久。所以国民党在四川苦心经营保甲制度十多年，使保甲制度成为四川社会实际的基层政权制度，为国民党征兵、征粮、征工等，确实在四川部分地区基层社会中形成了相当的控制力，逐渐改变了传统乡村社会中士绅基本控制乡村社会的局面，大致形成了"以政统绅、以绅统袍"的乡村权力格局。

为了利用保甲阻止中国革命在全国的胜利，巩固四川这块基地，1948年10月，四川省政府还制定了《四川省各县乡镇保甲人员防匪保境奖惩办法》，具体列举了乡镇保甲人员防匪保境应行奖惩的事项和等级，试图以奖惩来引诱或逼迫乡镇保甲人员继续为其政权卖命，以延缓或阻止其政权的垮台。办法规定："第一条 动员戡乱期间各乡镇保甲人员应遵从各级地方行政首长指挥，协同肃清共匪保境保民，其奖惩除另有规定外依本办法办理。第二条 本办法所称乡镇保甲人员系谓乡镇长副保长副甲长。第三条 有左列情事之者予以奖励：一、切实办理组训民众，编整保甲，修建碉寨，掌握地方自卫武力，肃清奸匪，能于事前防范保全地方者。二、实力悬殊而能控制民众，联络邻乡尽力捍卫间□拯救人民者。三、实力相当而能艰苦抵御完成任务，保全地方者。第四条 有左列情事之一者予以惩处：一、事前疏于防范，临事措施失当，致地方及人民被蹂躏者。二、实力□强而未能尽力完成任务，保全地方及重要据点者。三、地方有潜伏匪部而隐匿不报，放任不剿或以自卫武力仅为保身之用，而逃往安全地区者。四、地方收复后不能积极展开清查奸匪补修交通通信等工作者。第五条 奖励之种类如左：一、特予权用。二、给予奖金。三、明令褒奖。四、记大功。五、记功。六、其有特殊功绩者得由县政府开列事实层转内政部特予奖励。第六条 惩处之种类如左：一、撤职查办。二、撤职。三、记大过。四、记过。第七条 各乡镇保甲长于其辖境内发现奸匪串扰时应负守土之责。第八条 各乡镇保甲长之奖惩由县政府报请省政府核定。第九条 因保全地方殉职人员除准在各该县保甲奖恤金费项下酌予动支外得由县政府报请省政府特加优恤。第十条 本办法自公布日施行。"但最终国民党没有依靠保甲制度挽救其政权，相反保甲制度却随着国民党政权的覆灭而退出中国的历史舞台。[1]

第二节 新中国成立之际四川乡村权力结构及其特点

虽然国民党经营了十多年的保甲制度对基层社会有了相当的控制力，但并没有完全控制四川乡村社会，乡绅、袍哥、宗族势力等仍保持着对乡村权力不同程度的影响力。

一 遍布四川城乡的袍哥势力

袍哥又名"汉留"，亦称哥老会、哥弟会，从清朝初期出现到中华人民共和国成立后解散，存在了近300年时间。袍哥是近代四川很有影响的帮会组织。鸦片战争后，四川袍哥组织不断膨胀，三教九流广泛容纳，到辛亥革命时期，其组织已遍及四川的各府、州、县的城镇乡村，以至有"明末无白丁，清末无空子（袍哥将未参加袍哥组织的人叫空子）"的口语流传。袍哥没有统一的组织和领导核心，千流百派，各立公口码头，各行其是，各自为政。袍哥码头各有专名，堂口计分仁、义、礼、智、信。又称威、德、福、智、宣五堂。各堂口之下，又设若干公口。其中以仁字人数较多。如果一旦加入袍哥组织，成为袍哥的一

---

[1] 详细情况见冉绵惠《民国时期四川保甲制度与基层政治》有关章节，社会科学文献出版社2010年版。引文中的"□"为原件不清楚的字之替代符号，余同。

员，那就除了死之外，再也不能脱离和背叛袍哥组织，否则将会受到严厉的惩罚。

袍哥是横的组织，以哥弟相称。其内部组织，以兄弟结义形式组成。分大、二、三、五、六、八、九、十共八个排。上四排挂金牌，下四排挂银牌，受惩罚者挂黑牌。头排首脑人物称为大哥（后称大爷，又叫舵把子），公推德高望重者为之。大爷中有坐堂大哥（爷）、龙头大哥（爷）和仅拥虚名的闲大哥（爷）。掌旗执事的称龙头大哥（爷）。龙头大哥（爷）掌握全面，权力较大。哥老会最初主要是下层民众的互助组织，后来随着一些豪绅大族的参加，带动各方面的人士都参加进来，其组织构成就越来越复杂，内部的封建等级也越来越森严，下层民众即便参加了袍哥组织也处于无权无势的地位。到民国时期，四川袍哥成员可以说包括各行各业，各阶层人士，士农工商、军警特宪、三教九流无所不有。上至师长、旅长，下至连长、排长、普通士兵；不仅工人、农民、小商小贩，力夫走卒，而且国民党、民社党、青年党三党在职的负责人，还有政权机构中的公务员、科局长、专员、县长、乡镇保甲长；民意机构中的县参议会会议长、副议长和绝大多数的参议员，还有立法委员、国大代表也都是袍哥组织的成员。正因为袍哥组织庞杂，内部又有很强的纪律约束，所以"在国民党政府所搞的各项选举中，四川袍哥有很大能量。无论区、乡、镇长，以及参议员、国大代表等参加竞选的人，除了用政治压力和经济收买的办法争夺选票外，更主要的就是依靠袍哥力量。参加竞选的活动分子，基本上都是袍哥。哪个公口的人多，在当地当选的名额就多。重庆的十八个区的正、副区长中，仁、义两堂的袍哥较多，如不是袍哥而需要出来竞选的，也主动要求参加袍哥"[①]。

又由于政府的腐败使哥老势力越来越大。据20世纪40年代四川新都等十二县的调查，"各地哥老势力虽潜滋暗长，不无可虑，但公然假借哥老势力干涉地方政治之事尚不多见，质言之，新都等十二县尚系以政统绅，以绅管袍，故其危害尚非显著。再者，帮会势力近已渐次侵入

---

① 王大煜：《四川袍哥》，四川省政协文史资料委员会编《四川文史资料集粹》第六卷，第411页。

各县，参与其事者亦不乏人，窃以为哥老之肆行无忌，原因固多，政府之纪纲废弛，地方之正气不伸，似亦难辞其咎"①。

王大煜在《四川袍哥》中认为，袍哥"到了民国年间，即为公开的帮会组织，遍及四川城乡。其成员占全川男子90%左右，是一支不可忽视的社会力量"②。《广汉县志》则说明，广汉在"民国二十五年之后，城乡民众中参加袍哥的较多，乡镇保甲人员多数是袍哥成员。至民国38年，全县有袍哥码头25个，分码头39个，其中城守镇的广益社辖13个分码头，有成员2700余人"③。《宜宾县志》指出，宜宾"当时，县内成年男子除'身家不清、已事不明'者及'轿夫''剃头匠''私生子''戏子'等被排斥外，城镇参加者约占90%，乡村参加者约占70%"④。《开江县志》则指出，"民国中期，袍哥势力逐渐扩大，渗透到各阶层各行业。'堂口'遍及城乡场镇和交通要道。有的袍哥首领与驻军、地方官吏、豪绅、土匪沆瀣一气，把持当地行政，干预民刑诉讼，包揽厘金税收，贩运烟毒枪支。有的党、政、军、团的首领，本身就是袍哥大爷。如甘棠的郑西城是川军某部团长，长岭李植生是开江团务委员长，任市熊瑞灵是开江县参议长，甘棠孙学洵是国民党县党部书记长。在乡镇长中的袍哥大爷也不少，他们一方面以行政力量统治人民；另一方面利用袍哥势力推行政令。从（20世纪）30年代起，袍哥进入极盛时期，县乡公务人员，街道工商业主，乡镇保甲人员中，加入袍哥的约占60%以上"⑤。《璧山县志》也明确说明了在民国时期，袍哥不仅遍及璧山城乡，而且包揽诉讼、仲裁等，许多党、政、军要员和地主豪绅都参加袍哥并利用其左右政局，连县长

---

① 《新都、金堂、广汉、什邡、德阳、罗江、绵阳、三台、中江、彰明、江油、绵竹县政民情报告》，因文中提到自（民国）三十三年起要怎样，所以估计大约调查时间为1943年。四川省档案馆馆藏历史资料综合类，资料号：1 30/3。

② 王大煜：《四川袍哥》，四川省政协文史资料委员会编《四川文史资料集粹》第六卷，第391页。

③ 四川省广汉市广汉县志编纂委员会编纂：《广汉县志》，四川人民出版社1992年版，第610页。

④ 四川省宜宾县志编纂委员会编纂：《宜宾县志》，巴蜀书社1991年版，第627页。

⑤ 四川省开江县志编纂委员会编纂：《开江县志》，四川人民出版社1989年版，第690页。

都要屈从袍哥势力，以免影响其前程。尽管四川省政府曾于1936年和1941年分别颁布了《四川省惩治哥老会缔盟结社条例》和《严禁党团员及公务人员参加帮会办法》，下令强迫解散袍哥组织，但因各级执政者已经与袍哥组织高度融合，命令无疑是一纸空文。甚至在1946年1月1日，璧山县36个乡镇所有"仁、义、礼、智"4个堂口的140个公口的袍哥聚集于县城成立了所谓"璧汉总社"（即璧山县袍哥联合组织），担任社长的就是当时的璧山县临时参议会的参议长，副社长中有时任国民党县党部书记长、三青团总干事等，难怪县长也得听从袍哥势力的左右，以免办事掣肘，影响自己的前途了。到1951年，璧山县城关镇、来凤、丁家、青木等乡的袍哥有1895个成员，后来迫于形势的发展自动解散。[1]

由此可见，四川袍哥（即哥老会）势力强大、遍及城乡，乡镇保甲人员中大部分是袍哥成员，所以袍哥实际控制了四川很多地方基层政权，左右征兵征粮等事务。以简阳县石桥附件街6个乡保甲长为例，他们中有5个都是袍哥。具体见表2-1。

表2-1　　石桥附件街伪乡保甲长调查统计表[2] 1951年9月

职别	姓名	家庭成分	本人成分	社会关系	备注
保长	王锡宾	商	商	袍哥大爷	
保长	何家才	商（地主）	地主	国民党党员 袍哥三排	
甲长	田华丰	地主	商	国民党党员 袍哥五排管事	保长2人 甲长4人
甲长	张青出	商	手工业工人	袍哥大爷	
甲长	廖克让	商	小商		
甲长	邓名扬	商	商	袍哥大爷	

---

[1] 四川省璧山县志编纂委员会编纂：《璧山县志》，四川人民出版社1996年版，第725页。

[2] 《石桥附件街伪乡保甲长调查统计表》，简阳县档案馆馆藏，资料号：081-002-1。

从乡镇保甲人员加入袍哥的目的来看，他们需要加入这个势力强大、人员广泛的组织，才能执行基层权力的运作。也就是说，如果乡镇保甲人员不是袍哥成员，他就很难行使自己的权力，将政令推行下去。"汉流哥老力量□伏社会，四乡遍布，更如川西北无□不□袍，倘若政令不为当地袍哥头老通过，则可云毫不能推行，甚至大起乱子，于是土豪、哥老、汉流，相互勾结，左右地方官吏，操纵法令。"①甚至四川的乡镇保甲长民主选举也有被哥老土劣操纵或引起党派纷争的现象。"（一）乡镇保甲选举被地方恶势力操纵，使哥老土劣这一般人抬头。（二）乡镇保甲选举，大家竞争激烈，造成地方党派纷争，有时并演出惨案。""从恶势力操纵选举来说，在乡村土劣哥老的确有他的势力，但是这种势力的涨成，系政治不良，一般弱者感觉政府不足信赖，才去投降土劣与哥老，以谋保身保家。在另一方面，贪官污吏，要向民间刮削，土劣哥老是最好的工具，于是便有形无形地扶植了土劣哥老。"②

二 士绅势力对四川乡村社会的控制

国民党通过保甲制度只是在形式上建立了对乡村社会的控制，原有的士绅和袍哥势力仍借助保甲制度延续了其对乡村社会的实际控制，保甲制度成为国民党和士绅袍哥都要利用的基层制度。一方面，当时的四川士绅，或直接担任乡镇保甲长，或通过自己的势力影响和左右地方基层权力的运作。本来保甲长事繁位轻，使许多贤良正绅不愿充任，许多乡镇保甲长履历表里并没有是否是士绅的明确反映，但1945年新津县永商乡造呈各保当选正副保长姓名清册却对此做了明确的说明，反映了当时当选的保长副保长绝大部分是士绅的情况。当选正保长36位，士绅占26位，这26位士绅中有18位曾经或已是现任联保长、保长、副保长、甲长等；当选副保长36位，士绅占34

---

① 王锡：《对四川征兵问题之检讨与今后役政应取之改革》，《四川兵役》第2卷第1期、2期合刊，第8页。
② 方远尧：《乡镇保甲停止选举》，《政治评论》（成都政治评论社）第二卷第二十期，1948年12月30日，第3—5页。

位，这34位士绅中有6位曾经或已是现任保长、副保长。① 这说明在四川某些地区的某些时间士绅直接担任保甲长的情况还是比较普遍，但相比较而言新县制实行后可能显著些。也有土豪劣绅通过各种办法谋求乡镇保长位置的，以便其对基层权力的控制。"土劣对于乡镇长及校长保长，多钻营谋求，在上则托人关说，或以贿赂，在下则联络朋党，或以威逼利诱。"② 据1950年12月对旧乡保人员职别成分的统计，华阳县6个乡长中，出身地主的2个，富农3个，工商1个，没有1个贫下中农；副乡长10个，出身地主的6个，中农2个，贫农1个，工商1个；203个保长中出身地主的11个，富农48个，佃富农15个，中农74个，佃中农2个，贫农43个，赤贫4个，工商6个；158个副保长中出身地主的10个，富农24个，佃富农11个，中农67个，佃中农4个，贫农39个，赤贫1个，工商2个；172个保队附中出身地主的8个，富农20个，佃富农4个，中农67个，佃中农14个，贫农56个，赤贫2个，工商1个；35个甲长中出身地主的1个，富农4个，佃富农2个，中农13个，佃中农2个，贫农11个，赤贫1个，工商1个。③ 可见，占农村人口极少数的地主和富农掌握了乡村相当大的权力。

即使士绅没有直接担任乡镇保甲长，但豪家大族，独霸一方，凭借他们的影响和势力，他们仍然可以对基层权力的运作产生很大的影响，当权者也清楚其政令的推行和地方之兴革，若没有士绅的协助倡导也是很难行得通的，所以对有权有势的士绅势力谁也不敢得罪，必须以礼相待。"士绅者，民众之耳目喉舌也，士绅之所是，一邑是之，士绅之所非，一邑非之。且政令之推行，及地方兴革事宜，有赖于士绅之协助赞襄倡导举办者甚多，故为政以不得罪于巨室为要着；接以礼貌，假以辞色，均属应为之事。""又此辈每喜干预政治，举荐私人，或以势挟，

---

① 新津县永商乡造呈各保当选正副保长姓名清册，新津县档案馆馆藏新津县政府民政科（第一科）1945年档案，资料号：177。
② 《推行新县制如何应付土豪劣绅》，《地方自治》半月刊1卷16期（1940年版）第23页。
③ 《华阳县管训乡保人员职别成分统计表》（1950年12月），双流县档案馆馆藏，资料号：华阳县委1-1-6。

或以私干，应付之道，最好使此辈无启齿之机会。"① "豪家大族，独霸一方，自古以来，屡见不鲜，其人或为军政家庭，或系地方领袖，挟势称雄，操纵一切。县令下车，犹须联络，区区保甲长，何敢撄锋，虽不必事事请命而后行，然受其左右牵制，固可断言也。保甲长生存于彼等卵翼之下。做事岂有成效。"②

三 盘根错节的封建会门

当时在四川还有一贯道等非常多的封建会门，它们名称各异，体系盘根错节，有一定的道众，所以也常常被国民党特务利用，作为破坏新生政权的工具。一贯道也称中华道德慈善会，最早为日本侵略中国的一个间谍组织，在山西发展最广，后为国民党匪特利用为反人民政权的工具。该道于1947年蔓延四川广元、成都、灌县，后进一步蔓延四川多个县市。最初由杜前人、王前人在灌县创立"圣贤道""人伦大道""天道""济公道""忠勇道""孔孟道""济阳道"等48个不同名目的组织分别发展，后以"圣贤道"和"人伦大道"发展最快。其传道活动场所称祭坛，设总坛和若干分坛，其头目多为国民党特务、地主、恶霸等，并设有老前人、前人、点传师、乩手、坛主等各级执事人员。道徒入道仪式需点传师掏诀，念"太佛弥勒"五言诀，本人长跪。盟誓"原蒋委员长好，不愿共产党来，不愿十家合一家""若违誓言，五雷劈身"。道徒每人出白洋二元，或大米一斗，以示一生效忠于道。其发展对象一般是以上当群众、袍哥、土匪、妇女为主。一贯道头子以迷信方式麻醉群众，造谣诽谤，聚敛钱财，奸淫同道妇女幼童。③

一贯道在新津主要有圣贤道、尊天道、孔孟道，他们以焚香、念咒、扶乩、拜佛、说经、讲道等手段骗取群众钱财，侮辱妇女，进行各

---

① 张子纯：《从政刍议》，《县政意见书》（一），四川省档案馆馆藏历史资料司法行政类，资料号：5 76/3。
② 付况鳞主编四川地方实际问题研究会丛刊之五《一个良好保甲长之作法》，1941年版，编辑与发行者：四川地方实际问题研究会。
③ 川西军区温江军分区司令部印《温江匪情》第四期，双流县档案馆馆藏，资料号：华阳县政府7-1-33。

种破坏活动。①

成都市有张泽生及其妻子、叶诚华主持的老姆教，即一贯道，主要进行敬神造谣的活动，叫人烧草鞋送国民党阴兵穿，说推汤圆敬神可以圆满成功。活动区域主要是成都清溪乡，控制人数约100人。

双流县有王少将、杜学南主持的天仙教（又名真天道）。王、杜二人是国民党退役军官，解放后组织天仙教，1950年6月后改名为真天道，由王前锋负责专门散布谣言，类似于归根道。其活动地区主要是双流县升平、九江、中心、柑梓四乡镇和华阳白家场，控制人数约1500人。还有商××、周青云、傅至诚主持的红尘子孙道。商××原是成都三瓦窑沙厂经理，20岁，解放前几年即有该教存在，解放后商××开始领导该教，其活动主要在双流县彭镇第十六保、第七保，红石乡的第八保、第九保，因内部产生了矛盾摩擦而于1950年4月趋于消沉。

崇庆县的道派较多。有杨培成、刘文焕、杨仲清、王茂盛、罗齐生主持的归根道。杨培成是掌教，称作老白。刘文焕是刘文辉叔伯兄弟，罗齐生是国民党军队师长。该道之前以大邑官渡河为集中地，后因与黄光辉合谋叛乱被捕，二人即采取分散各地的办法，宣传刘伯温谕文，麻醉落后群众。主要活动地区有大邑官渡河、鹤鸣乡。崇庆县的道明、羊马、观音乡和灌县柳街子。控制人数约1000人。有乔清元、杨子成主持的瑶池道，乔清元是五台庙道士，杨子成曾任国民党军队排长，解放后潜伏龙潭寺，宣传五公经，散布反动言论，以青羊宫为聚集点联络各庙宇，新都刘清元负责联络崇庆和灌县。联络寺庙主要是大邑高塘寺、灌县天师洞、马祖寺，新都宝光寺，崇庆盘陀寺、大悲庵、千佛山，控制人数约500人。有孙怒春（法名明明）主持的迷宗教，孙怒春是成都佛学院毕业，任毛郎盘陀寺的主持，与彭县海窝子能海和尚秘密联络，活动区域主要是崇庆毛郎乡，控制人数约100人。有刘泽权、侯老师、左老师、何老师、孙老师主持的无极道，其主教在云南省，专门吸收惯匪、国民党官员、落后群众及其他恶势力进行活动，如何家惯匪张德轩（俗名张三王爷）、阳昌修等就是其成员。活动区域主要是崇庆县

---

① 四川省新津县志编纂委员会编纂：《新津县志》，四川人民出版社1989年版，第973页。

道明乡、何家乡、观音乡、安乐乡、羊马乡等，控制人数约200人。有方玉成（又名方水水）、聂私中（又名聂中中）、杨旭如、贾奠成主持的泉水庵集会，由于解放后勾结匪特参加叛乱被击溃，方贾二人遂组织秘密集会，专门以迷信方式进行造谣活动，并暗藏匪特进行抢劫。活动区域主要是崇庆县之何家乡、毛郎、街子、双河、元通等乡，灌县、郫县、新繁、温江、双流、新津皆有信徒，控制人数约300人。有邱三和尚、黄树尧、周瑞林主持的佛学会，佛学会解放前即成立，主要成员是地主、富农、老太太，造谣说解放军要死光，阴兵要来打解放军等。活动区域主要是崇庆县城厢镇、街子、双河、壤远、何家、元通等乡，控制人数约100人。有夏幺姑、黄润余主持的密宗念佛会，夏幺姑是土匪黄光辉的姨娘，黄润余是大地主，此会有西藏喇嘛（噜嗓）在皂角庙领导念佛，活动区域主要是崇庆县元通场街、新都、郫县、灌县、崇宁、成都，控制人数约100人。

大邑县有称袁祖师爷的人主持的一字天仙道。一字天仙道原来是由土匪郭保芝、杨少南主持，二人被击毙后，该道活动减少。袁祖师爷主要吸收惯匪、恶霸继续进行活动。活动区域主要是大邑双河、黑水河及邛崃、崇庆、郫县等地，控制人数约100人。还有张天然主持的天道，专以迷信的方式煽惑不明真相的群众进行活动。活动区域主要是崇庆与大邑交界处，控制人数约100人。还有吴曼丰主持的红灯教，吴曼丰出身富农家庭，凭借仙台山洪川相师作法门，大肆进行迷信造谣活动。活动区域主要是大邑青霞乡，控制人数约100人。

华阳教派多，道众亦多。其中有易明顺主持的雷音福堂，降"机笔"造谣被破获后，活动大为减少。活动区域主要是华阳牛市口隆兴乡，控制人数约300人。有张志强主持的庚申道，造谣说信该道者可以掌握生死，不信者死。活动区域主要是华阳新兴乡第九保，控制人数约20人。有何老师主持的白莲教，造谣说信该教者刀枪不入，被破获后即没有大的活动，活动区域主要是华阳新兴乡二保，控制人数约100人。有李国焕主持的工农公社（又名川康保卫军），李国焕是青帮头子，所以以青帮方式收徒弟，包庇匪特并在地方捣乱，活动地区是华阳第一、二、四、五、七区，控制人数约4000人。有张蓉先主持的天仙道（又名一贯道，性理真道），主要活动是降"机笔"造谣，煽惑不明真相的群众，被破获后活动趋于沉静。活动地区是华阳永兴、太平、三星、合江、平安、新兴等乡，控制人数约1000人。还有梁润平主持的圣母军团（又名治安祈祷会），该教原系天主教，1950年先后改名圣母军团、治安祈祷会，主要活动是以传教信神为名，暗地里开会散布谣言，组织武装，企图叛乱。活动地区以华阳兴隆乡为中心遍布柏合、三义、永安、大林、籍田等乡，控制人数约3000人。还有罗亦亭主持的地主团，主要活动是召开秘密会议，反抗减租退押，活动地区是华阳胜利乡二保和八保，控制人数约80人。

郫县有钟耀武、王升安主持的天真教，主要活动是用迷信方式散布谣言，声称不久要出真命天子，解放军站不住脚，不久要乌天黑地等，被破获后不再有大活动。活动地区是郫县太和乡和新繁万安乡，控制人数约200人。还有张耀光主持的忌共会，主要活动是：造谣说中国有第三次魔劫，要想避免此劫难，必须入该会。吸收受骗群众，张耀光参加叛乱被捕后停止活动。活动地区是郫县回龙乡和成都清溪乡，控制人数约200人。还有徐××主持的红灯教，主要活动是以迷信方式笼络群众，暗地里召开会议进行阴谋活动，活动地区是郫县郫筒镇，崇庆、温江、崇宁等地。控制人数约300人。还有王前人、夏前人、叶前人主持的一贯道，三人均是外省人，常到郫县犀浦钟大少娘家，暗中进行秘密活动，活动地区是郫县犀浦镇，控制人数约300人。还有叶道性主持的大同学社，叶是国民党党员，军统特务，游击干部班成员，他纠集无赖青年20人组成该社，并著有反动书籍，说世界的政党都非法，只有该社才是正确的。活动地区是郫县犀浦镇。

温江有罗明仙、干子华主持的瑶池教，瑶池教在温江分40个堂口，罗明仙任教主。主要活动是制造反动神秘谣言，说什么"刀枪不能近身……陈家渡有宝剑一把藏在地里，把黄表一烧，宝剑现行，看得见，拿不到，毛主席见了，脑壳掉……"，被破获后即停止活动。其活动地区是温江陈家渡、西关外龙覃巷子、下河坝等地（三圣、平安两乡内），控制人数约100人。还有红福道，又名子孙道，由徐春茂、郭玉金主持，主要采取化水化纸能治百病欺骗群众，并造谣说他们保里有皇帝，毛主席一年就要垮杆，加入教还要喝血水。主要活动区域是温江通顺乡，灌县境内亦有该道组织，大约控制200人。还有归根道，由王海

· 25 ·

云及其身边的女人主持,主要是在温江半边街骗财,大约控制80人。还有无生道,由李大娘主持,主要在温江三圣乡一带活动,但新中国成立后即没有活动,大约控制80人。吹吹道,由邓大娘主持,主要活动是教人念经、信神,还骗财。大约控制200人,新中国成立后未见大的活动。

彭县有一贯道(大约控制600人),红灯教(大约控制100人),阴门牌,即阴灶神(大约控制200人)。

灌县有一贯道(大约控制500人),天道(大约控制100人),济公道,即有无道(大约控制100人)。

新都有回回团(大约控制100人),尊天道(大约控制100人),一贯道(大约控制200人)。①

大竹区专员公署所属各县均发现有反动会道门组织,其中尤其以一贯道危害最大。在四川解放前,国民党布置了特务直接控制指挥,以道为掩护,利用一些不明真相的群众,从事反革命活动,针对党和政府的各项工作,造谣中伤,说什么"七反八反要反农民""共产党不长久"等,活动方式花样繁多,行动诡秘,据统计,只一贯道就有一百多种名称。② 如大竹县之一贯道,又名先天大道,孔孟圣道,其内部组织有道长、前人、点传师、总坛主、正坛主、副坛主等层层职位。大竹全县有11个佛堂,道徒1000多人,其发展方法就是利用各种迷信方法蒙骗部分群众烧香磕头,入道缴费,如骗取群众供果费、功德费、送节费、点灯费等。③

璧山有一贯道,分天道、真天一道、一贯道、圣贤大道、明一大道、金线天道六种。1947年开始在县城设坛,后发展到来风、七塘、健龙、狮子、鹿鸣、大兴、城西等乡,建立了10个支系,有道徒2000多人(骨干150人),遍及城乡。同善社,主要在八塘乡、正兴乡、丁

---

① 川西军区温江军分区司令部印《温江匪情》第四期,双流县档案馆馆藏,资料号:华阳县政府7-1-33。
② 大竹专署公安处《关于全面取缔反动会道门工作的布置》(1952年11月27日),达州市档案馆馆藏,资料号:17-1-32。
③ 大竹专署公安处《反动会门"一贯道"审讯总结材料》(1951年3月5日),达州市档案馆馆藏,资料号:17-1-32。

家乡等乡镇活动,专门劝人出钱入道,以免遭劫难。新中国成立初期清查会道门,于1952年将其取缔。奇缘会,有会员3000多名,主要活动地区是县城和来凤、三合、大路、马坊、七塘等乡,新中国成立初期被清查取缔。聚善堂,1937年开始在县城设坛,会员只有16人,分善务、坛务两部。聚善堂不发展道徒,也不办会,但每逢初一和十五临街宣传所谓"圣谕",传播封建迷信说教。新中国成立初期被清查,于1950年被取缔。①

四 保甲、袍哥、豪绅、会门、匪特的互相勾结

民国时期有的保甲、袍哥、豪绅、会门互相勾结,把持地方,左右地方各项事务,使地方基层的征兵征粮等陷于不公正的地位,严重影响了役政的正常推行,并使地方治安陷于混乱之中。"据报各县区地方豪绅多藉征抽壮丁之名作鱼肉乡民之实,在征抽壮丁时,如抽到富有之家,即出钱雇人顶替,致无赖之徒竟有专藉为人顶替而营利者,一俟金钱到手,即乘隙潜逃,一次再次乃至数次,形同恃此为生等情。查征抽壮丁,严禁豪绅操纵及冒名顶替迭经令饬遵行在案,乃经办者多阳奉阴违,强抽充数及绳索捆解情事仍复层见迭出。"②

当然当时政府、袍哥、士绅彼此的关系和地位在各地也有所不同。在新都等十二县还能做到"以政统绅、以绅管袍"。

有的则是保甲、袍哥、豪绅、会门几位一体,如彭某某,既是地主恶霸又是袍哥大爷,也是双流县金花乡乡长;赵某某是会门大爷,地主成分;孙某某,是会门大爷兼双流县金花乡某保保长③。另据大竹专署公安处对反动会门一贯道的审讯材料,一贯道头目大多既是地主,又是国民党党员,国民党军政人员。如点传师史封镇,男,55岁,万县天城乡人,中学文化程度,地主出身,国民党党员,曾任万县电信局报务

---

① 四川省璧山县志编纂委员会编纂:《璧山县志》,四川人民出版社1996年版,第725页。
② 1938年1月18日四川省政府案奉委员长行营战昭字第14658号俭代电,训令新津县县政府,新津县档案馆馆藏,资料号:新津县政府兵役科1938年,226。
③ 《双流县第一区中心镇第五居民委员会匪首特务恶霸地主反动会门头子调查统计表》,双流县档案馆馆藏,资料号:99-1951-2(三)。

员、渠县电信局局长等职。总坛主范儒卿,男,42岁,乐山白羊坝人,国民党军政人员出身,中学文化程度,国民党党员、三青团员,曾在国民党专署、县府工作,参加过青帮,担任过班长、连长等职。坛主游炳文,男,66岁,大竹人,地主出身,国民党军官养成所、警务学校毕业,国民党党员,曾任巡长、连长、科员、清乡队长、营长、剿共义勇队大队长、联保主任、镇长等职。① 有的则与国民党特务机关秘密勾结,陷害进步人士,贪污舞弊,抽拉壮丁,贩卖大烟,敲诈勒索,无所不为,群众痛恨至极。据成都市民政局民政科1950年年初对成都保甲制度的调查采访,保甲组织机构中每保设立肃奸大队,国防部第二厅还直接派到各保有指导员,监视进步势力活动。保甲长多是袍哥中的大爷和三爷,其职业多系商人,保长是大商人,资本在2000万元以上,甲长是中等商人,资本在几百万元以上,也有小商贩,资本在20万元以上,有些则是贩卖毒品的地痞流氓,真正公正人士很少,保长的获选除了用请客送礼的办法贿选外,还利用地方袍哥势力作自己的后台。根据调查,五保保长为同声志社袍哥组织的副社长,总社长是伊茂林,社址设东城根街师亮茶园,保长与伊有秘密勾结,伊茂林是国民党特务稽查处的组长,保长又参加志仁社,与另外一个袍哥组织新庆公总社发生关系,所以保长除利用袍哥势力贿选和武力威胁外,并依赖袍哥势力维持自己统治地位。所以,解放后群众迫切希望人民政府取消保甲制度,否则政府的政策法令不能贯彻,对于群众的切身利益有莫大妨碍②。

有的封建势力争权夺利,彼此你死我活地争斗,危害乡里百姓。如简阳县第十三区石盘中心乡在新中国成立前封建势力非常嚣张,大恶霸方璧勋是互助社的头子,谢伯华是寿石公的头子。他们在石盘结成两个封建堡垒。相互争夺地位权力,于1948年8月16日双方还聚集几千人在石盘街上明火执仗地打了两天一夜,结果方璧勋被打败,率领其跟随者逃到三胜寺(与贾家交界的一个古庙),又邀约一百多个码头来调停和好未成,方璧勋逃至成都,指使他的兄弟伙在成都北沙

---

① 大竹专署公安处《反动会门"一贯道"审讯总结材料》(1951年3月5日),达州市档案馆馆藏,资料号:17-1-32。
② 成都市民政局民政科1950年《工作总结》,成都市档案馆馆藏,资料号:85-1-4。

冒街将谢伯华的儿子谢良全暗杀。封建势力真是猖狂至极。对这两个恶霸群众切齿痛恨。①

新中国成立前的四川乡村农民一方面承受着残酷的封建剥削,据川南行署土改工作队第二队对留宾乡的调查,全乡人口5122人,田土总面积(代表产量)36160挑(每挑3斗,折合1市石),全乡人口14.7%的地主,占有田土65.3%,而54.2%的贫雇农,只占田土9%。贫雇农只好以高额的地租佃种地主的土地,忍受残酷的封建剥削。农民佃田耕种,一般向地主交常年的租额是60%以上。除此之外,还有各种杂租,如黄豆、豌豆、胡豆、高粱、芝麻、鸡鸭、劳役等,种类很多。另一方面,封建势力或者沆瀣一气,或各树党羽,欺压乡民。留宾乡就是这样一个封建色彩很浓的地方,以地主为中心的国民党区党部、匪帮与土豪恶霸、旧乡保人员、哥老兵痞、流氓联为一气,形成强大的封建势力。再加上三青团,民社党及封建会门,各树党羽,横霸一方。人民遭受着各种痛苦:估拉壮丁(这是民国时期的一种说法,指强令胁迫或通过买卖征兵。),霸占田产,敲诈勒索,贩卖烟土,等等。②

有的匪特勾结,为非作歹。如泸县三区李弯乡徐会江曾任国民党巴东县县长,官司贩子,杀害人命11条,生活极好,有钢骨房子一座。以徐会江为首的还有徐炳银、徐清和等几个帮凶,解放前后都与土匪有联系;高显廷是国民党中兴乡的负责人,多年老惯匪,解放后任土匪副团长。③

有的潜伏反革命分子利用会门仍在更加隐蔽、更加毒辣、残酷地进行着罪恶的破坏活动,在个别地区就发现潜伏活动,如八区华蓥山及古路两地破获组织暴动案两件,均系发动会道门——一贯道、红灯教的破坏,其主要首恶分子是外地来的特务,正当其积极发展组织,企图暴动

---

① 《简阳县第十三区石盘中心乡土改总结报告》(1952年4月28日),简阳县档案馆馆藏,资料号:011-001-65。
② 《川南行署土改工作队第二队工作总结》(1951年11月),四川省档案馆馆藏,资料号:建南5-42。
③ 《泸县三区李弯乡农协会中几个问题的处理》(1951年3月14日),川南区农民协会编印《川南农民》第三期,1951年3月28日出版,第13页。

之际被侦破并分别处理了 93 人。①

加上在解放前后，由于国民党败退时的有意布置和安排，大量特务潜伏下来，一些国民党遗留的军队成为土匪，他们有的与惯匪、乡保甲长、会道门等勾结在一起，使四川各地匪特猖獗：如华阳县在国民党统治时期是模范县，反动势力非常雄厚，潜伏华阳的军统、中统数量不少，特别是所谓的"乡村情报所""通信大队""稽查处"之类的特务几乎分布在每一个乡村，在新中国成立初期勾结当地的封建势力和地痞流氓等反革命分子公开进行破坏活动：他们或三五成群进行抢劫偷盗；或反抗人民政府征粮；或散布谣言发放反动传单，企图鼓动各界人士团结起来消灭解放军；或捣乱金融，说开放银圆，拒用人民币，甚而有组织有计划地阴谋策动暴乱。② 人民解放军川北军区司令部在 1950 年 4 月 5 日也指出，"近来各区匪特活动甚为猖獗，匪特与地主结合会门组织，强迫群众参加，匪众进行有组织有计划的叛乱事件和到处抢劫，直接影响了当前社会治安，匪的活动方式为游击性质，化整为零，化零为整，行为相当鬼诈"③。正是针对国民党败退时"有计划地留下大批特务匪徒，他们勾结豪绅恶霸、封建会门、流氓恶棍，繁殖土匪，掠夺和残害人民，造谣惑众，实行武装叛乱"的恶劣形势，1950 年 6 月 18 日川北人民行政公署制定，28 日川北首届各界人民代表会议通过，西南军政委员会批准的《川北区当前施政方针》提出的首要任务就是彻底肃清匪特，建立巩固的革命秩序。并认为这"乃是川北人民当前最大和最高的利益"④。

据不完全统计，1950 年 4 月南充地区有政治匪、惯匪、散匪 48 股，人数 7791 人，长短枪 2170 支，轻机枪 48 挺，六〇炮 5 门，冲锋枪 16 支。遂宁地区 40 股大小土匪，人数 13150 人，长短枪 1102 支，

---

① 《江北县人民政府 1951 年度工作总结》（1952 年 2 月 15 日），重庆市渝北区档案馆馆藏，资料号：江北县府 14-3-9。
② 华阳人民政府公安局《年终总结：剿匪工作》（1950 年 12 月），双流县档案馆馆藏，资料号：华阳县政府 7-1-5。
③ 中国人民解放军川北军区司令部《川北军区匪情调查》，平昌县档案馆馆藏，资料号：1-1-22。
④ 《川北区当前施政方针》，通江县档案馆馆藏，资料号：33-1-1。

轻机枪14挺,重机枪2挺。剑阁地区有政治匪、惯匪、散匪68股,人数5175,长短枪4260支,轻机枪73挺,六〇炮6门,八二炮3门,冲锋枪1支,重机枪5挺。达县地区有政治匪、惯匪、散匪10股,人数3820,长短枪211支。①

据第三兵团和川东军区司令部1950年6月的统计,经过大规模剿匪以后,川东区(包括酉阳分区、璧山分区、涪陵分区、大竹分区、万县分区)当时总计仍有百人以上的股匪120股,人数超过15160人,百人以下的股匪153股,人数超过6655人,合计273股土匪,人数21815人。川东地区土匪拥有步枪和短枪12908支,轻机枪149挺,重机枪4挺,各种炮17门。②

第三节　新中国成立初期四川严峻形势的加剧

国民党特务有的与土匪、乡保甲长、恶霸地主、散兵游勇、会道门等勾结在一起,成立所谓"川康边区游击总队""川康边区挺进军""川西反共救国军""中国人民救命军第二总队""川黔湘鄂边区民众救国第三分区第十纵队"等反动武装组织,使四川各地匪特猖獗。他们造谣惑众,发动武装暴乱,杀人放火,抢劫公粮和群众财产,攻打区、乡政府,杀害政府工作人员、人民解放军战士和无辜群众,割断电话线,破坏交通,建立土匪政权③,给四川城乡社会带来了极大的危害,加剧了当时四川形势的严峻。

一　简阳"三三"暴乱

1950年发生在简阳的"三三"暴乱就是国民党特务与土匪、乡

---

① 中国人民解放军川北军区司令部《川北军区匪情调查》,平昌县档案馆馆藏,资料号:1-1-22。
② 第三兵团、川东军区司令部编印《川东匪情汇编》(1950年6月30日),达州市档案馆馆藏,资料号:17-1-4。
③ 《温江军分区:关于温江地区匪情》,双流县档案馆馆藏,资料号:华阳县政府7-1-7;四川省巴县志编纂委员会编纂《巴县志》,重庆出版社1994年版,第495—496页;四川省双流县志编纂委员会编纂《双流县志》,四川人民出版社1992年版,第637—638页。

保甲长、恶霸地主、散兵游勇、会道门等勾结发动的。当时国民党特务头子樊巨川，系简阳县第五区平武乡人，出身地主家庭，他是国民党成都游干团的主任。另一头子李育林是简阳县第三区柏合乡人，也出身地主家庭，是国民党中统局特工组长，还有巫杰等特务，受国民党特务机关领导，暴乱前他们在简阳三区、八区联络地主张吉彬，张也是同宗会的社长，大舵把子，张又联络这两区的封建团体和胡宗南部下特务马烈（曾任胡宗南部下师长，后潜伏简阳八区）等。樊巨川还派曾三区到四区联络谢雨春，七区联络蒋军（原名蒋正南，是国民党三青团的书记），通过蒋谢联络四区、七区的袍哥等封建团体，秘密地组织反共救国军。他们以胡宗南部潜伏下来的马烈等做军事指挥，樊巨川的游击团做广泛的特务活动，串通乡保长，动员和强制旧乡保武装编入反共救国军，并收集惯匪流氓，参加者四石米一支枪，恶霸地主拿出自己的枪弹，并收购枪弹武装匪特，组成反共救国军第一军，地主们给土匪供给大量粮食和弹药。第一军军长为住成都的地主，也是青帮老爷。1950年4月19日（农历三月初三），简阳三区、八区、四区、七区相继发生暴动，随后暴乱蔓延到一区、二区、五区一部，全县70个乡40个暴乱。匪特到处欺骗强迫群众上山摇旗呐喊，形成满山遍野之势，增加解放军剿匪的困难。此次暴乱中被杀害的农民积极分子、政府征粮工作人员、革命教师和人民解放军战士共162名。暴乱发生后，在简阳县委县政府的领导下，驻县解放军、县公安队、各区中队在川西军区驻成都部队的大力支援下，积极出动平叛，迅速稳定了局势，平息了暴乱。①

二 温江地区大规模的叛乱事件

在1950年2月初龙潭寺叛乱事件被平息后，2月至4月温江军分区所辖大邑、崇庆、温江、崇宁、双流、灌县、新繁、郫县、华阳、彭县、成都、什邡各地匪特发动了大规模的叛乱事件。

2月11日下午及12日上午，暴乱全面爆发。

---

① 《简阳事件（匪特暴乱）报告》，简阳市档案馆馆藏，资料号：011-001-6；四川省简阳县志编纂委员会编纂《简阳县志》，巴蜀书社1995年版，第511页。

其中大邑之郭保芝、余如海、孔立川为首的匪徒共 2900 余名，于 11 日占领大邑县城，并在次日分出部分力量围攻崇庆。

崇庆县以黄光辉、雷绍华为首的匪众 2800 余人，于 11 日晚迫近崇庆县城，在大邑郭保芝部配合下连续发动总攻，14 日占领四关，妄图登县城未遂。

温江有陈利石、陈公爵为首的匪特 1300 余人，于 11 日下午行动，12 日发动对四关的攻击并占领四关。

崇宁县有谢麒麟、张洛川、鲁耀先带领的匪特共 2000 余人，于 12 日上午向崇宁县城发动进攻，由于驻县城的警察精选队 200 余人在龙定一、童剑鸣率领下叛变与之里应外合，使谢匪冲进城里，崇宁县长及其他工作人员惨遭杀害。

双流有李泽儒、曾炳章为首的匪徒与叛变的新十二军一部共计 4000 余人，于 13 日占领彭镇、杨公、花园、黄水等地，14 日至 15 日下午多次攻打县城未遂，同时还分兵力由宋学良率领于 14 日串扰周家场、文家场等。

灌县有周勉之、袁旭东、李熙春、曾志光等为首，并得到九十五军内少数反动分子的接济，率领 25 个乡镇团队匪众共 3500 余名制造暴乱，截断成灌公路，破坏桥梁电厂。

新繁县有周健阳、刁绍玺、陈省二为首共计 1200 余人，分东西南北攻击城镇。

郫县有蒋耀廷、王新东、彭莜珊为首共计 2100 余人，于 11 日向当地人民解放军驻地猛攻，一度冲入城内，但在解放军的反击下败北，但不甘心失败，13 日又向太平场解放军发动进攻，遭到迎头痛击后聚集三元、花园一带。

华阳则有龙潭寺叛乱未灭之余孽，此时以萧庆儒、张达五等为首共计 2800 余人在太平、三星、苏码头、中坝、傅家坝等地再度蠢动。

彭县有廖汝山、余道顺等为首共 600 余人，与什邡刘登科等匪徒相互配合，于万年、红岩子、青杠林等地响应暴乱，加之九十五军工兵连叛变更助长了匪徒们的气焰。

成都的刘熙黎、曾次金等为首的匪徒 1000 余人，在犀浦、龙桥、斑竹园等地制造祸乱。

新都以原国民党旧乡长曾照民,桂林匪首周维山为首共组成600人,因曾参加龙潭寺叛乱被歼,此时尚未敢妄动。

匪势蔓延,气势汹汹,当时90%的地区被匪徒控制,除灌县和郫县县城驻扎有人民解放军野战部队,匪徒未敢妄动及新都情况尚好外,其余各县均遭祸乱,驻彭县的起义部队又束手无策,并有成连的队伍叛变投匪,许多乡间的人民政府工作人员要么撤回,未及撤回的即遭到杀害。各地仓库被劫,交通梗塞,一周之内,匪患猖獗,最高时人数达到30900余人,一时情况危急。人民政府机关工作人员均自动组织顽强抵抗。幸而人民解放军很快由被动解围增援,于26日转为主动出剿,给予匪徒沉重打击,到2月底,匪徒巨降至17900余人。到3月匪乱大部平定,匪徒多数瓦解,或被歼,或被俘,或投诚。

4月16日,华阳匪特再次组织21个乡镇发动二次叛乱,首先攻击人民解放军驻大面部队,后又向新坝、太平一带串扰,19日石羊、白家等乡之匪特向中和场华阳县政府猛扑,一时匪势蔓延华阳全境,总数达6000余人。但在人民政府和军区的正确领导和指挥下,经过解放军配合地方武装,到25日,武装匪徒即被基本肃清,毙俘匪特2000余人,土匪头子吕登波、巫兆林、刘扑民、范平安、刘成亦被活捉。截至7月20日,仍有大邑郭保芝,灌汶宋国太,彭灌夏斗枢,高弼臣为首之武装股匪还有900余人,活动于边境山区。至此,腹心区之股匪已彻底肃清。据统计,这次叛乱投降和被俘获、逮捕的匪特有23665人,分别被管训、释放、处决或投诚后释放,具体情况见表2-2。

但暗藏之匪特采取分散隐蔽,夜间活动等方式继续进行破坏活动,并利用迷信会门造谣惑众,变相组织非法活动团体。就在7月,温江地区破获华阳青年党的"正气会""圣佛堂",崇庆的"义勇青年会"及新繁发生夜间鸣枪劫道事件等都是证明,也就是敌人采取了更复杂隐蔽的方式向人民政权进攻,因此,内地一般区域的暂时安定,是极不稳固的,表面的平静预示新生的人民政权还将面临更加艰苦和复杂的剿除匪特的斗争。[①]

[①] 《温江军分区:关于温江地区匪情》,双流县档案馆馆藏,资料号:华阳县政府7-1-7。

第二章 新中国成立初期四川面临的复杂社会形势

表2-2 1950年叛乱以来温江全分区匪特中队长、匪首和匪众等各种下落统计及百分比表（1950年7月20日）

县别	匪首总数	投诚	俘捕	击毙	现仍作恶	下落不明	小计	百分比%	匪众总数	投降	俘捕	击毙	逃匿	下落不明	小计	百分比%	投降俘捕	管训	释放	已处决	拟处决	投诚后释放	小计
温江	138	114	2	16		6	138	9	1322	1236	38	25	22	1	1322	4	1390	140	345	36	2	867	1390
郫县	116	64	11	11		30	116	7.5	2173	2136		33	49		2218	6.5	2211	453	1248	9	7	494	2211
崇宁	50	32	1	7		10	50	3	2600	823	400	200	400	777	2600	8	1256	350	278	21	15	592	1256
新繁	49	31	2	14	2	2	49	3	1010	189	618	100	4	99	1010	3	840	234	284	28	3	291	840
灌县	426	312	4	11	44	55	426	24	4250	2780	1100			370	4250	12.5	4196	191	660	26	20	3299	4196
新都	37	3	5	12		17	37	2	800	199	395			206	800	2.5	602	154	612	12	7		785
成都	25	10	7	6		2	25	1.5	1000	612	246			142	1000	3	875	46	673	10	2	144	875
华阳	310	103	73	33	5	96	310	20	9240	180	4713	179		4348	9240	27.5	4889	421	4384	63	30	114	4898
双流	90	36	10	18		26	90	6	2690	180	2256		146	108	2698	8	2482	205	2151	7	5	114	2482
崇庆	153	108	7	14		24	153	10	4907	478	1150	300		2979	4907	14.5	1743	399	1253	23	15	53	1743
大邑	170	87	26	20	6	31	170	10.5	2900	1272	849		13	766	2900	8.5	2234	255	1611	22	21	325	2234
彭县	59	33	14	8	1	3	59	3.5	600	900					900	2	947	26	292	23	14	592	947
总计	1623	933	162	170	56	302	1623		33492	10805	11765	837	634	9796	33837		23665	2874	13791	280	141	6771	23857

附记：1. 匪总数超出消长表2550余人，系华阳二次叛乱（4月），马步修之匪未予统计。2. 另有郫县之处理数超出实有45名。彭县超出200名恐系威迫分子之数。新都处理数超出俘捕数183名。华阳超出9名。

三 川东地区的匪特活动

川东地区的匪特是由于国民党在其撤退前,做了有组织、有计划的布置。如国民党酉阳专员度贡庭在1949年四川解放前,召开了酉阳、秀山、黔江、彭水、武隆五县军政人员应变会议,决定组织所谓"反共行动委员会";国民党四川省党部执行委员会也特别指示"各地于沦陷后组织地下活动,打游击";璧山分区余止石受国民党四川省主席王陵基委任为游击司令,并制订了游击计划;川东地区还有不少人到"成都的游击班受训";胡宗南则在1948年即对华蓥山的匪特做了安排布置。由于1949年人民解放军进军迅速,将匪特部分摧毁,一部分匪特转入隐蔽活动,局势稍显平静。但到1950年1—2月,川东地区的匪特趁解放大军尚在成都地区,又忙于接管城市,农村工作主要是布置征粮之际,勾结地主、恶霸、会门、旧乡保人员,到处进行破坏活动。一部分匪特伪装进步或假意自新打入革命队伍内部,刺探情报,暗中策动暴动,并煽动起义投诚部队之内部反动分子,进行策反和瓦解活动。一部分组成小股土匪以边远山区或原来之匪巢为基地,进行各种破坏活动。匪特们一面大肆造谣,对群众进行欺骗宣传,一面组织公开暴动,杀害新政权的区乡干部和征粮人员,袭击解放军小部队及区乡政权,到处破坏交通,孤立城市,实行经济封锁。同时他们也趁机招兵买马,由乡保强迫抽丁,收集枪支,不少群众被迫入伙,大部分旧乡保武装叛变,匪特数量骤增。他们以抗粮、抢粮为借口,打着"反共救国""保民救国""人民自卫"等旗号,于旧历年关前后举行大规模的叛乱暴动,开始以酉阳、璧山两分区最为严重,继之涪陵地区土匪猖獗。到1950年3月达到最高峰时匪众增至5万余人,造成社会秩序不稳,局势严重:秀山失陷,酉阳、铜梁、永川、大足、荣昌、璧山、綦江、涪陵、彭水、武隆、南川等县城受到围攻,区乡政权工作大部被迫撤出,征粮陷于停顿,城乡隔绝,川湘、成渝公路及长江航运不时被抢。由于开始拘泥于正规战术,缺乏剿匪经验,人民解放军和工作人员受到很大损失,酉阳2个排被土匪消灭,璧山、万县各有1个排被匪特歼灭,大竹一次被杀害工作人员30余名。经过人民解放军2—4月的剿匪斗争,逐步摸索出经验,明确了剿匪应以政治攻势为主,军事打击为辅,结合发动群众的剿匪方针,组织了一元化的剿匪斗争,并根据具体情况进行了重心进剿,所以剿匪取得了较大的战绩,特别是政治攻势获得了很大成绩,仅仅5月自新土匪29000余名,占全月歼灭土匪37960人的78%。涪陵、南川、巴县铁壁合围,月余歼灭土匪万余人。土匪内部开始动摇,各地形势逐渐好转,社会秩序逐渐稳定。但一部分散匪继续隐蔽活动,其活动方式不断改变,更为狡猾、诡诈,在边远山区大股分化为小股,时集时散,不断夜间扰乱,苟延残喘,试图寻机再起。①

四 匪特的其他破坏活动

匪特还以各种计谋,进行有计划、有组织的破坏活动,其方式主要有以下几种。

其一,伪装进步掩护其身份,打入党政机关或群众团体,秘密进行阴谋破坏活动。如郫县杨先荣,曾任国民党军队团长,自新以后假意为公安局提供情报,暗地里与伪装进步而混入政府机关工作的干云勾结,联络特务钟修廉、地主王伯群、钟持群等十余人策划暴乱,收买不明真相的群众数百人,被政府机关破获。崇庆太平乡惯匪刘绍云,参加叛乱后利用恶势力逼迫农民让其加入农民协会,并与匪特陈青云勾结组织所谓剧团,进行反动宣传,演出"蒋介石打大胜仗""活捉王乡长"等剧,煽惑群众心理。中统特务刘松林潜伏巫山县政府拉拢动员他人,计划组织反动团体。他曾欺骗说:"国家大局已变,美国全部兵力进攻朝鲜,第三次世界大战已爆发,不要听一边吹,共产党内部空虚得很。"②

其二,散布歪曲政策的谣言,破坏党和国家政策的推行和各项运动的开展。每当党和国家推行某项政策或展开革命运动时,匪特就有针对性地散布谣言,如清匪反霸中,匪特就散布说"共产党洗监,把自新人员杀光,凡是地主、袍哥、叛乱过的都保不住命"。减租退押时就说"退的押要归公,农民得不到"。当部队整训和发动农民参军时,他们

---

① 第三兵团、川东军区司令部编印《川东匪情汇编》(1950年6月30日),达州市档案馆馆藏,资料号:17-1-4。
② 大竹专署公安处:关于公安保卫工作的情况报告、通报,达州市档案馆馆藏,资料号:17-1-33。

就造谣说："三次世界大战爆发了,蒋介石和美国的军队从东北打来了;反对人民政府拉丁去当炮灰"等,试图阻挠党和国家政策的推进和运动的顺利开展。

其三,利用封建会道门组织麻痹部分群众,进行反动思想教育。如一贯道、阴门牌、红灯教、瑶池教、吹吹道等,其方式和手段就是通过建立"刀枪不入""敬神获救"等神道邪说观念蛊惑不明真相的群众,用荒谬神话反对人民政府和诅咒共产党领袖人物,以达到进行反动宣传的目的。

其四,进行各种捣乱破坏活动,破坏革命秩序。如常常派人割断川陕、成灌、成温、成雅公路线上的电线,用石头打击郫县驻军电台和警卫营之某单位。在成都清溪乡还有所谓"火霸会"组织,利用化学方法放火,烧毁房屋10间。10天之内在彭县利安乡十六保张家院子制造火灾20余次,整院房子被烧。匪特在该县万年乡制造类似脑膜炎的急性传染病症,致使半月之内死亡70余人,手段极其毒辣。① 寻机暗杀民主人士、农民代表、自新土匪,同时不断夜间扰乱、破坏、抢劫成渝公路等交通干线。②

其五,匪特或匪特收买少数群众,放毒放火,暗中破坏。如1951年4月川东大竹区专署公安处通报了广安、渠县等多地发现匪特或匪特收买小孩等少数群众放毒放火的事件:广安匪特组织"青年党"专门组织在多个地方水井中放毒,被毒群众20余人,死亡2人;渠县有人收买16岁男孩在水井中放毒药,有特务携带毒针、毒钉企图到处放毒,化装游乞施放毒药企图谋害复员老红军,警卫营新兵被地主收买在开水桶中放砒霜企图毒害警卫营干部战士,被镇压的恶霸、土匪的兄弟儿子等勾结放火企图焚烧干部住宅和粮仓等。③

再加上各种民生问题,大量旧有人员的安置问题,使新中国成立初

---

① 川西军区温江军分区司令部印《温江匪情》第四期,双流县档案馆馆藏,资料号:华阳县政府7-1-33。
② 第三兵团、川东军区司令部编印《川东匪情汇编》(1950年6月30日),达州市档案馆馆藏,资料号:17-1-4。
③ 大竹专署公安处:关于公安保卫工作的情况报告、通报,达州市档案馆馆藏,资料号:17-1-33。

期面临的形势十分严峻。因此，如何对旧乡村权力势力进行利用和改造，对恶势力进行废除和镇压，构建人民当家做主的新型权力结构，实现对乡村社会的有效治理是当时刚刚执政的中国共产党在四川面临的既困难又急迫的问题。

第三章 新中国成立初期四川基层政权的建立与乡村权力重构[*]

新中国成立以后,中国共产党治理乡村总的目标是重构新的乡村权力结构,促进乡村经济健康发展,提高人民生活水平,建立劳动人民自己的政权。在党和政府理论政策的指导下,具体的实践则可分为"破"和"立"两个方面。"破"就是废除旧有的乡村势力和权力结构,废除封建剥削,"立"就是政治上建立新的城乡政权,让劳动人民当家做主,经济上解放和发展生产力,促进农村经济发展,提高人民生活水平。"破"和"立"两个方面在新中国成立初期是同时推进的。而废除旧的城乡权力结构,建立劳动人民当家做主的政权体系是新中国成立初期乡村治理最关键的环节。

新中国成立初期,四川城乡基层政权的建立经历了对原保甲人员的控制和利用;以农会代政;正式建立乡镇政权;进一步巩固乡镇政权的几个阶段。正是在新中国成立初期四川乡村政权建立、巩固的过程中实现了四川乡村权力结构的重构和新的乡村秩序的建立。四川各地基层政权建立后,在武装、政治、经济、文化教育及生产生活的各个方面行使了基层政权的职能和作用。

第一节 四川的解放和各级农会及村政的建立

一 四川的解放及对保甲人员的控制和利用

1949年11月1日,中国人民解放军第二野战军主力和第四野战军

---

[*] 本章所指四川是除成都、重庆大城市和西康等民族地区之外的四川地区。

之一部开始进军四川的作战。11月21日,第二野战军司令员刘伯承、政治委员邓小平向四川国民党军政人员发出四项忠告,号召他们立即觉悟,投向光明。其中第四项要求国民党乡保人员应即在解放军指导下,维持地方秩序,为人民解放军办差,有功者赏,有罪者罚。[1] 1949年11月30日重庆解放,12月30日,中国人民解放军胜利进入四川省会成都,1950年3月下旬"西昌战役"结束,四川全境解放。

四川解放的最初时期在政权建设上采取了自上而下地委派干部的办法建立了县、区两级政权机关,建立政权的干部只派到区,有的次要区也未派出干部,所以乡保以下则大胆利用原乡保人员维持原状[2]。当时由于情况的不够熟悉和工作的需要,特别是由于追击国民党军队和剿匪的需要,大批人民解放军进驻四川,还有大量旧有人员需要养活,所以征粮任务刻不容缓;而当时随着四川解放后来川接管城乡的干部又非常少而弱,如1950年1月对新津县进行接管时总共只去了13个人,其中县级2个,区级7个,还有4个是晋南土改才提拔起来的[3],他们刚到四川,对情况也不熟悉,群众也还没有发动和组织起来。正是"解放初期,由于我们干部少而弱,群众又没有发动和组织起来,为了便于集中力量征粮剿匪,因此对旧的乡保政权,确定采取控制使用,以达到逐步改造与准备彻底废除的方针[4]"。"解放初期对保甲人员采取控制、利用或委任乡村干部的办法来推行工作。[5]"

邓小平1949年10月27日在西南服务团云南支队干部大会上作报告时也指出,在群众未发动,下层还没有建立政权的基础的情况下,不要一去就下命令取消保甲,"因为在群众未发动,下层无基础的地区,

---

[1] 四川省文史研究馆、四川省人民政府参事室编《四川大事记》解放战争时期,四川人民出版社1990年版,第275页。

[2] 《川东璧山区行政专员公署一九五〇年工作总结报告》,重庆市渝北区档案馆馆藏,资料号:江北县府14-3-5。

[3] 新津接管委员会《总结接管工作情况》(1950年),新津档案馆馆藏,资料号:123-6-8。

[4] 川北人民行政公署《关于彻底废除旧乡保政权,建立乡村人民政权的指示》(1950年),四川省档案馆馆藏,资料号:建北5-34。

[5] 《川东人民行政公署民政厅一九五〇年工作报告》,璧山县档案馆馆藏,资料号:8-1-7。

那是办不到的。再就是当前大军过境,支前任务重,要粮要物资,非供应不可,所以必须大胆利用保甲,大胆使用知识分子"。"他们情况熟悉,与地方有联系,可作为我们联系群众的桥梁。""我们可以通过保甲筹粮。"但邓小平又特别提醒大家,"我们不要把自己耳朵封起来,把眼睛闭起来。我们可以召开农民代表会议来讨论合理负担,从中识别好坏分子,组成新的政权去代替保甲"①。

当时中国共产党采取对旧保甲人员控制使用的办法,既减少了农村工作的阻力,又迅速稳定了社会秩序,减少了混乱和破坏,顺利站稳了脚跟,开展当时紧迫的财经工作。在四川解放初期,四川的许多乡镇保甲人员也听从人民解放军的命令,与解放军和新政权采取了合作的态度,协助征粮、提供剿匪情报、维持地方秩序等。②但有的乡保人员"消极怠工或贪污违法③"。也有一些乡保人员参加土匪叛乱,沦为土匪,如1950年土匪叛乱时,双流有维新、黄甲、杨公、黄水、檬耳、柑梓、九江、升平八个乡乡长当了土匪,双流县政府即决定以治安委员会代行政权,或派代理乡长去主持乡政府的工作,如檬耳、升平两乡。还有旧乡长办事不力的也曾派三人为代理乡长。在农协会成立较早的永福、彭镇、黄水、通江、金花五个乡,保甲制度宣布取消,以农协委员会代行乡、保政权。④但总的来说,在人民解放军进军四川和四川解放后的最初几个月到一年多的时间,四川各地仍然采取沿用旧有乡镇保甲制度和暂时留用保甲人员的政策。

1949年12月3日下午璧山县人民解放委员会召集保甲长开会,对保甲长主要布置了下列工作:对户口的详查呈报;凡民众、各团体、机关所收留的枪弹等军用品必须迅速查明并使其上交,嫌疑重大者还可即送解放军军部;公平合理规定物价,不得高抬物价;对散兵

---

① 《邓小平文集(一九四九——一九七四)》,人民出版社2014年版,上卷第3页。
② 任昭国:《剿匪"情报"的由来》,《巴县文史资料》第10辑,文史资料《观紫今昔》(即四川仪陇县观紫区,位于仪陇县西北,距仪陇县城15公里),《达县解放初期的回顾》等均有反映。
③ 江北县政府《一九五〇年工作总结》,重庆市渝北区档案馆馆藏,资料号:江北县府1950年1卷(14-3-1)。
④ 《1950年双流县人民政府上半年工作总结报告》,双流县档案馆馆藏,资料号:123-1950-2(三)。

负责登记报告。① 江津鹤山坪在政治瓦解土匪工作时，召开保甲长会议，饬令保甲长清查各保各甲的惯匪、新匪和被胁迫者，由保甲长带领他们前来登记，但暗中发动群众检举保甲长，防止或批评他们两面派做法。②

具体是如何利用保甲，保甲人员又起了什么作用呢？邻水县人民政府1950年全年工作总结有较详细的说明。其方式有多种，其一，召开保甲长会议，给保甲长指明出路。在召开的保甲长会议上揭发他们过去的罪恶，说明保甲长是以前反动政府的帮凶，过去做的一切反人民的事情是有罪的，但人民政府对待有罪的旧乡保甲人员是本着既往不咎的宽大政策，给予立功赎罪的机会，只要今后奉公守法，按照政策法令好好为人民办事，人民是会原谅的。这是给保甲长指明出路，因而部分保甲长愿意争取立功的机会。其二，表扬与处分相结合。在召开的保甲长会议上还对保甲长评价功过，好的记其立功表现，并发给记功证（如一区有20人立了功）；坏的予以记过批评，并说明如果继续作恶，罪上加罪，重者交政府法办。由于如此，记功者非常高兴，说自己做了工作政府看得见，今后更要好好干，被记了过的则表示今后一定向立功者学习。第一区用这个办法收到了很大的成效。其三，利用群众控制保甲人员。就是通过群众控制保甲人员，对不老实的保甲人员，在取得事实的情况下，在必要时召开群众大会当众揭发，将其过去所做的一切坏事，一一揭发出来，并启发群众对他们的痛恨之心，号召群众随时随地注意他们的行动，看他们还有没有继续作恶的事情。由于采取了以上正确的方法控制和利用保甲，因此在各个时期的中心工作中，他们都起了不少作用。如征粮剿匪及调评产量的工作时，通过召开保甲人员会议，动员他们立功赎罪，使他们大部分做了积极的工作。如延圣八保保长刘天祥完粮时带头完清自家的粮，并使他所在的保超额完成任务。又如青拱乡十三保保长不但为剿匪武装带路剿匪，且经常查哨。鼎屏六保保长张明轩，在税收公债方面都带头缴税购买公债，并动员他人购债纳税。在平

---

① 《璧山县人民解放委员会召集保甲长开会记录》，璧山县档案馆馆藏，资料号：8-1-2。

② 《鹤山坪政治瓦解土匪工作如何进行的》，重庆市江津区档案馆馆藏，资料号：1-1-14。

调工作中各区的乡保甲长互相挑战保证如期完成任务。尽管如此，仍然有继续作恶的少数乡保甲长，如普新乡范克武隐匿枪支不报被逮捕；也有的表面积极，实际很坏，暗中搞破坏。邻水县总结利用保甲的经验时认为，对保甲人员不能单纯控制，要很好地利用，该让保甲长办理的事，要放手让保甲长去做，并在每一个中心工作结束以后，实实在在地给他们工作积极的及时表扬，对坏的做到及时处分，才有利于推动工作的开展；但又不能单纯地依靠保甲长，过分地相信他们，一切事情都依靠他们办理，工作也难以真正推动，如第一区有的干部就是这样做的，甚至保甲长还控制了农协会；所以必须依靠群众加强对保甲人员的监督，使他们不得不奉公守法，为人民办事。[①]

江津县第六区在征粮剿匪工作中采取大胆使用保甲人员的办法，起到了较好的效果。办法也是做到赏罚分明，表扬表现好的保甲长，激励他们坚决完成任务；批评保甲长不好的方面，也迫使他们下决心改正，继续完成任务。如第九保保长任务完成较好，受到表扬，他就当众表示，坚决完成布置给他的征粮任务。相反，十保保长以前工作有不好的表现，受到批评，他也下决心，在以后三天完成任务。而且江津县第六区还把大胆使用保甲长，明确向他们交代任务，做到好的表扬，坏的批评，赏罚分明，总结为"完成征粮任务的一个关键"[②]。

渠县采取的是每次要完成什么中心任务时，就对保甲人员采取立功赎罪，以行政命令要他们在工作中搞出成绩才能赎罪的办法。对不承认自己有罪的保甲人员，通过教育使他们认识到国民党统治下的保甲长是统治人民镇压人民的工具，他们多少有一定程度的错误，要认识自己的错误，才能积极工作，完成任务。有的保甲人员开始害怕群众检举他们过去的罪恶，怕政府处罚，处处恭顺听命，每每请示办理，在1949年征粮工作中表现很好，保甲人员都没有大的违法舞弊现象。但后来觉得政府的宽大政策是无边的，仍然让他们继续工作，就大胆使用旧的习气和做法，唆使二流子、狗腿子钻进农会，拉拢部分群众，企图继续维持

[①] 《邻水县人民政府一九五○年全年工作总结》（1951年1月4日），达州市档案馆藏，资料号：17-1-1950-9。

[②] 《第六区征粮剿匪工作概况》（1950年5月22日），重庆市江津区档案馆藏，资料号：1-1-16。

他们的统治，暗中起破坏作用，在1950年评产量的过程中表现极坏，唆使一些群众盲目叫苦，说产量评得过高。①

达县的旧乡保人员在使用的过程中除个别的表现较好外，普遍地存在消极怠工，甚至继续作恶，贪污腐化，吸食和贩卖烟毒，阻扰征粮工作等现象，达县对这些坏分子及时进行了扣押或更换。②

二　保甲制度的正式废除和各地农民协会的建立

减租退押，清匪反霸运动全面展开时，四川各地才开始采取措施正式废除保甲制度，在农村建立乡、村及村民小组，在城市建立段、组基层组织。如达县解放后，1950年3月6日，成立了达县城关区人民政府，原有镇属各保甲人员及建制仍暂保留未变。但为了加强管理，达县公安局城东派出所向每个保派了一名人民警察做领导，对各保甲的户口进行了重新登记整理。直到1950年7月，达县人民政府宣布废除保甲制度，建立段、组基层组织。③

1950年6月《川北区当前施政方针》就提出对"为人民深恶痛恨的保甲制度，应力争从速废除，普遍建立人民的乡村政权"的任务。对保甲人员则根据他们的不同表现，进行不同的处理：公开持枪反抗人民政府及助匪作恶的分子必须受到应有的处罚；凡继续作恶者，发动人民检举，并按其情节轻重予以论处；解放前作恶较少，解放后徘徊观望者，本着治病救人的方针，促其猛省，以取得人民的谅解；凡立功赎罪者，从宽处理；凡有特殊贡献者，欢迎其继续为人民服务。④川北人民行政公署于1950年10月作出了《关于彻底废除旧乡保政权，建立乡村人民政权的指示》，指示指出"保甲制度，是封建专制主义和国民党反动统治最基层的政治基础，他直接而残酷地压迫着束缚着乡村中的广大人民，向为人民所深恶痛绝"。"经过半年多的工作，特别是经过最近

---

①　《渠县人民政府一九五〇年民政工作报告》，达州市档案馆馆藏，资料号：17-1-178。
②　《达县人民政府一九五〇年民政工作报告》，平昌县档案馆馆藏，资料号：12-1-3。
③　中国人民政治协商会议四川省达县委员会《达县解放初期的回顾》，1988年内部印刷，第30页。
④　《川北区当前施政方针》，通江县档案馆馆藏，资料号：33-1-1。

的大力发动群众与组织群众,广大人民的政治觉悟已日益提高,农民协会已相当普遍建立。更由于全区即将展开大规模的减租退押运动,旧的乡保政权如不废除,它必将成为减租退押运动的一个巨大障碍。因此人民群众纷纷要求废除旧的乡保政权。""因此,我们现在的方针,应该是随着减租退押运动的展开,迅速着手彻底废除旧的乡保政权,取消保甲制度,普遍建立乡村人民民主政权。这样,使人民民主专政在乡村中扎下根基。[1]"

川西人民行政公署于1950年10月25日向各专署、市、县、区人民政府发出了《关于初步建立乡村人民政权的指示》,指示指出"我川西解放的初期,由于主客观条件的限制及工作的需要,对于旧乡保人员采取暂时控制使用是必要的;然而经过半年来剿匪、征粮等各方面的工作,社会秩序已趋安定,广大农民已初步发动与组织起来,他们坚决反对那些旧乡保人员继续压迫统治他们,并迫切要求迅速建立自己的人民民主政权。基于这一情况,根据川西各界人民代表会的决议,配合今冬明春清匪、反霸、减租、退押任务,在发动群众的基础上,必须彻底废除反动的保甲制度,建立乡村人民政权"。但指示也指出,由于"今冬明春工作异常繁重,为了不影响减租、退押等中心任务的完成,并便于乡村人民政权的迅速建立,须采取简便稳当的办法进行"[2]。

川南人民行政公署则是在1950年12月13日向各专署、市、县人民政府发出了《关于彻底废除保甲制度,改进乡村政权的指示》。指示指出,解放已经一年多了,过去因农民未发动起来,情况不熟悉,不得不沿用旧有乡镇保甲组织。现减租退押,清匪反霸运动全面展开,农民要求废除保甲制度,把印把子拿到自己手里来。因此,凡是减租退押大体结束的地区,乡村政权改造工作亦应告一段落,要建立乡、村及居民小组。乡称乡人民政府,村称村公所。总之,经过征粮、剿匪、清匪、反霸、减租、退押等群众运动,在广大农民的阶级觉悟已有提高的基础上,从1950年下半年开始,四川各级人民政府陆续宣布废除保甲制度,分别

---

[1] 川北人民行政公署《关于彻底废除旧乡保政权,建立乡村人民政权的指示》(1950年),四川省档案馆藏,资料号:建北5-34。

[2] 川西人民行政公署《关于初步建立乡村人民政权的指示》(1950年10月25日),成都市档案馆藏,资料号:085-002-004。

集训和处理了旧乡保甲人员，普遍成立并健全了各级农民协会，召开农民代表会议，实行农会代政，使之"成为人民基层政权的核心支柱"。①

川东地区是在1950年正式废除保甲制度，建立乡村人民政权的。1950年，川东地区在川东人民行政公署领导下，经过征粮、清匪、反恶霸、减租、退押、生产等群众运动，提高了广大农民的阶级觉悟，组织了广大农民并成立了各级农民协会，发展了3百万会员和15万人民武装，训练了50余万农民积极分子，因此"在各级农协的领导下，团结了农村中的反封建分子，逐步形成了农村反封建的统一战线。减租、退押工作，除城口外，即将结束，局部地区已开始了土地改革，在一连串的民主改革运动中，给地主、恶霸分子以严重打击，在经济上获得了大量斗争果实，在群众初步发动的基础上，建立了以农协会为基础的村政权。保甲制度已经废除"，又"随着减租退押运动的深入，及时采取了选举、推选、遴选等办法，产生了村人民政府，树立了农村人民民主专政的优势"。②

重庆市政府是在1950年10月布告全市，明令废除保甲制度，所有保甲长名义一律予以废止。布告指出"查保甲制度原为国民党封建反动统治的基层组织，广大人民在保甲制度压迫下，曾受其奴役残害，苦难深重"。解放初期，人民解放军在重庆曾约法八章：区镇保甲人员，凡不持枪抵抗，不阴谋破坏者，一律不加俘虏，不加逮捕，并责令区镇保甲人员各安其责，立功赎罪。从解放以来一年的情况看，多数保甲人员还是能遵守规定，诚心悔悟，所以经过群众甄别，准其参加工作和群众组织。但也有少数保甲人员执迷不悟，违法渎职，继续欺压人民，造谣作恶，或者心存顾虑，有意无意阻挠政府政令的推行。所以，重庆市政府"依据全市人民之自觉要求，明令废除保甲制度，所有保甲长名义应即一律予以废止。倘有怙恶不悛，违抗政令或以保甲长名义勒索欺压人民者，一经察觉，定予严惩不贷。特此布告周知③"。

---

① 四川省人民政府政法办公室民政组《四川省两年零八个月来的民政工作概况》（1952年9月24日），四川省档案馆馆藏，资料号：建川044-1-1。
② 《川东人民行政公署民政厅一九五〇年工作报告》（1951年4月），璧山县档案馆馆藏，资料号：8-1-7。
③ 《重庆市人民政府布告》（1950年10月），重庆市档案馆馆藏，资料号：1049-1-299。

民族地区则在稍晚一些时间宣布打垮了反动统治的乡保甲制度。如西昌县人民政府也在 1951 年宣布：1950 年冬至 1951 年春减租退押和土地改革等群众运动中，已基本打垮了反动统治的乡保甲制度，群众觉悟普遍提高，在这些工作结束的阶段，应建立乡保人民政权，达到人民民主专政，巩固胜利。为此西昌县人民政府专门翻印了中央人民政府政务院第六十二次政务会议通过的《乡（行政村）人民政府组织通则》发到各区，希望各区接到后发给区乡干部学习，做好将来建政的工作。① 至此，民国时期四川保甲制度正式在四川各地寿终正寝。

对旧乡保甲人员的集训和处理是以县为单位进行的，如双流县于 1950 年 8 月 18 日至 1951 年 3 月 10 日，分上、下两期举办了乡保人员管训班，管训旧乡保人员 342 名。② 达县是在 1950 年 11 月 28 日到 12 月 29 日，历时 32 天，对正副乡长 99 人，保长 508 人共计 607 人进行了集训。集训共分为三个阶段：第一阶段为讲解政策，解决思想顾虑，安定人心的阶段；第二阶段为发动积极分子带头作典型报告，展开反省运动的阶段；第三阶段为先学习土改政策和惩治不法地主暂行条例，然后转入评功检过，检查反省阶段。达县还三次将本县集训旧保甲人员的经验呈报川北行署，川北行署将其中两次转发给各专署、各县（市政府），推广达县的经验。③

关于农民协会的组织及职能，1950 年 7 月 14 日政务院第四十一次政务会议通过，1950 年 7 月 15 日公布了《农民协会组织通则》，通则规定："农民协会是农民自愿结合的群众组织"，"农民协会的基层组织是乡（或相当于乡的行政村）农民协会"。"农民协会是农村中改革土地制度的合法执行机关。"④ 这是就全国而言，而四川解放初期最先在很大程度上起到基层政权作用的就是乡村农民协会，在双流，农协会成

---

① 《西昌县人民政府通知》（1951 年），西昌市档案馆藏，资料号：40 - 1 - 7。
② 《华阳县管训乡保人员职别成分统计表》（1950 年 12 月），双流县档案馆藏，资料号：华阳县委 1 - 1 - 6。
③ 《达县人民政府一九五〇年民政工作报告》、川北人民行政公署民政厅关于达县集训旧乡保人员工作经验和成绩的通报等，平昌县档案馆藏，资料号：12 - 1 - 3。
④ 1950 年 7 月 14 日政务院第四十一次政务会议通过，1950 年 7 月 15 日公布《农民协会组织通则》，四川省档案馆藏，资料号：建北 1 - 137。

立较早的永福、彭镇、黄水、通江、金花五个乡，则直接宣布保甲制度取消，以农协委员会代行乡、保政权。① 所以四川乡村农民协会的职能和作用远远超过政务院制定的《农民协会组织通则》的规定。

按照西南军政委员会的统一部署，当时四川省的民主建政是在发动组织团结各阶层人民密切结合各个时期的中心任务基础上进行的。1950年四川省在政权建设方面的主要任务就是召开市县各界人民代表会议、各级农民代表会议，建设各级政权机构及逐步废除旧保甲制度。据西南军政委员会民政部1951年2月的统计，西南绝大部分地区已召开过农民代表会议，"除省（区）县召开外，更主要的是普遍开了区、乡两级的农代会，贵州、川东等一部分地区还召开了专区一级的农代会（县区乡大部已开了数次，区、乡两级开得更多），各级农代会同样是结合各个时期的中心任务为主要内容，并通过会议深入发动组织广大农民，提高了农民的阶级觉悟，绝大多数成立了各级的农协筹备委员会和农民协会。一年来，培养出大批的农民积极分子，健全了农协组织，发展了一千二百万的农协会员，一百万以上的农民自卫武装，成为一支强大而有组织的反封建的力量，在农协会的领导下，团结了其他一切反封建分子，逐步地形成了农村中反封建的统一战线，目前正卷入普遍的减租退押运动，给地主恶霸以严重的打击。在经济上，得到大量的斗争果实。在群众初步发动组织的基础上，旧保甲制度，绝大部分地区事实上都已废除，由农协会代替了政权，农民执了政；已经完成减租退押的地区，农村人民政权已正式建立。彻底废除了旧保甲制度。已经改变或正在改变农村中的政治形势"。但同时，西南军政委员会民政部也指出，农代会存在有些地区代表不纯的现象，被地主及其狗腿子混入，有的县对于团结中农，培养积极分子也做得不够的缺点。②

1950年的四川各地，农民协会已普遍建立并发展迅速。如表3-1的统计，当时宜宾一区农民总人口为36501人，有19923人（其中贫农9512人，雇农3452人，中农6017人）参加了农民协会，占农民人口

---

① 《1950年双流县人民政府上半年工作总结报告》，双流县档案馆藏，资料号：123-1950-2（三）。

② 西南军政委员会民政部《西南区一九五〇年民政工作总结》（1951年2月），重庆市档案馆藏，资料号：1075-1-281。

的54.58%，也就是超过一半多的农民参加了农民协会，而且组织了1633人的自卫队，形成了强大的以贫雇农为主体的反封建力量。

表3-1　　　　1950年宜宾一区农民组织情况统计表①

乡别	农民人口数	农协会员人数						自卫队员人数					
		贫农	雇农	中农	其他	合计	占农民人口总数%	贫农	雇农	中农	其他	合计	占农民人口总数%
总计	36501	9512	3452	6017	942	19923	54.58	826	314	470	23	1633	4.47
和薄	2350	924	195	301		1420	60.42	105	35	31		171	7.27
农胜	2938	849	113	493	56	1511	51.43	43	17	33	2	95	3.19
百胜	3729	836	99	550	23	1508	40.44	65	16	56		137	3.67
嘉禾	3849	1226	522	938	352	3038	78.95	126	38	63	8	235	6.10
新民	3260	523	217	378	92	1210	37.05	57	30	27	6	120	3.68
新农	2977	515	128	275	74	992	33.32	58	18	33		109	3.66
和平	2987	331	268	440	14	1053	35.18	47	38	64	1	150	5.00
民治	3993	1371	1175	869	92	3507	87.83	66	56	25	1	148	3.70
民主	2850	901	311	760	23	2175	76.31	63	25	77	2	167	5.86
民利	3796	942	92	560	36	1630	42.94	103	7	28	3	141	3.71
忠胜	3772	1094	332	453		1879	49.81	93	34	33		160	4.24

据南充分区地委农会1950年7月底的统计：营山县农会设主任1人，副主任4人，下有生产、组织、宣传、武装4组，每组组长1人，委员若干。全县共有会员12837名。岳池县设主席1人，副主席1人，委员29名，候补委员5名，共有会员23521名，内有女会员731名，有34个乡镇，17个乡组织了农会。西充县有会员578名，南部县有会员387人，仪陇县有会员25人。合计五县会员共有36770名。因其他县没有统计材料，据估计全分区在1950年12月农会会员达10万以上。各县农会纷纷成立，在征粮剿匪中都起了不少作用。但也存在一些错误和偏差，如有的组织不健全、不纯洁，地主、富农、伪乡保军官人员、

---

① 《宜宾一区农民组织情况统计表》，四川档案馆馆藏，资料号：建南5-39。

带恶霸性的自新匪特流氓等坏分子混入农会中，窃取农会领导，充当农会委员、会员组长、农会代表等，贪污农贷款，不要真正的农民入会，有命令组织群众，建农会形式，实施登记办法，有的又是关门主义，把大批中农掩在门外，如营山县仁和、通天、大庙等乡组织农会，由工作同志召开一群众会议，来登记者即入会；也不调查情况，选一主席就算了，因此自新匪徒、伪保甲人员和带恶霸性的地主都钻进了农协组织。双河区生产助理员何志坚，帮地主卖田。黄渡乡农会干部白龙山贪污农业贷款，大米一石多，土布两匹，刚洋十元等；回龙乡六保剿匪委员蒋文隆，为一个冬瓜逼死蔡大沛的妻子。这些错误和偏差都需要彻底纠正。[1]

据达县专区农协筹备会1950年7月左右的调查，当时达县专区农会领导成分有三种类型：第一种是领导成分很纯洁（贫雇农占2/3、中农占1/3）又能积极工作的农会，这一种数目很少；第二种是农会委员虽然成分大多数是贫雇农和一小部分中农，但质量不够好，都是些农民叫作（丢得开活路）的人，真正贫苦正派又积极肯干的农民很少，这一种是普遍的占大多数；第三种是地主富农直接掌握或控制的假农会也是少数，封建会门、土匪掌握的农会也有但非常个别。如达县五区张家乡农会主席冉崇福，家庭是农村的小商人（川北农代会代表李连等曾介绍他到南充党校学习），副主席何安烈，是个贫苦教员，根本看不起农民，当了主席架子更大。这个农会内设了一个秘书，一个事务干事，两个通信员，好几个脱离生产的委员。农会大门口挂上红旗，里面有会客室，图书室，报道处等，为了解决这些委员的伙食问题，一面把旧的包税人取消，由农会来包税，一面又开了个屠宰铺，杀猪赚钱来维持经费开支。他们发展会员是一团一团地发展（就像袍哥队团体发展会员一样），事务干事本身为一破产地主，很会排场这一套。主席冉崇福过去与旧保长有私仇，就利用农协力量对保长报复。这个农会地主很喜欢，还准备给他送锦旗（经工作同志制止，未送）。这次达县工作团团委扩大会上已作出决议，对这个农会加以整顿。达县盤石乡农会主席张大本是国民党分支部书记医生，副主席肖缉王是富农，又是青帮、哥

---

[1] 《南充分区地委农会工作检查总结汇报》，四川档案馆馆藏，资料号：建北 1-138。

老、巴山青干团的主要角色,其他领导成分多为中农。还有开江有一个边远乡镇的农会主席为一土匪头子。这都是农民还没有发动起来之前,由农民自行选出的农会领导存在的问题。1950年10月1日,达县专区已宣布将成分不纯的农协领导撤职,对农协进行改造。①

西昌县则是在进行清匪、征粮、减租退押、反霸和土改工作的过程上,打垮了地主阶级的政治、经济基础,推翻了封建阶级在农村中的政治权威,农民群众的觉悟程度已初步提高的情况下,建立了自己的组织——农民协会并发挥了很大作用,农民在经济上获得了广大的利益,政治上翻了身取得统治地位,改变了地主恶霸的乡村政权为农民自己的政权。在彝汉团结中提拔了彝族干部,在红毛妈姑成立了民族自治区,大大增强了民族团结。②

三 各地农民协会在整顿和纯洁中发展

正因为四川各地农协存在不同程度的问题,所以各级党委、政府、农协开始采取措施纠正这些问题和偏差,纯洁农协组织,建立贫雇农的领导地位。如1950年8月16日前,江津县第六区龙门、罗坝、刁家、峡滩、大桥、慈云、李市7个乡共清洗农民协会组织中的地主25人、富农48人、流氓54人、兵痞40人、保甲长69人,发展320人,加上黄泥8个乡有农协会员6108人,其中中农486人、贫农1877人、佃农2962人、工人340人、雇农443人,实现了完全的贫下中农以上成分。③

1950年9月10日,中共南充地委即发出了整理农协组织的指示,指示先分析了南充地区农协的三种基本类型:第一种是组织不纯,有的是地主、富农、伪军官或伪乡保长,或恶霸和土匪混入农协,操纵领

---

① 达县专区农协筹备会《达县专区农协工作总结报告》(1950年10月21日),四川省档案馆馆藏,资料号:建北1-139。
② 《西昌县川兴区高视乡第四分会第一组农村经济调查材料整理》(1951年5月19日),西昌市档案馆馆藏,资料号:川兴区公所121-1-1。《宋县长在西昌第三届各族各界人民代表大会上的报告》(1951年3月),西昌市档案馆馆藏,资料号:县政府39-1-4。
③ 《第六区各乡整顿农协组织概况表》(1950年8月16日),重庆市江津区档案馆馆藏,资料号:1-1-16。

导；有的是地主阶级派流氓或亲朋等坏分子混入农协，间接地窃取操纵了领导权，这种类型虽程度不同，但占相当不少的数量，其特点是只有领导架子，没一定会员，宗派斗争最严重，贪污营私，借势欺人，且有借征粮名义，黑夜催粮，企图强奸农妇者，致广大群众不满，但不敢公开提出。第二种是组织不纯，虽不是大问题，但领导完全掌握在中农与贫苦知识分子手中，圈子很小，贫雇农无发言权而造成不满。在征粮剿匪中，则是战斗力不强，畏缩软弱，完成任务采取敷衍态度。第三种是成员纯洁，领导骨干，贫苦农民亦占优势，但会员数量太少，圈子太小，广大中农被关在门外，存在严重的关门主义偏向。其又可分为两种：一种是战斗力虽强，但只是少数积极分子活动；另一种则是老好人，觉悟不高，战斗力差。根据这样的情况，南充地委提出针对不同类型农协采取不同整理方针。对第一类型农协采取从上到下，在区乡农代会与农民中，了解情况，如系地富、匪特、流氓操纵领导，一手包办建立的农协，会员成分也是坏人占据了多数，则应坚决予以解散；有的领导成分虽不纯，但仍有部分农民积极分子与骨干者，则不宣布解散，但应坚决撤换不纯领导。同时清洗会员中的不纯分子。而是解散还是撤换都应向农民讲清道理，充分酝酿，公开宣布。对于宣布解散的农协中系农民成分的成员，要仍然作为会员，选举时同样参加会议，讨论改组之准备工作。对第二类型农协则应采取启发教育农民，提高农民阶级觉悟，及时自上而下的调整领导成分，清洗个别不纯分子。对第三类型农协主要抓紧全体农协会员，教育并加强对领导者的教育与培养，提高其阶级觉悟与工作能力，使之逐步成为很好的领导者。南充地委还提出，在纯洁健全了领导，有了骨干的过程中，农协应采取有领导的大胆放手的发展方针，进行大量发展，扩大农协组织，并注意吸收广大农村妇女参加。[①] 1950年10月21日，达县专区农协筹委会制定了"继续纯洁领导成分，大量发展会员，加强会员教育，准备进行减租"的农协发展总方针，明确要求：第一，有领导有组织有目的地开好县、区、乡三级农民代表会议。通过农代会议来纯洁领导成分，大量发展会员，为了保

[①] 中共南充地委《关于整理农协组织的指示》，四川省档案馆馆藏，资料号：建北1-139。

证做到有领导、有组织的农代会,采取有重点的分批召开。先从实验乡和公粮已基本结束的重点乡开始,一定要有比较强的干部领导。而且计划1950年冬到1951年春开五次农民代表会议——总结公粮时开一次,开始减租时开一次,准备正式进入斗争时开一次,斗争当中开一次,明年结束减租退押布置春耕时开一次。乡的农代会议一般规定代表人数为300—400人,代表名额之所以规定多一些,是便于使老实农民敢于出席,减少顾虑。第二,轮流集训农会干部和一部分品质很好,工作积极的农民代表,地委训练班和各县县委都准备在1950年11月初集训一批农会干部和农民代表,加以阶级教育和政策教育,准备将训练后的农会干部和农民代表,作为农协的组织委员。第三,还明确规定加强对各级农会的领导,严格规定请示报告批准制度。第四,准备具体规定各级农会委员人数,组织系统,权力范围和各方面的关系。① 1951年3月14日,川南农协也发出《关于农协如何形成雇贫领导核心的通知》,指出,现在各地许多农协会领导成分不纯,雇贫未形成领导核心,因此要求必须进一步地、更好地调整各地的农协领导成分,逐步减少中农领导比重,以及洗刷其他的一切阶级异己分子,形成雇贫农的领导核心。通知还指出,过去只是依靠临时召开的雇贫农代表会议或雇贫农大会来讨论和解决一切问题的做法已经不够了,为此,必须进一步地形成雇贫农的经常组织,其办法是由雇贫农大会选出若干雇贫农代表,组成雇贫农代表团,参加到原有农协领导结构中去,成为当然的委员,特别是要注意改变中农占多数的情况,也就是实际上要保证雇贫农占2/3,组成农协新的领导机构。通知认为,只有这样做,才可以使雇贫农在农协中形成核心领导,又能继续团结与不刺激中农,不致在农民中形成分裂与对立现象。待雇贫农在农协中形成真正的领导核心时,便可彻底改变农协的领导成分。但在有些农协领导已经为雇贫农掌握的地方,便不必再组织雇贫农代表团。通知最后要求,各地进行这一工作时,应先搞典型,取得经验后再普遍组织。②

---

① 达县专区农协筹备会《达县专区农协工作总结报告》(1950年10月21日),四川省档案馆馆藏,资料号:建北1-139。
② 川南农协《关于农协如何形成雇贫领导核心的通知》(1951年3月14日),川南区农民协会编印《川南农民》第三期,1951年3月28日出版,第1页。

南充地委办公室1950年9月23日专门总结了岳池县西溪乡农会组织的经验,肯定了典型(十一保),也指出了他们存在的缺点,批评了组织不纯、制度不健全的农协组织,实际为农协的继续发展指明了方向。岳池县西溪乡有14个保,都先后于1950年4、5、6月间,建立了农协会,共有会员1500名。当时乡农协会尚未建立,其农协可分两种类型:一是贫雇农领导,但有个别是旧保长者,第十一保、十六保、十七保,三个保都属这一类;二是中农掌握了领导权,或会员人数很少,如二保农协会委员多系中农,尚存有个别成分不纯,这一类型占多数。南充地委以第十一保为典型再联系其他保,说明了全乡农协情况:十一保地势临山靠河,是一般之保,原为七甲半,共有228户,822人,3333挑田谷,100挑谷以上的地主,只有刘开科1户,其余多是二三十挑谷的农民。十一保的农协会是属贫雇农领导的,在4月即由黄文焕、蔡济普、何述明在陈科长领导下,着手进行组织的,由于领导阶级界限较明确,不仅注意征粮工作中交粮催粮的农民积极分子,而且注意了贫雇农成分正派农民。以肖国政、彭桂荣、张永吉、黄祖朋等成立农协小组,到6月先后以4人为基础,吸收了50人,6月21日农协会正式成立,便有会员70余人,至7月就发展到110多人,到现在共有会员男193人,女54人,共247人,发展的方式是由苦人连苦人发展的,妇女则是通过打通男会员的思想,动员自己的女人入会发展的,其手续是两个会员介绍,全体会员讨论通过,便正式入会,条件是不徇私,不包庇地主富农,为人正派的贫苦农民。其他如七保、十保也是一样的组织发展起来的。当时保农协的组织机构是设主席1人,副主席1人,并分文化、调解、妇女、青年、组织、生产、武装7个委员,这几人中成分为佃贫农1人,贫农6人,佃中农2人,会员均系农民。二保领导是7个委员,佃中农3人,佃富农1人,贫农3人,没有青年、妇女委员,组织不健全。十一保农协每隔五天开大会一次,进行检讨工作,初步建立批评与自我批评制度,及学习天下农民是一家与唱歌等。这都起了不小作用,如十一保农民开始认识了天下农民是一家,对地主特务要斗争,农会要纯洁。在批评上也起了很大作用,如批评武装委员彭友三(原抬滑杆过活,回到他哥哥家里),工作很积极,但除工作外,在家里很少参加劳动,大家便展开批评说,工作积极应该,但不很好劳动不对，经过几次批评后，现在彭友三不仅积极工作，且很积极地劳动生产了，当他哥哥去城里出席农代会时，他即当两个人工作，把生产搞得很好，类似的尚有七保、十六保，其他不仅无此制度，且会也不多开。南充地委也指出了岳池县酉溪乡农会存在的关门主义等现象，如（1）虽注意到成分，但在发展时由于有的报成分，大家弄不清，也就有个别成分与成员的不纯。二保的武装委员郑炳荣，佃耕了80挑谷，雇下长工，全保领导中农也占多数。十一保的调解委员王海荣是保长，与其子二人当了农会委员。（2）十一保看农会人数虽不少，但仅占人口的23%，其他保更差，发展方法仍存在关门现象，如发展会员，除经二人介绍，大众通过外，在入会时还要当众坦白，写得起字的，还要写坦白书，否则就不能入会，这样有些农民特别是农妇就因此被拒绝于门外，影响了发展。（3）机构上不健全，各保的农协会，都未划分小组，开会即全体农协大会，在分散居住条件下，到齐却很困难，以致过组织生活就很不容易。武装的名称也不一致，有的叫治安组，有的叫治安队，有的叫武装班，有的叫背枪的，无统一编制及领导系统，其领导武装虽在农协领导下，但因农委无会议制度，很容易形成武装委员个人领导（说明主张集体领导），且有个别成员不纯，长期下去，容易发生乱子。在保农协名称上，未根据川北农协章程叫保分会，而都称为农协会，也没有一定办公地点及亮出牌子来。（4）教育培养还不够，如第十保就觉得开会太少，受的教育很不多，而总的却规定了五天一次大会，这种会议多了，便会影响生产，特别是农忙时期，工作方面仍未让他自己讨论去做，还是工作同志，先来一套布置，在最近新任务来后，工作同志集中精力搞公粮，而忽略了发动群众发展与建立农会，以致各保农协会的发展就停顿起来，这些都是亟待补救或纠正的。南充地委认为，综合全乡的经验，农协会与农民武装，以十六保、十一保较好，其值得推广的主要有以下几个方面：第一，根子要扎得正，起初都是以纯正积极的贫苦农民为基础，逐渐发展的。第二，要抓紧以所受压迫剥削的事实，进行启发阶级觉悟，并联系事实对农民进行教育。如第十一保的农民彭桂荣，在解放前因地主刘开科强占地基，在伪政府打官司又输了，便记恨在心，其他的农民亦多受其害，也很痛恨刘。解放后刘开科又混入县大队当中队长，被查觉后开除，且决定对其惩办，这就有意无意影响了农民，使其明白了人民政府是为人民办事的，加上发放农贷等带来了好的影响。在联系实际进行教育中，使农民真正认识共产党是为人民的，坚定了他们的斗争信心，提高了阶级觉悟。第三，依靠了贫苦积极分子，发动了较广大的群众参加农会，壮大了农民队伍。只有依靠了群众，才能使农会发展得又快又好。① 这种实事求是地分析本地农会发展的实际，明确发展的经验和存在的不足，就为本地基层组织未来的发展提供了良好的思路。

1950年12月，川南人民行政公署专门制定了改造乡村政权初步意见的提案，其中的几条修正意见，明确规定了地主、恶霸、自新匪首及褫夺公权者，均不得有选举权。②

四川各地都进行了不同程度的纯洁农民协会，清洗农会领导和成员的工作，使农会在发展中走向纯洁和巩固，贫雇农逐渐掌握了许多乡村的领导地位。如隆昌七区在1951年年初通过采取多种措施，尤其是首先通过学习让干部联系过去的工作，检讨自己的贫雇农观点是否树立，明确了依靠贫雇农的观点；又通过开好贫雇农会，宣传政策，并结合诉苦教育，树立贫雇农当家做主的思想；还通过斗争不法地主，贯彻男女一起发动，适当解决贫雇农生活困难等，充分发动贫雇农逐步解决了农协组织不纯的问题，使贫雇农进一步掌握了领导权。如李市八农协因发展会员不纯，使隐蔽的土匪及小土地出租者混进了农民协会里，这次被全部清出去了，老实农民更加高兴；其次是农协副主任李能浩贪污两石土改果实去做生意，此次被贫雇农批评教育后撤职，使整个农会从委员到小组长都是老实农民（包括中农）。③ 泸县县委在解决三区李湾乡农协干部包庇恶霸匪首、领导成分中农占大部分、作风不民主、分配土改果实不公等问题时采取了自下而上的办法，先要求所有农协50个小组长换成贫雇农，在民主分配地主退出果实时民选了20个农协小组长，

---

① 南充地委办公室《岳池县西溪乡农会组织与工作总结》（1950年9月23日），四川省档案馆馆藏，资料号：建北1-138。

② 川南人民行政公署《关于改造乡村政权初步意见的提案的修正意见》，四川省档案馆馆藏，资料号：建南5-54。

③ 隆昌七区工作报告《怎样在查田中发动贫雇农》（1951年3月6日），川南区农民协会编印《川南农民》第三期，1951年3月28日出版，第3—4页。

全部是贫雇农。① 双流县刘公乡在建村，选举农会会长及农会小组长、村长时则通过召开干部和贫雇农座谈会等启发群众觉悟，明确了选举的程序、方式和哪些人不能当选，使包庇地主、欺骗群众、活动选举的人都未能当选。双流县刘公乡规定，不能当选的有下列多种："（一）国民党青年党党员、三青团团员、伪军官老兵；（二）伪乡保长；（三）大爷、老三哥、大五哥；（四）封建会门、吃素的；（五）端公、道士、星、相、唱戏、跑滩匠；（六）二流、狗腿、奸谣、估□、嫖赌、招摇；（七）吸烟毒、滥烧酒、大吃大喝；（八）立场不稳、历史不清白；（九）操纵选举、活动选举、派别族长；（十）官僚作风、态度不良好；（十一）只图私人利益，不顾群众利益。"妇女不能被选举的有："（一）历史不清白；（二）窝娼窝盗；（三）吃斋把素；（四）态度不良好；（五）工作不积极；（六）怕吃苦怕困难。"最终，"三分会骨塘村有四人活动选举，唐益方曾当过大管事，贾德培当过保长、老三哥，包庇贾明兴财产、人口、田地亩分，刘天元包庇地主改为富农，黄国成犯自由主义，当农会主任借谷子欺骗群众"，觉悟了的群众都没有选举他们②，由此，达到了发动群众，纯洁农会组织的目的。

华阳县第五区白家乡农协到 1951 年 6 月共清洗农协主席 5 人，委员 8 人，武装队员 10 人，农协会员 2 人。③ 而川东各地则在土地改革反封建斗争中，农村基层组织（包括农协、武装）在清洗中得到发展壮大，据长寿县委和合川县委分别对双龙、思居两乡土改前后的农村基层组织的调查，农民协会会员在土改前占农业人口的 31.9%—37.2%，占应入会人口的 65%—81.5%（应入农会人口一般占农业人口的 45.67%—49.1%）。土地改革中经过清洗发展，也就是土改中两乡清洗会员男 548 人，女 327 人，共 875 人，新发展了会员男 1191 人，女 1458 人，共 2649 人，使农会会员由土改前 10513 人（其中男 5966 人，女 4547 人），发展为 12287 人（其中男 6609 人，女 5678 人）。土改后

---

① 《泸县三区李弯乡农协会中几个问题的处理》（1951 年 3 月 14 日），川南区农民协会编印《川南农民》第三期，1951 年 3 月 28 日出版，第 13—15 页。
② 《刘公乡建村总结报告》，双流县档案馆馆藏，资料号：86 - 1951 - 2（三）。
③ 《华阳县第五区白家乡农协会总结》（1951 年 6 月 6 日），双流县档案馆馆藏，资料号：74 - 1951 - 1（十八）。

农会会员占农业人口的39.9%—41.19%，占应入会人口的83.48%—83.83%；人民武装亦有很大发展，土改前该两乡队员共1345人（其中男1218人，女127人），占农业人口的3.28%—5.16%，经清洗发展，即土改中清洗队员458人（其中男336人，女122人），新发展1896人（其中男604人，女1292人），土改后队员共2783人（其中男1486人，女1297人），占农业人口的3.29%—13.12%。① 华阳县第七区合江乡在土改过程中针对该乡原有农会大部为地主、富农、反动军官、土匪头子等所掌握，乡农会和各个分会都有程度不同的不纯的情况，发动群众对农会进行了整顿：经过群众讨论斗争，分别就农会干部的不同情况进行处理，有的清洗，有的撤职，对问题不大的继续留用，好的选入代表委员会。全乡共清洗104人，撤职20人。针对农协中的妇女委员多是原保长、特务、旧军官太太的情况，也通过整理农会纯洁了妇女领导，培养了许多新的妇女积极分子，教育了妇女。② 简阳第三区也在土改过程中整顿农协组织，各阶层共清洗不纯分子1863名，农协会员发展到28554名，其中贫雇农21531名，占农业人口的50.15%，占应入会人口的75.5%；中农4921名，占农业人口的46.2%，占应入会人口的91.9%；由贫雇农形成核心领导的村（也就是农协主任、武装等均为贫雇农掌握）达到105个，占总数的71.9%，③ 也就是大部分村贫雇农处于核心领导地位。而简阳第三区草池大乡（土改中新划小乡8个，村子79个，段、街各1个）由于工作抓得紧，干部也培养得好，对各小乡的情况掌握得稳，发现问题后能即时纠正，所以贫雇农形成领导核心的村达到71个，占总村数的近90%。④

川南行署土改工作队第二队在领导南溪县留宾乡土改工作中则把整顿组织作为土地改革的两个重要环节之一，经过耐心细致的工作，

---

① 中共川东区委政策研究室《土改前后农村基层组织状况》，四川省档案馆馆藏，资料号：建东1-182。
② 华阳县合江乡土改工作队部《华阳县合江乡土改工作队工作报告》（1952年4月29日），双流县档案馆馆藏，资料号：华阳县合江乡人民政府90-1952-2（四）。
③ 简阳县第三区公所《关于本区工作总结》（1952年5月6日），简阳市档案馆馆藏，资料号：090-002-9。
④ 《草池乡土改工作总结》（1952年5月2日），简阳市档案馆馆藏，资料号：090-002-9。

成功地建立了以贫雇农为核心的乡村组织。首先，工作队充分认识整顿组织的重要性，因为如果整顿工作做得不好，对农民的切身利益就要受到严重的影响，贫雇农当家做主的农村政权就根本不能巩固，所以工作队在各个阶段工作中，都把对干部的了解和对贫雇农积极分子的培养作为两项经常的中心工作。当时南溪县留宾乡的乡村干部尽管在清反减退期间曾经有过调整，但封建势力还未肃清，乡和村的农协，仍然有很多不纯分子，会员中贫雇农虽然占多数，但他们的背后，大半都被阶级异己分子支配。所以农协表面上是贫雇农当权，实际是地主操纵。工作队了解了这些情况后，更提高了警惕，认定在土地改革中，要彻底打垮封建势力，达到消灭地主阶级的目的，必须积极整顿组织。工作队采取了两个步骤整顿组织：第一步是从侧面了解干部的成分、历史，正面观察他们的工作作风。一方面，在访贫问苦中，着重说明干部是要能够代表群众的切身利益的。贫雇农中的积极分子，经过启发以后，就把他们所知道的干部的优缺点告诉了工作队的同志，为工作队根据情况调整农协干部创造了基本条件。另一方面，工作队又注意了贫雇农积极分子的培养，为整顿农协组织做好了干部准备。所以工作队就经常和贫雇农积极分子个别谈话，启发他们树立为群众服务的观点和热情。并在大会和小组会中，鼓励他们对各种问题发表意见，锻炼他们的能力，树立他们在群众中的威信。在培养条件成熟后，再在各村普遍成立贫雇农代表团，在乡村中真正树立起贫雇农的优势力量。代表团的代表，通过民主方式在培养的积极分子中选出新干部的候选人。应被清洗的干部也由代表团提出，先在各小组中充分酝酿成熟后，再提请大会通过。由于工作做得好，被清洗的干部也都能当众承认过去的错误，表示要重新学习，再为群众服务。新选出的干部，则表示要大公无私，负责为群众的利益努力。第二步是经过不断的整顿，将整个乡村干部103名清洗了47个，留任56个，使贫雇农都占了2/3以上，乡村组织从此才建立起贫雇农的核心领导。南溪县留宾乡整顿组织前后乡村干部情况见表3-2。①

---

① 《川南行署土改工作队第二队工作总结》（1951年11月），四川省档案馆馆藏，资料号：建南5-42。

第三章　新中国成立初期四川基层政权的建立与乡村权力重构

表3-2　南溪县留宾乡整顿组织前后乡村干部情况表（1951年11月）

		地主	富农	中农	贫农	雇农	小土地出租	商业资本家	小手工业者	小商贩	工人	贫民	其他	伪乡长	伪保长	伪甲长	贪污	包庇地主	土匪	旷职	其他	合计
整顿前	乡级	人数（名）		1		13					3												17
		百分比		5.88%		76.47%					17.65%												
	村级	人数（名）	1	22	46	4	1	1	2	7	1	1										86
		百分比	1.16%	25.58%	53.48%	4.65%	1.16%	1.16%	2.32%	8.17%	1.16%	1.16%										
	合计		1	23	59	4	1	1	2	10	1	1										103
	乡级	人数（名）		1	7																	8
		清除率		12.5%	87.5%																	
	村级	人数（名）	1	8	16	2	1	1	2	7		1		1	5	3	4	1	15	10		39
		清除率	2.56%	20.51%	41.02%	5.12%	2.56%	2.56%	5.12%	18%		2.56%										
	合计		1	9	23	2	1	1	2	7		1										47

· 61 ·

续表

	地主	富农	中农	贫农	雇农	小土地出租	商业资本家	小手工业者	小商贩	工人	贫民	其他	伪乡长	伪保长	伪甲长	贪污	包庇地主	土匪	旷职	其他	合计
整顿后 新选出的 乡级 人数(名)				6	1				1												8
整顿后 新选出的 乡级 百分比				75%	12.5%				12.5%												
整顿后 新选出的 村级 人数(名)			4	24	3		1	2	2		1										39
整顿后 新选出的 村级 百分比			10.26%	61.54%	7.69%		2.56%	5.13%	5.13%		2.56%										
合计																					47
整顿后 留任的 乡级 人数(名)				3				2	3		1										9
整顿后 留任的 乡级 百分比				33.33%				22.22%	33.33%		11.11%										
整顿后 留任的 村级 人数(名)			15	29	2						1										47
整顿后 留任的 村级 百分比			31.9%	61.7%	4.26%						2.13%										
合计 乡级			15	32	2			2	3		2										56
合计 村级			15	9	1				4		1										17
合计 总计			19	53	5		1	3	2		3										86
总计			19	62	6			3	6		4										103

四 农民协会的职能和作用

当时农民协会的职能和作用较为广泛,在征粮、剿匪、反地主夺佃逼租和反减租退押、生产、救济、保卫和维护乡村社会秩序等各方面都发挥了积极的作用。

隆昌县农协在1950年9月农协会员总数尽管只有36220名(其中贫农11273名、佃贫农11108名、雇农2335名、中农5843名、佃中农5415名、富农208名、佃富农38名,贫雇农占多数,中农也占近1/3),但他们在征粮中起带头作用,并且到各处催地主完粮;在剿匪过程中,农协组织自卫队,通报情报,带头打匪;在生产方面更是实行挑战,喊出了"不荒一块田、一块土"的口号;在救济方面,为在剿匪等斗争中死伤的农民组织换工互助等。①

川东璧山行政区各地农协积极领导农民向地主阶级进行斗争,在反夺佃、反逼租、合理负担、减租退押等斗争中发挥了积极作用。地主阶级已经开始向农民低头,有的乡村,农民已经占了优势,几千年来的农村封建剥削的阶级关系正发生巨大的改变。②

达县专区农会在预交公粮,挤黑田,评产中起了很大的作用:"农会会员普遍是带头交粮,带头实报产量,监督伪乡保长,积极参加公粮工作,达县盘石乡一乡就有300多农会会员,直接参加查田、评产工作,而且做得很认真,很有成绩。查出黑田贰万零陆拾贰挑(面积)。万源城守镇第八保农会会员组织了一个运粮大队和十个运粮小队,共180人参加运粮入仓工作,10月11日一天就预交黄谷15000斤,达该乡预征任务的42%。达县大口乡第七保农会会员罗隆魁(佃农)除把自己的产量带头报实外,并积极参加评产、挤黑工作,评议完了后自己把底子抄了一份存起来,经常检查旧乡保长,结果发现保长把自己的田改少了十来挑,马上就在工作队前揭露,拿出底子来对照,使该保长哑

---

① 《隆昌县农协组织情况调查表》(1950年9月),四川省档案馆馆藏,资料号:建南5-54。
② 《川东璧山区行政专员公署一九五〇年工作总结报告》,重庆市渝北区档案馆馆藏,资料号:江北县府14-3-5;江北县政府《1950年工作总结》,重庆市渝北区档案馆馆藏,资料号:江北县府14-3-1。

口无言，承认错误加以改正。①"

岳池县西溪乡各保农协成立后，在各阶层工作中，均起了不小作用。公粮任务除积极催收及自己带头缴纳外，并发起农民之间互相借贷完成任务，委员彭桂荣（佃中农）就曾借出谷子四市石给农民交粮，并代其佃主把粮完了，在1949年公粮任务中，初次评议时，曾荣获县人民政府奖旗1面，扩干会又评为模范保，都是农协会起的作用，1949年的公粮现完成了94.3%，虽尚欠1300余斤，而地主刘开科1人，就欠1200斤，逃亡了，无法催收。农民所欠的100多斤，本为政府豁免，在农协会会员爱国热忱下，要求缴纳，均已集中，等待入仓，其余在生产、剿匪方面，也起了一定的作用。尤其是农协组织的武装在镇压坏人、土匪，保护公粮和乡村安全方面发挥了积极作用。如十一保共有武装队员17名，都是农协会员，由武装委员彭友三领导，队员都是在农协会员中选择纯正积极的贫雇农充当，故纯正积极（有的保则只注意积极，而马虎地将成分不纯的吸收进来）。武装班都在农协委员会领导下进行工作。十一保的将17人划分了四个小组，又根据了队员住地与防范需要分布在郭家寺、太平寨、金田山、李家寨四处，每晚集中进行巡夜、放哨、查哨等工作，其成绩表现在：自成立以来，镇压了坏人、土匪，全保未出现偷盗抢劫事件，并给十保报信，捕获土匪五名，二保有次黑夜听到枪声即行追赶，打走土匪并抓住土匪1名，将土匪所抢的两挑食盐夺回，退还原商贩，不仅防匪，并经常保护仓库，在下雨后，尤很注意。十一保在阴历五月二十九日雨后，查得金田山的仓房因山石崩塌打湿，便立即通知主管的兴隆区公署修复，公粮即未遭受丝毫损失。农民武装的枪支都是自主解决的，有时还支援上级领导和工作队所需武器。如十一保共有长枪31支，即由区政府领借25支，工作同志留下4支，收缴本保的公私枪2支。在收缴公私枪支上，采取没分别的一律硬性收缴。十一保是杨西（伪营长）存放在地主杨香菊家里马枪1支，另1支是地主杨仁义私枪，都采取同样方法收缴出来。②

---

① 达县专区农协筹备会《达县专区农协工作总结报告》（1950年10月21日），四川省档案馆馆藏，资料号：建北1-139。
② 南充地委办公室《岳池县西溪乡农会组织与工作总结》（1950年9月23日），四川省档案馆馆藏，资料号：建北1-138。

华阳县第五区白家乡农协在减租退押运动中通过召开各种会议，宣传政策，发动群众劝说地主等工作，完成了减租退押的任务；在清匪反霸运动中，成立自卫队，又通过集训学习，提高了农民群众的阶级觉悟，在清匪反霸中发挥了骨干作用，农民自卫队员擒匪首、捕匪特、抓纵火犯，清理枪支弹药等；在征粮过程中，又通过深入群众宣传政策，发动群众实报产量及田的等级，又发动贫苦知识分子精打细算，20多天就超额完成公粮任务；在春耕生产方面，自动召开县区乡的生产会议，号召分得押金的农民全部投入生产，积极购买生产资料，完成了小麦的收割和大春的生产；在遭遇旱灾时，则积极寻找水源，淘去水沟里的阻沙，及时解决缺水的问题；在志愿抗美援朝方面，通过组织群众学习时事，控诉美帝国主义罪行，使群众在思想感情上认识抗美援朝的重要性，群众即以极大的爱国热情捐款捐物，并很快完成夏征借粮的工作，之后群众又积极投入生产，以实际行动支援抗美援朝。①

璧山县第四区农协会通过整理组织，纯洁农协队伍，使农协会在征粮，挤出地主隐匿的黑田，评议等方面发挥了积极的作用。当时全区有8400名农协会员，全区64个保都有农协会员和农协委员会，通过征粮考验后，证明大部分是好的，有成绩的，但也有部分不起作用，于是对农协组织进行了整理，共清洗农协会员和农协委员150人，清洗掉的人有一部分是地主、富农、自新的土匪和国民党军官。经过初步整理，纯洁了农协队伍，收到了好的效果。如广普乡原来工作比较落后，经过整理后的广普乡农协在征粮当中起了保证作用，全乡的征粮成绩成为全区第一模范乡，健龙乡经过整理后工作也有了很大的转变，在征粮等工作中得到好的改进。丁家乡第七保经过整理后在评议中挤出黑田500多石（以当时产量计算，下同），丁家全乡则挤出黑田5000多石，健龙乡挤出黑田1000多石，广普乡挤出黑田480多石。全区挤出黑田1万多石。凡整理后的农会在乡保评议中也有正确的言论，有说公道话的，群众反映也好。②

---

① 《华阳县第五区白家乡农协会总结》（1951年6月6日），双流县档案馆馆藏，资料号：74-1951-1（十八）。

② 《中共璧山县委第四区委农协工作总结》（1950年11月10日），璧山县档案馆馆藏，资料号：1-1-10。

总之，四川各地农民协会"发挥了基层政权的作用，使人民政府的各项政策很快与群众见面，保证了乡村中一系列反封建斗争的胜利完成，更好地巩固了工农联盟。并在一系列的斗争中，提高了农民群众的觉悟程度，涌现了大批积极分子，为乡政权建设工作准备了骨干①"。

五　村的建立和村公所的设立

四川多个地方村的建立和村长的选举大致是在1951年。1950年12月，川南人民行政公署关于改造乡村政权初步意见的提案，其中的几条修正意见明确规定了村政府的名称、村干部的选举条件、区乡村的编划：第一，村政府的名称改为村公所，仍称村长。第二，关于村干部的选举条件，被选举权一项明确规定，如地主、恶霸、自新匪首及褫夺公权者，均不得有选举权。第三，关于区乡村的编划，其原则应为：区以下设乡，以八至十二乡为一区；乡以下为村，以八至十二村为一乡；村以下为居民小组，以八至十二小组为一村；每一居民小组以八至十二户组成。②

双流县刘公乡是在1951年第一季度进行建村的，选举了农会会长及农会小组长、村长等。他们首先通过召开干部和贫雇农座谈会等，说明为什么要建村，建村的重要性，使他们了解选举的重要和注意之条件，启发群众觉悟。又通过明确选举的程序、方式和哪些人不能当选，最终在建村过程中，使包庇地主、欺骗群众、活动选举的人都未能当选。③

巴县第五区鹿角乡和平新村村政权是在1950年12月12日前建立的，经历了充分准备和选举两个大的阶段。准备阶段主要是先深入组织宣传教育，通过普遍向群众宣传村政权是人民自己的政权，使大家认识到这个政权是为穷人办事的，大家要拥护、热爱、巩固自己的政权；而以前的保甲制度是帮助有钱人在农村压迫剥削人民的工具，是为有钱阶

---

① 《西南区四年来人民民主政权建设工作简要总结》，成都市档案馆馆藏，资料号：85-2-73。

② 川南人民行政公署《关于改造乡村政权初步意见的提案的修正意见》，四川省档案馆馆藏，资料号：建南5-54。

③ 《刘公乡建村总结报告》，双流县档案馆馆藏，资料号：86-1951-2（三）。

级服务的，必须坚决废除，由人民自己掌握政权，穷人才能当家，做国家的真正主人。待群众认识提高以后，有步骤、有层次、酝酿成熟候选人名单。第一步是召开全保农协常委会议，认真讨论酝酿出候选人名单；第二步将名单拿到各农协小组讨论，提出意见，阐明要为穷人办事，使农协会员一致起来，成为大会选举的核心；第三步，以各甲农协为主，召开各甲甲务会议，通过所酝酿的名单。选举阶段主要是召开选举大会，选举村长、副村长及村委委员。第一步由大会提出前一阶段酝酿好的9名候选人，得到一致通过。第二步9名选6名，以投豆方式选举：9个人并排坐在一起，每人背面放一个碗，碗内均写明候选人名字，每个选举人均发给豆子6粒，代替选票；然后有秩序地投票，选举人一个人将6粒豆子投完后，第二个投票人接着投，以此类推。投票时还特别注意了两个问题：一是主席团要很好掌握会场，防止地主坏分子在会上乱提名，操纵选举，所以规定发言人必须先举手，得到主席允许后方得起立发言；二是投票时防止选举人投重复票，即在一个碗里投几粒豆子，有害选举。票投完以后，主席当场开票，以票数多少选出村长、副村长及村委委员4人（财粮、生产、民兵队长、文书各1人）。他们是村长吴银清，男，37岁，佃中农，文化程度是私塾一年；副村长汤海荣，男，23岁，佃中农，上过小学二年；副村长唐文玉，女，43岁，佃贫农，不识字（好像是特意加了一位女副村长）；财粮曾志洲，男，32岁，佃贫农，上过小学二年；文书赵聚贤，男，20岁，佃贫农，小学毕业；生产杨数清，男，37岁，佃贫农，不识字；民兵队长陈炳清，男，38岁，佃贫农，不识字。村以下每10户组成"邻"（即行政小组），邻设正副邻长各1人，全村共组成15邻。①

仁寿县回水乡（后划归红花乡）各村的建村时间明确表明的都是1951年1月下旬。如临江村，因两岸临江而得名，建村时间是1951年1月28日，是以原回水乡三保为基础建立的，村公所在观音寺，共92户419人分8个组，全村有田213亩7分5厘，土284亩3分5厘，地方东至火烧场，西至府河，南至小河，北至谢家港、子山堰。高梁村，

---

① 《巴县五区鹿角乡和平新村村政权建立经过》（1950年12月12日），重庆市巴南区档案馆馆藏，资料号：巴县县委1-1-11。

注名山名，建村时间是 1951 年 1 月 27 日，是以原回水乡二保为基础建立的，村公所在王家祠堂，共 81 户 382 人分 8 个组，全村有田 342 亩 9 分，土 291 亩 8 分，地方东临三分会，西临新龙村，南临一分会，北临红花乡。高家村，因以高氏祠堂为中心而得名，建村时间是 1951 年 1 月 28 日，是以原回水乡四保为基础建立的，村公所在高氏宗祠，共 75 户 341 人分 8 个组，全村有田 302 亩 7 厘，土 231 亩 3 分 5 厘，地方东至东南西北，西至木弯龙，南至大转转，北至厂子硚。新龙村，因新龙寺庙而得名，建村时间是 1951 年 1 月 27 日，是以原回水乡二保为基础建立的，村公所在丁习五家里，共 83 户 384 人分 8 个组，全村有田 294 亩，土 186 亩 3 分，地方东临高梁村，西临府河，南临新兴村，北临红花乡。①

川东璧山专区②则是在减租退押前后对乡村政权进行了大规模改造。璧山专区将乡村政权的建设紧密结合各个时期的中心任务逐渐进行。由于通过征粮剿匪，涌现了大批积极分子，成为农村中的骨干。但也有不少的成分不纯、行为不正者，所以在减租退押工作展开前，专区各县进行了整理农协纯洁其领导成分的工作。在减租退押工作初步完成的地区，则推行了乡村政权改造工作，进行的步骤是先乡镇后保甲，乡镇干部一般是由政府委派的，其成分多为地下党青年知识分子，经过考验的农民积极分子，如合川 77 个乡镇中已有 72 个正式委派了乡镇长，綦江五区金灵乡选农民代表为乡长，为人正派，工作积极并揭发了地主的阴谋，教育农民群众，所以在人选上是经过慎重研究考虑的，再由区报县批准。在改造村政权上，很多是经过自下而上由群众推选的，全区已改造的村政有 1105 个村的干部是民选的，1558 个是指定的。铜梁在改造村政权时召开了保民大会，揭发保甲长的罪恶，宣布废除旧的保甲制度，并分组进行讨论酝酿，提出名单，然后大家选举村长，建立自己的政权。大足县一个被选的村长说："我们被大家选举出来当新干部，

---

① 《建村报告表》，双流县档案馆馆藏，资料号：仁寿县红花乡政府 95－1951－1（一）。

② 当时川东璧山专区（后改称江津专区）行政区划为璧山、江津、合川、巴县（1951 年 3 月后曾划归重庆管辖，见重庆市档案馆馆藏，资料号：1075－1－294）、永川、荣昌、綦江、铜梁、大足、江北十个县。

第三章 新中国成立初期四川基层政权的建立与乡村权力重构

决不能再像过去保甲长一样,必须很好地为人民办事。"每次开会都跑在头里。但也有个别县没有及时有计划地进行改造,如合川六区临渡乡改选的新乡长邓柄然,成分不纯,作风不正,干过粮差,做过小生意,当选乡长后,威风十足,出行要带农民武装,骄傲自满摆官僚架子,脱离群众,接受小惠。还有綦江七区只改造了乡政权,保甲原封未动。[①] 到1951年4月,璧山全专区4861个村,4153个村建立了村政权,选举了村长和村政委员,建立了贫雇农联合中农的村级权力机构[②]。璧山专区各县村政权建立的具体情况见表3-3。

但当时四川乡村基层组织也存在一些问题,如系统林立,分工不明确,制度不健全等。根据长寿双龙乡、合川思居乡及酉阳地区的情况,村级一般均有农协、村政、人民武装、青年团、妇代会、公安(保卫)委员会,文教委员会(合川或称为宣传委员会)、村校推进委员会(长寿双龙乡有学习委员会)、生产委员会、保管委员会、宣传网、读报组、护粮小组等13种。酉阳地区还有清匪委员会、护林小组,长寿有耕牛保险小组、防疫委员会、储蓄委员会等。这些委员会下边又分设有若干小组,长寿双龙乡村治安委员会下边还领导有情报小组。农村中组织既多且杂,干部1人兼数职是普遍现象,工作范围也不明确,因此一般情况下就形成了主任、村长1人当权,什么事一揽子搞,遇事就开大会,会开得不少,解决问题不多。结果是乡村干部忙得满头大汗,耽误生产不少,群众还是莫名其妙。有的还发生争权夺势或互相推诿责任的现象。长寿双龙乡有的村农会与民兵比权力,农会说:"我领导土地改革。"民兵说:"我拿枪管制地主。"思居乡十三村地主外出向主任请假,村长就有意见;该乡其他一些村干部则互相推诿,做错了事互相推责任。所以,合川思居乡农民反映:"国民党费多,共产党会多。"长寿双龙乡群众反映:"头绪太多了。"[③]

---

① 《川东璧山区行政专员公署一九五〇年工作总结报告》,重庆市渝北区档案馆馆藏,资料号:江北县府14-3-5。
② 《全专区村政权建立情况表》(1951年4月24日),重庆市江津区档案馆馆藏,资料号:江津县委1-1-29。
③ 中共川东区委政策研究室《土改前后农村基层组织状况》,四川省档案馆馆藏,资料号:建东1-182。

表3-3　璧山专区村政权建立情况表[①]

区别	总村数（保）	已建立数	未建立数	已建占总数%	村长成分 贫雇农 男	贫雇农 女	中农 男	中农 女	小计 男	小计 女	委员成分 贫雇农 男	贫雇农 女	中农 男	中农 女	小计 男	小计 女
合计	4861	4153	708	85.4	6567	551	977	101	7544	652	18733	2057	5602	712	74335	2769
江津	836	634	202	78	1129	93	138	17	1267	110	3340	377	942	110	4283	487
綦江	493	473	20	96	749	88	66	6	815	94	2009	219	467	78	2476	297
荣昌	451	128	323	28	137	1	18	2	155	3	559	100	140	17	599	117
江北	583	456	127	78	807		88		895		1890		495		2385	
铜梁	620	601	19	97	925	66	165	12	1090	78	2872	305	1157	122	4029	427
合川	673	673		100	1035	65	225	28	1260	93	3474	723	778	245	4252	968
大足	376	376		100	472	51	119	19	591	70	1179	119	290	58	1481	177
永川	489	472	17	96	777	109	80	2	857	111	1826	75	829	32	2655	107
璧山	340	340		100	536	78	78	15	614	93	1584	139	503	50	2087	189

注：1. 本表系根据各县委4月20日的报告材料综合的。2. 江北县村干部数中未分男女。

———————

① 《全专区村政权建立情况表》（1951年4月24日），重庆市江津区档案馆馆藏，资料号：江津县委1-1-29。

第二节 四川乡(镇)政权的建立和加强

建村和村级权力机构普遍建立之后,四川各地在总结其经验教训的基础上开始正式建立乡(镇)政权。四川乡(镇)政权的建立和巩固大致可以分为三个阶段,各少数民族地区县区乡政权和各市市区街公所长相继建立。

一 乡(镇)政权试点建立阶段

在土地改革完成后,农村的任务转为生产,原有农会代政的组织形式已不足以适应新的形势,于是四川各地根据中央和西南军政委员会的指示精神,进入调整区划,建立乡人民代表会议制度(或以农民代表会议加以扩大,代行人民代表会议职权),民主选举正副乡长及委员,成立乡人民政府阶段。

中央人民政府政务院1951年4月24日政政齐字第31号发出了关于人民民主政权建设工作的指示,其中第五项提出:"已完成土地改革的地区,应酌量调整区、乡(行政村)行政区划,缩小区、乡行政范围,以便利人民管理政权,密切政府与人民群众的联系,充分发挥人民政权的基层组织的作用,并提高行政效率。"西南军政委员会也在1951年12月11日以会秘〔51〕字第2568号发出指示,其中附件第四项提出,"西南各地特别是已完成土地改革的地区,经过各种群众运动,已为人民民主政权建设打下了物质基础,为了便于建立乡人民代表会议制度,便于干部培养与提拔,工作的深入,必须按照西南军政委员会第三次全体会议有关建政问题的原则精神,首先把乡的行政区划划小。目前并以农民代表会议为基础,加以若干扩大,使之起乡人民会议的作用并代行乡人民代表大会职权,选举乡人民政府,打下政权的巩固基础"。[1] 根据中央和西南军政委员会的精神,川东行政公署等结合自身实际情况,并参照其他省区的经验,即着手试点建乡和拟订本区划乡建政方案

---

[1] 《川东人民行政公署民政厅(公函)》民政〔52〕字第0133号,四川省档案馆馆藏,资料号:建东1-59。

初步意见稿。

正是在这种背景下,四川一些地方的建乡试点在1951年年底即开始了,如巴县①高滩乡的建乡工作就是于1951年12月底开始进行典型试验的。当时巴县高滩乡是一个山地乡,以原跳石乡的第九村为主,并将就近几个村的一部分调整划成,共管辖8个自然村,59个居民小组,885户,4018人。全乡均属山地,住户分散,南北长略25里,东西宽约10里,由乡政府所在地到四周边沿,最远的15里,最近约4里。

高滩乡在建乡前,土地改革虽完成,但封建势力尚未彻底摧毁,原国民党巴县、綦江、江津、南川四县联防总司令刘宗周(刘本人已被逮捕)的爪牙仍有活动。地主还在盘算着要向农民倒算,放话威胁农民。农会组织亦很不纯,军统特务李宗宇(建乡开始时被逮捕)混入八村做了农会主任。后改任文书。民兵武装中亦有些旧保丁和兵痞。原跳石乡因辖区太大(长80里、宽40里),人口达30093人,严重影响干部和群众的生产,使乡失去基层政权的作用。加上通过土改农民分得土地以后,缺乏前途教育,有些人认为"革命胜利了,天下太平,专搞生产罢!"有些干部存在着松劲思想,要求换班。根据以上情况,上级决定进行整理和教育,在土改胜利的基础上,通过划小乡试点,进一步巩固人民民主专政。而建乡一开始,就有坏分子乘机造谣破坏,说什么"划小乡增加了负担""与外乡不能相往来了""不能赶场了""整干部"等,群众对于建乡工作,还有顾虑,需要解决。

巴县高滩乡的建乡工作经历了下面几个步骤:第一步是提高群众觉悟,整理成立新乡的农协委员会。根据高滩乡当时的实际情况,结合贯彻增产节约的中心工作和群众的生产要求,首先进行了宣传教育:只有掌握了乡政权,才能搞好生产;而封建势力的造谣破坏,更证明要巩固

---

① 巴县,属川东行署璧山专区(见《川东璧山区行政专员公署一九五〇年工作总结报告》,重庆市渝北区档案馆馆藏,资料号:江北县府14-3-5)。1951年3月后曾划归重庆管辖,见重庆市档案馆馆藏,资料号:1075-1-294,这从1951年4月璧山专区没有再列巴县(见重庆市江津区档案馆馆藏,资料号:江津县委1-1-29)可证实,但1953年四川省人口统计表(见《四川省一九五三年城镇与农村人口分地区统计表(一)》,四川省档案馆馆藏,资料号:建川067-110)中巴县仍属江津专区(即璧山专区),所以笔者把巴县放到四川进行叙述。

胜利果实，必须彻底消灭封建势力，牢牢地掌握住刀把子（政权）。经过一系列的宣传教育，又通过斗争不法地主，帮助解决群众一些实际问题，群众觉悟普遍有了提高。这时，召开了以第九村为主的及附近该划来的村的干部会议，推选成立乡农协整理委员会，并讨论了"土改后农会应该做什么？""农会与政权的关系"等问题。再吸收一批原未参加农会的农民为会员（半数以上是中农），清洗了在农会、民兵、居民、青年、妇女等小组长中的一批坏分子，整顿了农会组织，成立了新乡的农协委员会。第二步是划分居民小组和自然村。乡农协的委员会成立后，领导划分居民小组，设几个代表主任及其管理的自然村，选举农民代表。高滩新乡的大致范围，是先经区上统一计划，召开跳石乡的乡村干部讨论的。乡界的最后确定，自然村与居民小组的划分，仍在新乡农协委员会议上讨论划分的标准和划分初步计划，然后把这个计划逐村、逐户地反复讨论与协商，逐级修改，最后取得群众同意，始由区决定。其经验是：在划乡时主要依自然居住情况，由群众自己讨论决定，划分居民小组和自然村时，要注意政治情况，主要是便于群众对地主及反革命分子的监督与管制。第三步是召开农民代表会议，成立乡人民政府。在新乡界、自然村与居民小组划定之后，即筹备召开农民代表会议，代行人民代表会议职权，选举乡长副乡长和政府委员，成立乡人民政府。针对群众土改后要求生产的情绪，征集对增产节约和其他一些具体迫切要求的意见，动员选举能为群众办事为大家所拥护的人来做代表，结合着对选举乡长、副乡长和政府委员的酝酿，由每个居民小组产生一个代表，以农协小组为活动核心，会员为骨干，来保证进行。这样是符合该乡居住分散的具体情况的。该乡没有采取选区选代表的办法，若按选区单位产生代表，就会使几个积极分子集中的组都选成了代表，也不好培养其他组内的积极分子。各组选举代表，首先由群众自己讨论代表资格，应该干什么等，联系提出候选人，展开评比，好的即进行鼓励与传播，提高其威信，差的进行教育鼓励其继续努力，争取以后当代表，酝酿到意见趋于一致时，再进行选举（全乡在选举代表时，也照顾了一定比例即25%的妇女代表）。因此，又再一次地提高了群众当家做主的认识，而代表们经过群众的评选也感到光荣愉快，坚定了为人民服务的决心，克服了松劲的错误思想。各组代表选出后，又经乡农协研究决定，特邀医生、教员、中学生、烈军属，有代表性的妇女等约10%，成为扩大的农民代表会议，以代行人民代表大会的职权。选举了全乡群众一致拥护也是一系列运动中表现最好的干部做了乡长、副乡长和政府委员。选举后，群众说："这次选举真正民主，我们的乡长真关火"。在代表会议上，除选举成立乡政府外，还讨论订出了具体的增产节约计划，代表保证完成任务。会议结束后的第三天，开全乡公审大会，镇压恶霸地主反革命分子刘宗周1人，逮捕刘的爪牙李晓白1人，群众情绪极高，对新政府表现无比热爱。第四步是建立乡的各种组织制度。新乡建立后，在建立乡的各种组织制度上，首先是取消村的各种组织，不设办公室，不做表报工作。乡政府除正副乡长各1人外，设委员9人，具体分工是民政、生产、财粮、文教卫生、治安保卫等。乡长、副乡长（兼农协主任）、文书脱离生产（当时增财粮办事员1人）。乡的各种工作委员会，根据各方面工作发展的需要成立了生产、优抚、文教卫生、治安保卫、财粮5个委员会。各种工作委员会均由有关政府委员兼主任委员，委员有的是政府委员会邀请的，有的是代表会议上推选的，也有的按各村具体需要推出的。均为一系列运动中表现好，为群众所满意的人，其他也有些是有经验或有专门技能的人，如有经验的老农和医生等。在工作制度上，确定了乡代表会议1个月一次，政府委员会5天一次，各种工作委员会视其工作性质为隔5天或7天不等召开会议。乡财政也确定要在每月代表会议上做报告。

高滩乡建立9个月来，坚持了人民代表会议制度，召开了8次扩大农民代表会议（仅在工作最忙时的5月未开，但各项工作在4月会议上就已作了布置的），会议已形成了经常制度，在领导方法和工作制度上，也因而得到改进，重大问题都到会议上讨论，在结合生产这个中心工作上，无论插秧、薅秧、施肥、积肥、搭谷、搞副业、搞互助组等均作了一系列的会议讨论和决议。在解决了群众许多迫切的问题方面，如柏树湾村有田30石（以当时产量计算，余同）处在回龙村，往返很费时间，回龙村代表在会议上保证借农具和租耕牛。而岩洞湾村二组有两户买不起猪，另外两户就志愿贷款。发扬了村帮村，组帮组，户帮户的互助精神。秋收后群众普遍反映调配耕牛的问题，第八次扩大农民代表会议上就解决了牛租和调配问题。有人提出合作社卖的锄头镰刀不好的意见，乡政府即转达合作社认真检查，于是合作社很快新发展社员289人。有个农民只卖了半头牛，税务所交易员却要按全牛抽税，经乡政府交涉，税务所便责成交易员作深刻检讨，并退还多抽税款。群众反映说："代表会是我们当家做主，乡政府是我们的长年（即长工），还有啥子事办不通的吗？"代表会议行合一，既是议事机关也是执行机关。农民代表在会后，发挥了执行会议决议的带头和模范作用，乡的各种工作制度如定期的各种会议、汇报制度，发挥集体领导的作用制度等也逐渐健全起来。由此推动乡的各种工作的顺利开展，如组织战胜旱灾，春耕做到了满栽满插；秋收时阴雨连绵，通过第七次农民代表会议，全乡很快地组织了543个劳动力分组成119个搭谷组，有487户参加，有组织、有计划地进行突击抢收，先割倒的、黄的，再割一般的，因而没有使收成受到损失，而且节省了两三百人力。群众无比高兴，对自己的政府，更表现出信任和热爱，树立了乡人民代表会议在群众中的威信。[①]因为代表会议形成制度，也逐渐解决了乡村干部"四多"现象（组织多，会议多，兼职多，任务多）。

巴县白晏、雅石的建乡工作也是1951年12月进行的。这个乡由之前一品乡的白晏、雅石两村组成，共847户，3924人（男2112人，女1812人），其中地主42户，230人，富农21户，125人，中农178户，976人，贫农492户，2272人，其他114户，321人。该乡有田土面积6879.6石（老量），田土质量比较好，除乡的东面有大山外，其他只有些丘陵。该乡当时的群众基础也还可以，全乡有802个农会会员，农协领导也做到了贫雇农占优势，农协会的领导成分中有中农3人，贫农7人，雇农4人。但该乡妇女发动相对较差，农协中只有女会员114个，占会员总数的14.2%。农民在土改后大部分产生了松劲麻痹思想，表现在开会不爱来，村干部办事不积极，经过学习讨论后干部群众思想才有了转变。建乡时间从12月1日至20日共20天。其步骤分为：第一步，干部学习。在"集中力量搞好建政"的计划下，

---

① 西南军政委员会民政部：通报巴县高滩乡的建乡情况及其经验，四川省档案馆馆藏，资料号：建川044-1-31；《巴县高滩乡建乡十个月来工作情况调查报告》，重庆巴南区档案馆馆藏，资料号：巴县县政府2-1-52。

集中了16个干部并吸收了村干及积极分子13人进行了学习,主要学习以下文件:①刘少奇副主席在北京市第三届人民代表会议上的讲话,讲话指出"人民代表会议与人民代表大会制度,是我们国家的基本制度,是人民民主政权的最好的基本组织形式"。讲话还要求"对于被人民选举出来的各级人民代表会议代表,要责令他们经常地、密切地联系自己的选民,向政府反映人民的要求和意见,并将政府的政策、人民代表会议的决议向人民解释[①]"。②乡人民代表会议组织通则。③重庆市乡政府组织规则。④石马河(属重庆二区,1951年4月重点建乡)建乡经验。⑤怎样开好乡人民代表会议。通过学习,使干部们认识到了建立政权的重要性。第二步,宣传教育,调查了解。通过建政结合增产节约、爱国思想教育和贯彻执行婚姻法等的宣传教育,农民既认识到建政的政治意义是巩固人民民主专政等,也认识到建政是自己的事,要选老实的好农民方能办得好事。第三步,召开农代会,成立乡农协。选代表时提出四个条件:比成分、比历史、比工作、比思想。这样就保证了选出的代表都是历史纯洁、思想进步、工作积极的农民,共选出82名代表(审核时核掉3名)。农代会产生了乡农协委员会委员9名,当过八年雇农的朱树云当选为乡农协主任。第四步,召开乡人代会,成立乡政府。事先向群众解释了乡农协与乡政府的性质,群众认识到掌握政权的重要性,再划定选区,全乡共划为十个自然村,选出代表和聘请代表85名。群众都很关心选自己的乡长,在开会前来看的有300多人,都欢天喜地地等候着选举的消息。其他各乡各村也来了53个列席代表参加。在会上通过了乡长和委员名单,立即献旗献花,掌声满堂,使代表都感到今天当干部真光荣。同时乡长和委员都纷纷表示了态度,如委员李长发说:"从前穷人头上三把刀,重租重押利息高,我们受了几千年压迫剥削,今天解放了,万想不到我会当乡政府委员,我以前办工作缺点多,今后一定好好学习,如我有缺点希望各位代表多提意见。"代表都踊跃发言,会场热烈而紧张,鼓舞了代表今后工作的信心。会议讨论了提案,使代表明确了今后工作方针办法。第五步,扩大建政影响,巩固各种组织。建乡以后干部配

---

① 《刘少奇选集》下卷,人民出版社1985年版,第56页。

合代表分头到各村传达代表会议精神,号召大家认真执行会议决议。群众对选出的乡长——彭合金,很满意,都说他办事大公无私。白晏村一老太太彭李氏以前认为建政是官家的事,选出乡长后说:"彭家娃儿硬是当了乡长,这共产党尽是办真事,不像蒋介石国民党那样骗人。"60岁的向光荣说:"我们把菜刀把把(政权)捏到,把反革命分子放在菜板上随我们横截顺截。"群众对掌握新政权是极重视的。为了巩固政权,发展组织是必要的。于是重新发展了农协会员272人(妇女会员占80%),着重吸收了未组织的妇女。同时选出了农协组长、中心组长,并整顿了武装,使今后工作得以推动。①

巴县在1951年共建立了11个乡镇。②

正因为高滩乡等试点建乡的成功经验,得到了西南军政委员会民政部的高度评价,于1952年11月将巴县高滩乡的建乡情况及其经验通报全西南,希望各地建乡时以此为参考。正是在试点建乡取得经验后,四川各地进入乡政权普遍建立的阶段。

二 乡镇政权普遍建立的阶段

减租退押胜利结束后,四川全省展开了土地改革运动,并在土改运动末期群众得到普遍发动的基础上,广泛建立了以贫雇农为骨干的乡村民主政权,成立了乡人民政府,选举了村长和农会会长等,部分地区召开了乡人民代表会议,选举了乡人民政府委员会。

在川东、川南、川西、川北四个省级行署区合并前,各行署区乡村建设情况有所不同:一般在1950年年底结合减租退押,废除了旧乡保甲制度以农会代替了乡村政权,川南大部分地区并于减退结束时成立了新乡政权。

从1951年开始,除川东外,大部分都结合土改召开了农代会,选举了乡长副乡长,不少地区选举了乡政府委员会,成立了新乡政权。

大约在1952年,川西三个专署普遍召开了乡人代会,选举了乡人

---

① 《巴县十区白晏、雅石建乡工作向县府的总结报告》(1951年12月23日),重庆巴南区档案馆馆藏,资料号:巴县县政府2-1-52。
② 《巴县人民政府一九五二年工作报告》,重庆巴南区档案馆馆藏,资料号:巴县县政府2-1-123。

民政府委员会，川东、川西部分地方作了典型实验。而川北、川东、川南大部，都未召开乡人代会，川南、川北则大部分地区以乡农代会代替了乡人代会职权，选举了乡人民政府。只有川东大部分乡长、副乡长还是委任的。

但在川南、川西、川北已选举乡政权的地区，仍普遍存在以下新问题：①乡人代会与代替了乡人代会职权的乡农代会不健全，很多乡政权建立以后就再不开代表会，或者是上级叫开才开，代表一般也未固定。②乡人民政府委员会不健全，成立后就少开会，或不开会，或只脱离生产的委员开会，乡政府的工作基本上是靠上级布置，并依靠扩干会（包括乡村干部、农会干部、其他群众、妇女组织干部）来推动工作。

当时四川各地在乡村组织形式上，一般是乡下辖村（或代表主任口），村辖居民小组（川东称邻或间）。（川东）村一般为乡的派出机关，设正副村长（或主任）加上农协分会主席、生产、武装、青年、妇女等委员（川西村还有公产、建设、优抚、自治等委员），这种组织类似于华北的行政村。川南、川北的乡村都曾划小，每乡平均川南4000人，川北5000人，川东、川西则保持旧乡范围基本未动，每乡超出5000人到10000多人，有到30000人的。所以四川当时乡的范围存在或者过大，或者过小的情况，据川西区799个乡的统计，人口在10000以上的占50%多，而川南很多乡不到4000人，当时西南区第一次民政工作会议认为，"太大太小都不便于人民行使政权"①。

当时四川各地成立的乡人民政府，一般内分民政、财粮、文教、生产、武装等部门，每部门设委员（川南、川北）或委员会（川东、川西）。脱离生产的干部，川西为7—9个，川南为3个半，川东是4个，川北是4个半。乡人民政府当时主要存在下面一些问题：①组织机构庞杂，如川西有的乡有17个委员会，川东有的乡有18个委员会。之所以会出现这种情况原因是：第一，有的临时机构没有随工作结束宣告结束。第二，有的是机构重复，如川东有的乡有了拥军优属委员会，又设

---

① 《西南军政委员会民政部关于乡政权建设的初步意见》（经西南区第一次民政工作会议修正），成都市档案馆馆藏，资料号：081-002-064。

立转业安置委员会。第三，有的是县级很多部门为贯彻工作方便，自行在乡上建立一套组织，如银行系统在乡上建立金融小组；农林部门在乡上成立护林委员会；兽防系统设立兽疫防治委员会等。②多头领导，农会与政府在群众与干部思想上都分不清，（川西较好）加上上面多部门分头布置工作，群众往往不知所措，乡村干部被动，感觉棘手、事繁。③部分干部存在退坡思想，特别是村干部。重要原因除农民的思想意识使他们把自己的生产与领导群众搞生产，搞政权工作结合不起来外，也由于上级组织对乡村干部缺乏足够的政治思想教育，单纯使用撤换的方式解决乡村干部问题，而没有很好地培养他们。此外，也有些事实困难，如乡村干部还不够；村上乡上都感觉办公费缺乏等。

川东、川南、川西、川北四个省级行署也分别在各个城市及郊区建立了基层组织：中等城市郊区，普遍设区辖乡，下设村（代表主任）再下有组。市区有设区的，如成都、自贡、泸县等市。区下在派出所内设二三民政干部办理行政，成都由派出所民政干部分别领导居民小组，自贡、泸县派出所下有段（及居民代表组）然后到组。有的市未设区，如南充、万县、北碚、内江、宜宾等市。内江、宜宾由市政府直辖街人民政府，街经过段辖组。南充、万县、北碚由市府在派出所增设一个至三个民政干部，通过段领导组，万县在派出所设工作委员会7—9人，由市府配干部与派出所所长（兼主任委员）组成，受市府、民政科直接领导，并于段设工作组，由群众中积极分子组成，推动工作。县城在1万人以上的，一般设了区，叫城关区。区下有镇（或直辖街，如乐山），镇下设街，或居民委员会，下为居民小组，基本上实行了城乡分治。一般小县，则在城内设第一区除管城内镇或街人民政府外，并管辖县城附近三四个乡（川北最普遍）。

存在的主要问题是：有的县城内组织太多，有县、区、镇、街四级人民政府组织，职责不清，办事麻烦、群众不便。①

新津县在1952年共建立乡政权18个，组成了十大委员会，大概新津县政府也认为机构太多，所以提出将来计划为五大委员会。乡村政权

---

① 四川省民政厅《各行署区乡村建设情况和不同之点》，四川省档案馆馆藏，资料号：建川044-1-30。

的领导在土改后都是通过民主的方法设立的。① 而新津县邓双乡1952年5月统计设立的乡级委员会达12个之多,其中包括乡人民政府委员会、乡农协会委员、乡人民政府人民调解委员会、乡人民政府治安保卫委员会、乡人民政府文教委员会、乡人民政府兽疫防治委员会、乡人民政府拥军优属委员会、乡人民政府卫生委员会、乡人民政府抗美援朝委员会、乡人民政府合作社办理委员会、乡人民政府乡场管理委员会、乡抗美援朝委员会。各委员会组成人员18—21人不等。②

也有的乡由于封建势力强大,形势复杂,原有的农协组织干部成分不纯,贪污腐化,所以在土改工作组的帮助下建立了乡政权,也起到了纯洁基层组织的一定作用。如华阳县永安乡政府最初就是这样建立起来的。因该乡过去为土豪恶霸盘踞地方,故政治情况和社会构成均极复杂,恶霸中有二天子、幺霸王、沟边代王的绰号,又在1950年正月叛乱过15天,全乡青年有80%参加过叛乱,在四大运动中又未"镇反"彻底,所以该乡的工作一般是比较差些,在乡农会六人中,即有一半的人包括农会主席在内,都生活腐化,进行贪污,所以还进行了"三反"学习。土改工作队下乡了解到此种情况后,即在各个工作环节都注意发现、培养、教育和使用骨干分子,在每次工作干部会中,即让全乡的好的积极分子参加,一方面是希望他们供给乡里的情况和工作意见,另一方面也是想通过这些干部会议以提高积极分子的水平和工作能力,以打下将来建立乡村政权的基础。华阳县永安乡是属于乙等乡,由代表会民主选举了7个乡政府干部,两位通信同志,共计9人,在这7个乡干部中,都是年龄未满30岁的青年,其中包括着1位女副乡长,3位青年团员,成分包括3个贫农、3个中农、1个工人,具体情况见表3—4。这些人在土改前都有一定的工作成绩,在土改中都经过数度革命考验,未发生过任何的观点错误和立场问题,才在代表会中由民主方式选出。③

---

① 《新津县人民政府1952年工作总结报告》(1953年2月9日),新津县档案馆馆藏,资料号:123-6-42。
② 因涉及多个文件名称,不便取名。新津县档案馆馆藏,资料号:181-1-38。
③ 《永安乡土改工作队关于建政工作的总结报告》,双流县档案馆馆藏,资料号:华阳县永安乡政府93-1952-46(64)。

表 3-4　　　　　　　　　永安乡人民政府干部登记表

姓名	成分	性别	年龄	籍贯	现选任何职	文化程度	是否党员或团员	参加过什么反动组织	工作队意见
龙大宣	中农	男	26	十一村	乡长	私学五年		无	兼农会主席
徐成英	贫农	女	20	一村	副乡长	小学二年	团员	无	兼民政
孙祥贞	贫农	男	22	十村	副乡长	小学毕业	团员	无	兼生产
梁伯勋	贫农	男	23	七村	生产	私学二年	团员	无	
丁宗禹	工人	男	22	街村	财经	初中		无	兼公产
付启江	中农	男	23	七村	武装	高小三期		袍哥六排	兼治安
游世先	中农	男	28	八村	文书	小学五册		无	

由于川东、川南、川西、川北四个行政区的做法不尽一致，工作开展也不平衡，因此当时四川各地的乡村政权建设存在不同程度的问题。主要表现在大部分的乡并未建立正规的乡人民政府委员会和乡人民代表会议制度，有的乡只选了正副乡长或几个委员不齐。乡人民政府下面的组织庞杂，机构设立也极不一致，也没有实行明确的分工，因此形成会议多，干部兼职多，严重地影响了群众和干部的生产和工作积极性。建立健全乡政权工作制度，加强乡政权战斗力势所必然。

三　建立健全乡政权工作制度，加强乡政权战斗力的阶段

土地改革结束后，四川各地又进一步深入发动了群众，调整和改造了某些不纯的基层组织，贫雇农真正掌握了领导，巩固了乡村基层政权。

《中央人民政府内务部1952年民政工作要点》第二点明确提出加强政权建设，"'三反'与'五反'运动及其他建设工作，应依靠群众并通过政权机关以加强政权的建设"。"对县、区、乡政权的组织及干部作风，切实加以研究并作出整顿"。并"督促各地推行民族区域自治和民族民主联合政府的政策"[1]。

---

[1] 《中央人民政府内务部1952年民政工作要点》（1952年4月25日政务院第133次政务会议批准），重庆市档案馆馆藏，资料号：1049-1-421。

西南军政委员会1952年11月27日也发布关于加强民主建政工作的指示，要求各级县（市）领导必须充分重视建政工作，严格执行建政的指示，否则必须加以批评甚至处分。"西南区的民主建政工作，今冬明春以建乡为重点，各县（市）的领导，应把对于建政的主要精力放在建好乡政权上；县（市）的本身要开好各界人民代表会议，并有计划、有步骤地促其代行人民代表大会职权，使人民民主制度更加完备。今后，各级人民政府必须严格执行：人民政府的一切重大工作，都应交人民代表会议讨论，并作出决定。一切不重视建政工作、不认真执行规定的表现，必须予以批评以至处分"[1]。

1952年12月20日，根据中央人民政府政务院政务会议通过并颁布的"乡（行政村）人民代表会议组织通则""乡（行政村）人民政府组织通则"、中央关于乡的区划标准及编制人数的通知暨西南第一次民政工作会议关于乡及城镇政权建设的基本精神，并依照四川省实际情况，四川拟定了《四川省人民政府关于乡及城镇政权建设的实施办法（草案）》颁发各市县。依据中央、西南区和四川省政府的精神，1952年冬到1953年春，四川各地结合土改复查，调整了乡的区划，整顿了乡人民政府的组织机构，建立健全了乡政权的工作制度，加强了乡政权的战斗力，保证了国家大规模的经济建设和文化建设的胜利进行。

根据《四川省人民政府关于乡及城镇政权建设的实施办法（草案）》关于乡的区划的规定：

第二章　乡的区划

第二条　划乡应以便于领导群众，进行生产和行政管理为原则，以人口、山川、河流、交通及经济等条件为主要根据，并须照顾群众生活习惯和原有生产组织。

第三条　乡的行政范围：本中央"乡宜大不宜小"的精神，基本上照原有状况不动，个别过大者可进行调整。（原川南、川北各县划小或又合并者均不再变动，原川西各县，人口密集，亦基本

---

[1] 《西南军政委员会指示》会民[52]字第1005号，重庆市档案馆馆藏，资料号：1049-1-422。

不动，过大者可酌情适当调整；原川东各县可酌情适当调整，但亦不宜变动过大。平坝地区一般人口在一万五千人左右则不动，丘陵地区在一万人左右则不动，高山地区人口在七千人左右则不动。）

第四条 在划乡时，凡有插花飞地，均须加以适当调整。凡区划变动，不论划小、并大或调整插花飞地，事先均须征得群众同意。

第五条 乡、村名称应经群众讨论，以当地主要地名命名（乡经县批准，村经区批准。）村不是一级政权，不制发图记及悬挂吊牌（乡的挂牌图记另行规定）。

村下按居民居住的自然情况，以五户至廿五户为一居民小组，每居民小组产生代表一人，为乡人民代表会议代表，并由代表兼任小组长。在乡人民代表会议闭会期间，一方面负责联系所代表的居民，及时反映居民的意见和要求；同时又在乡人民政府领导下，领导其所代表的居民进行各种工作。每乡一般以不超过八十个居民小组为宜。

村设代表主任一人，副代表主任一人至二人，由该村各居民代表互推产生。在乡人民代表会议闭会期间，在乡人民政府领导下，负责联系代表，进行各项工作。

正是根据上述精神，四川各地结合土改复查，又进行了划乡建政的工作，如绵阳县第七区新桥乡就结合土改复查进行了划乡建政的工作。新桥乡原来是个大乡，有人口11883人，辖17个村，居民小组144个。新桥乡最初成立乡政府是在土改结束时，当时通过乡农民代表会议成立了乡人民政府，设正副乡长各1人，财粮、民政兼文教、武装兼治安、文书兼妇联、生产各1人，通信员2人，共9人。另设常务、执行、调解、拥军优属、生产建设、治安保卫、文教卫生等7个委员会，各委员会人数为18—34人，一般是20人左右。乡下面是村，村上设村长、副村长兼农会主任，文书兼财粮，治安兼武装，妇代会主席各1人，共5人；村农会有生产、水利、拥军优属、抗旱、民政、调解、青年、组织、宣传、治安保卫、卫生等12人。村下面是居民小组，居民小组有居民农会、妇女小组长各1人，总共全乡有干部892人。平时由于政群不分，组织复杂，干部教育差，部分有退坡思想，各种会议工作制度没有建立，因此群众的发动上，工作的推动上极不平衡。正是在这种情况下，根据上级指示布置，绵阳新桥乡的划乡建政分三步走，第一步是动员布置土改复查工作，发现问题。第二步是解决问题。第三步是划乡建政，将原新桥乡划分为两个乡：新桥乡1449户、5667人，乱石乡1489户、6468人。每一步均采用召开农代会的办法，建乡时召开了乡人民代表会议，选举了正副乡长、乡政府委员，成立了乡人民政府，时间是1952年10月26日至12月5日。①

巴县划乡建政的工作是在1952年10月就全面开始了，1952年12月底基本结束。乡普遍召开了乡人民代表会议，讨论了以生产为中心的议题。全县原有14个区，67个乡镇，经过建政，共建了115个乡，2个镇，其中3000人至4000人的乡镇8个，4000人至5000人的乡镇20个，5000人至6000人的乡镇22个，6000人至7000人的乡镇31个，7000人至8000人的乡镇11个，8000人至9000人的乡镇10个，9000人至10000人的乡镇7个，10000人至13000人的乡镇6个。巴县的建乡工作是通过掌握重点，分批逐步展开，使整个建政工作稳步前进，并且通过建政工作提高了群众觉悟及生产热情，树立了民主作风和当家做主的思想，并具体地教育了干部，密切了党和政府与人民的关系，纯洁和巩固了基层政权组织，解决了干部兼职过多而影响生产的问题，以及纠正了过去农村组织多、机构多、头绪多等混乱现象，使工作走上了正轨。建乡后经批准的乡级干部有220人，其中出身贫农的139人，中农65人，雇农2人，其他14人，个人成分农民166人，学生17人，工人18人，其他19人。②贫雇农成为基层干部的主体。巴县铜罐区元明乡就是于1952年11月开始，分四个阶段建立了乡政权。③

江津县在1952年12月召开了农村工作会议，传达了西南农村工作

---

① 《绵阳县第七区新桥乡结合土改复查进行划乡建政情况调查报告》，四川省档案馆藏，资料号：建川044-1-31。
② 《巴县人民政府一九五二年工作总结》（1953年1月），重庆巴南区档案馆馆藏，资料号：巴县县政府2-1-123。
③ 《元明乡建乡总结》（1952年12月20日），重庆巴南区档案馆馆藏，资料号：巴县铜罐区132-1-20。

工作会议精神之后就结合冬季生产，整理互助组织及土改复查，进行了建政工作。其步骤是第一步广泛宣传交代政策；第二步是处理土改遗留问题，确定公民权，划分小组，选举居民代表；第三步召开乡人民代表会议，选举乡长、委员，成立乡人民政府。经过建政后全县建立了107个乡，3个镇（包括朱沱、甲溪、李市），9284个居民小组。到1953年，有85个乡镇召开了乡（镇）人民代表会议，成立了民选的乡（镇）人民政府，其余的25个乡奉上级指示暂不进行选举。通过这次建政，在广大人民群众中进行了一次民主教育，使得一批年轻有为的积极分子进入乡镇领导的岗位上，也使一些作风恶劣，脱离群众，甚至违法乱纪的分子从乡镇领导岗位上被撤换下来。[1]

江北县则在1952年11月、12月开始做了划乡建政的准备工作和重点建乡的工作。1952年11月25日拟订了关于划乡建政的初步计划并于11月27日召开了县扩大干部会议进行传达和讨论。全县共计划划101个乡，5个镇。江北县各区也分别召开了干部扩大会议（包括乡村干部），贯彻了这一工作，并且还提出了全区建政的要求和计划，如江北县第七区计划建政在1953年1月15日前完成一等类型村，在2月15日前完成二等类型村。江北县第四区共7个乡，在1952年12月29日基本结束了重点建乡的龙兴乡的建政工作；1953年1月4日、5日完成普福乡和关兴乡两乡的建政工作；1953年1月7日、8日完成天宝乡和玉王乡两乡的建政工作；1953年1月10日左右完成舒家乡和沙金乡两乡的建政工作。其划乡建政分三步进行：第一步从上到下划好乡的范围；第二步划自然村和居民小组，选出居民代表、农会小组代表和妇代会小组代表；第三步由居民小组产生自然村的总代表，召开乡人民代表会议通过各种提案，选举正、副乡长和乡政府委员，成立乡政府和各种专门委员会。江北县四区7个乡的范围大小见表3-5。江北县第五区则接受巴县建乡经验，经过区内抽调干部组织建乡工作组，各乡干事参加，先进行重点建乡工作，以便通过重点建乡吸收经验，各乡干事再回去普遍展开民主建政工作。但当时江北县在建政的开始时期，一些村干

---

[1] 《江津县人民政府五个月以来工作综合报告》（1953年），重庆江津区档案馆馆藏，资料号：9-1-48。

部没有明确建政认识,产生了思想混乱,顾虑也很大。如江北县七区有干部在村干部会上暴露出六怕:怕被选掉群众嘲笑;怕坏人钻空子;怕清算;怕"三反";怕一律撤换;怕受处分被斗。还有三个不负责任:松劲换班思想;认为自己要被选掉,不如自己先就不搞了;把这两天建政搞了就不搞了。甚至还有江北县十二区洗景乡中和村村长陈谋志在建政开始时说:"敲我沙罐(枪毙——引者注。)也不干了。"所以江北县开展了对干部的教育,经教育后,陈谋志工作很好,被吸收为建政筹备委员。江北县在工作中除发挥筹备委员会的作用外,还依靠党团员、积极分子和原有村干部的力量,反复讲明建政工作的意义,打通思想,消除顾虑并依靠他们广泛地向群众宣传和发动群众,使民主建政工作深入了一步。①

表3-5　　江北县四区划乡的范围大小统计表(1953年1月)②

原乡名	现划乡名	原来村数	地面长	地面宽	户数	人口	田土面积	备　考
龙兴	龙兴	6个	25里	20里	2163	10579	54096.718	龙兴乡街村户数、人口、田土未统计在龙兴乡内,在外户数386户,人口1609人,田土3207.3(市石)
龙兴	普福	5个	30里	15里	2080	10077	52378.817	
天保	天宝	3.5个	30里	30里	1268	6227	36152.26	
天保	玉王	3.5个	35里	20里	1551	7280	40436.436	
舒家	舒家	5个	30里	25里	1531	7216	30645.96	
舒家	沙金	5个	30里	20里	1705	8365	36933.03	
关兴	关兴	5个	30里	20里	753	3715	14902.083	
4乡	7乡	33个村			11051户	53459人	(市石)	

江北县各区1952年还选择了一些群众基础好,群众觉悟很高,封建势力基本打垮的乡进行了重点建乡的工作。如江北县第四区是在1952年搞好冬季生产,整理巩固提高互相组,发展合作,做好第二年

---

① 《江北县人民政府一九五二度年终总结》(1953年1月10日),重庆渝北区档案馆藏,资料号:14-3-17;《江北县第四区公所民主建政工作进度情况》《江北县第五区公所重点建乡工作总结》,重庆渝北区档案馆藏,资料号:1-1-25。

② 《江北县第四区公所民主建政工作进度情况》,重庆渝北区档案馆藏,资料号:1-1-25。

大生产的准备工作,并结合搞好其他工作的基础上进行的民主建政工作。也是采用先重点建乡取得经验,再全面铺开的办法。江北县第四区选择了群众基础较好,群众觉悟很高,封建势力基本打垮的龙兴乡作为重点:原龙兴乡划分为龙兴乡和普福乡两个乡,龙兴乡作为重点建乡试点。新划的龙兴乡宽约15里,长约20里,原有6个村到12个村111个邻,划分为140个组,共2536户,12092人,田产量14725686石,土产量479116石。该乡不是土改复查重点,因此以生产为中心结合搞的民主建政工作,且白天生产,晚上展开建政工作,共进行了18天时间。首先建立了筹备委员会共15人,其中贫雇农10个,中农3人,工商界1人,文教界1人,妇女3人,正副主任2人,党员6人,团员2人。筹备委员会成立后委员分工下村,通过生产为中心把建乡工作贯彻到群众中去,并教育纠正了部分干部群众对建政的错误认识。之后在群众充分讨论酝酿的基础上进行了划村和居民小组的工作。在划村划组的基础上产生了人民代表。当时根据江北县委扩大干部会议精神,一万人口的乡产生130名代表,该乡人口有12092人,共产生代表140名,并且掌握贫雇农占2/3,其他成分占1/3,妇女占25%。代表是在群众反复酝酿讨论的基础上产生的。1952年12月28日召开了龙兴乡人民代表大会,由每个村推出成员1人,组成大会主席团。大会总结了前段时间的工作,并根据中心任务提出了各种提案,然后在发扬民主、充分酝酿的基础上,用举手表决的方式选举了正、副乡长和乡政府委员。大会还直接成立了5个工作委员会,每个工作委员会都由乡政府委员兼任主任委员,副主任委员由代表推选,每个委员会由五人组成。分工根据委员的特长在大会公布。12月30日,乡长召开了乡政府委员会议,并吸收了其他工作委员会的人参加,建立了会议制度,订出了工作计划。[①]

江北县第五区以高桥乡为建乡重点,建乡共分四个步骤:第一步组织建乡委员会(区内抽调干部组织建乡工作组,各乡干事参加,先进行重点建乡工作,以便通过重点建乡吸收经验,各乡干事再回去普

[①] 《江北县第四区公所民主建政工作进度情况》,重庆渝北区档案馆馆藏,资料号:1-1-25。

遍展开民主建政工作。建乡委员会建立核心领导，结合强调搞好冬季生产，整理提高互助合作，大力展开建乡宣传教育，发动群众，对积极分子进行实际锻炼，提高工作能力和在群众中的威信，组织筹委会等）。第二步展开宣传教育（通过宣传教育，明确几点：①乡政权是人民基层政府，建好了乡才能更好巩固人民民主专政，搞好生产工作。②人民代表大会是最高权力机关，是国家的基本制度，它是集中广大人民的意见，发挥广大人民的智慧和力量，推动工作的主要关键，所以必须按期召开人民代表会议。③村不是一级政权。④通过民主建政，整顿农村组织）。第三步，划村划组选举代表（发扬民主，由筹委会与干部及积极分子，根据自然条件和居民情况采取讨论与观察相结合的办法，根据住户的稀密和群众的方便，经征得当地群众讨论同意，将高桥乡划分为10个村，97个居民小组。组的户数最多的50户，最少的9户。在划好居民小组的基础上，让群众明确选代表的重要性，强调了代表的义务是代表全组群众向政府反映居民的意见和要求，特别是生产中的困难，使问题能得到适当的解决。并向全组群众传达人民代表会议的决议，贯彻农村中心工作，领导学习，懂得国家大事。代表的好坏与全组群众的利害关系密不可分。然后在群众反复酝酿慎重讨论的基础上选举了代表。最后以村为单位，居民小组代表互推正、副代表主任各1人）。第四步，召开乡人民代表会议，成立乡政府（居民小组代表和代表主任选出后，由他们以村为单位，组织群众讨论乡政府候选人名单，群众讨论时对候选人都提出了缺点，但大多赞成他们为候选人。但认为严家村农会主任王世荣作风不正不坦白，不赞成他当乡政府候选人；石埝村农会主任赵泽民对群众问题的解决看人说话，不主持正义，并挪用农贷款数10万元，不允许他当乡农协委员。这充分说明了广大农民群众当家做主的意识大大增强，对建立自己的政府和组织的重视。在此基础上高桥乡召开了乡人民代表会议，会议程序包括主席报告会议意义及职权；建乡工作组长报告过去的工作和今后的工作任务；小组讨论怎样执行政府工作及关系全乡的提案；大会发言及做出会议关于生产、农会会费、农业贷款等决议；选举乡人民政府委员、乡长副乡长，选举出的乡长发言，明确表示今后忠实为人民办事，如乡长武荣义、副乡长胡天碧均表示坚决干到底，为实现共产主义的美满社会，为提高群众热情和当家做主的实感而努力工作；然后由主席总结大会的成绩，提出简单通俗的传达要点和要求，以便代表回去进行传达；最后罗指导员和陈区长报告代表的重要性，提出要向地主及一切反革命分子实行有力的专政，才能巩固我们的翻身果实，并且要求按时完成乡人民代表会议的决议，还说明了乡村组的组织和代表权利等）。高桥乡是新建乡，没有原乡基础，因而结合召开了农代会、妇代会、选举委员，建立了乡农协委员会及乡妇代委员会。紧接着召开了乡政府委员会会议，根据各人特长进行分工。还成立了五种工作委员会，明确了各委员会的职责。这样在充分发扬民主的基础上，群众自己选出了自己的政府干部（选举乡干部时够条件的人人同意，不够条件的被选掉了，如有一个代表有过偷苞谷的行为，在选举时就被选掉了），建立了人民当家做主的政权。①

璧山县则通过1952年12月到1953年1月中旬的划乡建政工作，改变了原来乡镇大小过于悬殊的情况。璧山县1951年全县由6个区35个乡、镇划分为9个区，45个乡、镇。乡的大小很悬殊，最小的乡3千多人，最大的乡1.8万人。1952年1月，青杠乡试点建立乡人民代表会议，但没有取得更多的经验。1952年12月中旬，璧山县布置农村工作时，统一布置了全县划乡建政工作，从12月下旬普遍进行，到1953年1月中旬截止，全县重新划分为49个乡、2个镇。乡进行了调整，改变了原来大小差距很大的局面，每乡所辖人口都在6千人以上，1万人以下。一半以上的乡、镇建立了乡（镇）人民代表会议，选举成立了乡（镇）人民政府委员会。②

到1953年，四川省（包括重庆市）有61696753人，其中有城镇478个，城镇人口5105634人；乡10772个，农村人口56591119人③。人口在四川各地市的分布情况详见表3-6。

---

① 《江北县第五区公所重点建乡工作总结》（高桥乡），重庆渝北区档案馆馆藏，资料号：1-1-25。
② 璧山县人民政府民政科《璧山县划乡建政工作总结》，璧山县档案馆馆藏，资料号：8-1-238。
③ 《四川省一九五三年城镇与农村人口总表（一）》，四川省档案馆馆藏，资料号：建川067-110。

表 3-6 四川省一九五三年城镇与农村人口总表①

地区类别	总户数	总人口 合计	总人口 男	总人口 女	城镇数	城镇人口 户数	城镇人口 合计	县城 男	县城 女	户数	镇 合计	镇 男	镇 女	乡数	户数	农村人口 合计	农村人口 男	农村人口 女
总计	14077858	61696753	31785029	29911724	478	974545	4133531	2240740	1892791	251571	972103	523341	448762	10772	12851742	56591119	29020948	27570171
已普选区人口小计	13937914	61014518	31437080	29577438	478	974545	4133531	2240740	1892791	251571	972103	523341	448762	10772	12711798	55908884	28672999	27235885
省辖市	850175	3616892	1917246	1699646	28	581743	2452408	1310279	1142129	21923	93021	49884	43137	164	246509	1071463	557083	514380
重庆市	357875	1572486	852395	720091	1	283217	1248050	681699	566351	—	—	—	—	—	74658	324436	170696	153740
成都市	186791	756713	398409	358304	9	142332	566821	296030	270791	3129	13832	8014	5818	30	41330	176060	94365	81695
自贡市	57053	251253	127942	123311	3	35050	152631	78327	74304	—	—	—	—	20	22003	98622	49615	49007
合川市	15866	56754	30119	26635	1	15866	56754	30119	26635	—	—	—	—	—	—	—	—	—
万县市	22337	89122	45210	43912	1	22337	89122	45210	43912	—	—	—	—	—	—	—	—	—
内江市	38946	160222	82790	77432	3	14558	59772	31275	28497	3301	12446	6447	5999	13	21087	88004	45068	42936
泸州市	59045	249043	131059	117984	1	30013	116968	62228	54740	—	—	—	—	43	29032	132075	68831	63244
宜宾市	38449	157464	80973	76491	2	21405	83086	41887	41199	706	2317	1194	1123	17	16338	72061	37892	34169
五通桥市	42158	179091	91392	87699	6	—	—	—	—	14787	64426	34229	30197	33	27371	114665	57163	57502
南充市	31655	144744	76957	67787	1	16965	79204	43504	35700	—	—	—	—	8	14690	65540	33453	32087
江津专区	1401671	6285605	3335391	2950214	43	34405	149088	82212	66876	35556	135609	73296	62313	854	1331710	6000908	3179883	2821025
万县专区	1104863	4879715	2546642	2333073	26	20914	85353	46477	38876	15893	63042	33153	29889	1408	1068056	4731320	2467012	2264308
涪陵专区	1109394	4771512	2426459	2345053	28	33173	146638	81398	65240	15058	60544	32138	28406	1417	1061163	4564330	2312923	2251407

① 《四川省一九五三年城镇与农村人口总表》，四川省档案馆藏，资料号：建川 067-110。

第三章 新中国成立初期四川基层政权的建立与乡村权力重构

续表

地区类别	总户数	总人口 合计	总人口 男	总人口 女	城镇数	城镇人口 户数	县城 合计	县城 男	县城 女	镇 合计	镇 男	镇 女	乡数	农村人口 户数	农村人口 合计	农村人口 男	农村人口 女
泸州专区	858904	3900513	2031800	1868713	55	31073	131408	69508	61900	101294	53811	47483	912	801580	3667811	1908481	1759330
内江专区	1210040	5313392	2734379	2579013	55	21232	95205	51357	43848	96619	53269	43350	990	1164321	5121568	2629753	2491815
宜宾专区	499744	2162000	1115438	1046562	26	15623	68686	36143	32543	40033	20639	19394	565	473442	2053281	1058656	994625
乐山专区	632167	2741255	1367522	1373733	38	35050	158591	83762	74829	67469	35134	32335	564	579270	2515195	1248626	1266569
温江专区	1177624	4974458	2540701	2433757	59	57824	233274	124906	108368	114783	61079	53704	467	1088449	4626401	2354716	2271685
绵阳专区	821727	3388729	1762546	1626183	34	41077	166263	95296	70967	56394	30763	25631	645	764829	3166072	1636487	1529585
南充专区	1420166	6376705	3241320	3135385	43	25309	115211	64925	50286	72013	40749	31264	908	1377938	6189481	3135646	3053835
遂宁专区	1540320	6736538	3425491	3311047	20	40908	165514	90141	75373	36580	20389	16191	809	1489588	6534444	3314961	3219483
达县专区	1303196	5825576	2959349	2866227	23	28291	124264	71540	52724	34702	19037	15665	1069	1264943	5666610	2868772	2797838
宝成铁路	7923	41628	32796	8832	—	7923	41628	32796	8832	—	—	—	—	—	—	—	—
未普查选区人口小计	139944	682235	347949	334286	—	—	—	—	—	—	—	—	—	139944	682235	347949	334286
阿坝州	80409	392707	194501	198206	—	—	—	—	—	—	—	—	—	80409	392707	194501	198206
峨边县①	18130	97195	52080	45115	—	—	—	—	—	—	—	—	—	18130	97195	52080	45115
雷波县①	18225	81551	42325	39226	—	—	—	—	—	—	—	—	—	18225	81551	42325	39226
马边县①	19667	86589	43282	43307	—	—	—	—	—	—	—	—	—	19667	86589	43282	43307
屏山县②	2321	19001	13029	5972	—	—	—	—	—	—	—	—	—	2321	19001	13029	5972
平武县③	1192	5192	2732	2460	—	—	—	—	—	—	—	—	—	1192	5192	2732	2460

注：①属乐山专区，②乐山专区屏山县彝族聚居区，③绵阳专区平武县藏族自治区。

四　四川各少数民族地区县区乡民族政权的建立

根据《中华人民共和国民族区域自治实施纲要》[①]和《中央人民政府政务院关于地方民族民主联合政府实施办法的决定》，为了保障少数民族在地方政权中的平等权利，下列地区得建立民族民主联合政府："（一）境内汉族人口占绝大多数，但少数民族人口达总人口数量百分之十以上的省（行署）、市、专区、县、区和乡（村）；（二）少数民族人口不达境内总人口数量百分之十，但民族关系显著，对行政发生多方面影响的省（行署）、市、专区、县、区和乡（村）；（三）两个以上少数民族杂居，但未实行联合自治的地区；（四）民族自治区内汉族居民特别多的地区；（五）其他因特殊情况，经大行政区人民政府或中央人民政府政务院认可，有必要建立民族民主联合政府的地区。"[②] 四川是多民族的省份，在各少数民族地区，也相应建立了民族政权。川东有少数民族1000多人，分布于秀山、綦江，因少数民族人口分散并与汉族杂处，没有单独建立民族政权。川南成立了三个县的民族联合政府，即：峨边、马边、雷波，由少数民族做副县长；而峨边二区、马边三区还筹备成立民族联合区人民政府；峨边共慈乡、共安乡成立了两个乡民族自治政府，另有六哑乡民族自治政府也筹备成立。川西成立的民族政权较多，其中有六个县的民族联合政府，即松潘、理县、懋功、靖化、汶川、茂县；两个县的民族自治政府，即：阿坝与□□（四土?）阿坝倬斯甲临时军政委员会、卓克基行政委员会；十二个区民族联合政府，即：松潘的城关区、第一区、第二区、第三区，茂县的水子沟区、第三区，理县的第一区、第三区，汶川的第一区、第二区、第三区，懋功的第一区；五个区民族自治政府，即：松潘的毛尔盖、茂县的赤不苏、理县的上来苏沟、小来苏沟及拾磨行政委员会；十九个乡民族联合政府，即：松潘的镇江、安定、进步、永安、下坝，茂县的黑虎、三龙、小北、渭门、蚕

[①]《中华人民共和国民族区域自治实施纲要》，中共中央文献研究室编《建国以来重要文献选编》，第三册，中央文献出版社1992年版，第79—85页。

[②]《中央人民政府政务院关于地方民族民主联合政府实施办法的决定》，中共中央文献研究室编《建国以来重要文献选编》第三册，中央文献出版社1992年版，第86页。

陵，理县的雅谷、薛城、甘堡、兴隆，汶川的绵俿、草坡□、一龙、三□、目火达；十四个乡民族自治政府，即：松潘的牟尼沟、大寨、下尼巴、祁命部落，茂县的雅土都、曲文、维城、廻龙、高龙、沟口、较场、太平，理县上孟屯、下孟屯。川北成立了平武藏族自治区人民政府，并在土地改革过程中，召开了木坐藏族代表会建立了木坐乡民族自治政府。①

另外四川省人民政府乐山区专员公署在1953年1月9日批复西宁乡建政报告，准予备案的同时，专门向四川省人民政府转报了屏山县第五区西宁彝族自治乡人民政府成立的情况。报告说，西宁一带是以彝族聚居为基础的，杂以一部分汉族居民，其界线以西宁为中心，东至柳中堂40里，南至白水溪40里，西至罗三溪30里，北至沙坝子40里。人口共有615户，2382人，其中彝族289户，1414人，包括彝族5个家支（石图、吼普、根尔、控义、控别）。汉族326户，968人。西宁彝族自治乡人民政府是在1952年12月1日，召开各族各界人民代表会议的基础上成立的。各族各界代表会议选出正乡长恩扎阿沙（根尔家黑彝），副乡长吉佐克（石图家白彝）和罗华贵（汉族，原西宁乡农协会副主席），乡政府委员会委员有阿竹阿牛（吼普家白彝）、阿都月哈（吼普家白彝）、阿牛玉图（石图家白彝）、控次加加（石图家白彝）、施天才（汉族，原西宁乡农协会文书）、张玉珍（汉族，原在西宁乡妇联）。西宁乡人民代表会议亦同时成立，选出主席恩扎月哈（根尔家黑彝），副主席为石哈妹妹（女，石图家黑彝）和张玉珍（汉族，原在西宁乡妇联）。②

五 四川自贡市、万县市、内江市市区街公所的建立

随着中央人民政府内务部关于城市街公所组织的暂行办法的颁布，四川省所辖各市纷纷报请省政府批准在市区建立街公所。

1953年10月20日，自贡市人民政府呈请四川省人民政府，请准

---

① 四川省民政厅《各行署区乡村建设情况和不同之点》，四川省档案馆馆藏，资料号：建川044-1-30。

② 《四川省人民政府乐山区专员公署报告》，四川省档案馆馆藏，资料号：建川044-1-40。

在市区建立街公所以便利工作的展开。自贡市区在1953年第一季度结合反封建会道门和肃清特务等工作，建立了居民委员会，并在公安派出所内设置行政组具体领导居民委员会的工作，但感觉工作任务不易下达，不便领导，公安部门的业务受到很大影响。所以请示根据中央人民政府内务部关于城市街公所组织的暂行办法的规定"市内区凡人口在十万以上者均需在区人民政府下设立街公所，凡人口在三万以上十万以下者视工作需要亦得设立，但须经省人民政府批准"办理。自贡市各区人口均在4万至7万之间，同时每个区都管辖有15个至25个居民委员会。只有建立街公所才能便于领导，所以拟在原公安派出所所管辖范围建立12个街公所（每区4个），每个街公所配备干部4—7人，在市总编制内解决，办公费也由市拨发。自贡市关于建立街公所的请示于10月23日得到四川省政府的批准同意："但所设街公所应与原有公安派出所管辖范围一致；每所除设街长一人外，得配备干部三至五人，在市总编制内调剂解决；其所需办公费及工作人员薪给均由市人民政府拨发。"11月12日，自贡市政府即向省政府函报了该市建立街公所的情况：11月7日自贡市在三个城区建立了12个街公所，其管辖范围均与原公安派出所管辖范围一致，依据地区人口分布情况，在14000人以上地区设街长一人，干事四人，14000人以下地区设街长一人，干事三人，并制发街公所吊牌印章各一颗，统一于11月14日起执行。自贡市街公所名称与人口数如下：自井区设新街（19399口人）、郭家坳（15767口人）、东兴寺（14108口人）、高山井（11684口人）四个街公所；贡井区设筱溪（10539口人）、贡井（10385口人）、长土（11878口人）、艾叶滩（7696口人）四个街公所；大坟堡区设天坟堡（14684口人）、高洞（7979口人）、龙井（10265口人）、凉高山（12875口人）四个街公所。[①]

万县市人民政府于1953年7月4日向四川省人民政府请示设立街公所。报告提出建立街公所的目的是为了加强和统一领导城市居民工作，贯彻政策法令，更加密切政府与人民群众的联系。同时根据过去三

[①] 《自贡市人民政府呈请四川省人民政府，请准在市区建立街公所》，四川省档案馆馆藏，资料号：建川044-1-44。

年领导居民工作经验,认为是需要设立街公所的。当时万县市区有人口82773人(水上698人不包括在内),原分为四个公安派出所管辖。所以万县市政府计划仍以原公安派出所管辖范围设立四个街公所。每个街公所设街长一人,然后根据每所管辖范围较大,较多人口的情况,故需设干事四人至五人,干部在市的编制内解决。街公所领导居民委员会进行工作。

内江市人民政府于1953年7月16日向四川省人民政府请示设立街公所。设立街公所是为了便于领导居民工作,贯彻政策法令,更加密切政府与人民群众的联系,顺利推动工作。根据内江市的具体情况,决定当年8月设立街公所。内江市位于成渝铁路中心地区,经济比较繁荣,城市人口47588人(不包括樟木、白马两镇及其公共户),此前的各项工作主要由六个公安派出所的民政干事一人至二人开展,确实存在很多困难,所以迫切需要设立街公所。街公所管辖范围除个别不当的需进行调整外,原则上按照原公安派出所管辖范围划分。街公所干部由原公安派出所的民政干事和居民委员会的脱产干部的编制名额配备,其余仍缺的干部在市的总编制内解决。街公所设立的居民委员会不另设脱产干部。内江市拟设立的6个街公所为:在原城西派出所管辖范围设立第一街公所(人口9794人);在原城东派出所管辖范围设立第二街公所(人口7850人);在原友好派出所管辖范围设立第三街公所(人口8855人);在原城南派出所管辖范围设立第四街公所(人口4971人);在原城北派出所管辖范围设立第五街公所(人口10368人);在原东兴派出所管辖范围设立第六街公所(人口5750人)。

1953年7月28日,四川省人民政府批复同意了万县市和内江市人民政府关于设立街公所的请示。但要求,为了慎重起见,建议先选择一个点试行,待取得经验后再行推广,并希望将试行的经验总结,发现存在的问题,及时报告省民政厅。[1]

总之,在1953年下半年,四川各市市区陆续建立了街公所。

---

[1] 《内江市人民政府向四川省人民政府请示设立街公所》,四川省档案馆藏,资料号:建川044-1-44。

第三节 四川乡（镇）人民代表大会制度的建立

一 基本完成基层选举，建立乡（镇）人民代表大会制度

中华人民共和国政体为人民代表大会制度，是在1953年正式实行普选后逐渐在全国建立了全国、省、市、县、区、乡（镇）各级人民代表大会制度。1953年3月1日，中华人民共和国中央人民政府颁布全国人民代表大会及地方各级人民代表大会选举法，选举法规定："中华人民共和国全国人民代表大会及地方各级人民代表大会由各民族人民用普选方法产生之。""全国人民代表大会之代表，省、县和设区的市人民代表大会之代表，由下一级人民代表大会选举之。乡、镇、市辖区和不设区的市人民代表大会之代表，由选民直接选举之。""凡年满十八周岁之中华人民共和国公民，不分民族和种族。性别、职业、社会出身、宗教信仰、教育程度、财产状况和居住期限，均有选举权和被选举权。"并特别强调男女有相同的选举权和被选举权。"在中央人民政府和地方各级人民政府下成立中央和地方各级选举委员会。中央和地方各级选举委员会为办理全国和地方各级人民代表大会选举事宜之机关。"[1]

1954年1月14日政务院第202次政务会议又批准《一九五四年政法工作的主要任务》，其总任务就是"进一步健全人民民主制度，加强和运用人民民主法制，巩固人民民主专政，以保障经济建设和各种社会主义改造事业的顺利进行"。而各项具体的任务中，第一就是在各级党政领导机关和选举委员会统一领导下，完成普选工作。要求各地"按照中央规定和工作需要，及时召开地方各级人民代表大会或各级人民代表会议，发扬民主，提倡和支持人民群众对国家工作人员的自下而上的监督和批评，进一步健全人民民主制度，系统地研究总结和创造城市、工矿区政权建设工作为生产服务的经验，并重点研究

---

[1]《中华人民共和国全国人民代表大会及地方各级人民代表大会选举法》，中共中央文献研究室编《建国以来重要文献选编》第四册，中央文献出版社1993年版，第24—25、31页。

总结小城镇政权建设为生产服务的经验。加强县的民政工作，继续整顿和改进乡政权，使之适合于领导和保障生产的发展，特别是农业生产互助合作运动发展的需要，并总结乡政权如何领导和保障对农业的社会主义改造的经验"[①]。

根据选举法精神和中央政府的统一部署，四川成立了各级选举委员会并建立了相应的办事机构，进行普选宣传，推进选举程序（人口普查、选民登记和复查、提出和确定候选人、正式选举）。四川的基层普选是先进行了试点取得经验的基础上再在全省推开的，并组织训练了8万多名普选干部，10万多名选民登记工作人员。四川的基层选举从1953年6月开始到1954年4月初基本结束（部分少数民族地区此时还未进行），分两期：1953年5—8月为第一期；1954年1—4月为第二期。由于进行了广泛的普选宣传和思想发动，充分调动了群众的参选积极性，全省登记的36855440名选民中91.08%的选民参加了投票，尤其是各地群众欢天喜地，敲锣打鼓，放着鞭炮，舞着龙灯参加选举，直接选举各乡镇人民代表大会代表[②]，各乡镇人民代表大会代表选举出来后，各乡镇均召开了第一次人民代表大会，选举了新的乡镇人民政府委员会，建立起了乡镇人民代表大会制度。

仪陇县用1953年6月20日至8月15日共55天时间，先在第一区、第四区、第十一区三个区共20个乡镇142个村23443户，117257人（占全县人口1/5左右）的地区进行了普选。仪陇县的这次普选是在紧密结合生产，深入进行思想发动，充分发扬民主的基础上进行的，通过选举，妥善解决了干群关系，使干部受到一次深刻的民主教育，90%以上的选民参加了选举。在选举的初期，群众对普选并不热情，许多人抱着无所谓的态度，一般干部想借此换班。由于选举是从检查生产入手，及时帮助群众解决了夏荒问题，并指导棉花定苗、使用化肥等具体的生产工作，整个选举工作始终贯彻了选好代表搞好生产的宗旨，以此对广大干部群众进行思想教育，于是群众逐渐

[①]《一九五四年政法工作的主要任务》（1954年1月14日政务院第202次政务会议批准），璧山县档案馆馆藏，资料号：8-1-513。

[②] 中共四川省委党史研究室著《中国共产党四川历史（1950—1978）》第二卷，中共党史出版社2010年版，第124—125页。

认识到选举的重要性，因而热烈地投入了选举运动。选举的每一个工作步骤，都注意贯彻思想教育，首先是打通党团员干部的思想，安定他们的情绪，依靠原有干部，充分发挥组织机构的作用，并注意不耽误农时，利用农隙召开各种会议，把政策送上门的方法，基本做到家喻户晓；又通过巩固人民民主教育，展开新旧选举制度的对比教育，并把批判男农民的封建思想和妇女的自卑思想和地域观念相结合，使干部克服了换班思想，群众则体会到民主的实质，提高了政治觉悟，感受到选举权利的光荣和严肃性，普遍感受到"我们农民说话是顶事的"。又通过改善干群关系，分清是非功过，明确责任的教育，干部认识了强迫命令的危害性，学会了走群众路线，因而作风更加民主，工作更加积极，如日兴乡白山村主任李应荣连续帮助三个互助组解决了清工结账问题，群众反映"这真是我们的人民代表"。此后在深入做好思想发动的基础上做好选举大会的准备工作，做到了高额比例的选民参加选举。这次选举中的选民总数是64492人，参加选举的人数为59605人，达到91.95%，最高的马鞍乡琳琅村和石垭镇大井村达到100%选民参选，行使了庄严的选举权利。这20个乡共选出代表969人，其中妇女代表176人，占总数的18.16%，原有干部646人，占原有干部的80.54%，一贯在各项运动中起骨干带头作用的共产党员、共青团员深得群众的信任和爱戴，当选的代表中有党员184名，团员175名，占代表总数34.04%。各乡在人民代表选出后，均先后召开了第一次乡镇人民代表大会，选举了新的乡镇人民政府委员206人，其中妇女27人，占委员总数13%，妇女在政治上的地位有了进一步提高，此后，乡镇人民代表大会制度逐渐建立起来了。①

巴中县是在1954年2月底以前完成了全县109个乡、1个镇、1个城关区的基层选举工作（其中1953年完成27个乡）。由于事先训练了大量的干部和技术工作人员，同时，整个选举工作中贯穿了对人民群众的民主教育和阶级教育，大大地发挥了人民群众的政治积极性和民主积极性，使全县350277名选民中参加选举的达321601人，占91.7%以上

---

① 《仪陇县人民政府一九五三年民政工作总结报告》（1954年1月13日），仪陇县档案馆馆藏，资料号：26-1-39。

的选民都行使了自己的职权，选出了自己满意的代表4296人（其中男3525人，女771人）。各乡镇选举出乡镇人民代表后召开了乡镇人民代表大会，选举出了乡人民政府委员1201人（男1060人，女141人）。而且巴中县在基层选举中，通过酝酿代表候选人，使原有干部受到了一次深刻的教育，清洗了个别作风恶劣、品质极坏的分子，从而纯洁和健全了基层政权。并建立了经常的乡人民代表大会制度，发挥了政权为社会主义事业服务的积极作用。①

通江县第九区的普选工作是在1954年1月、2月推动各方面工作中进行的，具体在1月15日至2月28日，历时43天，在继续宣传党在过渡时期总路线，大力开展互助合作运动和积极领导群众进行生产的前提下，开展了基层普选运动，由于从广大群众受到了总路线的宣传教育与从具体领导生产，适当解决农民在生产生活中的困难着手，因而群众积极关心普选，普选工作顺利完成。其工作经历了四个阶段：第一阶段，宣传普选政策，集中组织训练技术人员，全面开展人口调查登记。第二阶段，在巩固提高互助组，积极领导冬季生产的同时，广泛听取选民意见，提名酝酿代表候选人。第三阶段，代表候选名单提出后，正式出榜公布到各村进一步酝酿讨论成熟，并宣布选举的时间地点，组织动员好选民等，作好充分准备后才正式召开选举大会。由于组织工作搞得好，所以广大男女选民纷纷放起鞭炮，敲锣打鼓，带着欢欣和热情参加选举，且以相当集中的票数选出了自己所热爱的代表。如长乐一村378个选民中，参选者377人，占选民总数99.6%。药洪一村苟诵诗以100%的票数当选。板凳全乡选民2758人，参选者2710人占选民的98.3%。通过选举，全区选出了人民代表264人，其中妇女47人，占17.8%，党员33人，团员32人，互助组长14人，劳模3人，文娱界人士1人，工商界人士4人，小手工业人士1人，原有乡村主要干部326人，这次被选为人民代表者226人，占原有干部总数的70%。第四阶段，以生产和互助合作为中心，开好首届乡人民代表大会。各乡正式人民代表选出后，各村召开

---

① 《巴中县人民政府一九五四年工作总结报告》（1955年1月19日），巴中市巴州区档案馆馆藏，资料号：33-1-36。

了选举支点会议，在对总路线进一步宣传和普遍动员春耕生产和具体帮助互助组修订短期计划及检查计划的执行情况下，结合代表广泛收集群众意见，写好提案，乡上充分讨论做好一切准备，慎重而庄严地召开了首届乡人民代表大会，在这会议上着重解决了如下两个问题：第一，听取上届乡人民政府的工作报告和选举新的乡人民政府。在结合讨论上届乡人民政府的工作报告的同时，广泛征求意见，充分发扬民主的基础上，酝酿提名乡人民政府委员和乡长副乡长人选，然后通过无记名方式选举成立新的乡人民政府（委员7—11人）。乡人民政府委员会选出后，委员进行分工，在此基础上，成立了五种经常性的工作委员会，并单独成立了乡的妇女代表会及武装委员会，通过建立组织合并机构和订立制度，适当地减少了"五多"现象，从而使各乡人民基层政权组织得到了进一步的巩固。第二，通过启发引导，认真具体掌握，以生产及互助合作为主讨论提案，做出决议，订出了各乡半年来的工作计划。①

璧山县的基层选举是在实行统购统销之后，普遍地开展总路线的宣传，广大群众受到了社会主义教育，提高了觉悟的基础上进行的，所以工作进行得比较顺利。选举分两个时期完成：第一期于1953年5月开始，先在浦元乡进行重点试验，取得经验后于7月又在其他12个乡和城关区先后展开（原计划是19个乡，因抗旱暂停了6个乡），至秋收前后相继完成。第二期因上级指示实行统购统销而从1953年底以前完成推迟至1954年1月开始至4月初完成。此时璧山县辖9个区、55个乡、2个镇、485个村、31个段。当时璧山县根据选举法规定成立了县和乡两级选举委员会，并首先抽调大批干部学习了选举法和各有关文件，集训了技术骨干，深入乡村，密切结合生产，向广大群众宣传选举法的重大政治意义和新中国的选举实质是真正的广泛的民主，以清除残留在群众思想中的较深刻的国民党统治时期的假选举和选举虚伪性的影响，通过选举使广大人民受到深刻的民主教育，激发了民众对生产、劳动的热情。第二步是进行人口调查登记。干部

---

① 《通江县第九区关于普选工作总结报告》（1954年2月8日），通江县档案馆馆藏，资料号：33-1-34。

和技术骨干们采取"下田坎"访问,开"院坝会"调查等多种便利群众的方式,调查登记了全县有387979人,其中男206957人,女181022人。第三步,审查选民资格。依据"不能让一个公民被错误地剥夺了庄严的选举权利,也不能让一个反动分子或未经改变成分的地主阶级分子非法的窃取庄严的选举权利"的精神,璧山县两级选举委员会慎重地审查了选民资格,对在审查中有疑难的问题集中到县研究处理,最终全县经过审查后有选举权的选民211862人,占全县总人数的54.6%,剥夺选举权的6432人,占全县总人数的1.66%。第四步,酝酿候选人,这是整个选举的关键。在酝酿过程中,先注意解决了干群关系问题,充分发扬了民主,达到既实现了民主,又选出了积极、热心的人来管理国家和地方的事务。这就需要一方面教育干部,批判"大换班"的思想。另一方面教育群众,使群众认识到要选自己爱戴和必要的人,他们是替民办事,不能把选举当儿戏。对有些干部中存在的脱离群众,引起群众不满的作风,通过适当的会议与群众交流,倾听群众的意见,在以后的工作中转变作风,得到群众的谅解,使干部受到教育,这些干部一般后来都当选了。而对存在严重违法乱纪现象和退化、变质的分子被群众鉴别后坚决唾弃。所以,通过选举实际也纯洁了干部队伍,加强了基层政权。第五步,发动选民参加选举。这一步重要的问题是把教育和帮助解决具体困难相结合。一方面让选民认识到这是庄严的政治权利,这是当家做主的权利。另一方面,要把生产安排好,使参选人安心参加选举会议;把地主、反革命分子、被管制分子的会开好,防止坏人破坏;安排好各村的选举会期,使村与村之间会期不冲突。由于准备充分,选民都积极、热情参加选举,连七八十岁的老太婆都参加了选举。如七塘乡的八十多岁的王李氏,自己走不动路,叫儿子用轿子把她抬去参加选举。她说:"我活了一辈子,也没见过这样好事,这是毛主席给我们的。"所以选民参选比例很高,个别区达到100%,全县参选选民194995人,占全部选民211862人的92.3%。全县选出基层人民代表3113人,其中中共党员422人,团员837人,烈军属模范16人,劳动模范27人,妇女593人,妇女比例占代表的19.08%。第六步,召开乡人民代表大会,选举正、副乡长和乡人民政府委员会委员,并建立了六种委员会。在人民代表大会上讨论和布置了农业生产和其他当时的中心工作，如认购经济建设公债等。有的乡还讨论决议了地方福利事业工作。乡人民代表大会决议交乡人民政府实施。①

宣汉县是在1954年春完成了基层民主选举运动，91%以上的选民参加了选举，选出乡人民代表大会代表4900人，建立了县、乡两级人民代表大会制度。在普选中充分发挥了人民群众的政治积极性，表现了群众对人民民主制度的热爱。体现了人民民主制度的实质。选民们在选举的过程中检查了基层政权的工作和干部的工作作风，把社会主义带路人和工农业生产战线及各方面的优秀人物选为了人民代表，同时也把那些违法乱纪，有严重官僚主义和命令主义的错误分子，以及窃取在基层政权中的坏分子清除出基层政权，纯洁了基层政权的组织，密切了党和政府与人民群众的联系，巩固了人民内部的团结，巩固了人民民主政权。②

二 四川城乡基层政权的职能和作用

根据1950年12月8日政务院第62次政务会议通过的《乡（行政村）人民政府组织通则》的规定，乡政权由乡人民代表大会（或乡人民代表会议）和乡人民政府组成。"第一条：乡人民行使政权的机关为乡人民代表大会（或乡人民代表会议——下同）和乡人民政府。在乡人民代表大会闭会期间，乡人民政府即为乡的行使政权的机关。乡人民政府委员会为乡一级的地方政权机关，受区人民政府领导；在不设立区人民政府的地区，受县人民政府领导及区公所的监督指导。"③

根据《四川省人民政府关于乡及城镇政权建设的实施办法（草案）》关于乡政权的组织和职能如下。

---

① 《璧山县基层选举工作报告》，璧山县档案馆馆藏，资料号：8-1-513。
② 《关于几年来政法、文卫及财经工作的总结及今后工作任务的意见》，宣汉县档案馆馆藏，资料号：1-1-84。
③ 《西昌县人民政府通知（民政字第　号1951年月日）》（原件如此，引者注。），西昌市档案馆馆藏，资料号：40-1-7。

第三章 乡人民代表会议

第六条 乡人民代表会议由乡人民政府召开之,但在区划和组织变动后,新建立的乡,初次召开乡人民代表会议时,应以原有乡、村人民团体主要干部,组成乡人民代表会议筹备委员会召集之,一般代行人民代表大会职权。

第七条 乡人民代表会议的代表名额:三千人以下的乡二十名至六十名;三千人至五千人的乡六十名至八十名;五千人至七千人的乡八十名至一百名;七千人以上的乡一百名至一百三十名。

第八条 乡人民代表会议代表资格:凡反对帝国主义、封建主义,官僚资本主义,赞成共同纲领,年满十八岁之人民,除患精神病及被剥夺政治权利者外,不分民族、阶级、性别、信仰均得当选为代表。

第九条 乡人民代表会议代表的产生:每居民小组由选民选举代表一人(代表兼小组长)。必要时,亦可特邀代表若干人,有些乡,如少数民族的居民人数较多但又够不上成立民族民主联合政府条件者,得单独选举其代表。

第十条 乡人民代表会议代表的任期:乡人民代表会议代表每年改选一次,于春节前后举行,连选得连任。经选民多数同意,得随时更换其代表;特邀代表,经乡人民政府委员会和乡人民代表会议主席、副主席共同商定,报区人民政府批准,亦得随时更换之。

第十一条 乡人民代表会议职权如下:

1. 听取与审查乡人民政府的工作报告;
2. 向乡人民政府反映人民的意见和要求;
3. 建议与决议本乡兴革事宜;
4. 审议本乡人民负担及财粮收支事项;
5. 向人民传达并解释乡人民代表会议议决事项,并协助乡人民政府动员人民推行之。

第十二条 乡人民代表会议经县人民政府批准,并得选举乡长、副乡长及委员,或决议撤换之。

第十三条 乡人民代表会议的决议,有与上级人民政府的政策法令抵触时,上级人民政府得予废除,修改或停止其执行。

第十四条　乡人民代表会议设主席一人，副主席一人至二人，由乡人民代表会议选举之，负责主持会议，联系代表，并协助乡人民政府进行下届会议的准备工作。

主席、副主席当选为乡长、副乡长时得兼任。乡人民代表会议不设常驻机关。

第十五条　乡人民代表会议每月开会一次，必要时得开临时会议。每次会议一般以不超过一天为宜。

第十六条　乡人民代表会议须有代表过半数的出席始得开会，须有出席代表超半数的同意始得通过决议。

第四章　乡人民政府

第十七条　乡人民行使政权的机关为乡人民代表大会（或乡人民代表会议）和乡人民政府。在乡人民代表大会闭会期间，乡人民政府即为乡的行使政权的机关。

乡人民政府委员会为乡一级的地方政权机关，受区人民政府领导；在不设立区人民政府的地区，受县人民政府领导及区公所的监督指导。

第十八条　乡人民政府委员会由乡人民代表会议选举乡长一人，副乡长一人至二人及委员七人至十一人组成之。乡长、副乡长及委员经区报县人民政府批准任命。

第十九条　乡长、副乡长及委员的任期一年，连选得连任。

第二十条　乡人民政府委员会的职权：

1. 执行上级人民政府决议和命令；

2. 实施乡人民代表会议通过并经上级人民政府批准的决议案；

3. 领导和检查乡人民政府各部门的工作；

4. 向上级人民政府反映本乡人民的意见和要求，并提出兴革意见。

第二十一条：乡长主持乡人民政府委员会会议，并领导全乡工作，副乡长协助之。

第二十二条：乡人民政府设文书一人，承乡长之命办理文书事宜。

第二十三条：乡人民政府委员会会议每十天或半月开会一次

（村代表主任可列席），由乡长召集之，并得开临时会议。每次会议上必须检查乡人民代表会议的执行情况，民主讨论乡的主要工作并作出决定，加以贯彻。每次会议一般以不超过半天为限。乡人民政府委员会会议须有委员过半数的出席始得开会，须有出席委员过半数的同意，始得通过决议。

第二十四条：乡人民政府委员会委员按民政、生产、财粮、文教、卫生、武装、治安等进行分工。

第二十五条：乡人民政府可根据工作需要，设各种经常性或临时性的工作委员会。经常性的工作委员会，一般可设立以下五种：

1. 生产建设委员会：主管农业生产、水利、护林、交通、救灾、兽疫防治等。

2. 文教卫生委员会：主管群众文化教育的普及及医药卫生等。

3. 治安保卫委员会：主管防奸、防谍、防火、防盗等。

4. 拥军优属委员会：主管烈军属的代耕、慰问、优待等。

5. 调解委员会：主管群众纠纷的调解。

在文教卫生事业发达的大乡，文教卫生可分设成文教、卫生两个委员会；在沟渠较多水利事业较大的乡，原设有水利委员会的，可不变动。

各种工作委员会设正、副主任委员各一人，委员三人至五人。

第二十六条：乡人民政府脱离生产干部，一千人以上的乡二人，一千人至三千人的乡二人至三人，三千人至五千人的乡三人至四人，五千人至七千人的乡四人至五人，七千人的乡五人至六人。一般为乡长、副乡长、文书、生产、财粮、武装、民政等，由各县具体确定之。

乡人民政府脱离生产干部的供给及乡人民政府办公费、会议费等按规定执行，严禁摊派。

从实际情况看，正式的乡村政权建立后，完全行使了基层政权的职权，其职能和作用比农民协会更为广泛，可以说包括了武装、政治、经济、文化教育及生产生活的各个方面。

如江北县58个乡、603个村、8个区公所，曾在1951年6月9日及 10 月 27 日分别召开了两次会议，推动和贯彻各项工作，其中包括：①为抗美援朝捐武器并超额完成捐献计划。②推动土地改革的胜利完成。③组织中苏友好协会。④初步开展乡镇一级人民民主政权的建立工作。通过这些会议充分发扬民主，使政府与人民的联系更加密切起来，同时人民受到民主生活的教育，主人翁的感觉和责任感逐渐提高。除这两次会议推动的工作外，基层组织和政权的日常工作还有：①恢复与发展工农业生产，完成税收任务。通过进行春耕生产动员和深入开展抗美援朝运动，农民的生产积极性调动起来了，生产资金也增加了，广大群众在爱国增产的号召下，纷纷订立爱国公约，并提出粮食增产一成的计划，还进行挑战竞赛，如江北六区复兴乡太平村 35 个劳动互助组保证增产粮食二成，向全国劳动模范李顺达互助组应战，带头积极生产，获得了 1951 年的丰收。全江北县 1951 年生产粮食 363627617 斤，比 1950 年增产 86627617 斤。发展棉花 200 亩，黄麻 1000 亩。各级政府还通过发放农具、养猪、耕牛、肥料、种子及农村副业贷款解决分得土地的贫雇农缺乏农具、耕牛、肥料、种子等困难，促进农业生产的发展。生产的发展为税收工作的顺利完成奠定了基础。江北县 1951 年的农业税收配额是 43435000 斤，实际完成为 58542133 斤，超额完成 15107133 斤。②发展水利，兴修水利工程。江北县各级组织充分发动群众，修复了旧有塘堰、水渠，重点兴修水利灌溉工程。1951 年春季修复了 2019 口塘堰，6 月完成了褚公堰的工程，工程全长 6800 公尺，经过四个村，灌溉面积 1350 亩，提高了农田产量。龙泉村农民王合兴的田评产为 6 石，结果收了 7 石 2 斗。认为褚公堰工程修得真好。③贯彻新婚姻法，逐渐清除封建思想和封建婚姻制度在干部（尤其是村干部）群众中根深蒂固的影响。④利用农闲动员民工碎石修公路，发展交通。①

巴县六区在总结 1952 年工作的成绩时，首先是在春旱和秋雨连连的情况下促进了生产的发展和粮食的丰收。1952 年春旱严重，全区党组织和人民政府动员和组织了群众男 23515 人，女 16610 人，共计

---

① 《江北县人民政府一九五一年度工作总结》，重庆市渝北区档案馆馆藏，资料号：江北县府 14-3-9。

40125人，占成年人的70%参加了抗旱保苗运动，使用各种抗旱工具和挑水救了秧苗，捉了斑蝥、蚱蜢等害虫152000个。在秋收时又组织了群众男14180人，女1377人，共计15557人组成了2733个搭谷组进行抢收，在连日的秋雨中，减少了生芽和霉烂的损失，结果全区粮食比1951年增产2217678斤，增产4.76%。秋耕秋种又使各种作物得到即时下种。在秋收后还进行了评比工作，普遍交流了生产经验，发动了爱国增产竞赛，参加1953年小麦丰产的124户，水稻丰产的625户，并经群众评比选出县级模范8人，互助组1个，区级模范108人。使群众认识到要多打粮食必须改进耕作技术，选好种子，多积肥料。全区选有优良稻种中农四号等144876斤，积了堆肥、青草、下田野粪等59778696斤。当时主要是通过互助组，精耕细作，修补塘堰等方式实现增产增收。经调查统计，全区有好塘983口，灌溉面积10692182亩，堰230条，灌溉面积7252257亩。需修补塘421口，灌溉面积35195892亩，需工91733个，需贷款11931000元，堰129条，灌溉面积3135724亩，需工9722个，需贷款13040000元，计划新修塘70口，灌溉面积480533亩，堰17条，灌溉面积648757亩。当时已完工补修塘70口，灌溉面积102051亩，堰35条，灌溉面积1146243亩。新修塘8口，能灌溉面积8375亩，堰2条，灌溉面积48787亩，当时各乡都在积极进行这项工作。[①]巴县五区委在1952年年终总结报告中也谈到，由于各乡村组织互助组，发挥了组织起来的好处，精耕细作，促进了生产的发展，粮食获得丰收。如长生乡二十三村做到五犁五耙的有35户，全村有2/3的田薅了三道秧，刘贵成互助组1951年收入粮食14678斤，1952年收入16387斤，增产1700斤，增产11.6%。全区1952年比1951年增产3.7%，并解决了部分缺乏劳动力及单干农民所不能解决的困难。如长生乡第二十五村张树洲互助组，全组组织起来抗旱，使田未受损失，收成没有降低。第二十三村赖世茅（女）家劳动力不强，1951年未参加互助组，苞谷收成3斗，红苕300斤。1952年参加了互助组，包谷收成8斗，红苕1000斤。通过这些具体的事例教育了农民，

---

① 巴县《六区委关于一九五二年工作总结》，重庆市巴南区档案馆藏，资料号：巴县县委1-1-91。

使一般农民初步认识到组织起来的好处。①

从新津县第四区太平乡1952年3月工作总结报告可以看出，当时乡干部是全县调配的，当时太平乡政府公产干事郑绍清在邓双乡土改；财粮干事和副乡长在县农训班学习，副乡长1952年3月回乡，而财粮干事季荣宗去龙马乡清算农业税。乡村组织和乡村政权主要是围绕生产这个中心，做好防旱抗旱、解决耕牛、肥料、农贷等工作；同时对农民进行爱国主义教育；拥军优属解决军人家属的生产困难；搞好互助合作；教育农民把分到的胜利果实作为生产资料投入生产；改造地主反革命分子；宣传新婚姻法；进行反帝反封建宣传；发动组织读报，让农民了解最新时事；搞好卫生防疫；处理新民村团员及武装队长黄向明自高自大腐化思想作风，将其队长停职；协助来往搞"三反""五反"的材料及处理地主联系的手续等。②

华阳县中心镇人民政府1953年工作总结叙述了1953年3月8日，华阳县中心镇镇管会奉命改为华阳县中心镇人民政府后，改变了上级叫干啥才干啥的被动工作方式，提高了工作的主动性，首先进行了轰轰烈烈的春季爱国卫生突击运动。之后又进行了修整街道和市场调整的工作（包括重新划定摊贩营业地区；加强市场管理；整理市容等）。为了保障秋季的丰收，镇政府又积极帮助烈军属、转业军人和居民在银行贷肥料款200万元。发放烈军属子女秋季入学补助费和贫苦居民的夏荒救济等。同年7月又展开中心镇的普选运动，召开了镇人民代表大会重新选出了自己的代表和镇长、委员，镇政府工作得到更大提高：为了支援祖国的工业建设和社会主义改造，进行了对私营工商业者的社会主义改造及月税月清的税收工作（催收以前欠税户欠税和对困难户进行减免），住公产房的租金工作（催收以前欠款和对困难户减免），以便积累资金支援国家的工业建设。发展和巩固社会教育（建立居民业余学校；改修图书室和增加图书并向群众开放；宣传和学习党的过渡时期总路线；搞好饮食卫生、公共卫生、订立爱国卫生公约等）。市场管理日益好

---

① 《中共巴县五区委员会关于一九五二年年终总结报告》（1952年12月20日），重庆市巴南区档案馆馆藏，资料号：巴县县委1-1-91。
② 《新津县第四区太平乡一九五二年三月份工作总结报告》，新津县档案馆馆藏，资料号：123-6-43。

转。社会治安加强起来，稳定了社会秩序。①

可见，乡镇人民代表大会制度在经济建设等各方面发挥了积极的作用，否则就会对工作推动带来不利的影响。如巴中县中兴乡建立人民代表大会制度以后，在1954年统购统销，互助合作工作中，由于经过乡人民代表大会的充分讨论做出决议，代表们回去以后一方面以自己的实际行动执行决议，另一方面还向群众大力宣传和动员，因而都超额完成了任务。而7月收购洋芋种子，由于时间短没有通过人民代表大会，结果费了很大力气才完成任务。②

第四节　新中国成立初期四川乡村权力的重构

一　新中国成立初期对四川旧乡村权力结构的废除和改造

坚决打碎旧的政权，彻底颠覆旧的权力体系，才能建立全新的乡村权力结构：四川各地在刚刚解放时，一般以县市为单位对旧的权力体系进行了全面的接管。如江津县1949年12月各区干部即按照划分的区域分别到各地建立了区人民政府，进行接管各乡镇政权及所属之一切机关、武装、学校、卫生所人员，计全县接管：旧乡镇公所68处，职员387名，公友69名；征收处27处，职员152名，工友28名；卫生所14处，职员34名，公友17名；乡镇武装有乡队67队，官佐95名，士兵111名；保队——每保均有保队10—20名不等。③

但旧的势力不因为新政权的接管而甘心退出中国的政治舞台，如前所述，由于自抗战以来国民党在四川经营多年，加上地势复杂，所以四川在解放初期面临的形势十分严峻：匪特、保甲、乡绅、袍哥、宗族势力、会道门等各种势力混杂乡间。因此，新中国成立后对旧乡村权力势力采取了利用、改造和镇压的政策。

从1950年下半年开始，四川各级人民政府陆续宣布废除保甲制度，

---

① 《华阳县中心镇人民政府一九五三年工作总结》，双流县档案馆馆藏，资料号：华阳政府7-1-109。
② 《巴中县人民政府一九五四年工作总结报告》（1955年1月19日），巴中市巴州区档案馆馆藏，资料号：33-1-36。
③ 江津县《工作总结》，重庆江津区档案馆馆藏，资料号：9-1-4。

分别集训和处理了旧乡保甲人员。从政治和军事上改造了旧的乡村政治势力。如双流县于 1950 年 8 月 18 日至 1951 年 3 月 10 日，分上下两期举办了乡保人员管训班，管训旧乡保人员 342 名，其中乡长 27 名，保长 243 名，地方队长 49 名，干事 12 名，未任过旧乡保职务而任其他非地方职务者 11 名；这其中于 1950 年参加叛乱者有 102 名，国民党党员 80 名，三青团团员 28 名，游击干部训练班毕业者 10 名，任国民党区分部书记者 6 名；这些乡保人员的家庭成分分别为地主 28 名，富农 65 名，佃富农 6 名，中农 129 名，贫农 100 名，赤贫 6 名，小资 8 名；他们中参加封建会门者 323 名，其中封建会门社长 9 名，罪大恶极者 87 名。管训中缴获长短枪共 200 多支，各种子弹 5000 多发，手榴弹 18 枚，电线 40 多斤，各种军用品及器械数十件，其他文件甚多。管训后的处理是扣押 103 名，释放 236 名，逃跑 2 名，自己上吊吊死 1 名。[①]华阳县也在 1950 年 12 月左右对 6 名乡长，10 名副乡长，3 名乡队附，203 名保长，158 名副保长，172 名保队附，5 名保代表，2 名参议员，3 名科长，35 名甲长，2 名干事，其他人员 37 名，共计 636 名乡保人员等进行了管训，收缴了他们手里掌握的大量枪弹等各种物资：马步枪 85 支，短枪 19 支，电话机 6 部，步枪弹 10085 发，手枪弹 796 发，卡宾枪 1 支，刺刀 16 把，手榴弹 22 枚，电丝 95 斤，火药 16 斤，军衣 79 套，收音机 3 部[②]。

同时，对恶势力进行废除和镇压：如原来岳池西关掌教大爷罗升平就出身在岳池县西溪乡，当了好几年乡长，直到解放时才去职，并任岳池县民众自卫总队副总队长，平时鱼肉人民，无恶不作，是西关烟毒贩卖的统制者，并有刘碧云、刘现弟兄及邓耀秋，也是有名的袍哥大爷兼恶霸，这些人都是以压迫人民吸食人血为职业，邓耀秋与罗升平争夺乡长曾有过一度不合，1950 年 9 月罗升平已关在县教育所，刘碧云已死，

[①]《双流县乡保人员训练班工作总结报告》（1951 年 3 月 16 日），双流县档案馆馆藏，资料号：123 - 1951 - 1（五）。
[②]《华阳县管训乡保人员职别成分统计表》（1950 年 12 月），双流县档案馆馆藏，资料号：华阳县委 1 - 1 - 6。

第三章 新中国成立初期四川基层政权的建立与乡村权力重构

刘现也拘禁在区政府里了。① 江北县对地主恶霸的打击较彻底，全县有恶霸900多，而经过杀、关、管有800多，对反动会门处理做得差一些，管制工作一般，管制面较宽，没有做到打击瓦解分化敌人。到1951年的情况是，管制了6‰点弱。一些地方也出现了一些偏向，如洛碛把反革命分子组成组，叫他们自己担任组长，组织学习，由组长汇报，这样使工作受到了不应有的损失，经发现后立即纠正。1951年8月底清理积案工作结束，9月开始建立治安保卫委员会，全县已建立农村治安保卫589个（每村一个）。乡治安保卫委员会建立19个，派出所3个，地区建立了3个治安保卫委员会，20个治安保卫小组，□□群众向反革命分子展开控诉斗争，彻底打垮反革命威风，宣布群众讨论的管制年限，获得了成就。②

简阳县在1952年5月前，对反动党团、特务、土匪、反动会门、恶霸采取了枪决、管制、自新等方式，镇压和改造了乡村旧势力。反动党团方面，国民党骨干有32个，其中9个枪决，5个判刑，管制扣押1个。民社党骨干8个，判刑2个，病亡2个，在广汉法院工作1个，在崇庆1个，已搞材料1个，自新1个。三青团骨干15个（包括直属分队干事在内），枪决5个，病亡1个，管制2个，已搞材料2个，未打击2个，在外乡3个。青年党党员1个已自杀。特务方面，原有15个骨干，枪决9个，管制1个，病亡2个，逃亡2个（下落不明），未打击1个。土匪方面，原有骨干132个，枪决61个（包括1950年土匪暴动时及时镇压的在内），判刑15个，管制12个，病亡2个，已搞材料13个，自新25个，释放2个，死亡1个。反动会道门方面，点传师8个，坛主75个，其中判刑5个，管制3个，病亡3个，已搞材料4个，自新3个，释放18个，未打击47个。恶霸方面，原有234个，枪决30个，判刑23个，管制37个，病亡、自杀、斗死109个，已搞材料27

---

① 南充地委办公室《岳池县西溪乡农会组织与工作总结》（1950年9月23日），四川省档案馆馆藏，资料号：建北1-138。
② 《江北县人民政府一九五一年度工作总结》（1952年2月15日），重庆市渝北区档案馆馆藏，资料号：江北县府14-3-9。

个，逃亡2个，未打击7个。①

璧山县则经过发动群众，切实配合中心工作，进行了三期镇压反革命运动后，通过对全县区乡的检查发现，对每个地区的土匪、特务、反动党团、反动会道门、恶霸必须杀的杀了，必须关的关起来了，应该管的基本上管制起来了，其他的部分都分别作自首登记或向群众悔过，不予追究等处理，完成了对城乡旧势力的镇压和改造。璧山全县有反革命5088名，占全县总人口1.32%，其中反革命骨干分子2773名，其中土匪900名，恶霸370名，特务244名，反动党团454名，反动会道门147名，其他反革命658名。在第一期、第二期镇压反革命运动中，杀了987名，其中土匪470名，恶霸226名，特务69名，反动党团132名，反动会道门8名，其他反革命82名；共关了1000名，其中土匪334名，恶霸104名，特务81名，反动党团105名，反动会道门19名，其他反革命357名；共管制了558名，其中土匪80名，恶霸6名，特务77名，反动党团165名，反动会道门13名，其他反革命217名（还有不足此数的不属于反动军警的其他反革命41名）；另外管制了217名反动地主。到1953年10月10日前已撤销管制的625名，其中土匪25名，恶霸3名，特务39名，反动党团85名，反动会道门6名，其他反革命258名，反动地主209名。截至1953年9月，新管制224名，其中土匪51名，恶霸3名，特务37名，反动党团79名，反动会道门7名，其他反革命39名，反动地主8名；自首登记91名，其中特务6名，反动党团13名，反动会道门72名。死亡100名。所以到此时，全县95.05%的反革命已被镇压或改造，加上死亡数，则达到98.6%。第三期镇压反革命运动中，对第一期、第二期残存的反革命骨干和反动会道门坛主以上的道首均作了关、管、登记等处理。所以，璧山的反革命势力已被彻底打垮。②

---

① 《第三区土地改革总结报告》（1952年5月6日），简阳市档案馆馆藏，资料号：090-002-9。

② 璧山县人民政府公安局《我县三期镇反运动总结报告》，璧山县档案馆馆藏，资料号：1-1-125。

二 以贫雇农为骨干的乡村民主政权结构的建立

四川解放后,各级政府都注重对农民积极分子的发现与教育培养,提高农民的觉悟,树立农协的威信,逐渐地削弱农村中的封建势力,建立农民的优势地位。如川东璧山区行政专员公署及下属各县在1950年都召开了一次农民代表会议,区召开了三次以上,有的乡也召开了一次,有31243名农民代表参加了各级农民代表会议。专署和各县还办了农民积极分子训练班,训练了12333名农民积极分子。农民代表会议和农民积极分子训练班都结合当时的任务,进行了诉苦教育,交代党和政府的政策,提高了农民骨干分子的觉悟。这些农民骨干分子的教育培养对发动农民群众起了决定性的作用,全行政区农民迅速组织起来,1950年全行政区组织起来的农民就达到1188810人,大批被反动分子掌握的枪支被检举出来转到农民手里,农协的威信大大提高。农协积极领导农民向地主阶级进行斗争,在反夺佃、反逼租、合理负担、减租退押等斗争中发挥了积极作用。地主阶级已经开始向农民低头,有的乡村,农民已经占了优势,几千年来的农村封建剥削的阶级关系正发生巨大的改变。[①] 江津县原有13个区,68个乡镇,903个保。在乡村政权未经改造前,一般都直接或间接地握在地主、恶霸、土匪、特务及这些封建统治者的代理人手里。经过一年的时间,启发群众,又通过各种中心运动结合建政工作彻底地废除了保甲制度,村级政权由原来的封建统治阶级手里转移到贫雇农为领导的农民手里,城市则由封建把头、地主劣绅的手里逐渐转移到各界劳动人民手里。在农村已建立村政权的由贫雇农当家的有848个村,44个段。[②]

新津县铁溪乡在土改中对农民协会干部和会员、武装自卫队的干部和队员中的地主、富农、地主富农代理人、土匪特务、三青团、旧

[①] 《川东璧山区行政专员公署一九五〇年工作总结报告》,重庆市渝北区档案馆馆藏,资料号:江北县府14-3-5;《江北县政府一九五〇年工作总结》,重庆市渝北区档案馆馆藏,资料号:江北县府14-3-1。

[②] 《江津县人民政府一九五一年民政工作总结》(1951年12月25日),重庆市江津区档案馆馆藏,资料号:9-1-17。

乡保人员、封建会门及其他不纯分子进行了全面的清理，共清理出各类不纯分子184名（见表3-7）①。经过清理，使新津县很多乡的贫雇农完全掌握了农村基层组织和基层权力。根据新津县几个农协干部调查登记表（见表3-8—表3-12）②可以看出贫雇农占绝对优势。如表3-8统计，年龄：最小26岁，最大45岁，平均数32.9岁。性别：其中男7人（87.5%），女1人（12.5%）。成分全部是贫农：贫农8人（100%），中农0人（0%），雇农0人（0%）。文化程度：私学1（12.5%），中学1（12.5%），不识字6（75.0%）。表3-9则为：年龄：最小25岁，最大63岁，平均数40.4岁。性别：男10（100%），女0（0%）。成分：贫农9（90%），中农1（10%），雇农0（0%）。文化程度：私学4（40.0%），不识字3（30.0%），不详3（30.0%）。表3-10显示：年龄：最小30岁，最大50岁，平均数36.9岁。性别：男8（100%），女0（0%）。成分：贫农8（100%），中农0（0%），雇农0（0%）。文化程度：私学2（25.0%），不识字6（75.0%）。表3-11表明：年龄：最小19岁，最大52岁，平均数35.8岁。性别：男8（80%），女2（20%）。成分：贫农10（100%），中农0（0%），雇农0（0%）。文化程度：私学6（60%），不识字4（40%）。表3-12的分析数据是：年龄：最小20岁，最大49岁，平均数32.6岁。性别：男6（66.7%），女3（33.3%）。成分：贫农9（100%），中农0（0%），雇农0（0%）。文化程度：私学2（22.2%），不识字7（77.8%）。③新津县农协干部，包括农协组长和分会委员以上的干部调查登记分析说明，从年龄看，大多数是年富力强的中青年；性别上改变了以前清一色男子当政的局面，出现了少数女干部；但文化程度大多不高，而且大多数是文盲；成分上贫雇农占绝对优势。

---

① 《新津县铁溪乡土改期中整顿组织情况表》，新津县档案馆馆藏，资料号：186-1-35。
② 《新津县几个农协干部调查登记表》，新津县档案馆馆藏，资料号：186-1-35。
③ 涉及多个文件，无法命名。新津县档案馆馆藏，资料号：186-1-35。

表3-7　　　　新津县铁溪乡土改期中整顿组织情况表①

			原有数	土地改革过程中清洗数							清洗人数占原有人数%
项目类别				地主	富农	地富代理人	土匪特务	旧乡保建会门及三青团	其他	合计	
农民协会	干部	男	104			6	2	6	11	25	24
		女	25			5			4	9	36
		小计	129			11	2	6	15	34	26.3
	会员	男	1982	5	2	7	21	10	49	94	4.74
		女	2071	4	3	1			17	25	1.205
		小计	4053	9	5	8	21	10	66	119	2.923
	合计		4182	9	5	19	23	16	81	153	3.65
武装自卫队	干部	男	22				2	1	4	7	31.8
		女	14	1					1	2	14
		小计	32	1			2	1	5	9	25
	队员	男	175				1	1	11	13	7.4
		女	97	1		1			7	9	9.27
		小计	272	1		1	1	1	18	22	8.08
	合计		308	2		1	3	2	23	31	10
备考			其他栏内包括中贫农及小手工业工人								

---

① 《新津县铁溪乡土改期中整顿组织情况表》，新津县档案馆馆藏，资料号：186-1-35。

表 3-8　新津县农协干部调查登记表（包括农协组长和分会委员以上的干部全部登记）[1]

姓名	住址	现任何职	性别	年龄	本人出身	家庭成分	家庭人口及经济状况	文化程度	简历	参加组织	备考
马青山	苦竹匾	1甲组长	男	32	帮人	贫农	共计人口2个，佃田3.3亩，共收入谷子5.4石	无	在前帮人为生，过后佃耕田为农业	无	瓦房2间
车荣玖	苦竹匾	2甲组长	男	26	农业	贫农	共计人口7个，自耕田2.2亩，佃耕田7亩，共收入谷子9.8石	县中二期	在前在成都自来水公司帮人，在蜀南运输6连帮人，最后加入生产	无	瓦房6间
车啓新	苦竹匾	3甲组长	男	26	务农	贫农	共计人口8个，自耕田3.5亩，佃田6亩，共收入谷子12.1石	私学二年	过去以农为生	加入袍哥	草房7间，牛半头
邓辉堂	苦竹匾	4甲组长	男	34	务农	贫农	共计人口5个，自耕田6亩，佃田1亩，共收入谷子9.4石	无	过去以农为生	加入袍哥	草房7间，猪1只，牛1头
张松山	王庙子	5甲组长	男	44	务农	贫农	共计人口5个，自耕田5.7亩，共收入谷子7.98石	无	过去以耕种为生	无	瓦房2间，猪1只，牛1头
刘春廷	王庙子	6甲组长	男	26	务农	贫农	共计人口4个，耕田12.5亩，共收入谷子13石	无	过去以农为生	无	瓦房3间，猪1只，牛1头
宋章氏	王庙子	7甲组长	女	45	务农	贫农	共计人口6个，自耕田5.1亩，共收入谷子13石	无	过去以耕种为生	无	瓦房7间，猪1只，牛半头
何敬轩	杨巷子	8甲组长	男	30	帮人	贫农	共计人口1个，自耕田3.5亩，共收入谷子4石	无	过去以帮人为生	无	瓦房3间

注：参加组织系指参加过何种党派及封建团体？现在关系如何？时间多久？

[1]《新津县农协干部调查登记表》，新津县档案馆藏，资料号：186-1-35。

表3-9　新津县农协干部调查登记表（包括农协组长和分会委员以上的干部全部登记表）①

姓名	住址	现任何职	性别	年龄	本人出身	家庭成分	家庭人口及经济状况	文化程度	简历	参加组织	备考
龚学茂	第二保六甲孙河扁	第二保评议员	男	29	务农	贫农	人口5人，自耕地田□亩，佃田□亩	私塾三年	农业		
罗玉山	第二保七甲苦作扁	七甲评议员	男	55	务农	贫农	人口6人，自耕地田□亩，佃田□亩	不识字	农业		
夏子成	七甲苦作扁	小组长	男	55	务农	贫农	人口4人，自耕地田□亩，佃田□亩	不识字	农业		
陈绍清	八甲苦作扁	小组长	男	25	务农	贫农	人口8人，自耕地田□亩，佃田□亩	私塾二年	农业		
陈玉廷	八甲苦作扁	八甲评议员	男	52	务农	贫农	人口7人，自耕地田□亩，佃田□亩	私塾二年	小买卖		
夏子明	六甲孙河扁	二保组长	男	49	务农	贫农	人口5人，自耕地田□亩	私塾八年	织布		
姜洪顺	五甲孙河扁	五甲评议员	男	63	修船木匠	中农	人口3人，自耕地田□亩，佃田□亩	不识字	修船木匠		
孙吉安	四甲孙河扁	小组长	男	25	务农	贫农	人口4人，自耕地田□亩，佃田□亩		织布		
吕耀廷	六甲孙河扁	小组长	男	26	撑船	贫农	人口4人，自耕地田□亩，佃田□亩		撑船		
孙吉轩	六甲孙河扁	六甲评议员	男	25	务农	贫农	人口4人，自耕地田□亩，佃田□亩		农业		

注：参加组织系指参加过何种党派及封建团体？现在关系如何？时间多久？

① 《新津县农协干部调查登记表》，新津县档案馆馆藏，资料号：186-1-35。

表 3-10　　　　　　　　新津县农协干部调查登记表
（包括农协组长和分会委员以上的干部全部登记表）①

姓名	住址	现任何职	性别	年龄	本人出身	家庭成分	家庭人口及经济状况	文化程度	简历	参加组织
姜海清	五甲姜扁	小组长	男	33	修船木匠	贫农	人口3人，自耕地田□□，佃田□亩	不识字	木匠	
宋克清	四甲鱼子孔	评议员	男	30	务农	贫农	人口6人，自耕地田□□，佃田□亩	私塾二年	副保长	
孙福山	三甲孙沟扁	评议员	男	40	织布	贫农	人口7人，自耕地田□□，佃田□亩	不识字	务农	
陈绍舟	三甲孙沟扁	小组长	男	45	务农	贫农	人口7人，自耕地田□□，佃田□亩	不识字	务农	
陈乾文	二甲宋河镇	评议员	男	32	务农	贫农	人口7人，自耕地田□□，佃田□亩	私塾二年	副保长	
杨炳云	二甲宋河镇	小组长	男	50	务农	贫农	人口7人，自耕地田□□	不识字	务农	
宋泽廷	一甲宋河镇	评议员	男	33	务农	贫农	人口6人，自耕地田□□	不识字	务农	
宋国清	一甲宋河镇	小组长	男	32	务农	贫农	人口2人，自耕地田□□，佃田□亩	不识字	务农	

注：参加组织系指参加过何种党派及封建团体？现在关系如何？时间多久？

① 《新津县农协干部调查登记表》，新津县档案馆馆藏，资料号：186-1-35。

第三章 新中国成立初期四川基层政权的建立与乡村权力重构

表 3-11 新津县农协干部调查登记表（包括农协组长和分会委员以上的干部全部登记表）①

姓名	住址	现任何职	性别	年龄	本人出身	家庭成分	家庭人口及经济状况	文化程度	简历	参加组织
杨茂青	杨巷子	正主席	男	30	雇工、看鸭子	贫农	男2女2，佃田□亩，草房3间	私塾一年	雇工谋生	无党派
何俊良	何林盘	副主席	男	19	学染匠	贫农	男6女1，自耕□亩，草房□间	私塾五年	务农为业	无党派
夏太平	杨巷子	武装	男	27	务农、学木匠	贫农	男2女3，佃田□亩，草房4间，小猪一只	不识字	雇工务农	无党派
何水清	何林盘	治安	男	34	务农、挑担进山	贫农	男2女2，佃田□亩，自耕□亩，瓦房3间	私塾二年	挑担进山谋生	无党派
杨松山	杨巷子	组织	男	52	雇工六年、看鸭子	贫农	男2女2，佃田□亩，草房3间，小猪一只，水牛1/3	不识字	雇工务农谋生	无党派
何玉成	何林盘	生产	男	32	学医生	贫农	男7女6，自耕□亩，小猪2只，母猪一只，瓦房5间	私塾四年	幼年学医务农	无党派
何自有	何林盘	文教	男	44	学道士	贫农	男2女3，佃田□亩，自耕□亩，草房2间，小猪一只，水牛1/3	私塾五年	务农为业	无党派
李茂云	王水碾	青年	男	34	打纸匠、务农	贫农	男1女3，自耕□亩，小猪一只，水牛1/3	私塾二年	帮人看鸭	无党派
何李氏	何林盘	妇女	女	36	务农	贫农	男1女1，自耕□亩，瓦房4间	不识字	务农	无党派
杨张氏	杨巷子	妇女主席	女	50	雇工四年	贫农	男2女2，佃田□亩，草房4间，小猪一只，水牛一头1/3	不识字	帮人雇工	无党派

注：参加组织系参加过何种党派及封建团体？现在关系如何？时间多久？

① 《新津县农协干部调查登记表》，新津县档案馆藏，资料号：186-1-35。

· 119 ·

表 3-12　　新津县农协干部调查登记表（包括农协组长和分会委员以上的干部全部登记表）①

姓名	住址	现任何职	性别	年龄	本人出身	家庭成分	家庭人口及经济状况	文化程度	简历	参加组织
杨闵氏	王木碾	小组长	女	48	农	贫农	男2女3，佃田3.2亩，自耕4.7亩，瓦房4间	不识字	当买卖蛋度日	无党派
杨济生	王沟儿	小组长	男	23	农	贫农	男2女5，自耕7.8亩，瓦房2间，草房2间	私塾一年	挑担为业	无党派
张海云	华巷子	小组长	男	49	农	贫农	男2女2，佃田5.6亩，自耕1亩，草房3间	不识字	挑担度生	无党派
何李氏	何林盘	小组长	女	36	农	贫农	男1女2，自耕2.7亩，小猪一只	不识字	务农为业	无党派
何永成	新何圃	小组长	男	20	农	贫农	男2女2，自耕3.8亩，草房5间，猪一只	不识字	学徒改匠	无党派
罗兴发	余坝子	小组长	男	28	农	贫农	男2女3，佃耕4.2亩，草房3间	不识字	雇工谋生	无党派
何木清	杨柳沟	小组长	男	34	农	贫农	男2女2，佃田4.6亩，自耕1.3亩，瓦房3间	私塾二年	挑担谋生	无党派
杨荣清	李沟儿	小组长	男	25	农	贫农	男2，自耕3亩，草房2间，小猪一只	不识字	雇工带十年	无党派
何正岂	李沟儿	小组长	男	30	农	贫农	男2女1，佃田1.1亩，自耕2.3亩，草房3间	不识字	务农雇人二年	无党派

注：参加组织系指参加过何种党派及封建团体？现在关系如何？时间多久？

江江津县各区到1951年4月，在村政权建立过程中，担任村长的贫农有879人，雇农319人，中农155人，贫苦知识分子及手工业贫民24人；村政委员中贫农2884人，雇农732人，中农1053人，贫苦知识分子及手工业贫民101人，形成了贫雇农占主体联合中农及贫苦知识分子以及手工业贫民的村级政权力结构，而且妇女参加基层政权的达到597人②（见表3-13），比例达到10.63%，民国时期基本是男子完全掌握基层政权的局面正在改变。

① 《新津县农协干部调查登记表》，新津县档案馆馆藏，资料号：186-1-35。
② 《江津县村政权建立统计表》（1951年4月20日），重庆市江津区档案馆馆藏，资料号：江津县委1-1-29。

第三章 新中国成立初期四川基层政权的建立与乡村权力重构

表3-13 江津县各区村政权建立及村权力结构表①

地区	总村(保)数	已建立数	未建立数	已建立占总数%	村长成分① 贫农男	贫农女	雇农男	雇农女	中农男	中农女	其他男	其他女	委员成分 贫农男	贫农女	雇农男	雇农女	中农男	中农女	其他男	其他女	备考
一区	36	26	6	86	30	5	9		7				114	11	30		30	5	13	5	
二区	96	77	19	80	80	2	70		9				240	23	61	5	91	7	4		
三区	72	72		100	109	22	23	3	22	6	15	2	240	16	65		214	6	28	4	
四区	69	60	9	90	75	2	31		9	2			195	3	41		93				
五区	7	7		100	10	1	3						28	3	12		9	2	3	2	
六区	79	71	8	90	77	3	23	4	9				245	46	77	3	108	10	4		
七区	91	65	26	71	72	1	36		36	1			269	65	132	1	100	24	1		
八区	97	50	47	51	98	3	23	3	14	2			255	40	47	5	70	15			
九区	62	41	21	69	64	3	13		9				164	20	22	2	37	10	2		
十区	50	35	15	70	41	1	6		18	3	2	1	133	74	9	3	32	6	17	2	
十二区	67	67		100	70	19	29	3		1	3		356	60	121	12	83	21	9	2	
十三区	71	20	51	28	33	4	11		1		1		68	8	17		25		3		
十四区	43	43		100	43	11	29	3	4	2			150	8	63	2	49	4	2		
合计	836	634	202	78	802	77	306	13	138	17	21	3	2557	327	697	35	943	110	86	15	②

注：①应该包括副村长或曾经担任过村长的统计数。②其他是贫苦知识分子及手工业贫民，编者注。

① 《江津县村政权建立统计表》(1951年4月20日)，重庆市江津区档案馆馆藏，资料号：江津县委1-1-29。

· 121 ·

再从新津县1951年11月左右几个村村干部的成分统计（见表3-14），表中所选新津县第一区金华乡共7个村的村干部参与统计，共66人。全部均有年龄记录，其中年龄最小为18岁，最大为57岁，平均年龄28.7岁。性别记录齐全，男性56人，占总数的86.2%，女性9人，占总数的13.8%。家庭成分主要有：贫农、中农、雇农和雇工，除2人的记录不详外，其余64人有明确记录，作为家庭成分的统计总数。其中贫农38人，占统计数的59.4%，中农18人，占28.2%，雇农6人，占9.4%，雇工2人，占3.1%。[1] 也可以看出形成了贫雇农占主体联合中农的乡村权力结构。

表3-14　　新津县第一区金华乡所选7个村的村干部名册（合并表）[2]

村别	姓名	性别	年龄	职别	成分	家庭情况	简历	参加过何种党团组织
七村	林青云	男	32	主席	贫农	房屋四间、土地十三亩六分二	务农	袍哥八排
	刘国元	男	37	主席	贫农	房屋四间、土地八亩	务农	
	胡丕明	男	24	青年委员	贫农	房屋四间、土地七亩八分	务农、帮人	
	冯廷焕	男	30	生产委员	贫农	房屋三间、土地七亩五分	帮人、务农	袍哥十排
	周述明	男	32	生产委员	贫农	房屋十二间、土地三十一亩	读书十年、后务农	袍哥六排
	贾成学	男	24	武装委员	贫农	房屋六间半、土地十五亩	务农	袍哥十排
	王家福	男	25	组织委员	中农	房屋六间、土地十九亩二分	读书十年、后务农	
	王家和	男	22	治安委员	贫农	房屋三间、土地十四亩	解放前帮人、解放后务农	

---

[1] 《新津县第一区金华乡所选7个村的村干部名册》，新津县档案馆馆藏，资料号：182-1-5。

[2] 同上。

第三章 新中国成立初期四川基层政权的建立与乡村权力重构

续表

村别	姓名	性别	年龄	职别	成分	家庭情况	简历	参加过何种党团组织
七村	郑光才	男	27	文教委员	中农	房屋十间、土地三十一亩	做乡公所户籍干事二年、后务农	
	毛李氏	女	36	妇女委员	贫农	房屋三间、土地十二亩	务农	
	商春和	男	40	村主任	雇农	房屋三间、土地六亩五分	务农	袍哥六排
六村	张树青	男	23	副村主任	佃中	人口四个、田地九亩七分	务农	
	周瑞廷	男	31	村主任	贫农	人口三个、田地七亩七分	当过兵、务农	
	谢应和	男	27	村主席	贫农	人口十个、田地二十三亩九分	务农	
	蓝绍廷	男	23	武装队长	佃中	人口七个	当过徒弟、务农	参加双庆社袍哥十排
	李先盛	男	51	组织委员	雇农	人口一个、田地二亩三分	务农	
	周绍成	男	28	文教委员	贫农	人口五个、田地十二亩五分	当兵八年、解放后回家务农	
	梁相成	男	28	生产委员	贫农	人口一个、田地三亩三分	务农	
	董玉芳	女	23	妇女委员	贫农	人口四个、田地九亩二分	务农	
回龙村	唐绍林	男	21	村主任	贫农	人口三个、田地7.5亩	常年劳动	参加壹泉水社十排
	胡敬良	男	28	主席	贫农	人口四个、田地8.7亩	泥水匠	参加双庆社八排
	黄浩元	男	27	副主席	贫农	人口八个、田地26.15亩	常年劳动	
	邓清和	男	26	武装队长	佃中	人口十二个、田地24.3亩	常年劳动	
	张正良	男	21	青年委员	贫农	人口四个、田地9.54亩	常年劳动	参加双庆社十排

123

续表

村别	姓名	性别	年龄	职别	成分	家庭情况	简历	参加过何种党团组织
回龙村	梁月明	男	26	治安委员	贫农	人口四个、田地9.54亩	常年劳动	
	张树文	男	21	组织委员	雇农	人口一个、田地4.01亩	常年劳动	
	严学华	女	19	妇女委员	佃中	田地21.3亩	常年劳动	
	漆占五	男	31	生产委员	佃中	人口八个、田地16.7亩	常年劳动	参加双庆社八排
二村	岳隆生	男	24	村主任	佃中	人口四个、田地4.7亩、草瓦房各一间	自幼读书、成年务农	人和社
	陈绍祥	男	32	主席	佃中	人口八个、田地10亩、草房二间	务农	
	胡志成	男	26	武装委员	佃中	人口七个、田地8.5亩、瓦房八间	自幼读书、成年务农	
	高才富	男	21	治安委员	贫农	人口三个、田地3.5亩、瓦房三间	自幼读书、成年务农	
	叶王氏	女	40	妇女委员	贫农	人口七个、田地9亩、草房三间	自幼仿绵、出嫁务农	
	董玉书	男	20	青年委员	佃中	人口七个、田地10亩、草房四间	自幼读书、成年务农	
	胡玉钦	男	34	组织委员	贫农	人口六个、田地6.8亩、瓦房三间	自幼读书、成年务农	人和社、袍哥
	魏文良	男	42	生产委员	雇农	人口三个、田地3.3亩、瓦房二间	务农	
	周柏林	男	29	文教委员	雇工	人口一个、田地2亩、瓦房二间、草房一间	自幼读书、当过雇工、当过兵	哥老会、青泉社、青龙场
九村	胡玉山	男	40	主任	中农	有半头牛、农具全	务农	
	李维邦	男	23	主席	中农		务农	
	谢和述	男	22	主席	贫农	生活无着、无牛无猪	务农	
	夏芝香	男	19	青年委员	贫农		务农	

第三章　新中国成立初期四川基层政权的建立与乡村权力重构

续表

村别	姓名	性别	年龄	职别	成分	家庭情况	简历	参加过何种党团组织
九村	杨敬轩	男	22	分队副	贫农	生活苦、无农具、无猪牛	当六个月兵	
	夏学英	女	48	妇女委员	雇农	无牛、有一只猪、农具不全	务农	
	王天果	男	27	文教委员	中农		务农	
	谢和香	男	20	组织委员	贫农	无猪牛、无农具	务农	
	谢和廷	男	26	治安委员		无猪牛、无农具	务农	
十村	杨孟廷	男	57	村长	贫农	牛四分之一、猪二只、田地15.7亩	自幼务农	华西公五排
	张浩伦	男	29	副村长	贫农	牛十二分之一、猪一只、田地4.5亩	自幼务农	人和公八排
	何少文	男	28	武装	贫农	牛四分之一、猪一只、田地9.2亩	自幼务农	双义公八排
	李敬安	男	24	治安	贫农	猪二只、田地10.8亩	自幼务农	
	张青云	男	45	组织	贫农	牛四分之一、猪一只、田地14.5亩	自幼务农	青泉公八排
	刘述琼	女	22	副主席	雇工	牛四分之一、猪一只、田地5.8亩	自幼务农	
	唐泽舟	男	48	生产		猪一只、田地10.5亩	自幼务农	
	陶旭良	男	18	青年	雇农	牛八分之一、猪一只、田地6.4亩	自幼务农	
四村	周子云	男	42	村长	贫农	田地10.28亩、草房六间、猪二只	读书二年、学建筑业二年	
	蒋厚清	男	22	主席	贫农	田地6.5亩、瓦房三间	读书二年、务农	
	吕景光	男	28	组织委员	贫农	人口四个、田地5.3亩、草房五间	读书四年、当兵二年后务农	
	周庆国	男	26	治安委员	中农	人口十三个、田地14亩	读书七年、学徒二年、修路二年	袍哥

· 125 ·

续表

村别	姓名	性别	年龄	职别	成分	家庭情况	简历	参加过何种党团组织
四村	李家瑞	男	24	武装委员	贫农	人口四个、田地4.6亩、草房七间		
	周世明	男	28	文教委员	贫农	人口五个、田地5.9亩、草房七间、猪一只	读书七年、甲长一年、后务农	
	李泽章	男	25	文教委员	贫农	人口四个、田地5.7亩、瓦房二间	读书五年、学徒三年、警察二月	袍哥
	季九林	男	42	生产委员	贫农	人口十个、田地11.2亩、猪牛各一只	读书三年、甲长一年、后务农	袍哥
	李玉书	女	18	青年委员	中农	人口二个、田地5.6亩	读书三年、后务农	
	杨朝元	男	19	青年委员	贫农	人口六个、田地9.5亩	读书六年、后务农	
	徐绍华	女	42	妇女委员	中农	人口十四个、田地3.5亩	务农	
	谢淑群	女	22	妇女委员	中农	田地10.03亩	读书一年、后务农	

我们再从1952年12月巴县第二区、第三区、第六区分别选取两个乡乡政府干部进行分析统计（见表3-15—表3-20），第二区走马乡政府委员共13人，全部有年龄、性别和成分记录，但该表没有文化程度一栏，其他乡也没有。年龄：最小18岁，最大40岁，平均数27.3。性别：男11（84.6%），女2（15.4%）。成分：贫农9（69.2%），中农3（23.1%），雇农1（7.7%）。第二区石板乡政府委员共11人，全部有性别和成分记载，性别：男9（81.8%），女2（18.2%）。成分：贫农5（45.5%），中农1（9.1%），雇农3（27.3%），小商1（9.1%），转业军人1（9.1%）。共9人有年龄记载，年龄：最小22岁，最大38岁，平均数29.9。第三区泗河乡（属新建乡）人民政府成立时，共有干部16人，年龄、性别、成分和文化程度记录齐全。年龄：

最小 18 岁，最大 54 岁，平均数 30.6。性别：男 15（93.7%），女 1（6.3%）。成分：贫农 8（50%），中农 5（31.3%），雇农 1（6.3%），贫民 2（12.5%）。文化程度：小学 15（93.7%），私学 1（6.3%）。第三区玉屏乡（属新建乡）人民政府成立时，共有干部 14 人，年龄、文化程度除 1 人无记载外，均有记录，1 人的成分不清。年龄：最小 19 岁，最大 38 岁，平均数 24.2。性别：男 10（71.4%），女 4（28.6%）。成分 1 人不清，按 13 人统计，贫农 9 人（占统计数的 69.2%），中农 4 人（30.8%）。文化程度 1 人不详，小学 10 人（按 13 人统计，占统计数的 76.9%），私学 1 人（占统计数的 7.7%），不识字 2 人（占统计数的 15.4%）。第六区新建仰山乡乡政委员及工作委员会委员共 15 人，1 人年龄不详，最小 19 岁，最大 47 岁，平均数 25.7。性别记载完整，男 11（73.3%），女 4（26.7%）。成分记载齐全，贫农 10（66.7%），中农 5（33.3%）。第六区新建冠山乡乡政委员及工作委员会委员共 15 人，年龄、性别、成分记录完整，无文化程度记载。年龄：最小 18 岁，最大 36 岁，平均数 24.1。性别：男 11（73.3%），女 4（26.7%）。成分：贫农 12（80.0%），中农 2（13.3%），雇农 1（6.7%）。从 1952 年 12 月巴县第二区、第三区、第六区六个乡乡政府干部的分析统计表明，当时的乡干部大多比较年轻；有一定的文化；妇女参政意识增强，妇女干部人数增多；且有相当部分乡干部已是党团员；贫雇农和其他贫苦人民占乡干部的大多数，形成了贫雇农为主体的乡村权力结构；从第六区仰山乡和冠山乡干部的评价看，大多工作积极肯干（或能干），能联系群众。① 总之，巴县经过 1952 年 10 月至 12 月的划乡建政的工作，提高了群众觉悟及生产热情，树立了民主作风和当家做主的思想，并具体地教育了干部，密切了党和政府与人民的关系，纯洁和巩固了基层政权组织，解决了干部兼职过多而影响生产的问题，以及纠正了过去农村组织多，机构多，头绪多等混乱现象，使工作走上了正轨。建乡后经批准的乡级干部有 220 人，其中出身贫农的 139 人，中农 65 人，雇农 2 人，其他 14 人，个人成分农民 166 人，学生 17 人，

---

① 《重庆市巴县第二区走马乡政府委员名册》等，巴县档案馆馆藏，资料号：2-1-175。

工人18人，其他19人。①

表3-15　重庆市巴县第二区走马乡政府委员名册（1952-12-28）②

姓名	性别	年龄	成分	原任职别	是否党团员	备考
刘治清	男	26	佃中农	乡长	团员	
秦明钧	男	22	佃贫农	农会主任	党员	
廖明清	男	22	贫农	青年委员	党员	
李守德	男	26	贫农	财粮		
魏显德	男	28	贫农	农会主任	党员	
李文良	男	26	佃中农	农会秘书		
谢治中	男	35	贫农	村长	党员	
谢国钧	男	21	佃中农	财粮	团员	
况光荣	女	36	贫农	乡妇代会委员	党员	
严森云	男	32	雇农	党支书	党员	
黄学海	男	23	贫农	党员	武装中队长	
蔡学珍	女	18	贫农		团员	
廖海洲	男	40	贫农	农会主任		

表3-16　重庆市巴县第二区石板乡政府委员名册（1952-12-28）③

姓名	性别	年龄	成分	原任职别	是否党团员	备考
程仁贵	男	25	雇农	乡长	党员	
肖仲祥	男	24	贫农		党员	
周治贵	男	28	雇农		党员	
赵廷禄	男	31	贫农			
皮绍璧	女	38	贫农			
徐光碧	女	22	小商	乡财粮		
邱德成	男	36	雇农			

---

① 《巴县人民政府一九五二年工作报告》，重庆巴南区档案馆馆藏，资料号：巴县县政府2-1-123。

② 《重庆市巴县第二区走马乡政府委员名册》，重庆巴南区档案馆馆藏，资料号：2-1-175。

③ 同上。

第三章 新中国成立初期四川基层政权的建立与乡村权力重构

续表

姓名	性别	年龄	成分	原任职别	是否党团员	备考
钟发良	男	—	转业军人			
李展	男	30	贫农			
梁伯全	男	35	贫农			
郭毅然	男	—	中农			

表3-17 重庆市巴县人民政府第三区区公所（新建乡）泗河乡人民政府干部名册（1952-12-28）①

姓名	职务	性别	年龄	籍贯	家庭成分	文化程度	主要经历	社会关系	是否党团员	备考
何铭鑫	正乡长	男	39	巴县	贫农	高小	做工、务农	汉流		
伍德荣	副乡长	男	41	巴县	贫农	私塾五年	军	情报组、特务	正式共产党党员	
杨永富	生产建设委员会主任委员	男	21	巴县	贫农	小学	学习、农	无	党员	兼乡农会主任职务
张树泉	乡政府委员兼任乡财粮干事	男	26	巴县	佃中农	高小	务农	汉流	党员	另接替任职乡农会副主任
吴盛昌	文书	男	19	巴县	贫民	高小	务农			
吴国章	乡政府委员	男	29	巴县	佃中农	高小	务农	汉流		
郑云发	乡政府委员	男	50	巴县	贫民	高小	经商	一贯道		
张淑碧	乡政府委员	女	40	巴县	雇农	高小	经商			
冉致文	乡政府委员	男	19	巴县	贫农	高小	务农		团员	
邱以达	乡政府委员	男	22	巴县	贫农	小学	务农		团员	
赵肇华	乡政府委员	男	29	巴县	贫农	小学	务农			
杜永廷	乡政府委员	男	54	巴县	贫农	初小	务农			
杜思齐	乡政府委员	男	29	巴县	佃中农	高小	务农	汉流		
赵明德	乡政府委员	男	18	巴县	佃中农	高小	务农			

① 《重庆市巴县人民政府第三区区公所（新建乡）泗河乡人民政府干部名册》，重庆巴县档案馆馆藏，资料号：2-1-175。

续表

姓名	职务	性别	年龄	籍贯	家庭成分	文化程度	主要经历	社会关系	是否党团员	备考
李嗣高	乡政府委员	男	22	巴县	佃中农	小学		汉流	团员	
赖七伦	乡政府委员	男	31	巴县	贫农	高小		汉流		
合计					15名委员，办事员1名					

表3-18　重庆市巴县人民政府第三区区公所（新建乡）玉屏乡人民政府成立干部名册（1952-12-28）①

姓名	职务	性别	年龄	籍贯	成分	文化程度	主要经历	社会关系	是否党团员	备考
刘惠然	正乡长	男	23	巴县	贫农	小学			党员	
郭世奇	副乡长	男	19	巴县	中农	高小			团员	
舒朝贵	第二副乡长	女	21	巴县	贫农	初小			团员	不脱离生产
王永禄	生产建设委员会主任委员	男	24	巴县	贫农	初小	仅在保民兵三天		党员	兼任乡农会主任
黄树生	乡政府文书	男	21	巴县	农	高小	务农			
刘在惠	乡政府委员	女	22		中农	初小			团员	
何树礼	乡政府委员	男	29	巴县	贫农	私塾三年		汉流、传达兵	党员	
朱顺伦	乡政府委员	男	19	巴县	贫农	高小			党员	
张兴发	乡政府委员	男	38	巴县	贫农	不识字			党员	
邓建明	乡政府委员	男	21	巴县	贫农	小学			团员	
龚文中	乡政府委员	男	23	巴县	中农	小学				
何代贵	乡政府委员	男	34	巴县	贫农	不识字		当过传达兵		
钟永芳	乡政府委员	女	21	巴县	中农	初小			团员	
冯道芬	乡政府委员	女		巴县	贫农				团员	
合计					13名委员，办事员1名					

---

① 《重庆市巴县人民政府第三区区公所（新建乡）玉屏乡人民政府成立干部名册》，重庆巴南区档案馆馆藏，资料号：2-1-175。

表3-19　巴县人民政府第六区新建仰山乡乡政委员及工作委员会委员登记表（1952-12-28）①

姓名	性别	年龄	成分（家庭）	成分（个人）	简历（解放前）	简历（解放后）	主要优缺点	现任职务	批注
马永光	男	21	贫农	农	务农	任木洞镇农协主任		乡长	
林昌荣	男	23	佃中		任木洞15村农协主任	任木洞15村农协主任	工作积极，能联系群众，政治思想不开展	副乡长	
李忠良	女	21	佃中					副乡长	
王海明	男	32	佃中	农	务农兼唱佛教	任木洞17村农协主任，继又任财粮工作	工作积极负责，能完成任务，有时态度不好	财粮	
陈世寿	男	20	佃贫	农			工作积极肯干，有时对工作不太好②	乡中队长	
徐大富	男	26	佃中	农			工作积极肯干，爱学习，有时个人有主观	文教主任	
姜成诊	女	20	佃贫	农	务农	任武装队员，干妇女工作	不辞劳苦，不爱说话，大胆	文教主任	
王素华	女	31	佃贫				工作积极肯干，干工作不用计划		
王义成	男		佃贫	农	务农		工作主动很积极	乡农会委员（兼）	
余治明	男	24	佃中	农	务农	任木洞17村村长，参加青年团员	工作积极细心，不辞劳苦，制度不严格	调解主任	
黄明成	男	22	自贫	农	务农		工作积极，不辞劳苦，能完成任务		
余绍廷	男	22	佃贫	农	务农	任栋青六村农协主任	工作积极，缺少计划	治安主任	
喻海全	男	47	佃贫	农	务农	任小组长后选为农协主任	对工作负责任，缺少计划	调解主任	
文素华	女	32	佃贫			任妇女主任	工作能完成任务，联系群众不够，态度不好		
梁隆第	男	19	佃贫	学生			工作积极，有干劲，个性强，联系群众差		

① 《巴县人民政府第六区新建仰山乡乡政委员及工作委员会委员登记表》，重庆巴南区档案馆馆藏，资料号：2-1-175。

② 原件如此，应为有时对人态度不好。引者注。

表3-20　　巴县人民政府第六区新建冠山乡乡政委员及
　　　　　工作委员会委员登记表（1952-12-28）①

姓名	性别	年龄	成分（家庭）	成分（个人）	简历（解放前）	简历（解放后）	主要优缺点	现任职务	批注
黄正国	男	20	佃贫	农人	务农	一九五〇年入农会，10月被选为主任和支书等	工作积极，不怕吃苦，能联系群众，态度不够好	乡长	
姚世禄	男	22	佃贫	农人	务农			副乡长	
江海良	男	26	佃贫	农人	一贯务农	在家务农，任本村村长	工作好，联系群众，打不破情面	副乡长兼农会主任	
蒋志成	男	25	佃贫	佃贫	务农兼唱佛教	在家务农，任本村村长	服务优，老实，个性稍强	拥军优属委员会主任委员	
赵海云	男	32	雇农	雇农	雇工十几年	在家务农，搞本村工作	工作好，工作方法差	生产建设委员会主任委员	
石运芳	男	23	佃中	农人	做过一年酒生意，其余种庄稼	在家务农，任本村财粮	工作不松劲，有时发气	文教卫生委员会主任委员	
谢群	男	22	佃贫	农人	当过店员，其余务农	1951年做过民工分队长，6月回家生产，9月任主任	工作有干劲，但工作不够深入	拥军优属委员会主任委员	
陈永绿	男	21	佃贫	农人	先读书后便在农村生产	1951年在本村任主任	个性强，做事单打，工作积极	调解委员	
吴海林	男	29	佃贫	农人	做道士四年，伪甲长1年	1951年任农协主任，之后任本村财粮	工作积极，能联系群众，斗争性不强	文教卫生委员会主任委员	
陈正才	男	21	佃贫	农人	在家搞生产	1951年被选为村长	工作不怕吃苦，不接受意见，不接受批评	治安保卫委员会主任委员	
李玉楼	男	30	佃贫	农人	在家搞生产	在家生产，加入农会后做过小组长	工作能干	农协委员会主任委员	

---

① 《巴县人民政府第六区新建冠山乡乡政委员及工作委员会委员登记表》，重庆巴南区档案馆馆藏，资料号：2-1-175。

续表

姓名	性别	年龄	成分家庭	成分个人	简历解放前	简历解放后	主要优缺点	现任职务	批注
赵殿芳	女	18	佃中	农人	在家搞生产	1951年11月任村妇女代表	工作能干，不怕吃苦	调解委员	
高富碧	女	36	佃贫	农人	在家搞生产	1951年上季被选为村代表	工作积极，能联系群众	生产建设委员	
邓绍容	女	18	佃贫	农人	在家搞生产	1951年任村妇女代表	工作爱干，不怕吃苦	乡妇代会主任	
刘树华	女	19	佃贫	农人	在家搞生产	参加农会及生产	工作不很积极	文教卫生委员	①

①原为人民代表在选举时因培养的委员谭生银通不过，由代表改选他。乡长：黄正国（盖章）

川东地区经过土地改革后农村基层组织领导骨干的实际情况是：通过一系列反封建迷信斗争，农村基层组织的领导骨干包括农会委员、村政委员、村政和农协小组长、武装队小组长以上干部无论在出身成分、思想作风、工作表现等各方面，都较纯洁和显著提高。长寿县县委对双龙乡农协、村政小组长、人民武装小队长以上干部共1514人的调查，工作积极者占33.42%，一般的占42.87%，消极者占17.44%，作风恶劣者占6.27%。合川县委对思居乡的调查，情况更好。思居乡小组长以上干部730人，出身成分、思想作风都好的占72.33%，仅作风有毛病的占24.66%，本质坏作风恶劣者占3.01%。而从酉阳地委对其一区钟岭镇的调查情况看，情况差不多，酉阳一区钟岭镇小组长（村政、农协、人民武装在内）以上干部201人，占总人口的4%，其中贫雇农170人，中农31人。历史清白作风好，仅思想不纯者173人，占86.07%。历史清白作风不好者18人，占8.95%。成分不纯，作风恶劣者10人，占4.98%。酉阳地委估计一区其他乡的情况可能差些，第三类干部在全区可能达到10%。当时农村基层干部存在的主要问题是，由于在过去一系列的反封建斗争中，缺乏对农民进行系统的政治思想教育，因此土改后部分乡村干部和农民群众的松劲思想已经萌芽。黔江栅山乡栅山村的农会主任（贫农）

分田以后要求不干了,并想与一地主女儿结婚;彭东乡×村的中农村长说:"我搞了两个多月的土改工作,每天爬山越岭,白天黑夜开会,家里老婆又骂,生产受损失了,结果没分得果实,现在土改了,我要歇一歇气,叫别人来干吧。"合川县有的农民认为:"分了田,地主已打倒,还开会干啥子?"云门镇十三村武装队员黄然钦,小组长派他去"守卡子"时,他说:"我分了田,就要搞生产,以后谁再叫我搞武装,我就到区政府去'喊冤'。"川东地委认为,这些现象虽然是部分干部和农民政治思想的反映,但如果不注意基层干部的政治思想教育的话,就有成为一般性问题的危险。① 胡市乡在土改复查工作中,把放手发动贫雇农作为工作的主要钥匙。富顺邓关和狮市区通过斗争不法与恶霸地主,完全在政治上打倒了地主阶级的威风,在经济上适当满足了贫雇农的要求。②

江津县通过1952年年底至1953年年初的建乡工作,成立了民选的乡(镇)人民政府,在广大人民群众中进行了一次民主教育,使得一批年轻有为的积极分子进入乡镇领导的岗位上,也使一些作风恶劣、脱离群众,甚至违法乱纪分子从乡镇领导岗位上被撤换下来。③

江北县第五区1952年12月在高桥乡重点建乡时明确了要通过民主建政,整顿农村组织。所以由群众充分酝酿后选出的乡人民代表会议的村干代表贫雇农占绝大多数,其中中农占总代表数的15%,贫农代表占总代表数的78.7%,雇农代表占代表总数的5.3%,原干部选为代表的占总代表数的53.2%,农会会员被选为代表的占总代表数的46.5%,妇女参政占总数的23%。而且乡政府委员会、乡长副乡长完全由乡人民代表会议民主选举,会议还做出关于生产、农会会费、农业贷款等决议,会议精神也有切实的措施贯彻落实,可以说基本确立了贫雇农当家

---

① 中共川东区委政策研究室《土改前后农村基层组织状况》,四川省档案馆馆藏,资料号:建东1-182。
② 《胡市乡怎样进行复查工作?》(1951年3月6日)、《富顺邓关和狮市区是怎样斗争不法与恶霸地主的?》,川南区农民协会编印《川南农民》第3期,1951年3月28日出版,第5—11页。
③ 《江津县人民政府五个月以来工作综合报告》(1953年),重庆江津区档案馆馆藏,资料号:9-1-48。

第三章　新中国成立初期四川基层政权的建立与乡村权力重构

做主的乡村权力结构。①

再通过对简阳县1952年6月和1953年1月几个乡村干部的统计表分析（见表3-21—表3-23），1952年6月简阳县石钟胜利乡所选新民村、石岭村、栗子村三个村的村干部，共23人，全部有年龄、性别和成分记载，年龄：最小21岁，最大49岁，平均数31.8。性别：男性21（91.3%），女性2（8.7%）。成分：贫农12（52.2%），中农8（34.8%），雇农3（13.0%）。共有18人有文化程度记载，5人不详，按统计数18人计算，读过一年书的5人（占统计数的27.8%），二年5（27.8%），三年2（11.1%），四年3（16.7%），五年1（5.6%），初中1（5.6%），初中毕业1（5.6%）。② 1953年1月简阳县胜利乡人民政府委员共10人，全部有年龄、性别、成分和文化程度记录，年龄：最小21岁，最大51岁，平均数29.7。性别：男8（80.0%），女2（20.0%）。成分：贫农9（90.0%），中农1（10.0%）。文化程度：小学十年1（10.0%），私学三年1（10.0%），能识字4（40.0%），不识字4（40.0%）。建政乡人民政府委员也是10人，全部有年龄、性别和成分记录，年龄：最小18岁，最大46岁，平均数29.6。性别：男9（90.0%），女1（10.0%）。成分：贫农8（80.0%），中农2（20.0%）。共有8人有文化程度记录，2人不详，小学3（占统计数8人的37.5%），私学2（占统计数8人的25.0%），不识字3（占统计数8人的37.5%）。从以上数据分析，简阳县1952年到1953年的乡村干部中以朝气蓬勃的年轻干部居多；性别上男性占绝对多数，有少数女性参政，但比例不高；多数有一定的文化，也有一些不识字的文盲；村干部中贫雇农占65%以上，中农还占1/3强；乡干部中贫农却占80%—90%，中农只占10%—20%，地主富农完全退出了乡村政权，党团员已经占有相当的比例，贫雇农当家做主的乡村权力结构完全确立。

---

① 《江北县第五区公所重点建乡工作总结》（高桥乡），重庆渝北区档案馆馆藏，资料号：1-1-25。
② 涉及多个文件，无法命名。简阳档案馆馆藏，资料号：081-001-3。

表3-21　简阳县石钟胜利乡各村干部名册（1952-6-2）①

村别	职别	姓名	性别	年龄	家庭成分	本人出身	家庭人口 男	家庭人口 女	文化程度	参加过何种反动党团及团体	是否社会党团员	备考
新民	主席	刘才水	男	33	贫农	农	2	2	一年			
		张德裕	男	42	贫农	农	4	2	一年			
	组织	刘才森	男	34	贫农	农	3	3	二年			
	文教	刘德明	男	23	中农	农	5	8	初中毕业			
	生产	刘清玉	男	40	贫农	农	3	1	一年			
	武装	刘才亮	男	33	贫农	农	3	4	二年	袍哥十排		
	青年	张治仁	男	28	中农	农	2	2	初中			
石岭	主席	王素国	男	41	贫农	农	1	2				
		陈代开	男	25	贫农	农	2	1	一年		团员	
	组织	樊映元	男	23	中农	店员	1	3	三年			
	青年	樊高树	男	24	贫农	农	5	4	四年	袍哥十排		
	武装	樊高作	男	23	中农	农	7	3	二年			
	文教	樊高沛	男	22	中农	农	4	2	五年			
	生产	钟培信	男	37	贫农	农	4	1				
	妇女	樊琴芳	女	39	中农	农	4	2	一年		团员	
栗子	主任	魏朝彬	男	32	雇农	农	1	1	二年			
		周鸣隆	男	21	贫农	农	2	3	三年		团员	
	组织	朱永丰	男	28	中农	农	4	4	四年			
	青年	严治臣	男	23	雇农	农	1				团员	
	武装	马华智	男	26	贫农	农	1	1				
	生产	吴荣山	男	46	雇农	农	3	3	二年			
	文教	蒋玉川	男	49	中农	农	3	2	四年	袍哥六排		
	妇女	詹发容	女	39	贫农	农	3	2				

① 《简阳县石钟胜利乡各村干部名册》，简阳档案馆馆藏，资料号：081-001-3。

表3-22　简阳县第二区胜利乡人民政府委员花名册（1953-1-22）①

职别	姓名	性别	年龄	家庭成分	本人出身	是否党团员	文化程度	现在住址	简历	参加何种党派及社会关系	原任职别	备考
乡长	董忠芳	女	31	贫农	农人	党员	不识字	泉水村			村主任	
副乡长	程永治	男	28	贫农	雇农		识字	石河村			乡主任	
民政委员	王友芳	女	21	贫农	农人	党员	不识字	义学村			乡妇女部长	
文教委员	刘才均	男	32	贫农	农人		私学三年	得胜村			乡组织部长	
财粮委员	王兴事	男	36	中农	农人		小学十年	得胜村			乡文教部	
卫生委员	刘天长	男	28	贫农	农人		识字	石岭村			乡生产部	
生产委员	樊锡章	男	51	贫农	农人		不识字	石岭村			乡生产部	
武装委员	陈代发	男	25	贫农	农人	党员	不识字	石岭村			村主任	
治安委员	牟开全	男	22	贫农	农人	党员	识字	义学村			乡武装部	
文书	刘德民	男	23	贫农	学生	团员	识字	得胜村			乡书记	

表3-23　简阳县第二区建政乡人民政府委员花名册（1953-1-22）②

职别	姓名	性别	年龄	家庭成分	本人出身	是否党团员	文化程度	现在住址	简历	党派①	原任职别	备考
乡长	吴太堂	男	42	贫农	务农		私学二年半	世福村	8岁读书2年半后，帮人17年，做小生意7年务农	袍哥十排	乡主任	
副乡长	陈文树	女	18	贫农	务农	党员	小学半年	新建村	自幼在家帮助生产到解放		乡妇女部长	
武装委员	李同奎	男	22	贫农	务农	党员	不识字	专顺村	帮人10年后生产到解放		乡公安员	
治安委员	李同帆	男	23	贫农	务农	团员	不识字	专顺村	12岁帮人，后在家生产到解放		武装队员	

---

① 《简阳县第二区胜利乡人民政府委员花名册》，简阳档案馆馆藏，资料号：081-001-4。

② 同上。

续表

职别	姓名	性别	年龄	家庭成分	本人出身	是否党团员	文化程度	现在住址	简历	党派①	原任职别	备考
生产委员	罗治来	男	46	贫农	务农		不识字	世福村	牧牛6年，帮人3年，在家生产到解放		乡组织部长	
文教委员	侯在忠	男	22	贫农	务农	团员		石蛋村			村武装	
卫生委员	陈燮鑫	男	34	贫农	雇农		私学二年	新义村			乡主任	
民政委员	侯燮彬	男	20	贫农	务农	团员	小学六年	石蛋村	一贯务农到解放		乡主任	
财粮委员	黄克吉	男	35	中农	小商			世福村			乡财经	
文书	曾英锐	男	34	中农	小商		小学五年	新义村	学徒3年，做生产5年，帮人9年后务农到解放	袍哥九排	村支书	

注：①参加过何种党派及社会关系。

经普选以后选出的基层代表构成也是如此，基本是贫雇农为主体联合中农构成。以璧山县四个区的统计为例：第二区6个乡选出基层代表273名，其中男227名，女46名（占16.8%），他们的成分是工人1名，雇农2名，贫农163名，中农85名，小手工业者5名，自由职业者5名，小商小贩5名，其他7名。其中共产党员35名，共青团员83名，互助组长159名，劳模7名，军模范1名。第三区7个乡选出基层代表486名，其中男379名，女107名（占22%，女代表相对比例较高），他们的成分是工人5名，雇农21名，贫农273名，中农157名，贫民20，小手工业者2名，自由职业者2名，小商小贩3名，其他3名。其中共产党员70名，共青团员116名，互助组长167名，劳模3名。第四区10个乡选出基层代表572名，其中男467名，女105名（占18.3%），他们的成分是工人1名，雇农15名，贫农301名，中农223名，贫民4，小手工业者5名，自由职业者9名，小商小贩7名，工商业1名，其他6名。其中共产党员46名，共青团员142名。第五区4个乡选出基层代表242名，其中男201名，女41名（占16.9%），他们的成分是雇农44名，贫农133名，中农57名，小手工业3名，自由职业者1名，小商小贩3名，工商业1名。其中共产党员33名，共青团员72名，互助组长80名。① 详细情况请见附录十三。

总之，新中国成立初期，在广泛的基层民主建政过程中通过对旧乡村权力势力进行利用和改造，对恶势力进行废除和镇压，尤其是在减租退押、清匪反霸、土地改革等运动的基础上，中共赢得了农民的衷心拥护和支持，又通过发动群众，发扬民主，很快改造了原有的乡村社会，为乡村权力的重构奠定了坚实的基础。四川各地废除了保甲制度，推翻了地主恶霸分子所掌握的乡保地方政权，使乡村人民民主基层政权建立、整顿和逐步巩固，四川乡村权力结构发生了根本的变化，原来由国民党、各地方势力和保甲长、乡绅、袍哥、宗族势力等构成的乡村权力结构解体，广泛建立了以贫雇农为骨干的乡村民主政权，实现了对乡村权力结构的根本改造和重新建构，四川乡村社会进入新的发展时期。

---

① 涉及多个文件，无法命名。璧山县档案馆馆藏，资料号：8-1-392。

第四章　新中国成立初期成都基层政权的建立与乡村权力重构

成都在新中国成立后为川西行署驻地，四川省成立后又为四川省省会，在四川省处于特殊重要地位，所以笔者将成都市新中国成立初期的基层政权建立及乡村权力结构的变迁单列一章叙述。

成都解放后，成都市政府成立并调整了各区政府。此后成都市街道居民组织建立和发展并发挥了其职能。成都市郊区基层政权的建立和发展也随着各种反封建运动的进行而经历了几个阶段：成立农民协会，以农协会代政；划大乡为小乡，召开乡镇各界人民代表大会选举成立乡人民政府；在土改复查的同时改选正副乡长、乡政府委员；召开普选的乡镇人民代表大会，选举乡长、副乡长和乡政府委员。成都市乡镇政权建立过程中也取得了经验教训。在此过程中，成都市乡村权力结构发生变迁，新建立的基层政权发挥了其职能和作用。

第一节　成都市政府的成立和各区政府的调整

新中国成立时，国民党留给中国共产党的是一个千疮百孔、满目疮痍的烂摊子。而连年的战乱与频繁的自然灾害，使中国城乡经济已经处于全面崩溃的边缘。物价飞涨、通货膨胀、投机倒把、市场混乱等现象充斥着中国社会。成都又是一个古老的消费城市，解放迟，工业基础十分薄弱，由于过去国民党的长期统治压榨，人民生活非常贫困，很多复杂繁杂的问题集中在这里。因此如何有计划、有步骤地把消费的落后的成都改造为民主进步、生产发展、经济繁荣的、人民的新成都，是成都解放后，中国共产党面临的比较长期的政治任务。

国民党统治时期，各城市在区一级建立的政权机关是区公所。区公所名为民选的地方自治机关，实为国民党政府在城市的基层统治机构。区公所控制着若干保办公处和甲长，主要职能是登记户籍和执行征兵征实的命令。新中国成立后，各城市新政府对旧区公所的基本政策是全面打碎，然后建立新政权。由于当时中国共产党缺乏城市政权建设的经验，因而城市基层政权的设立经历了一个不断调整的探索过程。

随着解放战争形势的迅猛发展，国民党统治下的广大城乡逐渐被中国共产党领导下的人民军队所解放。由此，巩固新生政权，稳定社会秩序，在新解放区建立强有力的政权组织形式，成为中国共产党亟须解决的首要问题。《中国人民政治协商会议共同纲领》第十四条规定："凡人民解放军初解放的地方，应一律实施军事管制，取消国民党反动政权机关，由中央人民政府或前线军政机关委任人员组织军事管制委员会和地方人民政府，领导人民建立革命秩序，镇压反革命活动，并在条件许可时召集各界人民代表会议。[①]"在《中国人民政治协商会议共同纲领》的指导之下，新解放区的城乡迅速开展对旧政权的军事管制与和平过渡工作，从而加快了城乡基层政权建设的步伐。各个城市在刚刚解放的最初阶段基本上都设立了临时的军管会，作为接收城市的管理机构。为了保持城市的稳定，各大城市的军管会集中力量接管了国民党市政府和区公所。1949年12月成都解放，1950年1月，成都市军事管理委员会成立，开始接收国民党的成都市政府和各区公所。1950年2月，川西行政公署正式成立，驻地成都市。至1950年3月成都市的接管工作基本结束并成立了成都市人民政府。在接管工作大体就绪之际，军管会与市人民政府为了加强与各界人民的联系，贯彻全国人民政治协商会议通过的共同纲领及各项政策，进行各项建设，在1950年3月召开了成都市首届各界人民代表会议，讨论和决定了政府的工作任务。1950年9月1日成都市第二届各界人民代表会议，奉川西行政公署转政务院通过任命成都市人民政府市长1人，副市长2人，政府委员29人的命令，正式

---

① 《中国人民政治协商会议共同纲领》，中共中央文献研究室编《建国以来重要文献选编》，中央文献出版社1992年版，第一册，第5页。

成立政府委员会，领导市府各项工作。

随着城市生产建设事业的恢复与发展，市府的组织机构亦随着需要而增加和变化，以适应工作任务的需要。1950年接管国民党市府，成立成都市人民政府后，先后建立起秘书处（随后改建为办公室、行政处）、研究室、民政局、财政局、文教局、建设局、卫生局、税务局、公安局、工商局、劳动局、人民法院、人事处、邮电局、参事室、财政委员会、人民监察委员会等行政机构。1952年增设城市建设计划委员会，管理城市规划工作。新设人民检察署，监督检查政府各机关工作，新设企业局，领导工厂企业生产。1953年国家进入大规模的经济建设，为了适应新形势的需要，将原文教局改设为教育局与文化局，并新设体委会、统计局、农业局。而随着社会主义改造事业的发展，1954年又将原工商局改为商业局、工商行政管理局，企业局改为地方工业局，增设建筑工程局、公用局、粮食管理局、计划委员会。共有各委员会、室、局、处、院等29个行政部门办理各项工作，保证各项工作的顺利完成。

对于区公所旧有人员的处理，成都市作为后解放城市基本上借鉴了其他大城市的做法。在接管初期由于干部力量不足，接管任务繁多，军管会在接管城市的区公所后，旧政权的区长和总干事被停止职务，但要求他们留在区公所内，以便询问。对区公所的其他人员，一般都暂时留用。

为便于迅速进行城市的各项恢复工作，成都市当时仍沿袭了旧有的14个区公所建制。按照当时的制度设计，区公所是市政府的派出机构，主要办理民政事务，同时完成市政府交办的其他工作，还负责向市政府反映情况和提供意见。区公所的具体职责主要有：办理婚姻登记，优抚救济，调解民事纠纷，工商行政管理，零散居民的社会教育等。当时成都市区公所的主要职责是：根据城市工作集中的原则，参考其他大城市的经验，区公所主要是做些优待抚恤、社会救济、调解纠纷等工作，及协助市政府推行各项中心任务，如公债、公粮、税收等。根据其职责，当时的区公所主要由市民政局指导。区公所的人员编制十分有限，每个区公所的各助理员、组织人员共16人。这种制度安排的初衷是加强市政府对城市基层社会事务的管理力度，以便更好地统筹安排城市的各项事务。但实际上，区公所的这种有限编制在很大程度上使市政府与区公所陷入了双重尴尬的境地：一是很多行政事务市政府无法管理，而区公所又无权、无力管理；二是由于区公所较以前的区政府机构和部门大为减少，导致区公所干部陷入忙乱。

解放初期，各项工作任务比较繁重，为了更好地推动工作，密切政府与群众的联系，根据各大城市的经验，在市府领导之下，设立了14个区公所（为市政府的派出机构），区公所下设秘书室、民政、调解、文教、地政、合作指导等股办理优抚、救济、调解纠纷及协助市政府推行各项中心任务，如组织淘河、推销公债、公粮税收等工作。但由于各项建设事业的逐渐开展，工作逐渐增多，而旧有区划形式犬牙交错，分割杂乱，在领导上与工作推动上，有很大的困难，不便利于人民群众，因此，于1950年在收集有关各方面人士的意见的基础上，成都市根据职业分布情况、人口密度与地域大小，将旧有14个区公所划成8个区，调整了成都市华阳县、成都县的边界，摧毁了保甲制度，建立了居民委员会，并在派出所配备民政干事，领导居民工作。

1951年3月后，各区普遍召开了各界人民代表会议，建立了人民民主制度，使区公所更能通过代表会议、协商会密切人民群众的联系，经常反映各界人民的意见，使政府的各项政策工作能够通过代表会议，很好地发动各界人民贯彻、实施，在区人民代表会议普遍召开后，为了加强区政工作，进一步密切政府与各阶层人民的联系，使区政权代表性更加广泛，以适应城市建设的发展，根据中央颁布的大城市人民政府组织通则，将原有8个区公所改建为区人民政府，成为一级政权。

各区区划调整后，随着城市建设及交通建设日益发展，为了便于集中统一领导，1951年7月将原8个区政府辖区及新划归成都市领导的成都、华阳两县的7个整乡，另有19个分会合并调整为6个区政府（第一区、第二区为城区，第四区全部为郊区，第三区、第五区、第六区均为城区与郊区混合组成）。但经过一年多的工作实践，由于城区与郊区的工作性质不同，成都市发现混合组织使得区的领导不能专一，同时两方面兼顾对市的领导亦增加困难，因此在1953年4月又将原6个区按城市划分合并成5个区政府（其中3个城区）。

在区政府之下，根据市府组织机构情况，及各个时期的中心工作，先后设立了秘书室，人事科，民政科，工商科，财政科，卫生科，地政科，文教科，人民法院区法院，公安分局，税务分局。城区又增设了劳动科、粮食管理科，郊区增设农林科等工作机构，城市并按派出所辖区范围成立街道办事处，全市共设立44个街道办事处，街道办事处为区的派出机构，直接领导居民工作。[①]

第二节　成都市街道居民组织的建立和发展及其职能的发挥

成都市街道居民组织适应城市工作的发展和广大群众在各种生活福利要求上逐渐增多的情况，其建立和发展过程经历了三个阶段，在每一个阶段均发挥了其应有的职能和积极的作用。

一　建立居民委员会的阶段。建立居民委员会就是1950年全市废除保甲制度后建立了14个区公所，区以下建立了居民委员会，其下按居民20户左右建立了居民小组，10组居民小组选举两个居民委员，以派出所为单位建立一个居民委员会

国民党统治时期的基层政权是保甲制度，保甲人员多为地主、流氓兼袍哥大爷，与国民党特务机关密切勾结，陷害进步人士，贪污舞弊，估拉壮丁，贩卖大烟，敲诈勒索，无所不为，群众痛恨至极。解放之初，为了迅速进行接管工作，对旧保甲人员，一方面控制其不准胡作非为，另一方面令其立功赎罪。在接管工作就绪以后，则立即宣布了废除保甲制度。为了加强市的领导和密切联系群众，成都市建立了14个区公所，并在废除旧保甲以后，在区之下普遍建立了居民委员会。居民委员会是街道居民群众性的组织，其下按居民20户左右建立居民小组，再以居民居住情况10个组左右选举两个居民委员，以一个派出所为单位建立一个居民委员会。当时解放不久，镇压反革命工作尚未进行，群众尚未充分发动，在建立居民委员会过程中受到不少反革命分子、地主

[①]《成都市五年来政权组织形式的情况》（1955年），成都市档案馆馆藏，资料号：85-1-182。

等造谣威胁，并企图混进居委会，取得合法身份，进行破坏，党和政府通过发动群众，揭穿了这些人的阴谋，也更加教育了群众，提高了群众的觉悟和警惕，群众感觉自己当家做主了，因而认真挑选居民委员，全市共设立68个居民委员会，5288个居民小组，选出小组长10576人，委员230人。

由于群众觉悟的提高，选出的居民委员、小组长大多都是热心为群众办事的积极分子，在推动各种工作中都起了不少的作用，如发动群众设立垃圾箱，修淘水沟、水池，设立阅览室、读报架、茶水站、业余学校、义务诊疗室等，群众反映说："居民委员硬是为人民服务，再不像过去保甲那样歪样。"

但由于当时还是区公所，派出所设有民政干事，很多行政工作交委员会办，并有少数居民委员会在组织作风上存在某些不纯情况，如募捐吃油大，引起群众不满，据原四区统计吃油大的委员18人，组长17人，占四区组长、委员总数1931人的1.8%，因此影响了工作，也影响了政府与群众的联系，同时还使区公所工作难以深入。

而通过各种运动，群众的觉悟已大大提高，各阶层群众已基本上组织起来，除街道居委会外，在妇女方面由区妇联组织妇女代表会，由每个居民小组选代表一人组成，组织劳动妇女及家庭妇女参加社会活动，并组织做一些手工，解决了部分贫苦妇女的生活问题。在文教方面，为了提高居民文化政治常识，举办识字班，一个派出所三五个不等，如提督街派出所参加识字班的就有290人，读报组则根据情况一个或几个组设立有专门的义务读报员，讲述报纸时事。有的派出所为了解决当时失学青年迫切要求学习问题，组织了青年学习会，又组织青年参加文娱活动，设立文娱队。而为发动群众进行消防工作，又按派出所成立了消防队等。这样就更广泛地组织了居民参加社会活动。成都市1950年建立居民委员会时，居民组织积极分子就有11700多人。

二　各区建立居民小组的阶段。1951年成都市各区相继召开了人民代表会议将区公所改为区人民政府，区下结束了居民委员会后普遍建立居民小组

1951年成都市解放一年多后，群众已基本组织起来，与此同时，政务院于1951年4月24日发布《关于人民民主政权建设的指示》，要求"十万人口以上的城市，应按照组织通则，于今年内普遍召开区的人民代表会议，并成立区级人民政府①"。为进一步联系群众，更全面、更直接反映群众意见和要求，加强区的领导，成都市各区相继召开了人民代表会议，将区公所改为区人民政府。

通过人民代表会议的召开，广泛收集了群众对干部的批评建议，有的派出所所长，区政府干部对工作中的缺点进行了公开的检讨，代表反映说："这是从来没有的事。"与此同时收到群众很多积极建议的提案，改进了工作，如原三区首次人代会收到提案1万多件。通过人民代表会议的召开也更直接地反映和解决了群众的具体要求，仅三区首次人代会以后，人民代表组织群众5个月翻修了77条马路，修淘了108条水沟，安装街灯2243盏，新办业余学校23所，40个识字班，27个儿童补习学校，甚至于群众的吃水井问题通过人民代表会议也得到了解决。

由于区人民代表会议的召开，更密切地联系了群众，同时，为便利居民群众的一些活动，结束了居民委员会的组织，在区之下普遍地建立了居民小组。居民小组是以居民60户左右建立的，每1小组设正副组长各1人，并以派出所辖区分别成立了各种小组，进行群众性的优抚、卫生、调解工作，1952年卫生运动后，各派出所设立了卫生支会，并组织了卫生突击队互助组，实行周末清洁日，仅以黄瓦街一个派出所为例，其卫生系统积极分子就达92人。

至于一些临时性的工作，如司法改革，房地产登记，按工作性质成立了临时委员会来推动工作，待工作结束组织也随之结束。这些组织都统一在民政干事领导下进行工作，全市共有居民小组2052个，积极分子大部分是工人、城市贫民、独立劳动者以及劳动妇女、家庭妇女。

除了过去建立的各种组织，为了展开群众性防奸、防特、防盗的治安保卫工作，当时成都市在派出所领导下设立治安保卫委员会，这对全市治安工作起了重大作用，一般一个派出所有治安委员、治安员60人左右。

---

① 《关于人民民主政权建设的指示》，中共中央文献研究室编《建国以来重要文献选编》，中央文献出版社1992年版，第二册，第532页。

在区的领导之下，为了进行国家政策法令的宣传，每派出所设立宣传队，每一小组有宣传员2人至3人（除个别小组没有外）。中苏友好协会也是群众中最广泛的组织，派出所设一支会，按户籍段设立大组，居民经常参加中苏友好活动，如原二区居民中的委员就有3万多人。为了推动工作，联系方便，成都在派出所之下还成立了各种组织的联席会，会议每周1次，并邀请本辖区人民代表到席，讨论工作。

居民小组建立以后，派出所设立民政干事，直接领导居民小组，群众有事找民政干事可以解决，民政干事经常到小组，工作也深入。如西安路派出所管区屠场案桌最不清洁，群众说："不当心苍蝇都要飞进嘴。"1952年爱国卫生运动，发动群众搞好了卫生，走进屠场就再看不见苍蝇了。

三 建立街道办事处的阶段。建立街道办事处就是1953年下半年在精简整顿居民组织的基础上，成都普遍建立了街道办事处

新中国成立初期，为了进行各项工作，在成都市居民中建立了不少组织，在宣传和推动各项政策法令上确实起了很大的作用，但也由于各项工作任务的紧迫，因而在群众组织中产生了一些忙乱现象，影响群众生产，为了及时解决这一问题，于1953年先后在居民组织中进行了精简整顿工作。当时主要是结合基层选举工作，先后在居民组织中，进行了精简整顿，将原有的组织加以合并整理，精简了会议及积极分子的兼职，并将居民小组由原60户左右扩大为250户左右，更便于领导。计全市3个城区共计合并为536个居民小组。通过此项工作，成都市基层组织更加纯洁与健全了，增强了积极分子为群众服务的信心，例如，望江区青龙街居民组长关心群众生活，一个下午接连4次到办事处反映贫民的生活情况，牛市口文化街治安委员徐崇遂等主动带动群众拉了3车砖修好了多年失修的古井，群众普遍反映说："政府硬是关心我们，整顿加强组织是为了我们劳动人民。"

随着成都市各项社会民主改革的完成，加上城市工作的发展，广大群众在各种生活福利要求上逐渐增多，各区人民政府派驻在派出所的民政干事已不能适应城市发展工作的需要，为了加强城市基层工作，密切区人民政府和群众的联系，1953年下半年在整顿居民小组工作的基础上，成都市各区普遍建立了街道办事处的组织。

1953年8月5日，《成都市人民政府向四川省人民政府为成立区街道办事处请求核示的报告》称："为加强城区人民群众的组织领导工作，集中使用民政干事的力量，经市府委员会决定在东城区、西城区、望江区分别成立区街道办事处，各办事处按辖区之具体情况，编制五人至七人（其中主任一人，干事三人至五人，勤业一人）。"13日下午即得到四川省人民政府民政厅的批复同意，要求"人员编制在市总编制内解决。"25日，民政厅又对街道办事处编制名额批复，同意在该街道办事处下设主任一人，干事三人至五人，只是认为勤杂人员可酌情配备，不必普遍设置。但街道办事处人员编制仍在成都市总编制内自行调整解决。[①]

当时成都全市共计建立办事处44个，每一办事处所辖人口一般在1万至1.2万人左右，设干部5—7人。各区建立街道办事处以后，在贯彻政策，便利群众，教育群众等方面都起了不小的作用，各项居民中的工作都获得较大的成效，例如在城区建立街道办事处后，成立了调解委员会，调解委员会发挥了很大作用，使分法院收到案子逐步减少，1953年第四季度较第三季度平均减少44%。

当然街道办事处建立以后，成都市各区政府对居民工作的领导进一步加强，推动各项工作都取得一定成绩，但当时由于建立时间较短，因而其组织制度还未能十分完备，有待于在以后的时间里继续加以改进。[②]

第三节 成都城郊基层政权的建立和发展

成都解放的最初时期，为了避免政权更迭所带来的农村社会紊乱和秩序失衡，中国共产党和人民政府全面接管了旧政权机构和工作人员，暂时依靠旧有机构和保甲人员，建立临时的农村基层政权机构，整编地

[①]《成都市人民政府向四川省人民政府为成立区街道办事处请求核示的报告》，四川省档案馆馆藏，资料号：建川044-1-44。

[②]《成都市五年来政权组织形式的情况》（1955年），成都市档案馆馆藏，资料号：85-1-182。

方武装来维持农村社会秩序的稳定。随着农村社会秩序的日渐安定,中国共产党和人民政府开始着手废除保甲制度,对旧有机构和保甲人员进行全面系统的改造,以重建新型的人民民主政权。1950年12月8日,政务院第六十二次政务会议通过了《乡(行政村)人民代表会议组织通则》和《乡(行政村)人民政府组织通则》,对乡、村人民代表会议与人民政府的代表名额、资格、区域划定、任期及职权做了明确规定,规范了乡、村级政权的制度建设。

根据中央政府的精神和成都市的具体情况,成都市郊区基层政权的建立和发展也随着各种反封建运动的进行而经历了几个阶段。

一 成立农民协会,以农协会代政

解放后,成都市郊区各乡镇经过反夺佃、征收公粮等工作,劳动农民的觉悟已有所提高,在此基础上,1950年11月成立了12个农民协会,次年,即1951年又两次奉川西人民行政公署的指示扩大了郊区区划,一次是将华阳县簧兴、保和、得胜、永丰四个整乡,桂溪乡第九分会;成都县青龙、驷马、西城三个整乡,青苏乡第十二、十三、十五、十六、十七、十八,城区乡一、二、九、十,太平乡二、三、四、五、六、八、九、十三、十六等十九个整分会及太平乡十五分会之半个分会划归成都市管辖。一次是撤销成都县治,确定将天回、太平、城区三个乡的全部划归成都市管辖。① 于是成都合并建立了13个大乡农协会与村农协分会,并普遍而多次地召开了农民代表会议,乡农会的职权就是领导农民进行清匪、反霸、减租、退押、土地改革等反封建的斗争,彻底摧毁了封建统治。随着土改斗争的发展与胜利,涌现了大批积极分子,为各乡镇民主政权建设奠定了坚实的基础。

按照1950年7月14日政务院第四十一次政务会议通过,1950年7月15日公布的《农民协会组织通则》的规定:"农民协会是农民自愿结合的群众组织",不能长期代替基层政权的作用。而农民只是单纯地从个人的经济利益出发来认识土地改革的翻身运动,因而一般农民认为

---

① 《成都市人民政府向川西人民行政公署的报告》,成都市档案馆馆藏,资料号:85-1-52。

分得了土地财产，就已经达到了目的，这样就可以"心满意足，万事大吉"了，如六村青年农民袁大清说："土改已经完了，没啥搞头，这下就好好回家生产。"而且农民认为农会是包干一切、高于一切的机关，因而形成农民对于农会的组织是非常关心的，而对于土改后的建政工作毫无认识。农会里大部分干部也存在着"退班"的思想，均感到做了一年多的事情，也累了，应该歇一歇才对，如再搞工作误了自己的生产真是不划算，因而部分农会干部工作情绪较前降低，群众大会也不大开得起来，如表现得最具体的是第四区隆兴乡七村农会主席王全盛，他说："土改完了，哪个再选我当主席，打了我的脑壳，我都不干咯。"①第三区驷马乡第四村农会副主席柴文龙说："我们搞了这样久，熬了多少夜，耽误了好多生产，现在该休息了。"第三村农会副主席许茂林说："样样事都要找主席，一点钱都没有赚回来，还要三头挨骂（指家庭、群众、农会干部），土改后我决定不再搞工作了。"该村还有一个农会武装人员说："我们熬更守夜，想分件衣服还分不到嘞，所以就不守夜了。"②根据以上的情况，就必须加强对农民的宣传工作和前途教育，消除这些错误思想，打通积极分子的顾虑，使乡村建政工作进入新的阶段。

二 划大乡为小乡，召开乡镇各界人民代表大会选举成立乡人民政府

为了适应新的工作任务的需要，1951年下半年开始，成都市将郊区原有的13个大乡划小为35个乡、镇，35乡镇的分布是第三区12个乡镇，第四区11个乡镇，第五区4个乡镇，第六区8个乡镇。各乡人数、人口、面积、居民小组数统计的具体情况见表4-1。各乡均召开了乡、镇各界人民代表会议，代行人民代表大会职权，选举了乡长、副乡长、乡镇人民政府委员，成立了乡镇人民政府，并在乡镇人民政府之下设立了抗美援朝支会、治安保卫委员会、公产管理、水利、宣教、优

---

① 《成都市第四区隆兴乡首届首次各界人民代表大会选举经过及向人民政府建政工作报告》（1951年10月2日），成都市档案馆馆藏，资料号：85-2-22。
② 《成都市第三区驷马乡建政工作报告》（1951年12月5日），成都市档案馆馆藏，资料号：85-2-22。

抚、卫生、人民调解、兽疫防治、场镇管理、合作社等11个筹备委员会。政府委员担任各种工作委员会主任，领导各项工作，并撤销了村农协分管的一级组织形式，扩大了居民小组（每组50户至70户），由乡直接领导。但因居民小组过于分散，乡政府不易领导，又建立了村代表主任制。成都市郊区正是经过一系列的运动，建立了乡、镇人民政府，摧毁了封建统治制度，推动了生产事业的向前发展。

表4-1　成都市郊区各乡人数、人口、面积、居民小组数统计表①

区别	乡别	户数 农业户	非农业户	小计	人口 农业人口	非农业人口	小计	耕地面积	居民小组数
第三区	凤凰乡	783	257	1040	3402	832	4239	5081.53	19
	站东乡	913	363	1276	3394	1470	4864	4287.28	56
	站西乡	1199	633	1832	4686	2004	6690	7388.86	81
	天回乡	766		766	3166		3166	6455.06	27
	天回镇		373	373		1280	1280		16
	泰华乡	1358		1358	6221		6221	11290.20	47
	金马乡	892	205	1097	4214	800	5014	8881.65	36
	青龙场		374	374		1363	1363		6
	路南乡	950	403	1353	3485	1359	5844	4709.21	27
	路北乡	1112	304	1416	4756	632	5388	8084.07	33
	太平乡	1688	114	1802	7528	639	8167	15006.16	（7村）
	红星乡	655	66	721	3083	218	3301	7246.93	28
	合计	10316	3122	13438	43835	10597	54432	78430.95	376
第四区	龙潭寺镇		759	739		2250	2250		15
	保和镇		336	336		1179	1179		14
	秀水乡	1365		1365	6242		6242	10905.00	65
	白鹤乡	1369		1369	5687		5687	8946.00	66
	院山乡	1171		1171	5891		5891	10237.00	65

---

① 《成都市郊区各乡人数、人口、面积、居民小组数统计表》，成都市档案馆馆藏，资料号：85-1-103。

续表

区别	乡别	户数 农业户	户数 非农业户	户数 小计	人口 农业人口	人口 非农业人口	人口 小计	耕地面积	居民小组数
第四区	马鞍乡	1277		1277	5812		5812	8790.00	64
	交通乡	1286	153	1439	5702	312	6014	8645.00	58
	杨柳乡	1530	310	1840	6810	590	7400	7846.00	82
	万年乡	863	1374	2237	2649	6077	8726	5342.00	98
	东城乡	1245	562	1807	5164	2234	7398	9908.00	80
	回龙乡	1075		1075	4960		4960	8275.00	(9村)
	合计	11181	3474	14655	48917	12642	61559	78894.00	607
第五区	得胜乡	330	1294	1624	1024	5323	6347	3327.00	71
	永兴乡	587	591	1178	2284	2198	4482	3270.53	50
	新桂乡	467	291	758	1789	1093	2882	2888.42	30
	新丰乡	640	1522	2162	2554	6180	8734	4017.42	42
	合计	2024	3698	5722	7651	14799	22445	13503.37	193
第六区	万寿乡	782	607	1389	3506	2071	5572	6255.00	64
	翻身乡	453	770	1223	2074	2605	4679	3872.00	48
	四圣乡	687	474	1161	3391	1649	5040	6660.00	53
	光华乡	760	241	1011	2816	1350	4166	3569.00	50
	青西乡	935	675	1650	3610	2491	6101	4339.00	56
	城区乡	742	594	1336	3555	2123	5678	9391.52	78 (8村)
	西城乡	713	2161	2874	3872	7029	10856	4369.00	80
	永丰场	2	283	285	9	951	960		12
	合计	5074	5805	10879	22833	20269	43052	39455.52	441
总计		28595	16099	44694	123236	58307	181488	206493.84	1617

附注：(1) 太平乡7个村，城区乡8个村，回龙乡9个村未统计在表中。(2) 耕地面积系以亩为计算单位。

如第六区的永丰大乡就是在土改的末期建立的乡人民政权。永丰大乡共划分为4个小乡"场"，分别在1952年的2月25日四胜（圣）乡、永丰场召开了乡人民代表会，26日在万寿、翻身乡召开了乡人民代表会选举了乡人民政府的正副乡长、"场长"和政府的委员，成立乡、"场"人民政府。

永丰乡在成都郊区属于比较大的一个乡。共有 4058 户，16256 人。16788 亩田地，农业户 1924 户，占总户数的 47.41%，农村人口 8980 人，占总人数的 55.43%。在土改末期，农民一般存在着以下几种思想情况：乡村干部和群众中普遍存在着换班歇气的思想；有的农民认为土改完成后，就没有什么需要参与的了；开会也不愿意参加了。通知 10 点开会甚至 12 点还没有人来；认为土改该分的东西都分完了，剩下的就是回家搞生产了；等等。这些情况反映出土改中对农民的思想教育不够，觉悟还有待提高。在这样的背景下建立乡人民政权，还需要做许多细致的政治思想教育工作，把干部群众的积极性发挥出来。

永丰乡建政的具体步骤如下：第一，干部学习讨论，认识建立人民政权的重要性。当时专门召开了全乡的干部会议，讨论建政的内容和方法，具体研究使干部在思想上重视起来。同时选举乡长和政府的委员，必须通过民主建政，总结工作。干部也具体分析了农民换班歇气思想，并决定进一步巩固土改的胜利果实，研究布置了工作，召开了全体农民代表大会。大会报告以新划乡为小组讨论，批判了农民的错误思想，使各位代表初步认识到建立人民政权的重要性。代表们回去后通过对农民的传达、讨论，逐步将农民的错误思想扭转过来。第二，对农民进行宣传教育，整顿原村小组。干部学习讨论后即展开宣传工作，根据上级指示和全乡农民代表会议的精神，各村在群众大会上和小组会议上进行了对错误思想的批判。在青年代表会、妇女代表会都展开了同样的对错误思想的批判，帮助大家认识到土改的来之不易，要努力巩固土改所取得的胜利成果。帮助大家认识建立乡政权的意义和召开人民代表大会的意义，对比现在的政权与过去的政权在本质上的差异等。经过充分的讨论后，各乡整顿了原村小组的情况，以 20 户到 25 户编组，发展了新民主主义青年团员 10 人，建立了团的组织和妇代会。第三，选举产生乡人民代表会代表，酝酿乡政府委员候选人，收集提案。代表产生的依据视各乡的具体情况。经万寿、四胜、翻身、永丰场人民代表会议筹备委员会讨论后，决定以 20 户左右产生代表 1 人计算，万寿乡产生代表 69 人，翻身乡产生代表 61 人，四胜乡产生代表 58 人，永丰场产生代表 15 人，共 193 名代表。因郊区非农业人口较多，翻身乡、万胜乡、四胜乡 3 个乡代表成分必须适当照顾非农业人口比例，农民占70%（原件如此，是否应为50%？——笔者注），工人占30%，工商业者占10%，贫民自由职业者占10%。在代表性别的比例上，妇女占30%。代表年龄的比例上青年占20%。永丰场只有农业人口9人，其余951人均为非农村人口。其中还有手工业工人168人，因此必须以工人为基础团结其他各阶层人民代表，成分上的比例，工人占40%，农民占3.3%，工商业占15%，小商小贩占15%，贫民占20%，自由职业者占6.7%。代表的条件和比例根据各乡的情况做了具体的分配，并将代表条件和比例以及选举的办法向群众做了交代。代表的条件是：历史清白作风正派的劳动人民，立场稳定、斗争坚决、工作积极、能联系群众。选举的办法是20户左右划为一个选民小组，由各小组酝酿讨论，反复协议，提出代表候选人2—3人，然后用评比的方法在小组会议初步通过1名，但还不能最后确定，还需要再经过村大会上正式通过后才能作为正式的代表。通过两天的酝酿讨论，最后将各乡的代表193名全部选出。由各乡各村提出乡政府委员候选人10—15人，结合选举代表在群众中广泛收集提案，内容包括继续镇压反革命分子、整修水利发展生产、优待军烈属、选好乡长和政府的委员等。全乡共收集提案百余件。第四，召开乡人民代表会选举了乡人民政府的正副乡长、"场长"和政府的委员，成立乡、"场"人民政府。大会在2月25日、26日召开，先后两天，各乡、"场"听取了李区长的建政工作报告和各乡的土改总结报告、永丰公安派出所关于镇反工作的报告。下午，各工作组又作了选举的报告，然后分组讨论，坚定继续努力的思想，决不让反革命分子和地主有可乘之机。然后将大会主席团提出的正副乡长、"场长"的候选人名单和各村提出的政府委员候选人名单提交大会分组讨论，民主选出了正副乡长、"场长"、政府委员。当选的正副乡长、"场长"、政府委员也上台表明了自己的态度。大会接着还对收到的提案进行了审查，通过了5项决议：加强乡政权的建设，巩固人民民主专政；继续镇压反革命分子；积极组织起来整修水利，发展生产；巩固土改的胜利果实，反对换班歇气的思想；精耕细作，优待军烈属。最后由各土改工作组作了总结报告。[①]

[①]《永丰乡建政工作报告》（1952年4月5日），成都市档案馆馆藏，资料号：85-2-59。

第四章 新中国成立初期成都基层政权的建立与乡村权力重构

表4-2 成都市郊区各乡乡政府、乡长姓名及成立各种委员会名称[①]

区别	乡别	乡政府地址	乡长姓名	副乡长姓名	成立各种委员会名称
第三区	凤凰乡	赖家店	易遵武	庾国保	生产建设 公产管理 治安保卫 文教 卫生 优抚
	站东乡	荷花池	周龙连	李英才	生产建设 公产管理 治安保卫 文教 卫生 优抚
	站西乡	邓家湾	陈焕章	邓明树	生产建设 公产管理 治安保卫 文教 卫生 优抚
	红星乡	红庙子	唐家玉	郑明德	生产建设 公产管理 治安保卫 文教 卫生 优抚
	天回乡	天回镇	邓先德	严荣新	生产建设 公产管理 治安保卫 文教 卫生 优抚
	泰华乡	泰华寺	彭新祥	许纯德	生产建设 公产管理 治安保卫 文教 卫生 优抚
	金马乡	金马场	戴晨东	李永松	生产建设 公产管理 治安保卫 水利防洪	
	路南乡	三洞桥	谢南杰	朱志忠	卫生 拥军优属 兽疫防治	
	路北乡	青龙场	徐绍清	赖淑群	卫生 拥军优属	
	太平乡	洞子口	徐寿清	彭尔华		
	天回镇	天回镇	戴重青	陈福先	治安保卫 市场管理 优抚 卫生 公产	
	青龙场	青龙场	高洪顺		治安保卫 市场管理 优抚 卫生 公产	
第四区	白鹤乡	三大组、六小组	张先宗	张荣贤	公产管理 优抚 生产建设 水利 兽疫防治 治安保卫 文教卫生
	秀水乡	牛王庙	钟新源	叶家华	公产保管 优抚 生产建设 水利 兽疫防治 治安保卫 文教卫生 塘堰管理
	马鞍乡	第八组	张徳田	张椿如	公产保管 优抚 生产建设 水利 兽疫防治 治安保卫 文教卫生
	院山乡	二六组	黄兴隆	严书成	公产保管 优抚 生产建设 兽疫防治 治安保卫 文教卫生
	东城乡	圣灯寺	冯伯玉	邓日新	公产保管 优抚 生产建设 水利 兽疫防治 治安保卫 文教卫生

① 《成都市郊区各乡乡政府、乡长姓名及成立各种委员会名称》,成都市档案馆藏,资料号：85-1-103。

· 155 ·

续表

区别	乡别	乡政府地址	乡长姓名	副乡长姓名	成立各种委员会名称						
第四区	回龙乡	一里塘	巫兴顺	黄占坤	公产保管	优抚	生产建设	水利	兽疫防治	治安保卫	文教卫生
	交通乡	赖家祠	李廷富	苏金廷	公产保管	优抚	生产建设	水利	兽疫防治	治安保卫	文教卫生
	万年乡	潘居院	向元青	毛俊如	公产保管	优抚	生产建设	水利	兽疫防治	治安保卫	文教卫生
	杨柳乡	苏家老房子	刘合松			优抚	文教卫生	水利	兽疫防治	治安保卫	文教卫生
	龙潭寺镇	中街63号	钟新本	陈举桂	优抚	治安保卫	文教卫生	市场管理	调解		
	保和镇	街上	邓子君	冯荣振	优抚	治安保卫	文教	市场管理	调解		
第五区	得胜乡	大石桥	张绍云	张汉臣	治安保卫	生产建设	文教	卫生	优抚	公产管理	
	永兴乡	净居寺	李作如	曾世明	治安保卫	生产建设	文教	卫生	优抚	公产管理	
	新丰乡	玉林村	徐帮元	孙占元	治安保卫	生产建设	文教	卫生	优抚	公产管理	
	新桂乡	魏家祠	邹发先	高玉成	治安保卫	生产建设	文教	卫生	优抚	公产管理	
第六区	四胜乡	四道龙门	李银山	朱俊卿	优抚	生产	卫生	治安	公产管理	文教	
	翻身乡	高升桥	蒋厚盛		优抚	生产	卫生	治安	公产管理	文教	
	万寿乡	神仙树	刘文忠	符德胜	优抚	生产	卫生	治安	公产管理	文教	
	光华乡	四家村	黄文德	陈開忠	优抚	生产	卫生	治安	公产管理	文教	
	青西乡	四座礶	黄忠炳	陈海山	优抚	生产	卫生	治安	公产管理	文教	
	西城乡	营门口	杨炳林	周炳林	优抚	生产	卫生	治安	公产管理	文教	
	永丰场	永丰场	吴金山	龙德元	优抚	生产	卫生	治安	公产管理	文教	
	城区乡	红庙子	吴荣光			生产	卫生	治安	公产管理	文教	
备考											

到 1952 年 9 月前，成都郊区各乡均明确了乡政府驻地、选举了乡长、副乡长；四个区 35 个乡共成立生产建设委员会 20 个，生产委员会 8 个，公产管理委员会 20 个，公产保管委员会 8 个，公产委员会 2 个，治安保卫委员会 24 个，治安委员会 8 个，文教委员会 19 个，卫生委员会 23 个，文教卫生委员会 11 个，优抚委员会 32 个，拥军优属委员会 2 个，兽疫防治委员会 10 个，水利委员会 9 个，水利防洪委员会 1 个，市场管理委员会 4 个，调解委员会 2 个，塘堰管理委员会 1 个，各种委员会共 204 个。[①] 各乡乡政府驻地名称、乡长副乡长姓名及成立的各种委员会名称见表 4－2。[②]

三 在土改复查的同时改选正副乡长、乡政府委员

成都郊区各乡在土改前均有村的组织，自 1952 年上半年，为了便于推动工作将乡划小后，使乡政府更能直接联系群众，取消了村一级政权组织，由乡直接领导小组。这就产生了一些问题，乡的范围虽然划小了一些，但一般均有五六十个小组（每小组有 20 户到 30 户左右），乡领导仍感到困难，发一个通知到各小组去，都要跑上一大半天。于是，有些乡为了推动工作便利，以原来的村或几个小组的范围，在乡与小组之间建立了一些组织，而各乡的组织形式和名称又不一致，因而形成比较混乱的情况。当时各乡情况大体上可分为以下四种：（1）乡直接领导的，如三区路南、路北等乡，乡与小组之间无其他组织，由乡政府委员分工负责领导几个小组进行工作，但这样的缺点是乡政府委员被固定在一定的地区工作就不能很好地领导其他各种委员会的工作。（2）设有大组（或联组，下同）组织的，但未形成一级政权，这种情况比较多。大组是以原来村的范围或以几个接近的小组成立的，有负责人，一般是由乡政府委员或在该地区内较有威信的其他委员会的委员担任，其任务是：大的工作在乡向小组布置下去后，领导督促所辖小组进行工作（小的工作则通过他向小组布置）并向乡上汇报工作进行情况，解决大

[①]《成都市郊区各乡乡政府、乡长姓名及成立各种委员会名称》，成都市档案馆馆藏，资料号：85－1－103。

[②] 同上。

组内一些细小的问题，替乡上搞一些统计材料。四区交通乡原二村第一联组负责人为农会委员张代银，第三联组负责人为乡政府委员罗其生。（3）乡与小组之间设有村一级政权组织的，当时新由成都县划进来的属成都市六区管辖的城区乡的情况就是如此，村上设村主席，并有生产、优抚等委员会，由乡领导村，又由村领导小组。（4）也有个别的乡，如四区交通乡，在乡以下有村，有负责人，村以下又设联组，由联组领导小组，但村未形成一级政权组织，只是以原来的村为基础便于乡上分工。

由于乡的组织形式不一致，工作上的步调和效果也就不同，为了便于推动工作，加强乡的领导，成都市民政局提出，乡以下的组织形式有调整划一之必要。理由是：从工作的需要来看，乡直接领导小组是有些不便利，一个乡有好几十个小组，如果需要召集各小组开会，发通知就要跑上大半天，如召集群众大会则更困难。同时乡上的干部少（包括通信员在内脱离生产的只有五人），工作布置下去后的具体领导检查也感到困难，而各小组工作缺乏具体领导与督促，也感到茫无头绪，使工作不能迅速推进和深入。从乡政府与群众的联系来看，由于乡的范围大，人口分散，交通不便，群众的反映不能及时集中到乡上来，因而群众产生的问题也不能得到及时解决。尽管群众找乡政府解决问题的数量减少，而乡政府还感到人少事多忙不过来，四区万年乡人民代表谭仲才说："原来有村时工作要抓得紧些，我们发现了问题就可以马上去，反映解决要快一些，现在就要跑很远到乡上去，这样要慢一点，有些人因路远就懒得去。"现在就是觉得政府与人民隔得远一些，这说明了乡与小组之间是需要有一层组织，但如果设村一级政权组织也不好，这样事事都要通过村，它就会阻碍国家基层政权——乡政府与群众的直接联系，政府的政策法令也不能直接与群众见面，即使传达下去也要打折扣。从成都市情况来看，民政局认为原川西行署对乡以下以村的范围设代表主任的意见是比较好的，这样，一方面加强了乡对小组的领导，另一方面由于不是一级政权组织，也就不会阻碍乡政府与群众的直接联系，这是适合成都市郊区情况的。

从当时成都市郊区各乡政府委员会和各种委员会的工作来看，当时也不同程度地存在问题。各乡在建立乡人民政府以后，除新由成都县划

第四章 新中国成立初期成都基层政权的建立与乡村权力重构

进之太平乡外，均按工作需要在乡人民政府委员会以下成立了文教、卫生、生产、优抚等各种委员会（有的只成立了一部分），也规定了工作和会议制度。但目前这些委员会在工作上存在"一把抓"、分工不明确、会议过多的混乱现象。从乡政府委员会方面来看，由于乡的领导干部对它的性质和任务不明确，单纯地把它当成布置工作的会议，有工作就开会，一开会全乡所有的委员（包括农会、妇女等）都参加布置工作后，各委员即回到自己的村上（或大组）搞工作，这样，一方面是开会过多，另一方面由于工作上的"一把抓"，乡政府委员被固定在一定的地区工作，对本身所领导的委员会的工作不能兼顾，因此乡政府委员会就不能很好地发挥集体领导的作用，如四区交通等乡，每次开会都有其他各种委员会的委员参加，布置工作后，乡政府委员也与其他委员一样，大家都回去抓着搞，没有很好地发挥乡政府委员会集体领导作用。从其他各种委员会来看，因对本身的性质认识不明确，工作上"一把抓"，没有做到具体分工与工作上的配合，委员被固定在一定的地区工作，什么都搞，对本身经常做的事务工作则未很好地推动，因此会议未形成制度，也有个别的乡有时突击了一下，过后就算了，如四区秀水乡优抚委员会在搞代耕中突击开过一次会，以后就再没有开过了。有些乡的委员会在组织上也还存在着缺点，没有吸收更多的积极分子参加工作，如三区路北乡兽疫防治委员会委员13人中有政府委员7人，拥军优属委员会委员13人中有5人是政府委员，名额虽然够，但乡政府委员因本身工作较多，不大照顾得过来，形同虚设。总之，乡政府的领导干部对乡政府委员会及其他各种委员会的性质任务不明确，乡政府委员会没有很好地发挥集体领导作用，对其他各种委员会的领导也没有做到具体分工与工作上的配合，工作"一把抓"，其次就是乡以下组织形式的影响，使乡政府委员和其他各种委员会的委员大多被固定在一定的地区工作，而且工作很忙不能照顾本身业务。

为了解决以上问题，加强乡的领导，开好人民代表会议，更好地推动乡的各种工作，成都市民政局准备在1952年11月左右，抽调各乡乡长或副乡长进行有关乡村政权建设的学习，时间预计为1月左右，同时也着手研究乡以下组织问题，适当地加以调整划一，使其更有利于工作。①

正是在此基础上，成都市郊区各乡在土改复查的同时对乡村政权组织进行了调整和完善。为了适应生产的发展，1952年12月，各乡、镇展开和完成了土改复查工作，彻底摧毁了封建阶级在政治和经济上的领导，巩固了人民民主专政，同时还设立了茶店子镇人民政府。与此同时，召开的乡镇人民代表会议上改选了正副乡长、乡政府委员，并将原有工作委员会进行了调整，成立了生产建设（场镇设市场管理委员会）、拥军优属、文教卫生、治安保卫、调解等五个委员会，将居民组缩小为20户，村仍以代表主任制进行工作。

以成都市第六区民主建政工作为例，第六区原有7乡1场，土改复查建政时，根据上级政府指示与本区具体情况，在老西门外又建立了茶店子镇，一共就有了7乡1场1镇。各乡均已经在政府委员会之下成立了5大委员会（场镇另设市场管理委员会）订立了定期汇报会议制度，并及时检查工作，提高了工作效率，结束了乡政府的混乱现象。具体进程包括：（1）找出之前乡政府工作存在的问题，为建政做好准备。1953年1月，在未正式建政以前，在1月19日左右，先后以乡为单位召开乡政府各种委员会总结一年多来的工作，由各委员会讨论工作范围、制度、做法等方面的优缺点，进行总结，找出组织流于形式、制度不健全、工作研究少、只使用干部不培养干部、工作范围不明确等问题。在总结问题的基础上，将干部作了分类排队，研究了建政的步骤与做法，决定了干部的变动面，做好了建政的准备工作。（2）总结评模选村长。1月24日左右，在各乡召开人民代表会议和小组长以上的扩大干部会议，交代了建政任务，主要是通过检查总结一年来的工作及评选模范，为建政打下基础。同时决定了乡村界线问题。根据实际情况将翻身乡原10个大组划为4个村，解决了万寿乡超过公路属于四胜乡的3个小组人员划归四胜乡管辖等问题，并建立了茶店子镇和镇人民政府。1月25日至27日以村为单位召集群众大会，传达代表大会会议精神，然后分小组进行讨论，酝酿模范对象，选出村的各种模范来（如乡、村干部，妇女、武装干部等）。对于历史不清、严重退坡思想、敌

---

① 《成都市乡政权情况》（1952年5月），成都市档案馆馆藏，资料号：85-1-103。

我不分的干部（包括乡干部）进行适当的批评教育，同时对绝大多数的乡村干部加以表扬和鼓励，由于充分发扬民主，普遍而广泛的群众发言，克服了退坡思想，在总结评模范工作上选出了村长。（3）酝酿乡政府正副乡长、农会主席、委员、武装干部等人选。28日总结工作完成后，四村继续展开讨论，酝酿乡政府正副乡长人选、农会主席、委员、武装干部等。（4）召开乡人民代表会议，健全乡人民政府，选出了乡政府委员及正副小组长与其他的村干部。29日召开人民代表会议，健全了乡人民政府，选出了乡政府委员及正副小组长与其他的村干部。（5）加强制度建设。为了加强民主建政，以利于会后工作推进，在土改复查建政后，由区召开全区的乡干部扩大会议，分别说明了各种委员会的职权和工作范围，讨论订出定期的汇报会议和及时的检查制度，密切了与区政府各部门之间的直接联系，如乡政府委员会每10天召开一次，各种委员会每半月召开一次，及时总结检查工作，属于优抚者直接与民政科联系，如属生产建设者直接与建设科联系解决等。①

成都市第五区乡上各种组织虽在土改后建立起来了，由于工作制度和会议制度都不健全，对乡干部没有很好地通过具体工作去培养和提高他们的领导能力，因此不能很好发挥各种组织的作用，分工负责，往往是不分工作性质，某项工作应该哪个部门负主要责任来搞，总是开一揽子会来解决问题，所以会议多，形成混乱现象，各种组织也流于形式，因此工作集中在少数干部和积极分子身上，使他们感到工作多，兼职多，这样有我，那样有我，一样搞不好，还受埋怨，受批评，使他们觉得不如不搞，所以产生了退坡思想。据统计全区就有乡村干部149人退坡，形成一个相当严重问题。第五区各乡原先在组织系统上是由乡领导各小组，但小组过多（最少的新桂乡也有39个小组），单纯几个脱产干部不容易领导。后来虽然编了大组，有一些改善，起到一定作用，不过大组的面积、人口、户数极不一致，比如得胜乡人口多，地面宽，仅有3个大组，都设有大组长，仍然感到不好领导，其他乡的大组长又没有充分经过民主方式选举，或者没有肯定谁是大组长，使工作不能很好

---

① 《成都市第六区民主建政工作总结》（1953年3月），成都市档案馆馆藏，资料号：85-2-83。

地有领导地进行。此外，个别乡的委员中，还有极少数自私自利，强迫命令，脱离群众的严重现象，如得胜乡的民政马玉龙。个别的原有政治不清楚的，如得胜乡财粮林德才，他坦白是在伪省党部煮过饭，但是有人检举他是通信员，群众都要求改选。根据以上情况，并依照成都郊区工作委员会指示的一般不动、个别调整的原则进行调整，首先召开了乡政府和乡农会联席会议，具体研究了以上各个问题，协商村代表正副主任和改选补选的名单后，各乡于1953年2月2日同时召开了人民代表会议，对个别不纯或作风恶劣的干部进行改选，对有错误但不十分脱离群众的干部则要求他们在人代会上做了检讨，这样使乡政府委员会力量更加增大了。五种委员会也建立起来了，并适当照顾到兼职问题，一般做到一人一职，为了搞好今后水利工作，并在得胜、新丰两乡（因该两乡辖区内有堰头）生产建设委员会下各设水利小组，各乡按实际情况每个委员会由乡政府聘三人至五人为委员，共计聘请委员98人。各乡村的区划问题，均按土地面积、人口、户数及天然地形等条件划了村，全区共划村17个，计得胜乡4个，永兴乡5个，新丰乡5个，新兴乡3个。第五区得胜乡与第三、四两区毗连，地面较长。东城拐一部分与三区地面交错，距本区区乡又较远。沙河堡街上一面属四区，一面属第五区，也需调整，经与三区、四区协商决定将第五区原东城拐凸出部分，计田149.22亩，地4.30亩，公田约10亩，农业户35户、105人，居民12户、44人，划予第三区；沙河堡街上原属四区者，划予第五区，又由于该乡面积较大，为了今后便于领导生产，将原属永兴乡之6个小组仍划予永兴。其他各乡均无变动。对乡干部兼职问题，除脱产干部外，一般都按一人只能有一个主要职务、一个次要职务，适当地解决了。会议制度和工作制度也已建立，但是由于乡上干部还没有执行制度的习惯，还没有很好的工作经验，还需通过今后各项工作耐心地加以帮助，逐步纠正过去存在的混乱现象。[①]

第三区各乡在土改复查时主要是在调整了乡政府委员和乡人民代表，健全会议制度的同时，对于村组界线进行了调整。一般按照原有形

[①] 《成都市第五区人民政府关于土改复查中建政工作报告》（1953年2月19日），成都市档案馆藏，资料号：85－2－78。

式，组以25户为宜，过多的划小，太少的合并，村以辖10个小组为宜，进行调整，全区12个乡镇原有的组及68个半村，均进行了合并整顿。①

四 召开普选的乡镇人民代表大会，选举乡长、副乡长和乡政府委员

经过了农会代政，举行了各界人民代表会议以及一系列的社会改革运动，人民群众的觉悟程度日益提高，民主制度进一步健全，1953年成都市展开了基层选举工作。从1953年4月下旬开始在西城区进行试办，6月到8月间完成了两个郊区36个乡镇的选举，9月至11月完成了东城、望江两个城区的选举。

成都市此次基层选举工作主要经历了三个阶段：第一阶段为宣传动员阶段。成都各区都以7—10天时间从上到下，从内到外召开报告会、院坝会等，以广播、标语、演出、板报等多种形式进行了广泛深入的民主教育，使普选宣传家喻户晓，深入人心。第二阶段为人口调查和选民登记阶段。通过正确贯彻普选政策和非常细致的工作，各区基本上做到了"不重不漏，全面确实"和"不让一个公民被错误地剥夺了庄严的选举权利，也不让一个反动分子或未经改变成分的地主阶级分子非法地窃取了庄严的选举权利"的要求。登记结果：全市共有人口184829户，747320人（男393089人，女354231人）。选民438826人，占总人数的58.7%；被剥夺选举权者12726人，占总人数的1.67%；精神病患者578人，占总人数的0.07%。第三阶段为代表候选人的提名酝酿阶段。提名酝酿的过程也是民主教育的过程。提名前由中共区委（乡由支部）与各有关方面非正式交换意见，并在群众中进行广泛深入的了解，加以修改补充达到上下均较成熟后，始正式提名。提名方式，各区根据不同情况，西城区采取各民主党派、人民团体联合提名，东城区、望江区采用选民小组长联合提名，郊区各乡，由乡选委邀请中共党支部、青年团、农会、合作社、妇代会等组织联合提名。郊区区代表为间接选举，候选人名单由区选委会邀请中共区委、区级各人民团体协商联

---

① 《成都市第三区结合土改复查的民主建政工作总结报告》，成都市档案馆馆藏，资料号：85-2-78。

合提名。以上方法均从实际的民主出发，受到广大选民的热烈欢迎。第四阶段为召开选举大会，正式选出代表的阶段。由于一系列的民主教育使选民政治觉悟大大提高，加之在选举大会之前，各区都做了充分准备，一方面继续宣传，另一方面采取组织临时托儿站，分批轮流参选等解决了部分选民参加大会的困难，保证了参选人数达到最高的比例和选票的高度集中。历次选举大会中，选民情绪都非常热烈，许多外出做工的工人和做贸易的小贩，都自动按期赶到参选，青年妇女穿着花衣服，回民穿着节日盛装，来庆祝这个伟大的民主盛典。全市参选人数西城区为95.4%，东城区为95.9%，望江区为97.38%，龙潭区为90%，万年区为87.66%，平均达到93.27%。从代表得票数来看，城区最高为99.8%，最低为75.91%，平均为95%以上。郊区代表得票最高为100%，最低为86.23%。[①]

成都郊区直接选举各乡、镇第一届人民代表大会代表完成后，各乡即相继召开了乡、镇人民代表大会第一次会议，选举了正副乡长、政府委员，乡政府之下设立了生产合作委员会（场镇设市场管理委员会）、民政委员会、治安保卫委员会、文教卫生委员会、调解委员会。各种工作委员会在乡政府领导下进行各项工作，保证各个时期生产任务的完成。各乡、镇人民代表大会第一次会议还决议发动群众做好当时的秋收、秋征工作。普选的人民代表大会，进一步组织了广大人民群众，使人民群众充分行使了管理国家事务和自己事务的权利，发扬了人民民主的高度积极性，人民民主制度更加健全，这对推动互助合作运动起了很大的作用。[②] 此后多数乡镇能按一月或两月的时间召开乡人民代表会议，讨论贯彻上级人民代表大会的决议，领导生产、发展互助合作运动，解决执行其他重大中心工作。1954年成都市郊区乡政权建设工作主要就是在普选的基础上进一步加强乡人民代表大会制度及发挥乡政府

---

① 《成都市基层选举工作总结报告》（1954年1月6日），成都市档案馆藏，资料号：85-1-146。
② 《成都市五年来政权组织形式的情况》（1955年），成都市档案馆藏，资料号：85-1-182。

委员会对农村生产和互助合作工作的领导作用。①

第四节 成都市区、乡人民代表会议的召开及人民代表大会制度的形成

新中国成立后,中国共产党在各城市开展了基层管理体制的大规模重建。成都市解放后成立了人民政府,为了加强政府与群众的联系,做好各项工作,成都市从1950年到1951年,市、区、乡均先后召开了人民代表会议。从1951年3月在原第一区召开首届首次人民代表会议,接着各区普遍召开人民代表会议起至1953年总共召开区人民代表会议23次;郊区各乡人民代表会议是在1951年土改后,将原乡农民协会加以扩大普遍召开的,并且一开始就代行了人民代表大会的职权,选举了乡长,乡政府委员。

区、乡代表会均包括有不同性别、不同信仰、不同民族、不同职业的各方面人士。通过区、乡人民代表会议的召开,对团结各阶层的群众、协助政府安定社会秩序、完成城市的经济恢复,以及各项社会改革工作起到了很好的作用。新中国成立后各级人民代表会议的普遍而多次地召开,不仅团结了广大群众、完成了各项经济恢复和社会改革工作,人民群众的觉悟程度与组织程度也随之大大提高,因此,为从过渡形式的人民代表会议到实行普选的人民代表大会打下了良好的基础。

成都市的普选工作是密切结合国家的社会主义经济建设工作而进行的。普选工作和过渡时期的总任务结合起来,对群众进行了深入而广泛的民主宣传教育,通过普选中展开的各项民主活动,人民的主人翁觉悟大大提高,认识到普选与自己的切身利益有关以及选举代表对进一步巩固人民民主专政的重大意义,从而积极地参加普选工作。群众还从生产、工作、学习等不同的岗位,以主人翁的实际行动来迎接普选,如工人们提出:"坚决遵守劳动纪律和超额完成增产计划,建设社会主义祖国。"机关工作人员提出:"密切联系群众,提高效率,做好工作。"学

---

① 《成都市五年来人民民主政权制度建设情况》(1954年)、《一九五四年成都市郊区乡政权建设工作情况报告》(1954年11月13日),成都市档案馆馆藏,资料号:85-1-182。

生们提出:"争取'三好'的优良成绩。"……①

成都市的区、乡普选工作,自1953年4月开始至同年12月先后分期完成,顺利地选出了区、乡人民代表。为了组织普选工作,还开展了人口普查和选民登记审查的艰巨工作。登记结果,全市共有人口747320人,其中男393089人,女354231人。选民共有438826人,占总人口的57.7%,被剥夺政治权利者12726人,占总人口的1.7%,精神病患者578人,占总人口的0.7%。关于代表的名额,是根据选举法的规定,结合成都市具体情况,以人口为比例,具体确定为3个城区人民代表人口在10万以上者每1500人选区代表1人,10万以下的城区每500—1000人选区代表1人,共计应选区代表511名。根据《选举法》第四十七条规定,代表候选人的提名均采用联合提名的方式,代表候选人的提名酝酿,均事先进行了反复讨论、评比、鉴别,多方征求意见。广大选民还自动组织起来收集了解候选人的情况,因此,联合提出的名单一经交到选民手中,大多数候选人都得到选民的热烈支持。

从当选代表情况看,各阶级和各界人民在区乡人民代表中均有与其相适应的代表名额。由于基层选举的顺利完成,就为召开市人民代表大会打下了坚实的基础。

区、乡人民代表大会基层选举完毕,郊区的36个乡即召开了第一届人民代表大会第一次会议,在会议上选举了郊区区人民代表,正、副乡长,乡政府委员。此后,多数乡都能按一个月或者两个月的时间召开乡人民代表大会,讨论贯彻上级人民代表大会的决议,领导生产,开展互助合作运动以及解决执行其他重大中心工作。

成都市当时市、区两级第一次人民代表大会第一次会议是在1954年6月底7月初接连召开的,通过宪法草案的学习和普选的实际民主教育,群众以欢欣鼓舞的心情来迎接市区人民代表大会的召开。讨论审查市区工作报告是会议的中心议题之一。代表们采用了民主集中制的办法,解决了当时成都市区人民生产、生活中的迫切问题,行使了管理地方事务的权力。会后代表们分别在各街道、各行业、工厂、农村、机

---

① 《成都市五年来人民民主政权制度建设情况》(1954年),成都市档案馆馆藏,资料号:85-1-182。

关、学校等方面进行了传达报告，赢得了广大人民群众的热烈响应与支持。在代表们的带头执行下，各项决议迅速在群众中变成了行动。此次代表大会的召开，从各方面反映出市人民代表大会的优越性。至此，成都市民主建设工作已发展到崭新的阶段，标志着成都市的人民民主政权制度更加巩固，这对动员组织全体人民在工人阶级的领导下，为贯彻实现国家过渡时期的总任务，进行社会主义改造和建设有着巨大的意义。①

第五节　成都市乡村权力结构的变迁及基层政权的职能、作用

一　成都市乡村权力结构的变迁

国民党统治时期的基层政权是保甲制度，保甲人员多为地主、流氓兼袍哥大爷，与国民党特务机关秘密勾结，陷害进步人士，贪污舞弊，抽拉壮丁，贩卖大烟，敲诈勒索，无所不为，群众痛恨至极。据成都市民政局民政科1950年年初对成都保甲制度的调查采访，保甲组织机构是反动政府依赖其统治和压迫群众的最基层的组织，并已特务化，如每保设立肃奸大队，国防部第二厅还直接派指导员到各保，监视进步势力活动。保甲内部组成分子：保甲长多是袍哥中的大爷和三爷，其职业多系商人，保长是大商人，资本在两千万元以上，甲长是中等商人，资本在几百万元以上，也有小商贩，资本在二十万元以上，有些则是毒贩和地痞流氓，真正公正人士很少，保长的获选除了用油大政策贿选外，还利用地方袍哥势力做自己的后台。根据调查，五保保长为同声志社袍哥组织的副社长，总社长是伊茂林，社址设在东城根街师亮茶园，保长与伊有秘密勾结，伊茂林是国民党特务稽查处的组长，保长又参加志仁社，与另外一个袍哥组织新庆公总社发生关系，所以保长除利用袍哥势力贿选和炮选外，并依赖袍哥势力维持自己统治地位，还与他们的狗腿如保干事及较坏的甲长互相勾结，利用他们为贪污的帮手，借此巩固自

---

① 《成都市五年来人民民主政权制度建设情况》（1954年），成都市档案馆馆藏，资料号：85-1-182。

己的势力和地位。保甲长的工作，除了照例的"等因奉此"，传达政令，如实行五家连坐法并利用职权在行政管理和推行法令中，借此从中贪污舞弊，如第五保办理征壮丁凡三次：1948年派壮丁两次，其中一次是征1948年下季，一次是预征1949年上季的，1949年征壮丁一次，第一次5名，每间铺面收金圆券5元，公馆收3元，中户收5元，上等户收10元，第二次征4名，借口金圆券贬值，另外为了自己的贪污，恣意规定第一次所收1元者收3元，收3元者收9元，以每间铺面为摊派单位，第三次收壮丁费在1949年1月，该保派额为15名，每甲派壮丁费最低为30元（银圆），最多为57元，该保共24甲，按每甲最低可收30元计算，其收入总数为720元，所买壮丁每名30元，用去约450元，保长从中贪污约200元，这只是从账上所查出的，其实际贪污之数，当然不止于此数。保长与各阶层的关系上，一般保长对有势力的人，则采取吹、拍、捧，如对该保伪妇女会的理事长（因此人与张群老婆有关系），贩卖毒品、包庇掩护、助纣为虐，形成他的狗腿子。至于一切负担多在穷苦人民身上。如派壮丁和自卫队丁，长顺上街多为工人、小商人，故派60人，支碱石街、泡桐街、多子巷等公馆多（有势力的人集中地）则只派5名。所以，群众对反动统治阶级的爪牙及袍哥势力的当权派是敢怒而不敢言，解放后群众迫切希望人民政府取消保甲制度，否则对政府的政策法令不能贯彻，对于群众的切身利益有莫大妨碍。

　　成都解放后，很快废除了保甲制度，实行民主改革，逐步彻底地改变了保甲长、特务、袍哥把持城乡基层政权的局面，建立了工人阶级、贫雇农为主体的城乡权力结构。在城乡基层干部的选拔过程中，无论是在区政府、居委会、居民小组还是乡政府一级的干部选拔，都是通过一系列的民主运动，召开民主代表大会进行选举的，充分考虑到了对各阶层群众利益的代表。但旧的权势势力并不甘心退出历史舞台，他们还想通过各种办法钻进新政权，所以新的权力结构的形成也是经过激烈斗争的。也正是在尖锐斗争中，群众的政治觉悟普遍地提高。如成都在试建居民委员会的几个月里，地主、官僚、袍哥、特务、大商人都想窃取基层政权，其方式有：（1）公开的竞选，如庆云西街袍哥郑和斋与其亲戚陈伯风（旧保长）在会场中互相标榜，提名时互相推荐，同时流氓张绍辉与商人胡剑民亦互相标榜推荐被提出为候选人,张与陈郑有矛盾,在会场互相攻击,群众因而知道他们种种坏处都不选他们。(2)派代理人竞选,如桂王桥西街田泽浮(曾任师长大地主)唆使其部下杨子云,支持其丈人邱李良出面竞选,邱李良是个商人,本不十分愿意竞选,因而在开会提名时表示谦逊,自说能力不够又不久要回绵阳,进步群众知其底细,立即站起来说邱先生既然客气,那我们就另外提名人好了。(3)伪装进步(改头换面),如锦华馆特务李光如解放后,潜来锦华馆居住,群众见他平素少言寡语,遇事则伪装进步表示积极,群众一时不察,把他选为居民小组长,后派出所治安干事苏玉贵查知李是特务工作组成员,发动群众大会,要李光如坦白过去历史,李看瞒不过人民的眼睛,自动向群众承认特务事实,群众还将李去掉,又如骆公祠、燕骨公所特务罗仲良伪装进步积极,在选场中争服务,帮忙发票收票、验票工作极热心积极,群众起初认为是积极分子,把他提名为候选人,后有群众知他是特务,主席采取民主方式将五个候选人,以先提议后表决方式使其落选。在选举居民委员会及居民小组中,经过3个月来的工作,证明群众的政治觉悟普遍地提高了,在他们反官僚、地主、袍哥、特务争夺当选居民委员或小组长的尖锐斗争中,充分地表明了,例如,署袜北一街特务王建成被提为候选人,群众不知道他是特务,经派出所治安干事提出他是特务,不能当候选人,当场要他自报生平历史,他坦白承认做过特务,群众在选举时就一致不选他。又如五昭路有个阴阳先生余树堂在会上提议居民委员要选有声望、有地位的人,他推举了本街前国税局局长钱子彝、一个县长邢炳奎和一个留日学生读早稻田大学的,经一个织布工人起来反对,说他们不能了解我们穷人的痛苦,他们以往就没与我们办过事,我们要反对他们,因此那三人便没有选上,又如正科甲巷徐绍华是一个袍哥兼特务,又吃鸦片烟,为了想依然骑在群众的头上,也出来竞选,由于政府给群众撑腰,群众明了他以往危害人民的事实后,一致不选他。但在选举中有的群众还是存在着某些落后意识是值得注意的,对于封建袍哥势力他们还有顾虑,双栅子街第三组有三个袍哥竞选,居民怯于威势,又见他三个人一早就到了会场,不能不敷衍他们,于是在提候选人时首先就提出三个袍哥大爷,主席根据民主原则提议先表决,这种方式既照顾了群众的思想,又使三个袍哥落选。①

从 1952 年 9 月成都市各乡政府委员及乡人民代表人数的一个统计表中可以看出，成都市新中国成立初期干部队伍的构成情况。如凤凰乡共计 13 个乡政府委员，68 个乡人民代表，其中，13 个乡政府委员中有 8 个是贫雇农，占总数的 62%，68 个人民代表中有 46 名是贫雇农，占总数的 68% 左右。乡政府委员中还包括 2 名中农，1 名自由职业者，1 名小土地出租者，其他人员 1 名（其他人员包括革命军人、机关工作人员、独立劳动者、小手工业者等）。乡人民代表中还包括 8 个中农，8 个工人代表，3 个小商贩代表，2 名自由职业者，1 名小土地出租者。而成都市共计 457 个乡政府委员，2872 个乡人民代表，其中，457 个乡政府委员中有 271 个是贫雇农，占总数的 59.30%，2872 个乡人民代表中有 1769 名是贫雇农，占总数的 61.59% 左右。乡政府委员中还包括 73 名中农，15 名贫民，45 名工人，7 名小商贩，21 名自由职业者，7 名小土地出租者，2 名工商户，其他人员 16 名。乡人民代表中还包括 554 个中农，68 个贫民，182 个工人，102 个小商贩代表，23 名自由职业者，8 名小土地出租者，26 名工商户，其他人员 140 名。② 详细数据见表 4-3。从成都市各乡政府委员和乡人民代表的组织结构可以看出其广泛地代表了各阶层群众，因此，成都市郊区新中国成立初期乡村干部的建设遵循了以贫雇农为主，广泛团结各阶层群众的方针，确保了新的基层政权的人民性、民主性，改变了由保甲人员、地主流氓、袍哥大爷、国民党特务把持乡村政权的局面。

此后，成都市各区对个别乡的委员中极少数自私自利、强迫命令、脱离群众和政治不清楚的干部根据群众的要求进行了清理和改选，进一步纯洁了乡村干部队伍。如第五区个别乡就有极少数干部自私自利，强迫命令，脱离群众的严重现象，如得胜乡的民政马玉龙。个别的原有政治不清楚的，如得胜乡财粮林德才，他坦白在伪省党部煮过饭，但是有人检举他是通信员，群众都要求改选。因此在 1953 年土改复查

---

① 成都市民政局民政科 1950 年《工作总结》，成都市档案馆馆藏，资料号：85-1-4。
② 《成都市各郊区各乡政府委员及人民代表人数统计表》（1952 年 9 月），成都市档案馆馆藏，资料号：85-1-103。

时的建政工作中,第五区各乡于1953年2月2日同时召开了人民代表会议,对个别不纯或作风恶劣的进行改选,比如永兴乡副乡长曾世民,民政委员罗克维压制群众,工作一贯不负责任,引起群众极大不满,经多次帮助又无转变,只有改选,全区共计改选乡政府委员7名,补选委员6名,个别作风不好,但不十分脱离群众,在人代会上做了检讨。通过改选和整顿使乡政府委员会力量更加增大了,群众也认识到自己的确是在当家做主人了,比如得胜乡乡长张绍云在代表会上检讨以后,雇农吴治川说:"反动派的乡长是上头派来管我们的,今天由大家选,做得不好还要检讨,人民政府啥子都要通过群众硬是对。"全区还选出村代表主任17人,副主任23人。政府委员和村代表主任人选,均经代表充分讨论选举产生,由于群众觉悟高,所选出来的都是比较负责、群众关系好的积极分子,因此各种组织力量更加强大和纯洁了。[①] 第三区各乡民主建政工作是结合土改复查反一贯道登记和处理管制工作进行的,从1953年1月25日至2月5日止,历时10天,根据成都市人民政府指示,对于乡人民政府委员会的委员和干部,原则上不改选,不大动,只是重点地、适当地、个别地调整,以待将来大选时改选,当时主要是在解决干部关系、兼职过多,并结合批判退坡的思想基础上,减少了不必要的组织,健全了会议制度。乡人民政府委员不改选,但对年纪大、能力弱、有疾病的,实在不能胜任,或有其他问题的乡长和委员的调整,采取了动员辞职或调动职务的方式另找代理人,如站西乡两个乡长邓明述、陈焕章,就通过动员陈焕章(因肺病)辞职,邓明述令调农会主任职务的办法解决。乡政府干部一般是没有更动,仅仅是个别调换职务,目的是能解决兼职过多。工作相近必须密切配合者才兼任,如治安保卫委员可兼治安员和治安组长的职务。而为了解决干群关系,第三区人民代表一般地变动比较大,其中也包括了部分乡政府委员和组长,变动的情形有四种:(1)多分胜利果实群众有意见的23人。(2)贪污胜利果实的有36人。(3)作风态度恶劣严重脱离群众的57人。(4)其他本质不好或有政治问题的

---

① 《成都市第五区人民政府关于土改复查中建政工作报告》(1953年2月19日),成都市档案馆馆藏,资料号:85-2-78。

30 人,清洗了 17 人。对于以上情况的处理,是通过向群众公开检讨,检讨后没有更动的 44 人,检讨不彻底,群众要求撤换者 12 人,代表因调整名额不够的进行补选,对于过去人民代表兼组长调整以后剩下来的干部都吸收到乡人民政府各种委员会中去,这个人数还是比较大。在普遍进行调整的基础上,各村开始选举村代表主任,一般的是选了正副村代表主任各 1 人,个别村选了村代表主任 1 人,副主任 2 人,一般的村代表主任兼生产建设委员会委员,不兼其他职务,治安员一般是在武装中产生,其他委员都不兼其他职务,基本上解决了兼职过多的现象。①

在 1953 年成都市的基层选举中也显示了劳动人民当家做主人的情况。3 个城区(西城、东城、望江)的 511 名区代表中,工人占 37.8%,机关工作人员占 33.9%,工商业者占 13.9%,独立劳动者占 12.7%,文教科技占 16.8%,民主党派、爱国民主人士占 3.5%,少数民族占 1.36%②,其中妇女代表占 23.1%。在乡人民代表中,以万年区为例,贫农 316 人占 57.1%,中农 142 人占 25.7%,其他 95 人占 17.2%。在场镇人民代表中,以龙潭区为例,工人和机关工作人员 31 人占 63.3%,手工业者 2 人占 4.1%,小商贩 3 人占 6.1%,商人 5 人占 10.2%,其他 8 人占 16.3%。③ 总之以万年区当选的乡人民代表为例,贫农 316 人占 57.1%,中农 142 人占 25.7%,其他 95 人占 17.2%。在当选的场镇人民代表中,以龙潭区为例,工人和机关工作人员 31 人占 63.3%,手工业者 2 人占 4.1%,小商贩 3 人占 6.1%,商人 5 人占 10.2%,其他 8 人占 16.3%。④

---

① 《成都市第三区结合土改复查的民主建政工作总结报告》,成都市档案馆馆藏,资料号:85-2-78。
② 这里的几个数据应有交叉,否则无法解释百分比总和大于 100%。
③ 《成都市五年来人民民主政权制度建设情况》(1954 年),成都市档案馆馆藏,资料号:85-1-182;《成都市基层选举工作报告》(1954 年 1 月 6 日),成都市档案馆馆藏,资料号:85-1-146。
④ 《成都市基层选举工作报告》(1954 年 1 月 6 日),成都市档案馆馆藏,资料号:85-1-146。

第四章 新中国成立初期成都基层政权的建立与乡村权力重构

表 4-3　成都市各郊区各乡政府委员及人民代表人数统计表[①]

区别	乡别	雇贫农 委员	雇贫农 代表	中农 委员	中农 代表	贫民 委员	贫民 代表	工人 委员	工人 代表	小商贩 委员	小商贩 代表	自由职业 委员	自由职业 代表	小土地出租 委员	小土地出租 代表	工商户 委员	工商户 代表	其他 委员	其他 代表	小计 委员	小计 代表
第三区	凤凰乡	8	46	2	8				8		3	1	2	1	1			1		13	68
	站东乡	7	37	2	11		4		10		1	2	2							11	66
	站西乡	8	54	2	11		5	1	9		4	1	1				1		1	13	86
	红星乡	9	39	2	14							1								12	53
	天回乡	15	45	1	12			8	20	1	7	1	1	2	2			1	1	19	60
	天回镇			3	29	2	3		1			2	1					1		15	37
泰华乡		13	63	3			4		9		5	1	2			1	6	1		17	97
菁龙场		1	2														11	3		7	33
路南乡		10	35	3	19		4	2	2		2						1	1		15	65
路北乡		14	56	1	15		7	1	3		2							1		16	76
太平乡		10	121	3	50	2	6	3	7		10		1				18			18	194
金马乡		11	51	5	15				2		1									16	69
合计		106	549	24	184	4	33	15	71	1	35	9	9	3	3	1	18	9	2	172	904

[①] 《成都市各郊区各乡政府委员及人民代表人数统计表》（1952 年 9 月），成都市档案馆藏，资料号：85-1-103。

· 173 ·

续表

区别	乡别	雇贫农 委员	雇贫农 代表	中农 委员	中农 代表	贫民 委员	贫民 代表	工人 委员	工人 代表	小商贩 委员	小商贩 代表	自由职业 委员	自由职业 代表	小土地出租 委员	小土地出租 代表	工商户 委员	工商户 代表	其他 委员	其他 代表	小计 委员	小计 代表
第四区	院山乡	6	99	2	31															8	130
	龙潭寺镇					1	3	4	13	5	24		2	1	3					11	45
	秀水乡	10	51	1	26			1							2					12	79
	白鹤乡	7	130	3	25		2					4	1							14	157
	马鞍乡	13	27	2	7															15	35
	保和镇		3	2	5	3	4	7	4	1	26	1	2							14	44
	东城乡	7	48	5	16		4	1	8		4			3						13	80
	交通乡	6	107	3	65	2	1	2	5		1									17	179
	回龙乡	15	60	4	17				2		4									19	83
	万年乡	8	45	2	16		14	1	15		8	1								11	98
	杨柳乡	9	49	2	18	2	4	1	3					4	5			1		14	74
	合计	81	619	26	226	8	32	16	50	6	67	7	5					1		148	1004
第五区	得胜乡	8	29	1	5			2	37									1		12	71
	永兴乡	5	31	3	11			2	3				7					1	11	11	63
	新丰乡	10	30	1	3				4										9	11	46
	新桂乡	8	46	3	2				5										2	11	55
	合计	31	136	8	21			4	49				7					2	22	45	235

· 174 ·

第四章　新中国成立初期成都基层政权的建立与乡村权力重构

续表

区别	乡别	雇贫农 委员	雇贫农 代表	中农 委员	中农 代表	贫民 委员	贫民 代表	工人 委员	工人 代表	小商贩 委员	小商贩 代表	自由职业 委员	自由职业 代表	小土地出租 委员	小土地出租 代表	工商户 委员	工商户 代表	其他 委员	其他 代表	小计 委员	小计 代表
第六区	四胜乡	7	25	2	8														11	9	44
	翻身乡	8	38	1	5	1			2										14	12	57
	万寿乡	7	43	3	12	1													6	11	61
	光华乡	8	39	4	8			1											3	14	50
	青西乡	9	35	2	7	1						2						2	12	16	54
	西城乡	9	53	2	11			3				2							18	16	82
	城区乡	2	232	1	72			3										3	49	6	353
	永丰场	3					3	1	12	7	102		2		8	1	8	3	3	8	28
合计		53	465	15	123	3	3	10	12	7	102	5	23	7	8	1	8	5	116	92	729
总计		271	1769	73	554	15	68	45	182	7	102	21	23	7	8	2	26	16	140	457	2872
百分比		59.30	61.59	15.97	19.29	3.28	2.37	9.85	6.34	1.53	3.55	4.60	0.80	1.53	0.28	0.44	0.91	3.50	4.87	100	100

附注：其他栏包括革命军人、机关工作者、独立劳动者、小手工业者。

二 成都市乡村基层政权的职能、作用

成都市在新中国成立初期的基层政权建设过程中，通过各种民主运动，产生了一支基层城乡干部队伍，领导居民参加各种社会活动，宣传人民政府各项政策法令，提高群众政治觉悟，以及领导人民进行优抚救济、调解纠纷等工作。干部们负责向人民政府反映群众意见和要求，办理群众的福利事项，协助政府各项具体管理职责等。如乡农会的职权就是领导农民进行清匪、反霸、减租、退押、土地改革等反封建的斗争，彻底摧毁了封建统治。而成都市第四区9乡2镇的人民政府是在土改后建立起来的，在成都市人民政府的领导下，进行了春耕生产、防洪、捉虫、爱国卫生运动、秋收评比、中苏友好运动月等工作且都起了很大作用，在群众中建立了一定的威信。[①]

乡政府的工作主要包括生产、民政、公产管理、财粮、武装、治安、文书等内容，除了一个通信员兼任炊事员，剩下的四人中，正乡长不能兼职，就只剩下三个干部负责这些工作，而这三人中又有一人是副乡长，感到兼职过多，无法兼顾，影响工作的推行，需要适当增加脱产干部的人数。尤其是在各个基层政权建设的初期，很多干部都是兼职在新生的基层政权中担任职务，因此也产生了时间和精力上的冲突，影响了工作质量和干群关系，在随后的工作中这样的问题被及时化解，尽量减少兼职，努力做到干部脱产任职，对于一些年纪大、能力不强、身体健康不佳的干部进行适当的调整，采取了动员辞职或者调动职务的方式来加强对于干部队伍的建设。比如在土改后成都各区在建政时都注意了对兼职过多进行了适当的调整，如四区在这次的建政工作中，全区9乡（2镇）共建立生产建设、拥军优属、调解、文教、卫生、治安6个委员会领导生产建设、拥军优属、调解、文教、卫生、治安等各方面的工作，这几种委员会的委员，是以一村为单位产生委员一名组成，同时改选了部分乡政府委员，又根据上级编制应取消一些委员，而新选出来的乡干部都是在群众中起模范作用的积极分子，对今后工作打下了基础，

---

① 《成都市第四区各乡建政工作简报》（1953年3月22日），成都市档案馆馆藏，资料号：85-2-78。

同时把村划分为小村，全区共建立了63村，又建立了乡政府委员会及人民代表会议的制度，把过多的组织宣布撤销，这样一来，基本上克服了过多的开会、工作混乱、影响生产的现象。①

成都第三区各乡在1953年年初召开了乡人民代表会议，在会议上总结了土改复查工作，号召执行全国1953年三大任务，布置了2月份中心工作。(1)春节做好拥军优属工作与军烈属拜年。(2)做好检查和整顿代耕工作的准备。(3)普遍展开春季爱国卫生运动。(4)动员做好春耕生产的准备工作，发扬民主，整修塘埝，展开户户积肥和治蟓工作，整顿和巩固互助组，经过讨论，通过人代会做成决议执行。在健全会议制度方面，各乡人民政府委员会之下，一般成立文教、卫生、生产建设、治安保卫、调解、拥军优属六个委员会，个别乡成立水利委员会，所以一般的乡有6个委员会，个别有7个或5个委员会（生产建设与水利合并，文教与卫生合并），在乡人民代表会召开以后，分别召开了各种委员会会议，使每个委员会明确了自己的工作范围与任务，具体分工，订出了切实可行的会议制度，具体克服了生产与工作上的矛盾，以便领导好全乡的生产建设、水利、文教、卫生、治安保卫、调解、拥军优属等各方面的工作。②

第六节　成都市乡镇政权建立过程中取得的经验教训

成都市在新中国成立初期乡镇政权建立过程中，取得了许多值得吸取的经验教训：

一、发动和依靠群众。不管何种部门进行任何工作，如果把广大群众当前最迫切的要求，置之于不顾，要想单纯完成自己的所谓"中心任务"，是根本不可能的。因为中国共产党和人民政府的一切工作，都是要发动群众，与依靠广大群众，才能取得胜利。成都市各区、乡之所

---

① 《成都市第四区各乡建政工作简报》（1953年3月22日），成都市档案馆藏，资料号：85-2-78。
② 《成都市第三区结合土改复查的民主建政工作总结报告》，成都市档案馆藏，资料号：85-2-78。

以能在短期内完成建政任务，其根本原因，就在于把群众当前最迫切的要求，确定为压倒一切任务来解决。所以，如果对民生情况置之于不顾，那么要取得民主建政的成绩，是难以设想的。

二、采取由点到面的领导方法。成都在建政工作中，注意采取"突破一点，取得经验，推动指导全面"的领导方法，收到了"事半功倍"之效。加上配备较强的领导干部，就易于取得经验推动指导各村工作。

三、要依靠各种组织进行工作，避免包办代替。必须依靠各种组织活动，去进行各项工作，否则就无法摆脱包办代替的形式。成都市在建政工作之初，由于没有很好地依靠农协发挥其组织作用，使工作在开始时，受到了某些不利的影响。

四、充分发扬民主，开展批评与自我批评。要充分发扬民主，使干部自我检讨和群众批评相结合，才能推动工作顺利进行。成都各乡镇在选举代表或委员时，根据条件展开评比，不仅对干部进行了教育，坚定了工作信心，且亦教育鼓舞了群众，加强了团结，改善了干群关系。但成都在建政过程中仍有个别（区）干部对疫病流行所遭受的痛心损失，没有深刻检讨，以致影响了群众批评政府的勇气。

五、对人民代表的每一个提案必须妥善处理，才能充分显示人民代表会议（大会）制度的优势。在人民代表会议中，任何一个提案，都必须分别轻重缓急，慎重处理，务使"事事有着落，件件有交代"，有的乡政府对个别提案，没有明确答复，致使某些代表感到"没有解决他们的问题"。

六、必须把建政工作与中心工作结合起来，才能更好地推动工作的开展。建政后，各乡虽已建立了一套比较完整的组织和制度，但市、区领导上还需要继续耐心地帮助他们逐步健全和巩固起来。在工作中，各级各部门派往农村的工作组，应尽可能和当时当地中心工作结合起来，并通过一定的组织去进行工作。否则彼此强调重要，干部与群众势必处于无法应付的状态。另外，对乡村干部，特别是村干部，存在着工作和生产的矛盾，有关机关应制定适当的帮工和补助办法。

第五章　新中国成立初期重庆基层政权的建立与乡村权力结构变迁

重庆在新中国成立初期处于特殊的地位，1949年6月，中共中央决定建立重庆中央直辖市。1949年11月30日，重庆解放并成立中共重庆市委。1949年12月3日，重庆市军事管制委员会成立，次年1月为新成立的重庆市政府取代。[①] 1954年7月，中央正式下文改重庆由中央直辖市为四川省辖市。而实际上，在中央下文之前，四川省就将重庆视为四川省辖市，如四川省1953年城镇与农村人口分布地区统计表就将重庆列为四川省辖市进行人口统计。[②] 重庆也是当时中共中央西南局和西南军政委员会以及川东行署驻地。重庆市城乡基层政权的建立情况与当时四川其他地区及成都（川西行署驻地，四川省成立后为四川省省会）也不尽相同。鉴于此种情况，笔者将重庆单列一章进行叙述。

重庆城镇基层政权的建立经历了建立区政府和段代表小组；建立街道居民委员会和部分街道办事处；人民代表会议制度的建立和巩固等阶段。重庆村乡基层政权的建立则经历了村级基层组织的建立到乡级基层政权的建立的过程。在此过程中，重庆乡村权力结构发生了根本变化，新的基层政权也发挥了其职能和作用，重庆也取得了建乡的

[①] 中共四川省委党史研究室著《中国共产党四川历史》第二卷，中共党史出版社2010年版，第3页。

[②] 《四川省一九五三年城镇与农村人口分布地区统计表》，四川省档案馆馆藏，资料号：建川067-110。

经验教训等。

第一节 重庆城镇基层政权的建立

一 区政府和段代表小组的建立

解放前，重庆管辖 18 个区和 1 个北碚管理局。重庆解放后的最初阶段，为使政策法令与领导执行的统一，各种工作大多集中在市，在基层政权建设方面，主要就是接收国民党的 18 个区公所和 1 个北碚管理局。1950 年 1 月，在各区接管工作告一段落的情况下，重庆市政府依据实际情况拟订《重庆市人民政府区公所暂行组织规程草案》[1]，规定"在目前群众尚无健全组织的过渡时期，区公所之建立尚无必要，但为适应城市交通方便，人口与政治、经济、文化集中之特点，采用市直接领导方式，提高效能，简化政权机关，紧缩区的编制"。规程还规定"区公所为市府派出机关，不成为一级政权（称为重庆市人民政府第某某区公所），区之领导属于市人民政府，在工作业务方面，受民政局直接指导，向市府负责，办理一切交办事项，并负责向市府反映情况，发现问题，提供意见，作为市府决定和推行政策之依据"。规程要求，各区行政区划及区次顺序，暂不变更。规程第四条规定区公所之组织及人员编制如下。

甲、市城区（一至七区及十一区）

（一）区长一人，副区长一人，综理全区行政工作，由市政府委派之。

（二）秘书一人，承区长之命，综核文稿并主持日常事务。

（三）会计兼总务一人，办理区经费收支及编造预决算，并兼办伙食总务等事项。

（四）文书兼收发一人，负责缮校、保管文书及收发文件等事项。

---

[1]《重庆市人民政府区公所暂行组织规程草案》，重庆市档案馆馆藏，资料号：1075-1-274。

（五）通信员、公务员、炊事员各一人。

（六）民政助理员一人，办事员二人，办理民政方面工作。

（七）生产合作助理员一人，办事员二人，办理生产合作事项。

乙、市郊区（八区以下各区，十一区除外）带农村性质，其人员编制，除按市城区办理外，并按下列增设之。

（一）增设财粮助理员一人，会计一人，出纳一人，办事员二人，办理财粮方面工作。

（二）增设通信员一人，民政办事员一人。

丙、城区及郊区均得设调解委员会及优恤委员会，其组织规程另定之。

规程还规定，第五条：区公所工作范围如次：

（一）关于民政方面　办理调解、优抚、急赈、救济、文化、礼俗等工作。

（二）关于财粮方面　办理农业税标准之评定征收；土地问题，包括公地出租管理及财政局交办等工作。

（三）关于生产合作方面　办理烈军工属及贫苦市民、农民生产事项。如手工业、小本工商业、群众合作社、农业生产互助、城乡物资交流、必要时办理银行交办贷款之事项。

第六条：废除旧有保甲制度，但为目前工作的推行的方便计，区以下得依据自然地理形势，户口多少，并参照原来保甲范围，为适当之调整划分。

（一）市城区　区以下设街，（按原来每保划为两个街）置正副街长各一人，街以下划为若干小组，每组设组长一人。

（二）市效区　区以下划为行政村（按原来每保划为二行政村）村以下设若干小组；村设村政委员会，置正副主任各一人，委员若干人，村政委员为小组当然组长。

以上各负责人，由民众推选地方公正进步人士担任，在群众组织尚未建立时期，由区公所指定公正较积极的人士充任之，均为义务职。

第七条：区设区务会议，每周举行一次，由区长召集之，必要时由秘书秉承区长之命召集，秘书、会计、助理员参加，其他人员在必要时得列席。

当时重庆的区组织机构系统和编制人员如下：
（一）区组织机构系统图
市——区——街——组　　市城区
市——区——村——组　　市郊区
（二）区编制人员表
甲、市城区
共计干部十人　勤杂人员三人

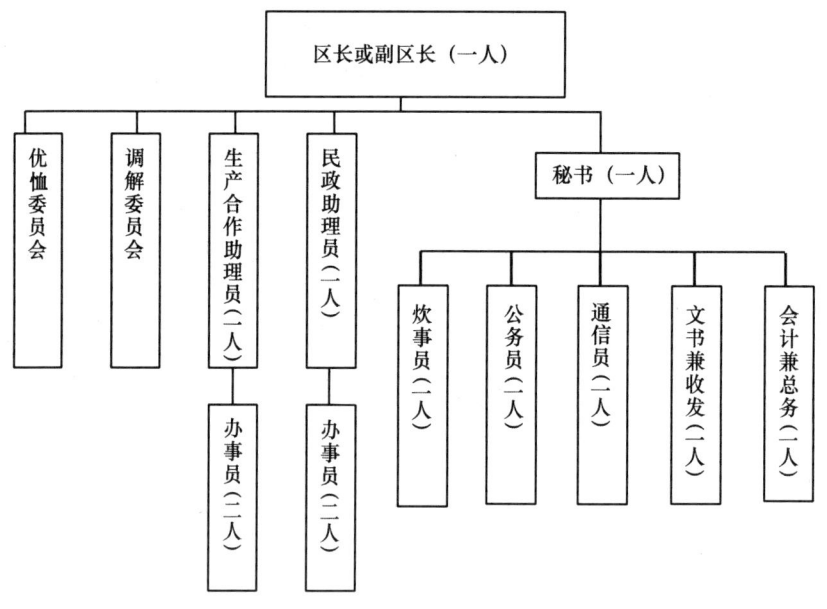

乙、市郊区（八区以下各区）共计干部十六人　勤杂人员四人

由于城市政治、经济、文化集中，同时为了便于贯彻党和政府的方针政策，推行各种法令，也为了加强同人民群众的密切联系，1950年4月重庆第一次地方协商委员会决定集中区政组织领导，将重庆原18个区和1个管理局合并为8个区（大概在1950年6月由8个区改为7个

第五章 新中国成立初期重庆基层政权的建立与乡村权力结构变迁

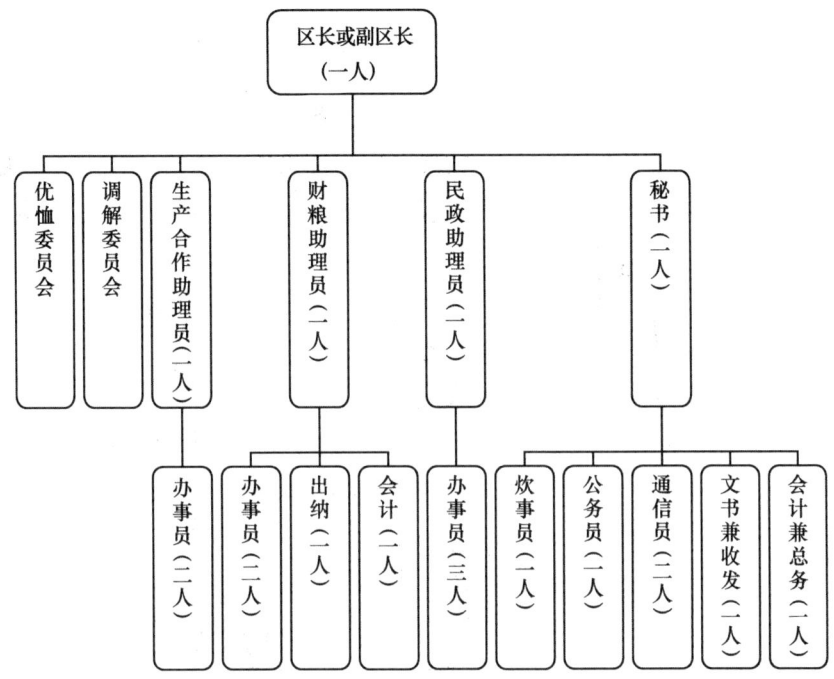

区，1952年12月又将7个区合并为5个区①），改区公所为区政府。1950年9月，重庆市政府召开了区政工作会议，确定区为一级政权，重庆的民主建政工作就开始由市深入到区。大约在1950年10月，重庆市政府作出关于加强区政权建设的决定，把健全区政机构，加强区政建设，作为建政最迫切重要的任务。决定规定"区人民政府，设区长一人，副区长一人，副区长协助区长掌管全区行政事宜。在正副区长之下，设秘书室、民政、文教、工商、财粮、卫生、建设、调解等科（各区视工作需要得增减之），秘书室设秘书主任一人，秘书若干人（小区不设秘书主任），各科设科长、副科长各一人，科员、办事员若干人，在正副区长领导下，依照市府颁布之《重庆市区人民政府组织规程》《重庆市区人民政府办事细则》掌理各项业务"。决定还规定，"城区人口集中，在区以下不再建立一级政权，区人民政府即相等于基层政权"。

---

① 《重庆市人民政府一九五二年工作报告》，重庆市档案馆馆藏，资料号：1049-1-399。

· 183 ·

"郊区因为农村分散,地区辽阔,为了使政权更能接近群众,加强行政领导,区以下可设乡(镇)公所。"各区"应按照《重庆市区各界人民代表会议组织条例》召开区的各界人民代表会议,以进一步加强政府与人民的联系"。决定把开好区的各界人民代表会议视为进行区政建设的重要关键。决定要求,"在区各界人民代表会议休会期间,可设各界人民代表会议协商委员会,协助区人民政府实行与贯彻区各界人民代表会议之决议"。同时要求各区人民政府还必须与当地工会、农民协会、工商联合会、妇女协会、青年团等人民团体密切联系,依靠各种组织进行工作。此外并视工作需要,各区"得设区的文教、卫生、优抚、调解及禁烟等各种经常性的或临时性的委员会,协助区人民政府推行法令,实施各种建设"[1]。至1950年11月,全市8个区级党委及区人民政府全部建立。此后重庆即开始逐步废除保甲制,建立区以下基层组织的工作。按规定,当时重庆在城区区政府下不设一级政权,而由派出所设民政干事二人至四人(干事在所长领导下专做派出所任务以外的各项政府工作,如优抚、生产、社教等,区对派出所是领导关系),每个派出所下设段,以户政段为单位建立代表小组,将全市划分为1348个户籍段。派出所和各户籍段代表小组,实际担负区以下基层政权的职能。

1951年3月重庆市政府第五次区政会议后,即选择了第一区金汤街派出所第十一段、十五段及桂花街派出所第三段三个段进行重点实验[2],但未取得较成熟的经验,至1951年9月重庆市政府第二次建政工作会议对重庆市基层政权组织形成作了明确的决定后,又组织工作组参加了第一区骡马店及王爷石堡两所及二区体仁堂所的试点,仍以户籍段为单位,分工人、工商、贫民、妇女等界,产生代表,组成代表小组,下分设宣教、生产、卫生、调解、治安、优抚等工作委员会,在人数上明确以工人及其他劳动人民占多数,并以工人阶级为领导。通过这

---

[1] 《重庆市人民政府关于加强区政权建设的决定》,重庆市档案馆藏,资料号:1049-1-307。

[2] 《解放一年来的民政工作》,重庆市档案馆藏,资料号:1075-1-189;中共四川省委党史研究室组织编纂《四川的城市接管与社会改造》,四川人民出版社1997年版,第5页;《重庆市人民政府一九五一年一至十月民主建政工作报告》,重庆市档案馆藏,资料号:1049-1-342。

第五章 新中国成立初期重庆基层政权的建立与乡村权力结构变迁

些试点，重庆取得了一些经验，随即推广各区普遍建立。段代表小组建立后，在推动各种工作及运动上是起了一定的作用。但由于"三反""五反"运动的展开，各区街道建政工作又停顿下来，特别是在"三反""五反"运动中，发现有部分代表委员违法失职的，也有迁移了的，因而又形成混乱。

重庆在"三反""五反"运动胜利结束后，各区（县）人民代表会议继市人民代表会议先后召开了两次，逐步建立整顿了基层组织。随着基层组织的逐步整顿和普遍建立，在半年内民主建政工作较1951年有了提高。但街道组织的建立由于对城市情况调查研究不够又缺乏经验，虽然于1952年2月底以前统一于户籍段代表小组下设宣教、卫生、优抚、调解、治安、妇女、生产七个委员会，简化了一些组织，在贯彻政策推行工作上较前有了提高，但这种组织形式还是不够合适，由于段代表小组成员中占绝大多数的工人、店员、工商业者的代表和委员（一般是工人作代表小组长）在"三反""五反"运动后，街道工会、店员工会、工商联等群众组织的建立与逐步健全，他们更无时间参加段上工作，段上工作实际上转移到少数积极分子身上，参加段上活动的有80%以上是家庭妇女，加以很多单位各自为了推动工作，直接在段内建立组织，又呈现了因组织多、会议多、兼职多而影响群众生产生活等混乱现象。由于工作不深入，对实际情况研究不够，组织对象不明确，在"三反"刚结束后的整顿中，只补选了一部分违法失职及迁居的代表和委员，直至9月根据华东居民委员会试行方案，组织专门力量，进行调查研究，明确了组织对象，以未"参加生产组织的经常在居住地区的居民为主"是切合实际的，乃拟订代表小组试行组织规程，布置各区进行试建和整顿，一般都合并了重复的组织，建立文教、福利、优抚、调解四个委员会，参加工作的家庭妇女占多数，如一区北坛庙所八段福利委员会11人中家庭妇女占10人，一般都有时间搞段上工作，因此段的工作较前提高了一步，但当时段的混乱现象还没有完全解决，对街道组织形式、性质任务及与各方面的关系等尚须深入了解情况进行研究以求进一步明确。[1]

---

[1] 《重庆市民政局一九五二年工作总结报告》，重庆市档案馆馆藏，资料号：1075-1-407。

重庆各区在"三反""五反"结束后对街道基层组织的整顿，但由于重视不足，只单纯地补选了一些代表和委员，同时将卫生防疫小组与卫生委员会合并，而没有认真地进行整顿，致使段内组织多、会议多、任务多和积极分子兼职多等混乱情况仍然未得到解决。于是，1952年年底至1953年年初，重庆市又督促各区进行户籍段的整顿工作。

至1953年1月，重庆市须建立段代表小组的有77个派出所，有1095个段（不包括新划入的县及北碚），已建的有51个所，759个段，有代表6831人，委员26565人，"三反""五反"运动中违法失职的代表和委员估计共有1578人。[①]

二 街道居民委员会和部分街道办事处的建立

重庆市各区段代表小组建立后，由于社会生产不断地发展，各种群众组织逐渐健全，参加段上活动人减少，原有的组织对象有了变化，同时段代表小组组织庞大，委员过多，工作混乱。为了澄清混乱状态，给普选创设条件，重庆市遂根据中央"城市建立居民委员会组织暂行办法"（草案）在原段代表小组的基础上，改建了居民委员会。从1952年4月中旬开始至7月底止，全部结束。全市建立居民委员会830个，（包括水上居民委员会23个）共划分5985个居民小组，选出委员8182人，其中男2175人，女6007人。[②] 为指导帮助居民委员会进行工作，重庆还建立了7个街道办事处（当时正研究普遍建立）。[③]

重庆居民委员会建立的方法和步骤是，首先在街道中及水上进行调查研究，确定了组织对象，街道以无组织或无固定职业的居民为主，水上以住家船及渔船等居民为主，采取稳步前进办法，选择第一区北坛庙所两个户籍段进行试建居民委员会试点，其他各区亦曾先后选择重点进行，由点到面，逐步展开，一般建立的步骤则为：

第一，深入了解情况，普遍开展宣传教育，再结合划分居民小组。

---

① 《重庆市两年来基层建政的基本情况》（1953年1月），重庆市档案馆馆藏，资料号：1075-1-464。
② 《本市建立街道居民委员会工作总结》，重庆市档案馆馆藏，资料号：1075-1-466。
③ 《重庆市民主政权建设的情况》（1953年9月22日），重庆市档案馆馆藏，资料号：1075-1-546。

首先掌握群众思想情况，根据群众切身利益和要求，进行具体实际的宣传教育，使群众体会到建立居民委员会是与他们有切身利害关系，在提高认识的基础上，再组织居民进行充分酝酿，按照群众要求、居住情况和自然形势细分居民小组，一般以30户左右为一组，由于酝酿比较成熟，一般划的组比较适当，群众反映良好。

第二，选举委员。在选举之先，首先交代清楚居民委员会委员的条件，发动群众或积极分子提出候选人名单，组织群众充分酝酿，反复评比后，再由各组群众分别进行选举，因之，所选出来的委员绝大多数都是在群众中威信较高，热心工作，作风正派的人。

第三，委员分工，订立制度。委员选出后，即组织互推正副主任委员各一人，其余按业务协商分工，同时订出切实可行的工作制度，如每周或半月召开一次居民委员会议，以汇报和研究工作。每月召开一次群众大会，向群众报告工作。此外并订立有读报、卫生检查等制度。

第四，召开群众大会，宣布居民委员会正式成立，并将委员分工及工作制度向群众宣布，同时宣布撤销和合并旧有的组织。

重庆通过街道居民委员会的正式成立起到了以下作用，第一，统一简化了街道组织，基本上克服了过去混乱现象。段上原有组织，除妇代会、抗分会外，其余卫生防疫小组、宣传队及原段代表小组下各种委员会等组织均予撤销，另将治安保卫小组、消防队合并成立治安保卫委员会，街道一切工作均在居民委员会统一领导下进行，同时调整了兼职，基本上做到了一人一职。此外，各机关团体在群众中进行工作，由区人民政府统一布置，纠正了"领导多头""事事是中心"的现象，一般积极分子工作积极性更加提高，如一区王爷石堡所杨永贤说："现在工作既好搞，又有休息时间，这样工作劲头都更大些。"

第二，更直接地解决了群众的一些实际问题，便利了群众，进一步密切了人民群众与政府之间的联系。由于居民委员除按业务分工外并包干小组工作，因而更直接和及时地反映与解决了群众的要求，群众有事情，一般都由该组委员直接处理，不能解决时，才去找负责某项工作的委员，这样就便利了群众，进一步密切了人民群众与政府之间的联系。溉澜溪有群众反映说："过去代表又远又不易找，现在居民委员一组一个，有啥子可好问、又好找，组织居民委员会真是方便啊。"同时由于委员分工明确，责任感加强，更多地解决了群众一些实际问题，如一区北壇庙所有的居民委员会根据群众的要求，及时地解决了自来水站、临时托儿所等问题。下石板坡所组织贫困妇女100多人参加缝米口袋的生产，五区南坪及玛瑙两所，在成立居民委员会的第二天，即着手解决了群众水荒问题，很多群众反映说："这回才真正是我们自己的组织。"

第三，区人民政府进一步听取群众批评和建议，加强了城市居民民主教育，提高了人民群众的主人翁感。如四区李家沱所重点试建中，群众对派出所、区政府、区委会及其他单位提了不少意见，对文教、卫生、救济及有关群众的福利也提了40多件建议和要求。如区政府要求群众捕老鼠拿尾巴去报数，拿去又不要。卫生搞得好坏也不表扬和批评。区人民政府分别将群众的这些批评和建议转有关单位并及时答复和解决，群众很满意。群众提高了主人翁感，对建立自己的组织热情很高，要求选好委员办好自己的事情，如三区沙坪坝所郭老太婆说："以前我对选举不晓得是怎样回事，看到别人举手就跟着举手，选出来的带头人没给我办事，这次我要慎重地选，选好委员，才能办好我们的事。"不少群众认识到建立好自己的组织，可以迎接普选，选好代表更加强了人民民主专政，因而积极参加普选运动，转变了漠不关心，"选来选去还是选不到我的头上来""参加不参加没有关系"的错误认识。

重庆通过建立街道居民委员会也取得了一些经验教训，第一，必须有领导地放手发动群众充分发扬民主，才能使工作顺利展开，否则会造成工作上的损失与不良影响。重庆有的区在建立街道居民委员会时，有领导地放手发动群众充分发扬民主，使群众又一次受到民主生活的实际教育，从而充分行使自己的民主权利，故一般工作较顺利。如一区划居民小组时，事先与积极分子研究，向群众征集意见后再划，群众很满意，六区选举委员，首先召开居民座谈会，交代委员条件，提出"选好委员办好事情"的口号，发动群众充分讨论与评比，结果选出的委员比工作组事先估计的对象更恰当。但也有少数地区，干部缺乏领导掌握与包办代替现象仍存在，如五区玄壇庙所有的干部在选举委员时，未组织群众充分酝酿讨论，把有历史问题未交代清楚和毫无工作能力的人也选出来做委员；三区童家桥所有一个段选出的九个委员中，即有两个是地主，一个反革命分子，二区三洞桥所干部不是发动群众选群众的

"心上人"而是叫群众选自己的"心上人",群众反映说:"这叫啥子民主嘛。"造成工作上的损失与不良影响。

第二,建政工作必须结合当前工作并适当地解决群众实际问题,才能提高群众的认识和推动实际工作的展开。重庆各区在建立过程中,一般都结合当前工作并适当地解决群众实际问题,这样一方面充实了建立居民委员会的内容,推动了工作,另一方面明确地体现了居民委员会是群众自己的组织,提高了群众的认识,如三区典型试建中,密切结合爱国卫生运动,掀起了组与组间红旗竞赛热潮,并涌现出新的积极分子被选为卫生委员,四区在建立过程中适当地解决了群众普遍提出的饮水问题以及评发救济等实际问题,群众很满意。群众反映说:"居民委员会是我们自己的组织,自己当了家。"

第三,必须及时深入检查总结推广重点经验。重庆在街道居民委员会建立过程中在这方面做得较差。在建立过程中,市的典型试验经验,直至各区试点即将要结束才总结发出,综合各区试点经验,也晚了一步,成为"马后炮",致使重点试验未起到应有作用,同时在工作中,没有组织专门力量进行检查,只是个别派员一般地了解情况,因此,了解得不深不透,找不出问题的关键所在,以致有的地区发生一些偏向,未能及时纠正。

重庆在建立街道居民委员会过程中存在的问题有两方面,第一,居民委员会以下设不设立工作委员会或工作组的问题。重庆市民政局根据居民委员会委员实行业务分工与包干小组工作相结合的工作方法经验认为,这样无论办理居民群众工作还是传达人民政府政策法令都比较直接和及时,更加密切地联系群众。而从五区普遍在居民委员会下成立的工作组来看,很多工作组未起作用,如上浩所成立的拥军优属工作组,未做工作,调解工作组仅跟着调解委员一道跑,同时群众有事都找小组委员解决,很少找工作组,因此,民政局认为,实际上街道居民日常工作并不太多,在没有必要的情况下,居民委员会下以少设或不设工作委员会或工作组为适当。

第二,居民委员会的业务是由区统一领导还是区政府和上级业务部门双重领导的问题。居民委员会的委员系按业务分工,现有的区一级业务部门提出双重领导问题,即业务上由上级业务部门直接领导,行政上由居民委员会领导，这样会使行政与业务领导脱节，造成委员思想上、工作上分散，各自为政，产生多头，形成混乱，因此，重庆市民政局认为市区各业务部门需要在居民中进行工作，应提出具体意见，通过区人民政府做统一布置，任何部门不直接在居民委员会直接布置工作，较为适宜。①

街道基层组织——居民委员会（原系代表小组）的职能和作用就是使政府和人民之间取得更紧密的联系，政府的政策法令通过居民委员会能更好地贯彻到群众中去，从而解决群众中的实际问题，使人民群众认识到居民委员会真正是代表人民自己的利益，因而获得群众的拥护。如不少居民委员会在生产方面，组织了担砖组、缝纫组等，解决了部分贫民的生活困难。在宣教方面，由于居民委员带头发动群众修建了学习室、组织读报组。在优待烈军属方面，则发动群众协助贫苦烈军属做杂活，帮助失学的贫苦革命烈士军人子弟上学等。有些居民委员会解决了自来水站、临时托儿所以及调解群众纠纷等，群众反映说："居民委员会硬是关火，帮助我们解决问题""居民委员会是我们自己的组织，自己当了家"。②

三 人民代表会议制度的建立和巩固

《中国人民政治协商会议共同纲领》第十二条明确规定："中华人民共和国的国家政权属于人民，人民行使国家政权的机关为各级人民代表大会和各级人民政府。各级人民代表大会由人民普选方法产生之。各级人民代表大会选举各级人民政府。各级人民代表大会闭会期间，各级人民政府为行使各级政权的机关。③"重庆市解放后，遵循着毛泽东主席"必须充分注意召开市县各界人民代表会议"，"将这种市的县的各界人民代表会议看成是团结各界人民，动员群众完成剿匪反霸，肃清特务，减租减息，征税征粮，恢复与发展生产，恢复与发展文化教育直至

---

① 《本市建立街道居民委员会工作总结》，重庆市档案馆藏，资料号：1075-1-466。
② 《重庆市民主政权建设的情况》（1953年9月22日），重庆市档案馆藏，资料号：1075-1-546。
③ 《中国人民政治协商会议共同纲领》，中共中央文献研究室编《建国以来重要文献选编》，中央文献出版社1992年5月第1版，第一册，第4页。

完成土地改革的极重要的工具①"的指示，于1950年1月第一次召开了市各界人民代表会议，至1953年9月前为止，已先后召开了□次并于1951年第四次市人民代表会议代行了人民代表大会职权，选举市长、副市长和市人民政府委员，重庆各区则已普遍召开了八次至九次区人民代表会议，各界人民代表会议制度在重庆市已形成为经常的巩固制度。由于我国政权是以工人阶级领导以工农联盟为基础的人民民主统一战线的政权，因此各民主党派、工人、农民、青年妇女、工商界、人民团体、少数民族、文教界、新闻界、自由职业界、宗教界、革命烈士军人家属、劳动模范、机关部队等，都有一定的代表参加各级人民代表会议，市及各区人民代表会议的代表共3000余人，重庆市各项重要工作，如土地改革、抗美援朝、镇压反革命、"三反""五反"、增产节约以及1953年的普选运动等，都通过各界人民代表大会讨论，并做出决定，变为群众的意志，成为群众的行动，全市人民紧密地团结在各级人民政府的周围，形成为一个强大的统一的力量，从而巩固了人民民主专政。

民主政权建设的目的和要求，就在于把人民组织起来，办理国家的和人民自己的事务，各界人民代表会议，就是人民行使自己的权利，办理国家和自己主要事务的组织。因而各界人民代表会议就成了推动各个时期中心任务的枢纽。政府各次工作获得了群众的拥护，加强了人民间的团结，更好地完成各种任务。如在抗美援朝运动中，重庆市人民在政府号召下，发挥了各界人民代表的力量，这个爱国主义运动，很快就普及全市，使广大人民从崇美、恐美的错误思想中解放出来，树立起了民族的自尊心与自信心，建立了仇美、鄙美、蔑美的思想。不仅空前提高了人民的爱国热忱，而且已经把这种爱国热忱变成了实际的物质力量，推动了工作，增加了生产，如重庆第二区在爱国主义的号召下有95%以上的人口签订爱国公约，工人订出抗美援朝加班日，争取超额完成增产任务，农民陈国权小组提出"淋三道薅三道保证每石田增产二斗"的口号，掀起了全市爱国主义的增产捐献支援朝鲜前线的热潮。在镇压反革命运动中，对于清理反革命分子积案工作，通过了市、区各界人民

---

① 《必须充分注意召开市县各界人民代表会议》，《毛泽东文集》，人民出版社1999年6月第1版，第六卷，第22页。

代表会议决定，采取"原案归宗"的办法，通过群众讨论，保证了更稳、更准地打击敌人，从而大大地提高了人民主人翁感，一致地反映："这是真正的民主""人民当了审判官，坐了江山，专了政"。如米亭子一个老太婆说："今天日子真不同，我们真正做了主人了。"为了改善人民的环境卫生，重庆市曾不断地发动群众性的卫生运动，给予美国侵略者的细菌战以有力的反击，人民不论男女老幼都投入这个轰轰烈烈的爱国运动中。根据不完全统计，重庆市各地群众自动疏通了沟渠632183公尺，填平污水塘坑82790平方公尺，清除污水172281担，捕灭苍蝇5208公斤，消灭成蚊468公斤，捕鼠154371只。从而使污水横流、臭气弥漫、病疫流行的旧重庆改变为清洁卫生、病疫大大减少的一个人民的新城市。在农村则结合抗旱防旱、修整堰塘、清除污泥、增加了蓄水量，一般农民反映："天干也不怕了。"从以上实际事例中充分地体现了人民就是国家的主人，通过各级人民代表会议充分地行使了自己权力，管理国家和自己的事情。

由于各级人民代表会议，多是以领导生产建设运动为重心，发动群众生产竞赛，以支援前线。重庆市市、区各界人民代表会议讨论通过增产节约50万吨粮食的计划，代表们纷纷提出保证，愿以实际行动来完成并超额完成这一重大任务。如重庆市第三区工人代表说："我回去要发动与组织工人弟兄，开动脑筋，□□□□，开展合理化建议，创造新纪录，来迎接增产的任务。"仅就市总工会材料统计，在1952年中，重庆市西南及市属各工厂的工人，共提出了合理化建议47271件，增产节约的价值7543亿元。农民代表说："今年要发动农民做到五犁五耙。争取提高单位面积产量5%至10%。并加强互动合作运动，以完成政府交给我们的任务。"防旱抗旱中，先后发动了男女农民41万以上，用挑水车水等方法灌田20余万亩，捕杀蚱蜢、螟虫、萤火虫等1000余万个又4960斤，战胜春旱、夏旱和虫灾。秋收时，组织了秋收互助组15335个，参加的农民有153403人。同时重庆各区又成立了农忙托儿所和抱娃娃组，解决了妇女参加生产的困难，由于通过人民代表会充分地发动和依靠了群众，使重庆市增产节约的任务超额地完成。据统计，1952年完成增产节约的总值为10740亿元，折合大米65万吨，超额完成了30%。在1952年增产的基础上，为了进一步实现增产计划，重庆市1953年又推广了新式插秧,也获得了很大的成绩。如重庆第五区新兴乡通过人民代表会议讨论后,充分地发动了群众,有88%以上的农民实行了新式秧田,全乡有60%以上的田实行少秧密植,15%的田实行流水栽秧法,从而获得了丰产,据1953年秋收后初步统计,全乡平均的产量,较1952年增产24%以上。

通过人民代表会议,广大人民政治觉悟普遍提高,表现出了高度的积极性,发挥了对人民政府工作和干部的监督作用。如1953年第二季度,重庆各区各界人民代表会议,以反官僚主义为中心议题,各代表以主人翁的姿态对政府工作和干部进行了大胆地揭发与批评,如第一区在小组讨论中提出的批评和建议171条;第二区在601件提案中,就有112件是揭露区级机关的官僚主义,真正起到监督政府的作用,教育了干部。如第五区新兴乡乡长杨占云过去对群众态度生硬,工作上犯命令主义的毛病,造成有些群众不敢接近他,但经过人民代表会议对他展开了尖锐的批评,使他逐渐克服了命令主义的毛病,现在已成为一个模范工作者。干部们感到多一分民主就少一分错误,从而改进了工作作风,提高了工作效率。[①]

第二节 重庆村乡基层政权的建立

一 重庆村级基层组织的建立

重庆各区在乡级政权建立前,先进行了村级基层组织的建立工作。如重庆第七区为使建乡工作有计划、有步骤地进行,经区委书记、公安分局长及市民政局工作组于1950年7月18日研究,确定以区委会吴岳山同志、区政府吴立人同志、黑什子分驻所所长梁相民同志、唐家沱分驻所所长陈先水同志等组成朝阳河建乡筹委会,并定朝阳河乡(后来应叫唐家沱乡)暂以原一保至五保为范围,此后重庆市民政局工作组即制定宣传要点,派干部分赴黑什子、朝阳河五里坪等地进行广泛宣传,并于7月26日与区委会、区政府、区农协的代表会商决定在唐家

---

① 《重庆市民主政权建设的情况》(1953年9月22日),重庆市档案馆馆藏,资料号:1075-1-546。引文中的"□"为原件看不清的文字替代符号。

沱分驻所第三段即上五里坪首先建立村政委员会，以资实验。

上五里坪，全村共 13 个居民小组，共 213 户，其中男 582 人，女 566 人，共 1148 人，共有田土面积 6252.93 石（以当时产量计算，余同），实收 4062.54 石。整个村地势较平、田土肥沃，收成年在六成以上，农民生活在减少地主的剥削后，尚可维持。

上五里坪建村的方式方法主要有：（1）结合区的中心工作——调整征收公粮，通过区的介绍发现积极分子，如农民苏炳成、田兴发、冯绍清、王素英等，在协助政府调整征收公粮中，将农民组成小组带头督催，起了相当作用，上级领导同志认识这些积极分子后，就教育他们明确建村的意义并鼓励动员他们作建村的宣传。（2）结合分驻所的按段编订门牌工作，即就调整的新段范围建村，并整编居民小组，公安局的段此次即按自然形势及人口分布情形划分，人口一般在 200 户上下，符合村的编制，唐家沱分驻所第三段亦复如此，故即就该段区域进行建村，村建立后再整编原有的居民小组，重新调整组长，废除过去的冗繁名目，如治安组织、防火、卫生、农会、妇女等委员，化一村下组织，收到了事半功倍的效果。（3）利用各种方式进行宣传教育，重庆市民政局工作组除派干部深入农村进行建政的宣传外，并利用为农民讲解减租的机会说明建政的重要性，同时还召开农会组长、户口组长、妇女代表的座谈会，并在各户口小组内召开座谈会，启发教育农民提高农民对新政权的认识，正是农民对新政权有了正确认识的基础上，才由群众自动地清洗出 15 个不合条件的候选人（富农、甲长及特务组织的外围分子）。（4）利用小学教师协助建政工作，如当地第三保校的唐、李两教师在整理材料和组织农民等方面，给了工作组相当的帮助，减轻了干部不少的困难。（5）根据具体情况，制定各种必要的办法和材料，如建政宣传要点、建乡工作进行的步骤和方法，以及标语、口号、誓词、选举须知等都事先准备好，故工作进行比较顺利。（6）邀请邻段的工作同志和农民积极分子参加大会，使他们明白建村意义并获得建村经验，回到本段后掀起建村的热潮，使建村不期然地成为群众性的运动，为建村工作打好初步基础。

上五里坪于 1950 年 7 月 28 日召开了建村预备大会，到会群众 400 余人，由陈先水同志等报告建立新政权的意义后，随即分 8 组根据制定之候选人条件进行讨论,提出村政委员候选人共45人,并将此45人印制出名单,交农会、户口、妇女等小组进行数次讨论,根据讨论结果,将此批候选人分为甲(较孚众望的共15人)、乙(合条件而不孚众望的共15人)、丙(不合条件的共15人,中有甲长9人、社会服务队员即特务组织的外围分子2人、小偷2人、富农2人)三等送请区政府核定,区政府同意以甲等的15人为村政委员候选人,并公布其名单,于8月5日召开选举大会,由群众投票选举了苏炳成等9人为村政委员(其中贫农6人、中农3人),并以得票最多的苏炳成(贫农)、田兴发(中农)分任正副村长,其余委员的分工亦由各委员于8月6日互相推定如下:治安委员冯绍清(贫农兼手工业)、吴宪华(贫农),生产委员王素英(中农)、崔世清(中农)、申海波(贫农),宣教委员李有福(雇农),卫生委员段锡君(贫农),村政委员的分工于8月7日的村民大会上当众宣布,村的名称亦于8月5日的选举大会上由群众决定为上坪村。

通过上坪村建村取得的建村经验与教训有:(1)领导亲自部署指导,使干部和群众树立重视建村的思想,使建村工作得以顺利进行。7月18日区委书记薛振鲁同志、公安分局长张秀清同志亲赴朝阳河召集黑什子、唐家沱分驻所所长及工作组长会议,确定成立建乡筹委会,同时在上五里坪建村大会时,郑汇东区长亲自来指导,使工作同志在思想上认识了建村实验的重要性,而审慎地进行这一工作。在选举大会前经过选举预备大会和各种大小型座谈会的酝酿讨论,群众对建立新政权有初步认识后,即反映出:"甲长跳一跳,保长一尺布,乡长太肥了,花户(百姓)受不了",感到有迅速废除保甲制度、建立自己当家的政权的必要,加之选举权限及方法的严格规定,选举大会堂的隆重布置,使村民对建村极为重视,所以选出来的都是村上在征粮、肃匪反特等运动中经过考验、办事热心的积极分子。(2)突破一点推动全局——在开选举预备大会与选举大会时,吸收邻段的工作同志和农会代表、农会组长及妇女代表参加,使这些农民干部了解建村意义,汲取三段(即上坪村)建村的方式方法,故他们回去后均积极向群众宣传,使群众对建立村政权有初步概念,把建村工作向前推进一步。正是如此推动,唐家沱一段、二段、四段便很快开始酝酿,小组座谈会也连续召开,干部和农民在思想上已为建村做了准备，百姓们都盼望赶快在他们村里成立村政权，如四段早在三段建村时，即开始酝酿村政人选，同时区干部也在内心物色村委人选，建村条件较三段建村时成熟，建村工作推行起来，就更加顺利。（3）工作配合与统一领导——区政府工作组与唐家沱分驻所在工作上的配合差，往往各行其是，以致出现了几方面的问题：开会互不通知，会议开得太多，影响农民生产；对农民积极分子，如苏炳成、冯绍清等人争相使用而不照顾其实际困难，使农民积极分子忙得耽误了生产，减低了工作情绪；另由于积极分子会议召开太多，一般群众以为村长村政委员早已内定，而说选不选还是那些人，在思想上发生了偏向，经教育后才纠正过来。因此，在上坪村建立后，首先将村政委员会先分好工，规定村建立后，乡公所未建立前，固定区工作组的工作地点，要村长定期向工作组汇报，区工作组应负责传达区政府的一切工作与转报村的工作，村内有关治安等业务受分驻所的指导，但仍在村长的统一监督领导下工作。对于群众大会的召开，规定除群众自觉自愿集合的庆祝会或传达上级指示的群众大会外，未得村以上的领导机关核准，平时一般工作不得盲动地或风头主义地召开，以免耽误生产，违背农时。而对村干部应着重教育与掌握，事情应放手要他们去干，而不能一手包办，使村政委员会形同虚设，以此注重农民干部的培养和提高。（4）准备工作在文字上虽做了不少，但实际准备工作仍做得不够，以致开选举大会时富农到得很少，中农、贫农有排斥富农的现象；在选举时，选举办法未详细讲明白，少数妇女和老人胡乱地投下了票；在选举揭晓前干部思想上存在着怕积极分子选不上的顾虑；发现积极分子冯绍清有不正确的思想时，未抓紧教育，以致他未当上村长而消极。

通过上坪村的建村工作也反映出一些普遍问题：（1）最初，一般群众对村政权的建立缺乏正确的认识，认为就是保甲的替身，是换汤不换药的，有人甚至好奇地问，建村是不是要盖一所大房子，后经召开大会和小组会进行动员教育，才使群众认识到保甲制度的不合理，有重新建立新政权的必要。有的农民则认为保长作恶太大，对之痛恨较深，但对甲长的钳制，都无大感觉，以致在选举预备大会上提出了九个当过甲长者为村委候选人，后又经过了多次开会讨论，才明白甲长为反动政府统治人民压迫人民的基本工具，而予以憎恶和摒弃。（2）地主阶级知道群众建立了新的政权后，将更有效地对他们专政，所以从开始酝酿建村起，始终注视着建村工作进行情形，如地主李为汉等常问村是怎样建的，并有地主讥笑当选村委的人为土包子，不能办事。（3）当选村委的农民普遍存有生活顾虑，怕工作和开会耽误了生产，后经解释并要生产委员组织帮工组帮助其生产，方才打消些顾虑。有的村委如苏炳成认为自己不识字，办不好事，怕群众不拥护他。这些思想上的顾虑，经反复教育鼓励后才逐渐减轻。也有个别村委如冯绍清官瘾太大，怕由二保划入三段的农民不选他，当不上村长，选举后果然没有当上村长，就消极悲观，牢骚满腹，并要辞职不干。另有二保划入三段的农民，怕他们那边过来的人少，如选不上村委，以后在实行减租或土改时吃亏，故坚决拥护他们所提的村委候选人，对其他的候选人则加以排挤。（4）中农以下成分，经教育宣传后，知道村政权是为他们办事的，故对村委的选举很为重视，而地主和富农则对村政权的建立抱敌对态度。①

上坪村建立后，根据其建村所得经验教训，重庆第七区在市民政局工作组的领导和配合下，又先后成立了庆平、和平、新村、朝阳、新农五个村。截至1950年8月18日，原定的朝阳河乡7村中仅有黑什子分驻所第一段及第二段辖区二村尚未建立，但分驻所及区干部已在此两段积极布置，二段居民也提出建村的要求，一段居民也已发动，预计此两村将在此后五天内建立。当时区领导已计划结合业务生产贷款，动员并组织农民巩固已经建立的村，争取在秋后减租（9月中）普遍建立尚未建乡的村，为秋后减租打好基础。因为当时即将开展整风运动，所以建村工作即告一段落，并对前后建立的六村进行总结。

庆平、和平、新村、朝阳、新农五个村建村过程分如下几个阶段：第一步，酝酿时期——此一时期的工作重点是着重收集保甲长的过去罪恶材料并启发群众的觉悟，纷纷要求迅速建立村政权。其方式是由市民政局工作组或区干部先召集户口、农会、妇女代表及小组长会议布置建村工作，然后再由他们自行回去召开小组座谈会，同时工作组或区干部有重点地参加到小组里掌握讨论并结合诉苦教育，展开建村

---

① 《建村工作总结报告》（1950年8月8日），重庆市档案馆馆藏，资料号：1075-1-277。

宣传，使群众认识保甲制度的不合理，应该加以彻底地废除，而且自觉自愿地在农民积极分子的领导下团结起来建立他们自己当家的村政委员会，如庆平村群众在座谈会中诉说出许多保甲长的罪恶：（1）58岁的农民唐玉山，在1942年佃甲长吴子清土面积2石，押金42块银圆，老板把押金改成伪法币，后看到法币不值钱，就增加租额，1949年8月间吴子清又想加租，因唐玉山穷得拿不出，吴即带其妻子儿女等六七人到唐家把唐玉山打得头破血流，在场旁观者都惧怕吴的威势，不敢劝阻，直到吴子清听其子说已打出血不要再打时，还气势汹汹地说："打死了人，吃官司。"吴子清自以为走得通衙门不怕出事，后来这件血案虽告到城内法院，却只判决吴子清负担医药费，而吴只找两次医生给唐诊治，伤未好即不过问，后唐又要去告状，在路上给伪保甲长硬捆回来，至1950年唐的锄头等农具尚被吴以欠租为名拿去，后经区干部制止方才作罢。而唐玉山的儿子被吴子清拉去当壮丁，解放后都未回来，唐玉山又因身体内部受伤发作，于1950年7月17日死亡。（2）保长段焕廷与其子甲长段□柳狼狈为奸，欺压雇工，雇工杨敬□、杨敬先想要工钱，就受到拉丁的威胁，即不敢再要。（3）保长段楠轩逼吴少云低价卖肥猪给他，吴不答允，就被扣警察所，花了两三只肥猪和几斗苞谷的钱，托人情才被放了出来。（4）段王氏丈夫死了有10多年了，家有田土四石，有老母及子女多人，生活全靠段王氏织布等劳动赚钱养活，前几年因家中无人，保甲长每次都多派她的捐款，并砍她的竹树盖碉楼，弄得家庭生活有早饭无晚饭，苦也没处说。当群众联想起各人过去受地主及保甲长压迫欺侮的情形时，对保甲长的一连串罪恶莫不切齿痛恨，甚至段王氏在小组会中抱头痛哭，纷纷要求迅速建立村政权，以便他们自己当家做主人，其他各村的农民在诉苦座谈后，也提出了同样的要求。

第二步预选时期——通过诉苦座谈，市民政局工作组和区干部即根据小组汇报汇集材料，召集预选大会，为了进一步提高群众阶级觉悟，在预选大会上，一方面由农民代表报告废除保甲制度、建立人民政权意义，另一面即由干部将由群众中收得的典型例子做综合报告，揭发保甲长的罪恶及穷人过去受苦的情况，谈明穷人要想真正翻身做主人，就要彻底废除保甲制度，建立起自己当家的组织，并反复而详细地说明村政委员候选人应该具备的条件,明确规定"凡中华人民共和国人民,不分性别、党派(民主党派)、信仰、种族、在本段设有户口,具体下列条件者均得当选为村政委员:一、年在18岁以上。二、须为雇农、贫农、中农、手工业工人、兼营农业的小商贩或农村的贫苦知识分子,但有下列情形之一者不得当选为村政委员:(1)有精神病者。(2)地主或富农。(3)有不良嗜好者。(4)曾任保甲长者。(5)曾做特务者。(6)解放后曾做土匪者。(7)被褫夺公权期限未满者。"随即分组进行讨论提出候选人名单,各组初步所提人数加起来均在20人以上,为慎重及进一步使群众深刻认识候选人是否合格起见,故将各组所提人数统一填表,然后再交各组讨论。同时市民政局工作组和区干部分至各组旁听并作启发性的发言、讨论后,再根据各组意见,以较好的13人至16人为村政委员候选人,送区核定后以区政府名义将核准候选人名单张榜公布于决选大会地点,同时发动群众自己布置村委决选大会场。

第三步决选时期——村委预选过后的第二天或第三天,即是村委决选大会,各村群众经过预选觉悟程度普遍地提高一步,他们把决选大会场扎上彩楼,贴起标语,挂上国旗和革命领袖像,并在主席台上放上几瓶山花,公安局分驻所于开会之前派出警卫,于锣鼓声中,段中男女选民进到会场,看到周围会场的庄重布置,即感会议的慎重而在心情上紧张起来,区公所核定的候选人张贴的布告旁边常常站很多人围着。会议通常在下午两三时开始,主席多由农会代表担任,主席在讲话中都特别指出保甲长的罪恶和建立穷人自己坐江山的重要意义,要求农民慎重选举。之后再由区干部加以适当补充,并针对此地人爱当官的心理指出当选村政委员应树立真诚为人民服务的观念,坚决打消脱离群众,站在人民头上做官的思想。大会紧接着就报告选举方法,进行选举。选举的方法是:(1)由选民推选出6个至10个监选人。(2)在会场选定适当地点,作投票场,排长凳两列,候选人依照区布告的名单先后次序就座。在前列、后列的长凳上则依次置放着贴有坐在前面的候选人名条的大碗,碗以纸张封闭,仅留有葫豆般大小的孔作为选举票的豆子进口。(3)选民依户口组的秩序在投票入口处领葫豆九粒,先看清候选人面目再投葫豆于其认为合适的候选人背后的碗中。每碗只能够投一粒,若有剩的葫豆,则交监选人保管,随即从出口处步出投票场。全体选民投票完毕后，监选人即当众清点各候选人票数及弃票数，并将投票结果当众宣布，以得票最多的前九名为村政委员，又以其中最多的第一名为村长，第二名为副村长。选举结束后由村长提请选民表决村名，村名决定后，村政委员即当众宣誓，再由村长代表全体委员讲话，表明今后工作态度，再后由监誓人（区长或区工作组同志）讲话，勉励全体村政委员团结合作，全心全意地为人民服务，并号召全村人民拥护村政委员会的领导，同时安慰落选的候选人，要他们加倍地努力争取为人民服务的机会。农会代表及妇女代表也继起讲话，表示拥护村政委员会的领导并表达他们内心的期望，最后邀请邻村的农民代表与妇女代表讲话，他们往往用极端兴奋的语调表示出祝贺之意，最后呼口号，散会。

散会之后即是村政委员的分工，在明白村政委员会的职责和全体委员间分工合作的关系以后，各村委即接受区所布置的任务，进行工作，在分工时尽量照顾到委员的兴趣与工作能力及其所长（如认字的多分作宣教委员）。

重庆各地新的村级权力机构的建立意味着保甲制度的寿终正寝。

庆平、和平、新村、朝阳、新农五个村建立时即吸取了上坪村的经验教训，也取得了一些新的经验教训：（1）上级领导的带头作用是建村顺利进行的基础——区委书记薛振鲁、公安分局长张秀清亲赴朝阳河开会成立建村筹委会，郑汇东区长出席上坪村选举大会，使干部在思想上认识建村重要性，审慎进行工作，如召开大小型座谈会，会场布置的隆重，合格候选人名单的公布，选举方法的缜密防止舞弊等，从而引起群众的重视，当选村委都是村上在征粮、肃匪、反特等工作中经受考验、历史清白的中农以下成分，办事热心的积极分子。（2）典型示范，再推广全面，使建村工作进展顺利。——在上坪村预选与决选大会时，吸收临近各段的工作同志和农会、妇会代表及小组长参加，使其了解建村意义并学习建村、投票等的方式方法，由他们回去酝酿讨论，使建村造成一群众性运动，然后放手让积极分子自己去搞。如会场由他们自己布置；主席、司仪由农会代表担任；建村意义和村委条件由农会代表和妇女代表去讲，干部再作必要的补充。上坪村建立后，庆平、和平、新村、朝阳、新农五村也迅速地建起，并没有大的偏向发生。（3）建村与区中心工作结合——此次建村是在调整公粮的艰巨工作下进行的,通过区的介绍,在各村发现带头督催公粮的积极分子,经教育提高其阶级觉悟后,在建村工作中起了积极推动的作用,且多当选为村政委员。(4)按自然形势及人口分布情形重新调整,按段建村并编订门牌号,统一村级组织——把原有的段按自然形势及人口分布情形重新调整,人口在200户上下符合村的编制,故即就各段区域进行建村,村建立后再整编居民小组,调整组长人选,废除过去的冗繁名目,如治安、防灾、卫生、妇女、农会等委员及代表的分头行事现象,化一村下的组织,同时段即取消,以村代替。(5)循序渐进地进行建村工作——已建六村均是根据群众觉悟及客观条件的成熟与否有计划有步骤地稳步进行,故收获良好,但黑什子分驻所第一二两段群众觉悟较差,虽农民要求建村,但因积极分子不能起骨干作用,遂决定两段俟条件成熟后再建,以避免为建村而建村的单纯任务观点,使村建起后,不起作用,以引起不良后果。(6)召开地主会议说明政府政策,给予他们在劳动中获得改造的机会,稳定地主情绪,更有利于工作的开展。——上坪、庆平两村的地主不能参加预选决选大会,情绪很不安,针对此种情况,遂召开地主会议说明政府对地主政策,是消灭封建剥削的地主阶级,不是消灭地主的肉体,地主在目前虽无公民权,但今后仍可在劳动中获得改造的机会,在庆平村委就职大会上,全村地主均应邀到会,并由地主代表段行轩发言,表示愿服从村委会领导,拥护减租土改,并愿在劳动中改造自己,至此地主情绪方才安定,通过各阶层的群众大会,村委在群众中的基础算是初步树立。(7)做好文字上的准备工作,更要做好实际的准备工作。——在文字上的准备工作虽做了不少,但实际的准备工作做得不够,以致在建村前对积极分子的培养教育差,如曾占云、冯绍清、陈正国等自高自大,脱离群众的偏向,发现后未得及时纠正,为部分群众所不满,致在选举中遭到失败,更给奸人以可乘之机,如文树林之类和地主勾结,打击积极分子,使选举进行得不太理想,而干部在选举揭晓前,思想上也存在着怕积极分子选不上的顾虑。(8)要教育群众,更要相信和依靠群众。开始干部对群众力量估计不足,致使上坪村建立后,认为等于不建,布置会场等工作也一手包办,后来放手让群众去干,不仅会场布置合乎要求,而且建立起来的上坪村确已团结得很好,布置的工作做得很起劲,并有条有理,使群众感到公平,这说明我们不仅要教育群众,而且要相信和依靠群众。

通过建村,重庆市民政局工作组也发现了一些需要请示解决的问题:(1)村(街)政办公费问题。该项费用以当时村(街)政委员9人均不脱产,数目不大,但地方无附加粮,应由民政局编造预算经市府核准后再由财政局按月将是项经费拨发各区,转发所属村(街)应用。(2)村(街)干部当选加委问题。村(街)干部当选后,其加委应由区或市加委。为划一及郑重起见,委任状及各村(街)委会钤记,拟由市府统一制后分发各区并由民政局造样编具预算、核准后遵行之。(3)村(街)政委员之任期问题。根据工作需要村(街)政委员之任期拟定为10个月至1年,到期另行改选,村委连选得连任。(4)村级会议制度问题。拟规定村委会议10天开一次,会后并视工作需要向其领导机关汇报。村民大会半个月至一个月一次,村长及有关委员应向村民报告该时期内之工作,并公布下一时期工作努力方向。(5)居民小组长之人选问题。为防止坏分子及与地主封建势力相勾结之富农以上成分渗入居民小组长,拟定设手工业工人或中农以下成分(中农、贫农、雇农)之正、副组长各一人,但因当时群众基础尚不巩固,不拟大肆清刷富农,所以决定先经农会中酝酿着手布置竞选,条件成熟后再改选较宜。(6)工作配合与领导关系问题——建议在乡(镇)公所未成立前,为使区政府与治安机关明确分工,密切配合,划一村政权的领导关系,促使村政委员会有职有权起见,村政委员会应直接受区政府的领导,但公安局分驻所得直接领导村的治安委员,但因治安工作召开村民大会时,应通过村长。(7)建议各方协同努力,共同完成基层政权的建立工作。因废除封建反动的保甲制度,建立人民政权的基层组织,具有革新政治伟大的意义,必须由市府统一布置,须各方(民政局、公安局、文教局、区政府、农协会、报社学校等)协同努力,展开广泛深入的宣传,发动群众自觉自愿地来做,才能发生大的作用,使此项工作顺利完成。[1]

---

[1] 《建村工作总结报告》(1950年8月18日),重庆市档案馆馆藏,资料号:1075-1-277。

二 重庆乡级基层政权的建立

重庆市郊区乡级政权的建立工作首先是在 1951 年 4 月以第二区石马河乡为重点进行实验，取得经验后陆续推动与协助各区（县）由点到面地展开。

石马河乡是原石马河乡第二十三保、第二十四保两保区域划成的一个小乡，周围约 30 里，人口共 1100 余户，5200 余人，其中农业人口约占 90%，其余少数是工人、工人眷属及其他职业的居民约计 600 人。该乡封建势力特别强大，土地改革前仅 5%—6% 的地主即占有土地的 85% 以上，因此经过减租、退押、反霸之后，农民很快就有了比较充分的发动，在土改期间，又为二区土改典型实验区之一，所以群众觉悟较一般的更高，积极分子也较多，土改后农民分得的土地也较市郊一般的更多，普遍每人约 4 石左右，单身贫雇农甚至有多达 7—8 石的，因此农民生产和学习情绪特别高，群众组织也有了进一步的巩固，在治安、生产、文化学习等方面都搞得较好，抗美援朝运动普及到全乡的每一个角落，为召开乡人民代表会议成立乡政府创造了成熟的条件。石马河乡建立的过程分为如下几个阶段：第一阶段了解各阶层对建乡的思想情况，展开宣传教育，使农民对建乡有了初步认识。第二阶段召开农民代表会议，并吸收非农业人口参加，使建乡问题首先在农民认识上求得一致，同时通过农民代表会议正式成立了乡农民协会和建乡筹备委员会（吸收居民参加）。第三阶段选举产生代表。代表的选举是将农民和居民分开，农民由保农会提出候选人，居民由读报组提出候选人，再由大家举手表决。表决时凡有不同意见均可当场提出，经多数同意即可另提候选人。第四阶段召开乡人民代表会议，选举乡人民政府委员会。乡人民代表会议讨论时结合当时的工作，讨论了如何深入与普及抗美援朝及镇压反革命运动和如何解决本乡肥料缺乏问题；选举了乡长、副乡长和乡政府委员，成立乡政府。第五阶段组织村代表小组。乡政府成立后，政府委员紧接着就分头以户籍段（人口一般约 160 户左右）为基础，划定自然村并首先以乡政府所在村为重点召开村民大会，组织村代表小组。其他村的主要代表都列席了大会，从而取得了经验而推动了村代表小组在各村的普遍组织。全部工作两天即告结束。村代表小组不是一级政权，主要任务是在乡政府领导下传达政府政策法令，联系群众，反映群众的意见和要求并指导居民小组推行乡政工作。①

据重庆第二区、第三区、第四区、第五区、第六区、第七区六个区的统计，1951年10月前，重庆郊区建立了石马河等16个乡，其中12个乡召开了乡人代会，成立了乡人民政府，人口共计59922人；还不成一级政权机关的仍称乡公所的有11个乡，人口55138人；未成立乡人民政府或乡公所由乡农协代办的6个乡，人口24926人②。详细数据见表5-1。这六个区到1952年12月前，郊区共建立了石马河等21个乡，其中21个乡召开了乡人代会成立了乡人民政府，人口共计82266人；还不成一级政权机关的仍称乡公所的有4个乡，人口11436人；未成立乡人民政府或乡公所由乡农协代办的有4个乡，人口14426人③。详细数据见表5-2。而据1952年12月11日，重庆市各区县（包括二区、三区、四区、五区和巴县、长寿、江北、綦江、北碚）统计，共建乡443个，其中1000—2000人的1个，2000—3000人的7个，3000—4000人的28个，4000—5000人的78个，5000—6000人的98个，6000—7000人的101个，7000—8000人的49个，8000—10000人的65个，10000人以上的16个，配备干部2226人④。详细数据见表5-3。共建城关区、镇22个，其中1000—2000人的12个，2000—3000人的3个，4000—5000人的1个，6000—7000人的1个，7000—8000人的1个，8000—10000人的1个，10000人以上的3个，配备干部110人⑤。详细数据见表5-4。但在1952年7月以前，重庆很多乡虽成立了乡政府但未按期召开乡人代会，有的把开会与中心工作对立起来，第三区各乡甚至一次未开。于是，重庆市民政局为了推动各乡搞好乡政工作，使乡人代会形成经常制度，于1952年7月发出通报，通报表扬了第二区石马河乡按期召开乡人代会因而取

---

① 《民政局工作小组参加二区石马河乡建立乡政权试点工作报告》，重庆市档案馆馆藏，资料号：1075-1-384。
② 《重庆市各区建乡情况及人口统计》，重庆市档案馆馆藏，资料：1075-1-385。
③ 《重庆市各区建乡情况及人口统计》，重庆市档案馆馆藏，资料：1075-1-470。
④ 《重庆市各区、县、市建乡数目统计表》，重庆市档案馆馆藏，资料：1075-1-470。
⑤ 《重庆市各区、县、市建镇（城关区镇）数目统计表》，重庆市档案馆馆藏，资料号：1075-1-470。

第五章 新中国成立初期重庆基层政权的建立与乡村权力结构变迁

得了成果，批评了第三区未按期召开乡人代会从而使工作蒙受了损失，批判了把开乡人代会与工作任务对立起来等不正确的偏向，因此从1952年8月以后，凡是成立了乡政府的乡每月都按期召开了乡人民代表会议，逐步形成为巩固的经常制度。[①] 到1952年年底，重庆全市各区县经乡人代会选举成立了人民政府，建立了137个乡政权，占应建乡数的87.8%。建立段代表小组有768个段，占应建段数2/3强，已建乡的整顿和改选，巴县已全部完成，市郊各区仅重点展开，段的整顿，一区已完成432个，三区完成16个，预计全部建立和整顿工作，1953年春可基本完成。

表5-1　　　　　　　重庆市各区建乡情况及人口统计[②]
（1951-5-23—1951-10-9期间）

区乡名称		乡人口数及村数				合计	
		召开了乡人代会成立了乡人民政府的乡人口	现不成一级政权机关仍称乡公所的人口	未成立人民政府或乡公所由乡农协代办的人口	村数	人口	村数
二区	石马河乡	5200			7	5200	
	石门乡	2975			5	2975	
	观音桥乡	14000			8	14000	
	五里店乡		6665			6665	
	猫儿石乡		7594			7594	
	小计	22175	14259		20	36434	20
三区	金刚坡乡	4520			9	4520	
	新开寺乡	3860			8	3860	
	山洞乡	2925			4	2925	
	上桥乡	4400			8	4400	
	覃家岗乡	4520			7	4520	
	童家桥乡	4811			6	4811	
	詹家溪乡	3031			5	3031	
	小计	28067			47	28067	47

---

① 《重庆市乡政权建设情况及今后工作之意见》，重庆市档案馆馆藏，资料号：1075-1-468。

② 《重庆市各区建乡情况及人口统计》，重庆市档案馆馆藏，资料号：1075-1-385。

续表

区乡名称		乡人口数及村数				合计	
		召开了乡人代会成立了乡人民政府的乡人口	现不成一级政权机关仍称乡公所的人口	未成立乡人民政府或乡公所由乡农协代办的人口	村数	人口	村数
四区	歇台子乡	5400				5400	
	杨九乡			6200		6200	
	石桥乡			4300		4300	
	小计	5400		10500	11	15900	11
五区	南坪乡		2855			2855	
	黄桷乡		4576			4576	
	双龙乡		2905			2905	
	四公里乡		4043			4043	
	罗家坝乡		1100			1100	
	小计		15479			15479	
六区	鸡冠石乡	4280			9	4280	
	大兴乡		6000			6000	
	新兴乡		6000			6000	
	汪山乡		2800			2800	
	郭家沱乡		10600			10600	
	小计	4280	25400		9	29680	9
七区	安乐乡			1870		1870	
	羊坝乡			3671		3671	
	恒兴乡			3947		3947	
	唐家沱乡			4938		4938	
	小计			14426		14426	
总计		59922	55138	24926	87	139986	87
备注	\multicolumn{7}{l}{(1)一区系城区，现已建立街道组织，无乡村，故未列入。(2)表中数字是根据最近各区所报统计，数目不够精确。(3)二区观音桥人口太多，不合规定，准备改建小乡。(4)郊区乡政建设工作自1951年4月开始以来，已建立石马河等16乡，其余争取在本年内建完。(5)巴县原有11个区，63个乡及南泉管理局共865064人，尚未据新规定建乡，故未列入。}						

第五章　新中国成立初期重庆基层政权的建立与乡村权力结构变迁

表 5-2　**重庆市各区建乡情况及人口统计**①

（1952-2-4—1952-12-20 期间）

区乡名称		乡人口数及村数				合计	
		召开了乡人代会成立了乡人民政府的乡人口	现不成一级政权机关仍称乡公所的人口	未成立乡人民政府或乡公所由乡农协代办的人口	村数	人口	村数
二区	石马河乡	5691			6	5691	6
	石门乡	2209			5	2209	5
	观音桥乡	2968			6	2968	6
	猫儿石乡	2300			6	2300	6
	小计	13168			23	13168	23
三区	金刚坡乡	4520			9	4520	9
	新开寺乡	3860			8	3860	8
	山洞乡	2925			4	2925	4
	上桥乡	4400			8	4400	8
	覃家岗乡	4520			7	4520	7
	童家桥乡	4811			6	4811	6
	詹家溪乡	3031			5	3031	5
	小计	28067			47	28067	47
四区	歇台子乡	5400			12	5400	12
	黄泥乡	3400			6	3400	6
	石桥乡	5600			11	5600	11
	小计	14400			29	14400	29
五区	四公里乡	4645			7	4645	7
	南坪乡		2855		8	2855	8
	双龙乡		2905		9	2905	9
	黄埔乡		4576		9	4576	9
	罗家坝乡		1100		3	1100	3
	小计	4645	11436		36	16081	36

① 《重庆市各区建乡情况及人口统计》，重庆市档案馆馆藏，资料号：1075-1-470。

续表

区乡名称		乡人口数及村数				合计	
		召开了乡人代会成立了乡人民政府的乡人口	现不成一级政权机关仍称乡公所的人口	未成立乡人民政府或乡公所由乡农协代办的人口	村数	人口	村数
六区	鸡冠石乡	4393			9	4393	9
	大兴乡	4552			8	4552	8
	新兴乡	4966			6	4966	6
	汪山乡	2512			6	2512	6
	郭家沱乡	1750			3	1750	3
	白沙沱乡	3813			9	3813	9
	小计	21986			41	21986	41
七区	安乐乡			1870		1870	
	恒兴乡			3947		3947	
	羊坝滩乡			3671		3671	
	唐家沱乡			4938		4938	
	小计			14426		14426	
总计		82266	11436	14426	176	108128	176
备注	（1）一区系城区现已建立街道组织，无乡村，故未列入。（2）表中数字是根据各区所报统计，不够精确。（3）各区乡政权建设工作自1952年（应为1951年，笔者注）4月开始以来，已建石马河等21乡，其余将在年底完成。（4）巴县原有13个区，64个乡及南泉管理局共865064人，拟新建185个乡镇，现已建立13个乡。（5）表列二区石门乡人口数全属农业人口，尚有约600人的非农业人口，因无详确统计，故未列入。						

乡的各项重要工作大都通过乡人代会讨论，作出决议，发扬了民主，推动了工作，如三区童家桥乡在8月以前仅有7个互助组，通过历次乡人代会的动员讨论，介绍典型，到1952年11月底，全乡已发展到50余个互助组。重庆各区县在1952年下半年建乡是采取点面结合的办法进行的，已建的乡进行了整顿与改选工作，由于各级建政干部都在思想上逐步明确了乡是议行合一的政权性质，因此使乡政权建设工作比1951年有了显著的提高，统一与简化了乡的组织，建立生产建设、文教卫生、治安保卫、拥军优属、调解五个委员会，围绕乡人代会的召开，订立会议制度，基本纠正了过去组织多、会议多、兼职多、制度不

第五章　新中国成立初期重庆基层政权的建立与乡村权力结构变迁

表5-3　重庆市各区、县、市建乡数目统计表①（1952-12-11）

区县名称	合计数	1千—2千	2千—3千	3千—4千	4千—5千	5千—6千	6千—7千	7千—8千	8千—1万	1万以上	干部配备数	备注
二区	11		2	1	3	2			2	1	50	全区人口195000
三区	10		2	2	3	3					41	全区人口202503
四区	11			1		1		3			57	全区人口204097
五区	10	1	1	2	3	2	6	1			44	全区人口198017
巴县	115			7	20	22	30	13	17	6	584	全县人口750560
长寿	86			9	30	25	16	5	1		397	全县人口467000
江北	100		1	3	8	27	30	6	22	3	518	全县人口700000
綦江	73		1	3	10	12	13	13	16	5	384	全县人口537726
北碚	27				1	4	5	9	7	1	151	全市人口274515
总计	443	1	7	28	78	98	101	49	65	16	2226	3528815

说明：①乡脱离生产的干部，按西南规定计算，即1000以下2人，1000以上3人，3000以上4人，5000以上5人，7000以上6人。②各县市乡数目虽一再进行调整，但估计任将来，任具体进行建立时，还可能有少数的变动，变动时再请上级核示。③二区、三区、五区有的乡系去年根据建乡的原则建立的，其中一部分拟在将来改选时将进行合并，因此其数目可能略有减少，也将于变动时请上级核示。④备注栏所填各区、县（10月份）所报，（新划县乃最近报的）不够正确。

① 《重庆市各区、县、市建乡数目统计表》，重庆市档案馆馆藏，资料号：1075-1-470。

新中国成立初期四川基层政权建设与乡村社会治理

表5-4　重庆市各县、市建镇（城关区镇）数目统计表①（1952-12-11）民政局民政科

县称	合计镇数	1千—2千	2千—3千	3千—4千	4千—5千	5千—6千	6千—7千	7千—8千	8千—1万	1万以上	干部配备数	备注
巴县	2	1					1				6	
长寿	1									1	19	城关区共2.1万多人（1万以上者）。
江北	6	4						1	1		16	城关镇在内
綦江	10	6	2						1	2	62	城关区和东溪镇在内（1万以上者）。
北碚	3	1	1		1						7	
总计	22	12	3		1		1	1	1	3	110	

说明：①相当于乡的场镇人民政府脱离生产的干部，按西南规定计算，即3000以下2人，3000以上3人，5000以上4人。表列1万人口以上者系城关区和相当于区人民政府的场（镇）人民政府其他人员配备，按西南规定，应照区公所编制设置，即每区（镇）19人。②本市场镇（城关区、镇）的政权建设工作，将在1953年1月重点展开，3月前全部完成。

① 《重庆市各县、市建镇（城关区镇）数目统计表》，重庆市档案馆馆藏，资料号：1075-1-470。

· 210 ·

健全、工作忙乱被动等现象，从而提高了乡村干部工作积极性和计划性，如巴县大田乡副乡长戴昌富说"现在乡的工作，没有以前忙了"，该乡村干部由兼五六个职务基本上已做到一人一职，个别最多的也不过三职，一个月内开会时间由十多天减为两三天，最多也不过四五天，乡以下划分自然村，按居民小组产生乡人代会代表，设代表主任一至二人联系代表、发动群众进行工作，除武装分队、农协小组、妇女小组外，村内不设任何组织，取消了过去组织繁杂（一般有10个以上组织）形成一级政权的现象，解决了村干部兼职多并影响生产的问题。从而加强了乡政府和人民群众的直接联系。但当时新建的乡由于干部质量较差，尚有未能按期召开乡人代会和政府委员会，未整顿的乡混乱现象仍然存在，1952年后还在继续进行检查纠正。①

重庆市各区乡政权建立过程基本相似，先进行典型示范再推广到全区。

第三区的乡村民主建政工作是有步骤、有计划、有领导的情况下较顺利进行的，时间是从1951年7月1日正式开始，8月8日全部结束，首先选择山洞乡为重点建乡，得出经验后指导其他乡建乡，所以时间比其他乡提早5天。各乡一般从宣传到召开乡人民代表会议，选出乡长，共10天时间。工作步骤可分为四个阶段：①成立乡建政筹备委员会，进行广泛宣传教育。②划选区，选举人民代表，并控诉旧的反动政权。③召开乡人民代表会议，会议上原乡公所报告8个月的工作经过，提出今后任务，选举成立乡人民政府。④代表们回村分别传达乡代会的决议，划小村，成立村农会。全区原有4个乡，即歌乐山、山洞、新桥、瓷器口，共计有25个村，人口有8188户，30748人（内有城镇居民2468户）。全区农民经过减租退押、反霸及土地改革等一系列阶级斗争，打垮了地主阶级，农民得到了翻身，提高了群众政治觉悟，村干部在领导工作中，也得到了锻炼，创造了民主建政的基本条件，在这种情况下，1951年5月17日，区农代会，及6月25日的区各代会上，提出民主建政及划小乡的讨论，已决定共划7个小乡，即金刚坡乡、新开寺

---

① 《重庆市民政局一九五二年工作总结报告》，重庆市档案馆馆藏，资料号：1075-1-407。

乡、山洞乡、上桥乡、覃家岗乡、童家桥乡、詹家溪乡，分别召开乡人民代表会议，成立乡人民政府。选出正副乡长 14 人，乡政府委员 65 人。①

第四区是以歇台子为典型示范，取得经验后全面展开。第四区将歇台子、石桥铺、杨九乡三个乡经划分后，建成歇台、石桥、黄泥三乡（杨九乡因发展前途非农业缘故未建）。具体的过程分几步：第一步，召开乡农民代表会议，使农民对建乡工作认识一致并产生建乡筹委会。第二步，选举代表及成立代表小组酝酿乡人民政府委员名单。在这个过程中还做了几方面的工作，为乡人代会的召开做了充分准备。一是各村在代表选出后，即选代表主任一人，组成代表小组。代表小组组成的好处是，不但加强了代表的组织与团结，同时代表中有了领头人便于搜集提案与群众的意见，此外，在联系上也方便些。二是选代表的同时就组织群众提出提案，广泛收集大家意见，如歇台乡首次人代会有二十四件提案，其原因就在此。三是开人代会前对报告中心议题及提案做了充分准备，报告简明扼要，也给代表充分讨论的时间，使代表发言广泛而彻底。第三步，召开乡人代会选举副乡长及乡政府委员。第四步进行会议的传达。传达工作是很重要的，传达得好才能使会议贯彻到群众中去，使成为群众的实际行动，以歇台乡为示范，同时推动石桥、黄泥两乡建乡工作，起到了少走弯路或不走弯路的作用。第四区乡政府委员会由乡人民代表会中产生，工作职能一般是商讨本乡工作、筹备乡人民代表会的召开、传达政府政策法令及向政府反映情况等三项，并由乡政府委员、自然村农协会主席及生产妇女等委员组成水利、生产、夏征等委员会，优抚委员会由乡政委员会、军属、学校、妇女、居民、派出所等代表组成，以上各种委员会均定期召开会议汇报研究与布置工作。第四区各乡的各种会议制度是：乡政府委员会半个月一次，乡务会议一周一次（乡政府全体干部参加），政府委员、代表主任联席会议 10 天一次，代表组会议一周一次，各种委员会半个月一次。其脱产干部的人数和待遇：3 个乡共有脱产干部 15 人（石桥、歇台两乡正乡长由派出所所长

---

① 《第三区乡村及街道民主建政工作总结报告》，重庆市档案馆馆藏，资料号：1075 - 1 - 391。

兼任）其待遇均为包干制，正、副乡长按区级科员待遇，文书、办文员按区级办事员待遇。①

第六区原为4个乡，新划入郭家沱后为5个乡，于1951年9月建乡采小乡制原则，将原新兴、鸡冠石两乡各划出一部分新成立白沙沱乡，全区共建有6个乡，41村。其乡政权是在完成土地改革及进一步深入抗美援朝运动的基础上建设的，群众觉悟已大大提高，并在各种运动中涌现出大批积极分子，在群众中威信较高，成为建设乡政权的骨干。1951年9月先以鸡冠石为重点建乡，召开乡人代会，选举乡政府委员会成立乡人民政府，其余5个乡汲取鸡冠石乡建乡经验，重新组织力量，于同年11月先后民选建立，乡之下设自然村，村设村代表小组，为减少积极分子兼职过多，影响生产，在村之下设拥优委会、治安保卫小组、生产小组、护林小组、宣教小组、人民武装队等组织。在建设乡政权及成立自然村时，第六区的做法是：第一，建政工作与当时中心工作密切结合进行。在建设乡政权时与区的中心秋征工作结合，建政工作不但未受拖延，且推动了秋征工作的顺利进行，如农民通过秋征和民主建政有关文件学习之后，在开始运送公粮之前，农民群众普遍展开检查修订爱国公约，翻晒粮谷并车扬洁净，组织运粮队等，在公粮准备和运送中，都热烈地争取做一个光荣的人民代表，参加自己民选的政权，同时，也使群众更明确地认识选代表的标准。第二，乡人代会的中心议题除纯农村外，必须适当照顾居民的利益，多启发居民提出他们自己切身利益的中心议题来，以免居民对乡人代会漠不关心。第三，乡人民代表会议1个月召开1次，其中会议相距的时间不长，每次会议的决议必须切实执行，才能使人代会在群众中建立一定的威信，所以每次会议的中心议题不能太多，最好结合乡的中心工作及与群众切身亟待解决的问题一两个，不然议题太多，执行就成问题。第四，村代表小组在乡人民代表会议前建立，选区（自然村）划定及选举乡人民代表时，即行组织村代表小组，并分工和建立各种制度，使各代表认识到自己当代表的责任，很快地收集群众对乡人民代表会议的要求和意见。以便提交乡人民

---

① 《重庆市第四区人民政府乡村建政资料》（1952年6月9日），重庆市档案馆馆藏，资料号：1075-1-392。

代表会议讨论通过执行，而村代表小组从此在群众中建立了一定的威信。第六区还在乡一级设立抗美援朝支会，拥优委员会，生产委员会，妇代会，护林委员会，乡农协会，人民武装中队，水利委员会，乡和村各种组织均有一定的工作会议制度，乡一级各组织由乡长负责召集，村由村代表主任负责召集，研究工作，汇报工作，布置和检查工作。该区六个乡都是小乡，按规定各乡均有脱产干部3人（连同乡长或副乡长在内），炊事员1人，除极少一两个人为薪资制待遇之外，其余为包干制。该区建乡后，乡政府委员会及乡村各种组织均能按级定期召开会议，研究和布置工作，乡每个月召开各种委员会正、副主任委员联席会议一次，村每半个月召开各种小组或委员会负责人会议一次，并已成为经常性制度。①

重庆第五区的建乡工作开展得相对晚一些，大概在1952年才正式进行：11月27日开始至12月25日结束，全区有双龙、文峰、南坪、黄桷垭、罗家坝、四公里等乡和联合村（自然村），共有人口5480户，22454人，其中农业人口约15000人，占总人口70%左右。建乡时是通过在派出所增设民政干事进行工作的。第五区五乡一村工作开展前，首先集中了22个干部进行学习，思想取得一致后，组成三个建乡工作组，分别前往各乡进行工作。当建政在群众中展开后，乡村干部中，呈现着一种松动换班思想。如文峰乡赵春林向群众说："你们这回选错了都不要选到我啊！"也有的怕把自己选掉了，因此开始消沉，谈怪话。双龙乡杨树林就是如此，他说："老子们要休息啦，你们来干！"又对筹委讲："是呀，我要受你们管制了！"针对以上思想情况，各乡大力展开了宣传教育。一般学习在3天以上，因而澄清了村干部中的混乱思想，使群众对建立乡政权有了较为明确的认识。南坪乡张开华等说："建乡可减少大家的兼职，能更好地为了生产，不再像从前，一开会就是小组长以上干部都来，耽搁太大。"建乡中第五区还存在着乡所不一致的问题，有的一所跨两乡（如南坪）又有的一乡跨三所（如黄桷垭），进而在调整区划上（乡所一致）是比较复杂的，更由于事先估计不足，及缺乏与有关部门密切联系，由下而上的征求群众意见做得不够，至在工

---

① 《重庆市第六区民主建政工作报告》，重庆市档案馆馆藏，资料号：1075-1-391。

作上或多或少增加了困难,例如,黄桷垭所伸入农村的九段及十段的一半,从自然条件看应划给紫微村,但派出所不同意,居民也反映说,农民顽固,不愿在一起,后来又改变计划。同时在划村中,对要打破的村,没有集中力量着手或重点把力量放在上面,以致走了弯路。原双龙乡三峰村,没有存在的必要,应分别根据具体情况,划给石乡、团结、新田等村,但当时力量准备不足,该村又被少数人操纵,因而群众意见很大,农民徐国平说"我要独立,硬要在三峰,不当农民了",总之,张三去东,李四去西,意见分歧,这问题已暂时成了工作中的障碍。经研究后,始集中力量分别在该村各组进行说服教育,征求群众意见,并对有关的村事先作布置。打消群众的思想顾虑,因而进一步又把幕后操纵者揭露出来,给予了适当而应有的批评,最后召开了全村大会。同时将有关村(即合并后的主要村)的负责人请来参加,并在会上表示欢迎态度和扼要作了过去的检讨,然后分组讨论,大家表示没有意见,愿照原来计划并村。第五区建乡工作由于领导的重视和再三强调,各部门脱产干部思想一致,关于村干部的人选,均能在工作组统一领导下,进行研究和分配,步调统一,乱抓干部现象尚未发生,因而解决了群众兼职问题,基本上做到一人一职。由于适当解决了群众兼职,干部在质量与数量上都有一定的增加和提高,借此又培养了一批新的干部。在选举代表中,上级领导做到了掌握,但还是在民主的基础上产生。群众对代表的选举,是重视的,在长时间酝酿中共选出代表349人。在调整区划后,共分为29村,组成256个居民小组。除此而外,还整顿了农协、妇联机构。在原有的基础上,健全了群众自己的组织。第五区在建立乡政权中,依靠群众组织筹委会进行工作,它对整个工作提出了很多办法,在每个问题上均抓紧运用和发挥了它的组织力量。通过建政,第五区还注意了以下几点(其中也有教训):①在工作缺乏经验的情况下,注意一面打仗,一面练兵。建乡是一个必须依靠群众来搞的工作,因而在工作中不管任何问题,都应善于与群众商量,打通群众的思想,尤其划村划组,群众乡土观念重,若不很好与群众研究,是要走弯路的。②建乡又必须动员广泛的力量,和各部门密切配合,尤其与派出(所)的联系,更是主要一环之一,不然将要实施的工作,则又会重新改变计划。既耽搁时间又浪费人力。③准备和宣传工作是起着重大作用,尤其宣传工作，它是给一切工作开辟道路的，准备犹如播种。由于宣传资料缺乏，致使工作在某些方面陷入被动，进而拖长了（不必要的）时间。①

重庆郊县乡政权建立也是先进行典型示范再推广到区县的其他乡。如长寿县②首先召开了全县扩大干部会，结合布置中心工作传达了建政工作，经统一研究，决定以全县1952年冬至1953年春总的工作计划是以生产为中心、互助合作社为重点结合民主建政，并选择该县第六区渡舟乡为典型试范。

长寿县认为建乡是一个新的工作，必须领导重视，干部思想明确，这是做好建政工作的主要环节。该县事先抽调了各区民政干部共10人，县妇联1人，县团工委1人，县民政科3人，合计15人，组成典型建乡工作组，于1952年12月8日集中到县学习3天，学习了西南民政部召开的民政会议及有关建政的各种文件。通过学习，干部对建政工作有了初步的认识和提高，明确了人民代表会议是国家的基本制度，必须开好人民代表会议；同时认识了新民主主义的经济建设必须有新民主主义的政权来领导和保障。然后，由民政科长带领这批干部于12月10日到第六区区公所与该区领导进行具体研究，取得同意后进行工作。

渡舟乡具体建乡的过程分为如下几个阶段。

第一阶段宣传教育，5天。1952年12月11日第六区领导在渡舟乡召开了全乡的区、乡、村扩大干部会，有各村村长、农会主任、青年团支部书记、妇女会主任、积极分子、区乡干部等共230余人，传达了生产和建政工作，说明了政权是什么。为什么要建政，建政对我们有哪些好处。建政的过程及今后的组织领导等。在讨论中干部们一般都认识到建政是进一步地巩固人民民主专政，减少干部兼职过多便利发展生产。如二村干部王炳文说："我兼了六种职务，天天开会，没有时间贯彻到

---

① 《重庆市第五区人民政府（函）：建乡工作总结》（1953年1月），重庆市档案馆藏，资料号：1075-1-553。

② 长寿县，新中国成立初期本属四川涪陵专区（见《四川省一九五三年城镇与农村人口分地区统计表（一）》，四川省档案馆藏，资料号：建川067-110），1952年则是重庆管辖的四个县（巴县、长寿、江北、綦江，1951年9月划入重庆管辖）之一，见1952年12月重庆市各区、县、市建乡建镇数目统计表（重庆市档案馆藏，资料号：1075-1-470）。

群众中去，结果工作与生产都没有搞得好，建政以后一人一职，思想不混乱，一定能搞好工作。"12日下午建政干部随同这批村干部和积极分子到村贯彻建政工作，该乡就依靠了这批力量展开了广泛宣传。各村普遍地召开了委员至组长以上的干部会及群众小组座谈会等，使其家喻户晓人人皆知。同时结合了解干群思想情况，物色居民代表人选，摸清户数人口，做好划居民小组的准备工作，以及土改复查中的遗留问题，防止干部出现浑水摸鱼现象。在这步工作中，一般积极的干部经过考验与锻炼，有的认为在日常工作中为了完成工作，态度上对群众不大好，这次怕落选，如八村闾长周炳全说："这次选不到我，我就去参加武装。"又有怕脱产的，如十八村村长李树成害怕脱产，开会装头痛不发言，说："在家生产二年房子可以修好，如果脱了产，房子也修不成，家庭也照顾不到。"有的干部认为成立了乡人民政府，干部一定多，想争取脱产，如五村干部周本席说："乡政府干部不另外找吗？我在家是多余的劳动力□，我也调出去干过工作的。"也有政治觉悟较高的，如九村的农会主任车光富、三村的妇女干部余璞说："调我到哪里就到哪里，我就是愿意为人民服务。"个别落后的干部产生不愿干的思想，如七村叶村长说："这次选我我不愿干了。"十四村副村长杨泽田说："我们这到要耍两天了。"

通过各种会议，一般群众认识到建乡是为了便于领导搞好生产，如十八村何正芳的母亲说："建乡是为的便于领导能及时解决问题，成立了乡人民政府好对坏家伙实行专政"，个别群众对建政的认识也有些模糊，如二村农民车少青在讨论中说："民主建政很重要，是不是要交代历史。"

第二阶段为建乡、建村、建组、选举代表，4天。第一步工作结束后，17日集合建政干部汇报情况布置工作，这步工作主要是充分发扬民主划好居民小组，选举居民代表和乡人民代表，从宣传教育当中进一步摸清全乡户数人口与前报数字相合，所以在原有基础上，将原渡舟乡划为192个居民小组，该乡共有3800户，平均每组19户强，最多的有28户，最少的有11户，特殊的一个组9户。

根据该乡地形、人口、交通、今后的建设等，遵照上级指示，经区同意决定将原渡舟乡划为三个乡：原有的一、二、三、四、十一、十四等六个村划为渡舟乡，计有62个居民小组，1218户，5432人。原有的五、六、七、八、九、十、十二、十三等八个村划为大桥乡，计有70个居民小组，1376户，6225人。原有的十五、十六、十七、十八、十九、二十、二十一七个村划为盘龙乡，计有60个居民小组，1133户，5567人。以上划乡意见由该区召开了各村主要干部会议取得同意，确定了新乡乡名，物色出各乡人民政府委员人选名单，在会上做了讨论酝酿。

依照重庆市委布置的每5000人口的乡选举人民代表130人的指示，原渡舟乡有17000余人，共选举乡人民代表384人。

17日晚上，各村普遍地召开小组长以上的扩大干部会议，研究本村划组，物色居民代表及乡人民代表人选。18日晚上，各村召开群众小组会议，酝酿划组选代表，在讨论当中，群众情绪很高，个别的对划居民小组有些顾虑，怕与地主划在一个组不好管制，又怕劳动力划弱了，负担运粮要吃亏。十七村杨正祥怕把军属划到他那小组要负担代耕，又怕把二流子划到他那小组要帮助改造。酝酿选代表时，群众一般都很重视。如十三村袁树林说："这次选代表很重要，翻不翻身就全靠代表。"二十一村村长张大全说："不干不对头，还是要干，赵水河（团员）你不要忘本啊（是他培养的），现在政府是相信党团员，还相信我们吗？"，意思是怕没有他干的。19日各村召开全村公民选举大会，在会上弥补了宣传教育的不足，讲明了代表的重要性和政治权力，群众情绪很高。由于事先酝酿成熟，一般的选举都很顺利，大会上通过了自然村的村名和居民小组的划分，充分地发扬了民主，选举了居民代表和乡人民代表。三村二组争代表，因为该组没人当选人民代表，该组李孙氏发牢骚说："这组没有一个当选人民代表真不光荣。"在选举时，一般都认识到当选是光荣的，都表示了自己的态度，争取群众的信任，如五村七组周怀祥说："这次我若当选，一定要把互助组搞好。"选举后八村周国治说："今天选代表真真是民主，公开的由群众来选举办好自己的事情，只有在毛主席领导之下才有我们的政权。"选举过后号召群众多提议案交给代表带到人代会上去讨论，乡政府好给大家办理，接着对落选的干部进行教育，防止悲观失望（这点很重要）。

20日各村召开了当选为乡人民代表的代表会议，对代表们进行了鼓励，要求他们不骄不躁更进一步地为人民服务，保持代表的光荣，另一方面讨论酝酿乡政府委员人选名单及讨论人民代表会议的重要性。

第三阶段是召开人民代表会议选举乡政府，召开第一届第一次人代会议，共计3天。21日召开渡舟乡、大桥乡、盘龙乡3个乡人民代表会议，这是由于初次召开，为了便于领导起见，所以把3个乡的人民代表会议联合召开。3个乡这次应出席的代表372人（有两个自然村少选了十几名），实到357人（机关代表在外），缺席15人（都是互助组组长到县开会去了）。计男280人，女77人。代表成分：农民353人，商人3人，邀请教师代表1人。

大会成立了主席团，由主席团主持开会，主席团由有关的机关代表3人，人民代表5人（内有妇女1人），教师代表1人，共9人组成。大会第一项由主席（该区指导员）致开幕词，报告开会意义及建政经过与建政的重要性。大会第二项是通过各乡的乡名及各乡所辖范围，提出各乡人代会正、副主席名单（原准备的乡长任主席，在人民代表中选择一个积极分子任副主席）。大会第三项是公布乡人民政府组织通则，说明乡政府委员会的重要性，号召代表认真地选好乡人民政府委员才能办好事情。大会第四项分乡分组酝酿讨论，然后分乡进行选举。各乡人民代表都认真负责地选举了乡政府委员、正副乡长，掌声不绝地通过了乡政府委员名单。大会最后一项由主席总结选举，提出成立各种工作委员会，会后分别讨论，各村推荐委员，并召开各乡乡政府委员会，根据委员特长进行分工，除正、副乡长已由大会在委员中直接选出外，农协、青年、妇女3个委员，由区委在委员中聘任，其余委员由乡政府委员会分工推任。随后还分别成立乡政府下设的各种委员会，分为：生产建设委员会，主管农业生产、水利、护林、交通、救灾、兽疫防治等。文教卫生委员会，主管群众文化教育的普及和医药卫生等。武装治安委员会，主管防奸、防□、防火、防盗等。拥军优属委员会，主管军烈属的代耕、慰问、优待等。调解委员会，主管群众纠纷的调解。财粮委员会，主管征粮、税收、公产等。以上6个委员会，均吸收每村1人参加，渡舟乡7人组成，大桥、盘龙两乡分别以9人组成，由乡政府有关委员兼任主任委员，在委员中推选一人为副主任委员，在会上讲明了各种委员会主管业务的重要性。

关于农协、青年、妇女3个委员会，为了慎重对待群众团体的组织，乡只是选出乡委员，经区聘定后，由乡委员任主任委员主持联系区的团体组织。从下而上选举小组长、委员，各在每个自然村内组织若干团体小组，再由村的各小组选举委员1人组成乡的农协、青年、妇女委员会，直接领导小组。

在选举当中，代表们情绪很高，一般都认真负责地慎重考虑，如该区物色出的陶晏普、陈树章，代表认为他工作态度不好，作风官僚为人民办不好事，结果落选，通过这样慎重的选举，不但教育了干部，也教育了代表。凡是骨干较多的乡，选举一定顺利，骨干少的乡，选举就有些拖延，如盘龙乡选举乡政府委员时，代表思想不一致，产生本位观点，黄连村的代表接连选出4个委员都不足半数的选票，结果落选，冷淡了会场。

22日接着召开了3个乡的第一届第一次人代会议，讨论提案，由新任乡长报告1952年冬至1953年春的工作（新任乡长对工作不熟由区指导员代替），代表分组讨论后提交大会通过。在大会中，代表们都体现了当家做主人的态度，批判了工作中的缺点，如盘龙乡代表柯德□批判了互助组没有执行"三六"原则，形式主义，乡干部合作社干部不负责任，人事观点。大会通过了有关农业生产的11件，烈军属代耕的2件，修塘修堰的2件，文教方面的3件，植树造林2件，卫生方面1件，整顿互助组的2件，补修公路1件，加强武装站岗放哨看守粮仓的3件。建议乡政府办理有关"兴革"案件11件。

最后召开乡政府干部会研究各种工作制度，决定乡人代会每个月开会一次。乡政府委员会一个月两次。各种工作委员会一个月一次。村居民代表会5天一次。特殊事故临时召开。乡政府每半个月向区公所书面汇报工作情况一次，每一个月书面向区公所及县人民政府总结汇报工作和人代会的议案一次。区公所每一个月书面向县人民政府汇报工作情况一次。乡长7天到区公所报告研究工作一次。乡干部3天向乡长汇报研究工作一次。

会议还指出了今后在工作中的作风、路线、观点、立场，使干部们明确革命的方向。对各种委员会的任务作了详细说明，分工不是单纯分家，而是分工合作，对征求的各乡干部对工作的意见都一一作了解答，确定 3 乡人民政府从 12 月 24 日开始办公。

总之，渡舟乡全部建乡过程分为集中干部学习 3 天，宣传教育了解情况 5 天，划乡、村、组选举代表 4 天，召开人代会成立乡政府，产生各种委员会及第一届第一次人代会与乡干部会 3 天，合计共 15 天。

第三节 重庆乡村权力结构的变迁及基层政权的职能、作用

一 重庆乡村权力结构的变迁

重庆各区乡村政权是在农民经过减租退押、反霸及土地改革等一系列阶级斗争，打垮了地主阶级，农民得到了翻身，提高了群众政治觉悟，村干部在领导工作中，也有了锻炼，创造了民主建政的基本条件的基础上建立起来的，其建立的过程也是乡村权力结构变迁的过程。

重庆在建村时明确规定"凡中华人民共和国人民，不分性别、党派（民主党派）、信仰、种族、在本段设有户口，具体下列条件者均得当选为村政委员：一、年在 18 岁以上。二、须为雇农、贫农、中农、手工业工人、兼营农业的小商贩或农村的贫苦知识分子。但有下列情形之一者不得当选为村政委员：（1）有精神病者。（2）地主或富农。（3）有不良嗜好者。（4）曾任保甲长者。（5）曾做特务者。（6）解放后曾做土匪者。（7）被褫夺公权期限未满者"[①]。并通过誓词、标语、口号、选举村政委员须知等通俗易懂的语言向农民宣传，使农民逐步懂得了应选什么人，不能选什么人，因此只有雇农、贫农、中农、手工业工人、兼营农业的小商贩或农村的贫苦知识分子被选为村政委员，使解放前操纵乡村政权的保甲长、地主或富农、土匪特务全部被排除在乡村权力结构之外。

如重庆第七区上坪村建村时，在酝酿讨论村政委员候选人中群众即将不合条件的共 15 人（其中有甲长 9 人、社会服务队员即特务组织的

[①]《选举村政委员须知》（1950 年 8 月 18 日），重庆市档案馆馆藏，资料号：1075-1-277。

外围分子2人、小偷2人、富农2人）清出，由群众投票选举了苏炳成等9人为村政委员（其中贫农6人、中农3人）并以得票最多的苏炳成（贫农）、田兴发（中农）分任正、副村长，其余委员分别是治安委员冯绍清（贫农兼手工业）、吴宪华（贫农），生产委员王素英（中农）、崔世清（中农）、申海波（贫农），宣教委员李有福（雇农），卫生委员段锡君（贫农）。① 从上坪、庆平、和平、新村、朝阳、新农6个村村政委员的成分分析，贫农42人、中农10人、雇农2人，贫雇农占主体；男性42人、女性12人，女性占20%以上；文盲较多，27人、粗识文字的7人、小学文化18人、初中只有2人；大多是年富力强的中青年，其中18—25岁13人、26—35岁20人、36—45岁16人、45岁以上5人。② 详细数据见表5-5。

企图破坏村政建设的地主坏分子受到揭露和打击。重庆第七区建村时，有的走地主路线的坏分子对建村表示仇视甚至破坏，如上坪村过去保经济干事梁炳成看不起当选的村政委员，说他们办事不行，并故意造谣说当了村长，每个月得18万元。庆平村甲长文树林操纵落伍分子投票，使积极分子曹占云选不上村长。其侄文锡君说选出的人认不得字，根本办不好事，意图减低村委在群众中的威信，同时喊出"你要废除老子保甲制度，老子就废除你村政委员会"，庆平村地主段竹君、段竹轩、朱宇清等并勾结江北县的地主进行活动，企图破坏村委会，并挑拨离间村委的团结，阴谋被当场揭破。当时唐家沱分驻所并派干部调查其活动情况。

重庆第三区全区由原有4个乡公所，划成7个小乡，成立了7个乡人民政府，选出正、副乡长14人，其中原来干部4人（正乡长1人，副乡长3人），农民10人（包括雇农4人，贫农5人，中农1人）（其中正乡长6人，副乡长4人），并选出乡政府委员65人，其中有妇女16人，这次建政不但提高了群众的认识，而且乡的工作也便于领导，更大的收获是增加了一批新的农民干部，对今后领导农村生产工作增加

---

① 《建村工作总结报告》（1950年8月8日），重庆市档案馆藏，资料号：1075-1-277。

② 《已建六村村政委员概况表》（1950年8月18日），重庆市档案馆藏，资料号：1075-1-277。

第五章　新中国成立初期重庆基层政权的建立与乡村权力结构变迁

了生力军，选出的乡长工作情绪非常热烈，群众反映很好，如民权村的王大嫂说：硬要选自己农民当乡长，给我们办事真管用。①

二　重庆乡村基层政权的职能、作用

重庆第七区在市民政局工作组的领导和配合下，最先建立的上坪、庆平两村在建村后正式召开村委就职大会，开始正式行使职权，这两村因为地主较多②（见表 5-6），封建势力浓厚，村委认识到所处环境的险恶，故团结得很紧密，在农贷减租，整理农会、妇女会，调解村民纠纷，追收公粮尾欠等工作中充分地表现了高度责任心，保证了政府的政策法令不打折扣地和群众见面，在如下几方面发挥了积极的作用：（1）办理农业贷款——上坪、庆平两村都根据当时区政府对贷款的指示，着手布置贷款，并分组调查讨论，从最苦的贷起，上坪村还开会订出村贷款等 17 项工作计划，村委王素英情愿无偿借锄、犁、耙等农具给副村长田兴发，互相商定都不贷款，让贫农先贷，力求做到贷款的公平合理合法，在群众中留下良好的印象。（2）打下秋征减租准备工作基础——两村村委均代表村民要求学习减租条例，并主动开会讨论决定了各个庄稼户要向农会组长报告打谷子的数量，同时也暗中调查，在证实后再由组长报告村长，同时通知岗棚进行严密检查，禁止夜间携包袱行走，以便秋后减租征粮的正确贯彻执行。（3）整理农会、妇女会及居民小组，将成分不合或本质不良的分子清洗出农会和妇女会，如上坪不良分子梁炳成、庆平伪甲长周天云、二流子妇女段淑梅等都被分别清除，同时上坪村还撤换了富农成分的户口组长 3 人，并重新登记农会及妇女会员，进行审查并加以整理。（4）调解纠纷——如穷苦人王德超与郑永和妻子等的纠纷，庆平村委会还在群众大会上报告穷人应该团结的意义，调解后使当事人心悦诚服，并给到会群众以教育。（5）追收公粮尾欠——两村欠缴公粮的地主已分别向村长打了限期缴纳的条子，地富中贫各阶层的一般问题，都交由村长处理，其不能解决者，区和工

---

① 《第三区乡村及街道民主建政工作总结报告》，重庆市档案馆馆藏，资料号：1075-1-391。
② 《建村工作总结报告》（1950 年 8 月 18 日），重庆市档案馆馆藏，资料号：1075-1-277。

作组等均不直接包办,必须见村证明方予处理,给予村干部一定职权,放手要他们去做,如上坪村撤换户口组长,虽未通过分驻所,但分驻所以其不懂请示报告制度,乃提醒其以后注意而并未加以责备。①

表5-5　　重庆第七区上坪等六村村政委员概况表②

村别	成分 中农	成分 贫农	成分 雇农	性别 男	性别 女	文化程度 文盲	文化程度 粗识	文化程度 小学	文化程度 初中	年龄 18岁至25岁	年龄 26岁至35岁	年龄 36岁至45岁	年龄 46岁以上
上坪	2	6	1	8	1	5	3		1	2	3	4	
庆平	2	7		7	2	5		3	1	1	3	2	3
和平	2	7		6	3	5	1	3		1	4	3	1
新村	1	8		6	3	5	2	2		4	2	3	
朝阳		8	1	7	2	5	1	3		3	3	3	
新农	3	6		8	1	2		7		2	5	1	1
总计	10	42	2	42	12	27	7	18	2	13	20	16	5

表5-6　　重庆第七区上坪等六村各阶层户数人口统计表③

村别	户数 地主	户数 富农	户数 中农	户数 贫农	户数 雇农	户数 小计	户数 其他	户数 共计	人口 地主	人口 富农	人口 中农	人口 贫农	人口 雇农	人口 小计	人口 其他	人口 共计
上坪	13	18	26	77		134	2	136	107	137	168	326		738	10	748
庆平	20	14	71	94	7	206	1	207	132	76	290	508	29	1035	5	1040
和平	15	16	24	107		162	51	213	99	156	163	511		929	318	1247
新村	3	6	5	58		72	126	198	19	37	27	282		365	533	898
朝阳	6	3	6	55		70	73	143	18	18	35	286		357	391	748
新农																
总数	57	57	132	391	7	644	253	897	375	424	683	1913	29	3424	1257	4681

---

① 《建村工作总结报告》(1950年8月18日),重庆市档案馆藏,资料号:1075-1-277。

② 《已建六村村政委员概况表》(1950年8月18日),重庆市档案馆藏,资料号:1075-1-277。

③ 《已建六村各阶层户数人口统计》(1950年8月18日),重庆市档案馆藏,资料号:1075-1-277。

第五章　新中国成立初期重庆基层政权的建立与乡村权力结构变迁

根据1951年《重庆市乡人民政府暂行组织规程》①的规定，重庆乡人民政府的组织和职能如下。

第一条　本规程根据中央人民政府政务院颁布之乡人民政府组织通则及重庆市区人民政府暂行组织规程第七条之规定制定之。

第二条　乡人民行使政权的机关为乡人民代表大会（或乡人民代表会议——下同）和乡人民政府。在乡人民代表大会闭会期间，乡人民政府即为乡的行使政权的机关。

乡人民政府委员会为乡一级的地方政权机关，受区人民政府领导；在巴县受县人民政府领导及区公所的监督指导。

第三条　乡人民政府委员会由乡人民代表大会选举乡长一人、副乡长一人至二人及委员七人至十三人组成之，乡长、副乡长及委员经区（县）报市人民政府批准任命。

第四条　乡长、副乡长及委员的任期为一年，连选得连任。

第五条　乡人民政府委员会在区（县）人民政府领导下行使下列职权：

一、执行上级人民政府的决议和命令；

二、实施乡人民代表大会通过并经上级人民政府批准的决议案；

三、领导和检查乡人民政府各部门的工作；

四、向上级人民政府反映本乡人民的意见和要求，并提出兴革意见。

第六条　乡长主持乡人民政府委员会会议，并领导全乡工作，副乡长协助之。

第七条　乡人民政府设文书一人，较大的乡，得酌增设办事员一人，承乡长之命办理各项事宜，并视工作需要设各种经常的及临时委员会，其主任委员得由乡人民政府委员兼任。

第八条　乡人民政府之文书，办事员由乡长提请区（县）人民政府批准任免之。

---

① 《重庆市乡人民政府暂行组织规程》，重庆市档案馆馆藏，资料号：1075-1-380。

第九条　乡人民政府委员会会议，每半月举行一次，由乡长召集之，并得根据需要召开临时会议。委员会会议须有委员过半数的出席始得开会，须有出席委员过半数的同意，始得通过决议。

第十条　本规程经市人民政府委员会会议通过后，报请西南军政委员会批准施行，其修改同。

在实际工作中，乡政府的职能和作用涉及筹备乡人民代表会的召开、传达政府政策法令、组织农业生产、水利、护林、交通、救灾、兽疫防治、医药卫生、防奸、防匪、防火、防盗、军烈属的代耕、慰问、优待、群众纠纷的调解、征粮、税收、公产、修塘修堰、发展文教事业、植树造林、整顿互助组、补修公路、加强武装、站岗放哨、看守粮仓、办理本乡其他有关兴革案件等各个方面。

如第四区乡政府委员会由乡人民代表会产生后，工作职能一般是商讨本乡工作、筹备乡人民代表会的召开、传达政府政策法令及向政府反映情况等三项。①

长寿县渡舟乡成立乡政府后，乡政府下设的各种委员会，分为：生产建设委员会，主管农业生产、水利、护林、交通、救灾、兽疫防治等。文教卫生委员会，主管群众文化教育的普及和医药卫生等。武装治安委员会，主管防奸、防匪、防火、防盗等。拥军优属委员会，主管军烈属的代耕、慰问、优待等。调解委员会，主管群众纠纷的调解。财粮委员会，主管征粮、税收、公产等。由此可见，乡政府的职能和作用涉及农业生产、水利、护林、交通、救灾、兽疫防治、群众文化教育的普及、医药卫生、防奸、防匪、防火、防盗、军烈属的代耕、慰问、优待、群众纠纷的调解、征粮、税收、公产等各个方面。长寿县渡舟乡第一届第一次人代会议，讨论通过的提案中有关农业生产的11件，烈军属代耕的2件，修塘修堰的2件，文教方面的3件，植树造林2件，卫生方面1件，整顿互助组的2件，补修公路1件，加强武装站岗放哨看

---

① 《第三区乡村及街道民主建政工作总结报告》，《重庆市第四区人民政府乡村建政资料》（1952年6月9日），重庆市档案馆馆藏，资料号：1075-1-391、392。

守粮仓的3件。建议乡政府办理有关兴革案件11件。① 反映出当时基层政府和基层组织的主要工作就是农业生产，同时需要进行烈军属代耕、修塘修堰、发展文教卫生事业、植树造林、整顿互助组、补修公路、加强武装站岗放哨看守粮仓、办理本乡其他有关兴革案件等多方面的具体工作。

第四节　重庆建乡过程中取得的经验教训

重庆通过长寿县第六区渡舟乡典型示范建乡等，取得了丰富的经验教训，为县、市其他乡的建立提供了更好的条件。从经验上讲，第一，领导重视与中心工作结合，干部思想明确，区干部与建政干部思想统一，是工作顺利的环节。第二，必须大胆放手依靠村干部、党团员、积极分子贯彻工作。第三，公民权要提得响亮（但要防止群众把公民与人民分为两个成分）。凡是18岁以上除去患精神病与被剥夺公民权的以外，都有选举权和被选权。第四，居民代表与人民代表一定要分清楚，为了工作便利，居民代表可以当选为人民代表，先选居民代表后选人民代表。第五，划居民小组时，要防止把地主、二流子划在一个小组，不便管制，一般的在原组不动。第六，未满18岁的没有公民权一定不能参加选举。第七，划居民小组要取得群众同意不能强迫命令。第八，原有乡干部选举时，必须回到本村与群众同样竞选。第九，区上必须有领导的慎重物色出乡政府委员名单，事先做好试探，防止选出后不愿干。第十，必须深入群众反复交代政策了解情况，及时与村干部积极分子商量解决。第十一，不懂的和不能解决的问题，坚决执行请示报告，防止假装聪明。第十二，划村组不要过于机械，根据领导意见与群众意见相结合，防止硬性强迫，一般的不打破村组，个别户必须在群众同意下进行调整。第十三，选人民代表必须有妇女25%—30%的参政，首先按村比例出数字，在代表内掌握选出妇女代表。第十四，选人民代表与乡政府委员时必须说明都是为全乡服务的，防止群众狭隘的本位主义。第十五，不怕群众反映，必须善于听取群众反映慎重研究，耐心说

---

① 《长寿县渡舟乡建政工作总结》，重庆市档案馆藏，资料号：1075-1-553。

服教育,才能解决好各种问题。这次建政工作也存在不足,第一,区上考虑乡政府委员还不够慎重,酝酿时群众提出很多意见,结果落选的有3个,选出不愿脱产的有1个,共计4个。第二,建政干部一部分执行决议不够,如二村多选人民代表1人,六、七村多选4人,十七村多选1人,九村少选代表一半,共计少选19人。第三,个别干部对公民权认识不足,如九村选出1个人民代表只有17岁不足公民年龄。二村有一个妇女本来很好,因为临时外出就不选她。第四,一部分干部对提高妇女参政认识不足,不照布置的妇女要选20%—25%的比例数字办理,如三好村有24个代表只选妇女2人,老鹅村灵台村各有代表20人只各选了妇女2人。第五,对公民权认识不足,如辜家村原有村干部李伯全提出条件限制代表,在会上说:"要选中贫农,历史要清白,工作要积极,吃酒的不要",虽然当时纠正,但也起了些不好的影响。第六,酝酿乡政府委员不够策略,事先群众就知道了,如一村群众说:"上面已经研究好了,我们还讨论啥子。"在团员会上酝酿时没有注意策略如何去酝酿法,结果灵台村的一个团员回去挨组公布。形成不是从思想掌握酝酿,争取群众同意。[①]

[①] 《长寿县渡舟乡建政工作总结》,重庆市档案馆馆藏,资料号:1075-1-553。

第六章　新中国成立初期西康省政权建设的变迁

西康省在新中国成立初期曾是独立的省级地区，又大多为山区和少数民族聚居区，其建政更有特殊性，所以也单列一章叙述。西康是藏族、彝族聚居的地区，清末建立正式架构。民国时期正式建省并建立了基层政权。新中国成立初期西康省各级人民政府逐步建立，又通过以雅安县蔡龙乡的建政经验及启示，西康省人民代表会议（大会）制度逐步建立并发挥了政权建设的职能和作用。

第一节　清末西康的政治架构

西康是藏族、彝族聚居的地区，原无其名，西康之作为地名，学者们认为最早见于清末代理川滇边务大臣傅嵩炑1911年6月（宣统三年闰六月十六日）请求建立西康行省的奏折，奏折向清廷提出："查边境地界于川藏之间，乃川省前行，为西藏后劲。南接云南，北连青海，地处高原，对于四方皆有建瓴之势，非特与川滇辅车相依而已。""查边境乃古康地，其地在西，拟名曰西康省。建设方镇，以为川滇屏蔽，藏卫根基。"[1]"但在清末民初，官方一致沿用'川边'之名。1925年改'川边道'为'西康特别行政区'，与热河、察哈尔、绥远以及京兆合称'五特别行政区'。从此，西康作为行政区划名称，正式取代了

---

[1]《请建西康行省折》，四川省民族研究所编《清末川滇边务档案史料》下册，中华书局1989年版，第1032—1033页。

'川边'。① 对此，学者王川亦论述道："在近代汉文献中，'西康'作为地名，最早见于清末代理川滇边务大臣傅嵩炑（笔者注：上引吴建国用的是傅嵩秋，王川用的是傅嵩炑，二者略有区别，冯有志在其《西康史拾遗》，巴蜀书社 2015 年版中作'傅嵩炑'，各有说法。）于宣统三年（1911）6 月报告建议成立西康省的奏折。"②

1906 年（光绪三十二年）6 月 5 日，赵尔丰陈报："巴塘正、副土司罗进保、郭宗隆保已于军前正法，里塘土司四郎占兑、桑披寺逆僧普仲乍娃战死，百姓无归。"请"先设流官管理分治，以巴安、盐井、三坝、理化、定乡、稻城、贡嘎岭、河口八县隶属于川。如川边将来建省，以为改土归流之基"。锡良、绰哈布接报后经过商议，然后上奏清廷，请趁此机会改土归流，设置川滇边务大臣："乘此改土归流，照宁夏、青海之例，先置川滇边务大臣，驻扎巴塘练兵，以为西藏声援，整理地方为后盾。川、滇、边、藏声气相通，联为一致，一劳永逸，此为西南之计也。"同月，军机处遵旨交部议复锡良等奏折："奉旨：'以赵尔丰为川滇边务大臣。'"7 月 3 日，赵尔丰致电军机处奉旨任川滇边务大臣。③

及至"赵尔丰上任后，在川滇边区大力推行各项改革措施。第一，改土归流，设县改制。先后奏设康安、边北两道，康定、巴安、邓柯三府，甘孜、白玉、德化三州，三坝、理化二厅，盐井、定乡、稻城、河口、石渠、同普六县，乍丫、昌都两理事官，德荣、江卡、贡觉、桑昂、杂瑜、三岩、章谷、道坞、瞻对、泸定、硕般多十一设治员"。"第二，兴办学校，推广教育。""第三，修筑道路，发展交通。"④ 从此处可以大致看出，在省内政治行政建制上，在改土归流的过程中，府、州（或厅）、县三级行政体制已经大致谋划。

---

① 吴建国：《试论西康建省与康区的早期现代化》，《华中科技大学学报》（社会科学版）2003 年第 3 期，第 39 页。
② 王川：《近代民族关系史上的西康建省及其历史意义》，《西藏大学学报》2008 年第 1 期，第 37 页。
③ 《锡良、绰哈布奏设川滇边务大臣折》等，四川省民族研究所编《清末川滇边务档案史料》上册，中华书局 1989 年版，第 90—91 页。
④ 黄天华：《论民国时期西康建省》，《四川师范大学学报》（社会科学版）2001 年第 4 期，第 97 页。

1909年（宣统元年）8月12日《德格土舍多吉生格纳还土地人民改土归流折》列举了土司制度近些年带来的危害，其地方的重要性和擘划经营的意义，所以奏请"从改土归流之议"。奏折称："且查德格地方，自该土司家庭变故以来，多吉生格与昂逆互称雄长，干戈相见，十余年来，血流满地，小民迄无安居之日。甚且富者转而为贫，贫者流离至死，百姓诉其冤苦，令人恻不忍闻。且其地近察台，幅员辽阔，形势要隘，土脉膏腴，如能擘划经营，便成重镇。实可外扶藏卫，内屏川边，弃而不图，后患犹大。""不得不为代奏请从改土归流之议者。"① 于是，赵尔丰在平定德格全境后，改流设官。"按照一般情况，可以划分州县十余个。唯其地虽广，其人则稀，设官过多，条件不够，决定先选人烟较多地方设治。经与川督协商后，改德格为德化州，在德格、春科、高日交界处，设邓柯府，上、下杂渠卡及上、中、下三色许合并设石渠县；在德化之南与巴塘相连之白玉地方设白玉县，德化之西与乍丫、察木多连界之同普地方设同普县。另设边北道，道员驻邓柯，统辖新设各府州县。"② 从此处可见，清末川滇边区省级以下行政建制至少是四级：道、府、州、县。其实，这也是赵尔丰在光绪三十一年（1905）年平定盐井回巴塘之后，给川督锡良建议的意愿实现，该时赵尔丰曾向锡良建议道："'巴理二塘土司，均已自取灭亡，附近各地，也都平定，广大土地，无人管理，应乘战胜余威，将兵力能及之地，先行改土归流'。建议废巴塘为巴安府，盐井改为盐井县，三坝为三坝厅，乡城为定乡县，同属巴安府。理塘改为理化县，稻城改为稻城县，贡呷岭分县，置县丞，同属理化州。中渡改为河口县（后因与云南河口县同名改为雅江县），打箭炉改为康定府，河口县隶之。设炉安盐茶道，驻巴安府，统辖新设各府州县。"③ 这说明，对于川边地区行政区划如何设置，赵尔丰是有着比较成熟的思考。

有研究者更是指出，"改川边各归流行政机构为府、所、州、县、

---

① 《德格土舍多吉生格纳还土地人民改土归流折》，四川省民族研究所编《清末川滇边务档案史料》中册，中华书局1989年版，第420页。
② 冯有志：《西康史拾遗》，巴蜀书社2015年版，第31页。
③ 同上书，第19页。

乡，政府亦开始向农牧民征收农业税，岁收粮税银七万余两。"① 这说明，早在清末，最基层的乡一级政权也已经在谋设之中了。

虽然，"傅嵩炑提出西康建省奏折之时，四川保路运动已进入高潮，辛亥革命行将爆发，清政府的统治已处于风雨飘摇之中，自然无暇顾及西康建省的问题；革命爆发后，赵尔丰、傅嵩炑相继率大部边军回师成都并被击溃，加之英国加紧策动'西藏独立'的阴谋，使川边各地陷于动乱之中，川边改土归流顿成虚文，川边建省的政区变革设想最终没有实现。虽然如此，计赵尔丰'所收边地（指改土归流），东西三千余里，南北四千余里，设治者三十余区，而西康建省之规模粗具。进入民国后，中国中央政府便是以赵尔丰在该地设县的基础，与英国斡旋，力争国土，挫败了英国分裂西藏的企图。1939年西康建省，赵尔丰改土归流的成果至此尘埃落定。由此可以说赵尔丰在川边的7年经营（1905—1911），'俨有行省之规模焉'，奠定日后西康立省的基础。"② 溯本清源，赵尔丰为西康省的建立乃至省内的行政建制自是做出了其应有的贡献。

第二节　民国时期西康省制的形成与基层政权的建立

民国时期中央政府对于川边康区的治理，是在清末筹设川滇边区的基础上进行的。

北洋政府时期，从县级政权建制来看，1911年辛亥革命以后，"1913年，全国统一县制，'改土归流'时期新设、拟设各行政单元全部正式设县，县治机关称为'县公署'，掌理县署的长官称为'县知事'。国民党执政后，在1928年到1932年间，各县的'县公署'更名为'县知府'，'知事'改称'县长'。从1914年到1927年，川边康区的行政建制为'川边特别行政区'和短暂的'西康特备行政区'，地方

---

① 荣赫鹏：《英国侵略西藏史》，孙煦初译，西藏人民出版社1983年版，第282页。
② 王川：《近代民族关系史上的西康建省及其历史意义》，《西藏大学学报》2008年第1期，第37—38页。

最高长官是由北京政府委任的'川边镇守使'和'西康屯垦使'。在这段时期，川边康区的县级行政建制基本处于停滞状态。一方面，县公署的规制相当单薄，除'县知事'以外，仅设课员3名，分掌案牍、征收和庶务。另一方面，由于'川边镇守使'的位置上人员'走马灯'似的轮换，县知事的更换率也达至最高。对川边康区的行政建制而言，1928年是一个转折点。首先，南京国民政府成立，在形式上实现了全国统一，边疆地区的政权建设被纳入日程。9月7日，国民政府发布了新设热河、察哈尔、绥远、宁夏、青海、西康6个行省的政府令。其次，刘文辉在四川省的军阀混战中驱逐刘成勋，将川边康区划入自己的防区。自此以降的23年，刘文辉始终担任这一地区的最高行政长官，川边康区在省级行政上结束了频繁的人事变动，进入稳步推进阶段"[①]。

虽然如此，西康正式建省，还是在进入南京国民政府以后，"根据重庆国民政府的命令，1939年1月1日，西康省正式建立，省府设在康定。刘文辉任省主席，段班级任民政厅厅长，韩孟钧任教育厅厅长，李万华任财政厅厅长，叶秀峰任建设厅厅长，王靖宇任保安处处长，张为炯为秘书长，其他省府委员还有格聪、黄述、杨永浚。据《中央日报》记载，当时西康省总人口2144031人，辖境46县2设治局，即金沙江以东33县2设治局及金沙江以西13县。实际上，当时西康省政府直接控制的只有金沙江以东33县2设治局，而金沙江以西盐井县等13县则为西藏政府控制，并未收回"[②]。这样，西康省一级的政府机构建立起来了。

如欲进一步考察该时西康省的基层组织架构，则首先要从整个南京国民政府基层组织行政建制角度考察看起。

"1928—1929年间，南京国民政府立法院先后颁行《县组织法》《乡镇自治施行法》《区自治施行法》《市组织法》及《乡镇坊自治职员选举及罢免法》等，规定基层行政机构由县以下区、村、里（闾）、邻四级所组成，县的直接下属单位是'区'，全县按户口及地形分划为

[①] 王娟：《流官进入边疆：清初以降川边康区的行政体制建设》，《中南民族大学学报》（人文社会科学版）2014年第1期，第74页。
[②] 黄天华：《论民国时期西康省》，《四川师范大学学报》（社会科学版）2001年第4期，第98页。

若干区，每区至少以20村里组成，区为自治区域，设区公所、区民大会及区监察委员会等机关，区公所管理区自治事务；区的下面是各自然社区，由百余户人家组成的村或由相同规模的城镇街道居民组成的里，在乡镇为乡镇公所，在间邻为间邻长；县以下行政首脑经选举产生后由县长直接任命，各层政府工作人员也由县长任命。"① 然而，县及其以下行政机构的设置却并非全国都能建立。造成这种情况的原因，主要是"由于国内尚未完全统一，各省实施上述法规大为悬殊"所致。如以四川为例，"处于防区割据时期的四川更是各自为政，仅有部分县份完成区公所的设置，区公所的规模很小，实际办事人员不过3—5人，无独立财政，职员待遇很低，事务承办空洞敷衍"②。由此可见一斑。

但是如果细观西康省县级及其以下基层政权建制，则早在清末就已开始具备雏形。因为清末改土归流之时，就"改川边各归流行政机构为府、所、州、县、乡，政府亦开始向农牧民征收农业税，岁收粮税七万余两"③。这表明，在县级政权之下，开始设乡。

对此，有学者也说道，"赵尔丰在川边改土归流，首要措施就是废除原有的土司制度，在西康设立道、州、厅、县、理事官、设治委员等官职，建立起了比较完整的地方行政系统。在基层建立了'首举'制度，由百姓公举头人管理村务。头人任期3年，其薪水由村民共摊青稞30克寸（约120斤），任期满后如再获公举，可连任3年。如头人办事不公，经禀告地方官后随时公举更换。这俨然是以选举为基础的地方自治制度，颇有现代'村民自治'和'基层民主'的意味"④。在此，乡村中的"头人"就成为农村基层政权中最基层的一员。从名义上似乎与民国建立之前有了区别，实则不然，因为至解放前夕西康省仍然继续着由"土司、头人、寺庙上层的少数人"三大集团控制的封建农奴制。

---

① 王春英：《试论国民政府基层组织——区署建制在四川的推行及其影响》，《四川大学学报》（哲学社会科学版）2004年第6期，第129页。
② 同上。
③ ［英］荣赫鹏：《英国侵略西藏史》，孙煦初译，西藏人民出版社1983年版，第282页。
④ 吴建国：《试论西康建省与康区的早期现代化》，《华中科技大学学报》（社会科学版）2003年第3期，第41页。

"统治者利用政权维护神权,利用神权强化政权,这一专政特点构成了农奴主阶级对农奴的特殊统治形式。"①

究其实,川边康区基层行政建制的构成,正因为其特殊的民族性和传统的土司并未完全消失,才出现了上述的"土流并置"的状况。

赵尔丰治理川边时期,"在'改土归流'中,赵尔丰对旧土司并不苛刻。只要土司们不抵抗官军,并上缴印信,他们都由清廷授予了世袭的'汉官'衔,如'都司''守备''千总''把总'等,并获养赡银两。这种方式是清代在西南各土司辖地改流的通例。在废除了土司名号,又在新划定的州、县级行政单元派驻了流官后,还需要在县以下的基层社区中建立起新的行政网络。赵尔丰规定,所有新设置的行政单元,都在其辖区内根据地理方位和历史上形成的区域界线划分为东、西、南、北、中五路,并在各路置'保正'一名;在各路之内,每约百户划为一村,设'村长'一名。根据改流章程,这些作为基层政权中枢的'保正'和'村长',应采取'公举'的形式来选拔,并由县府任命。至于这些新职位是否可由原来的土司、头人担任,赵氏并未禁止。事实上,保正、村长的设置正好对应了土制时代之土千户、土百户的级别,在大多数地方,旧土司、头人都转而成为了新制度下的基层政权代理人。民国时期,尽管'改土归流'中划定的各行政单元保留了下来,各县知事亦大体就位,但在缺少了赵尔丰时代强大的军力和财力的情况下,之前被废除名号的旧土司们又恢复了势力。……考察民国时期川边康区的地方'官衔',可划分为三类。第一类是县政府里的公职,如县长、秘书、科长、督学等,这类官职就是传统的'流官'衔,是一种全国通行的职位。担任这类官职的都是外来的流官,由省级行政机关委任,且需具备学历等方面的专门资格。第二类是总保、保正、村长、保甲长等,这类也是全国通行的职位,但属地方自治的范畴。担任这类职位的都是土著人群,在名义上由'公举'产生。第三类就是所谓'土兵营长''骑兵大队长'等由过去的'土司'转变而来的官衔,这类官衔是川边康区所特有的,可以说是一种新式的'土司'衔,专

---

① 郎维伟:《1950—1955年在民族政策治理下的四川康区社会》,《西藏研究》2008年第3期,第19页。

门为土著首领'度身定制'。这三类官职的划分是民国时期川边康区行政建制的重要特征,可以用'土流并置'来描述,它反映了县政府对其理应掌控的权力的让渡,目的则是换取土著领袖对地方政务的支持"①。

上述川康地区基层行政机构的设置因地而异的情况在该时隶属于西康省的汉源县同样表现明显,这尤其表现在乡镇一级行政机构的设置上。"该县于1940年9月由县政府召集县属各联保主任及民政有关人员召开会议,决定利用全县以场为中心之优势,设立4镇9乡。县以下各级基层机构的整理与职权划分,本应按中央或省府明文规定实行,但汉源县为'注重历史关系及自然条件并利用以场为中心之优点',不得不查照实际情形,而只把原有13联保改为9乡4镇,县属13联保所辖保数,未能尽照上级规定,划定乡镇区域后,该县即遵照《纲要》第31条规定等分别委定乡镇长1人,副乡镇长1人或2人,并限期改组乡镇公所,设置工作人员除正、副乡长外,有民政股、警卫股、经济股、文化股等4个股主任,另配设户籍干事、事务干事及户籍警以及公差等数名,民政股主任由副乡长兼任,警卫股主任由保国民兵队队副兼任,经济、文化两股由中心小学教师兼任等。"② 这从另外一个角度也说明了川康地区行政治理的复杂性和多样性。

对此现象,王娟从现代国家治理边疆的手段,即将"土著精英"改造为"国家官员"的角度进行了剖析。"从清代在巴塘、理塘设立'流缺土司'起,如何将'流官'这种行政身份与'土著'这种族群身份结合起来,就是一个上自中央政府,下至经边大员不断探索和尝试的问题。至20世纪上半叶末期,川边康区出现了几位'土著县长'。尽管他们的任职时间很短暂,以致政绩无从考察,但这一现象本身即显示出一种本质性的变化。在现代行政体制中,'流官'已脱离了其产生之初的'避籍'的含义,而是代表'国家公务员'的职业身份。'县长'不同于'保正''村长'这类地方自治范畴内的职务,他们是真正

---

① 王娟:《流官进入边疆:清初以降川边康区的行政体制建设》,《中南民族大学学报》(人文社会科学版)2014年第1期,第74页。
② 王春英:《民国时期的县级行政权力与地方社会控制——以1928—1949年川康地区县政整改为例》,四川大学出版社2012年版,第132—133页。

的'国家公职人员'。原则上,他们除领取国家的俸禄外别无收入,他们接受国家的任免,有固定的任期、绩效考评体系和职业晋升路径。因此,'土著县长'的出现,反映出国家在整合边疆的努力上迈出了试探性的,但却是关键的一步。"[①]

第三节 新中国成立初期西康省农村基层政权的建立

一 西康省各级人民政府的建立

1949年10月,中华人民共和国成立。在新政权的领导下,西康省逐步实行了有步骤的社会改革和建立各级政权的工作。因西康省是多民族地区,民族区域自治是建政工作的特点。

1950年4月26日,西康省人民政府成立,康定为省府所在地,廖志高担任省主席,当时西康省分设康定、雅安、西昌3个专区。1950年12月,康定专区改为西康省藏族自治区。1951年,雅安县县城改置为雅安市,西康省人民政府由康定迁至雅安。1952年,西昌专区从凉山地区划出,凉山地区设凉山彝族自治区。根据地图出版社1953年8月第四次修订版《中华人民共和国分省地图》介绍:西康全省辖雅安市;雅安、西昌、昌都3个专区;西康藏族、凉山彝族两自治区,各专区及自治区分辖59县。

民族区域自治制度终结了传统的政治制度权力体系。"西康藏区自治区的建立,使藏族同胞得以当家做主,消除了民族之间的不信任,国民党时期实行的制度性民族压迫和歧视政策不复存在,封建农奴主的统治模式在一定范围内被新的政权形式所取代,党的民族政策在政治上实现了康区的初步改造和治理。之所以说是初步实现,因为西康藏族自治区建立之初,这个政权在康定和康定东区基本实现了有效管理,自治区人民政府成立后在整个康区的20个县建立了县级政权,在色达地区建立了办事处,在康东、康南县级以下政权中原有的统治系统尚未改变,

---

① 王娟:《流官进入边疆:清初以降川边康区的行政体制建设》,《中南民族大学学报》(人文社会科学版)2014年第1期,第76页。

仍然是土司、头人、寺庙上层的少数人对广大藏区民众的统治。"[1]

藏族人民当家做主实际上既是把社会公共权力交给了人民，也是解决民族问题的一项基本政治制度。但是，这种政治体制的设计在刚刚解放的西康藏区却并未马上收到实效，因为"由于藏区社会的复杂性和民族问题的敏感性，封建农奴制统治形式在一些基层还未彻底消除，制约政治制度变革的经济制度尚未摧毁，所以，这时的康区社会政治制度仅仅实现的是初步转型"[2]。

1951年2月24日，"邓小平主持召开西南军政委员会第二十五次行政会议，批准并通过了西南民委提交的《关于西南少数民族地区实行民族区域自治及建立民主联合政权的意见》（简称《意见》），呈请中央民委后，作为实行西南少数民族建政的具体方针。《意见》规定：'本区各少数民族聚居的地区，应暂就其所在行政区如省（署）、专区、市、县、区、乡等分别建立各级民族自治区人民政府'"，对于少数民族和别的民族杂居的地区，"应就其所在行政区，按民族人口比例选出相当名额的代表，组织各族人民联合的政府。各族按照人口比例选出代表时，对区内人口较少的民族应予适当照顾"[3]。即是说，对于基层政权来说，开始建立县级以下"区、乡"两级政权。此后，随着西康省社会秩序的稳定和经济财政状况的好转，在邓小平同志的指导下，西康省民族地区基层政权的建政工作也逐步实施开来。

1951年3月底，西南民族事务委员会根据邓小平的指示和《意见》提出了具体的建政纲领，这主要是依据西康省民族地区的实际情况，"建议各省区民族政权的建立先从专区级搞起，由上而下地进行。少数民族区域自治和联合政府的建立以专区级一层为重点，主要是考虑到'一个专区的范围内，包括的民族较多，了解各族间的问题比较全面，而一县范围内的民族问题，往往牵涉临近各县，县级政府就无法处理解决'"[4]，

---

[1] 郎维伟：《1950—1955年在民族政策治理下的四川康区社会》，《西藏研究》2008年第3期，第24页。

[2] 同上书，第25页。

[3] 宋键：《邓小平与西南少数民族地区的政权建立》，《贵州民族研究》2010年第5期，第2—3页。

[4] 同上书，第7页。

那么，从 1951 年 3 月开始，按照省（署）、专区、市、县、区、乡等建制建立起来的西康省政治机构情况如何呢？

从 1950 年开始至 1953 年 4 月，西康省建立的专区、县、区、乡情况大致如下。

首先在民族自治地区，1950 年建立了 1 个专区；1951 年建立了 9 个区，4 个乡；1952 年建立了 3 个区，31 个乡；1953 年建立了 1 个县。因此，总体是 1 个专区，1 个县，12 个区，35 个乡。

其次在民族杂居地区建立的联合政府，1950 年未建立任何机构；1951 年建立了 1 个专区，7 个县，5 个区，18 个乡；1952 年建立了 9 个县，19 个区，36 个乡；1953 年无任何机构建立。

到 1953 年 9 月，西康省在百余万藏族、彝族聚居地区，建立了康定、凉山两个相当于专区的自治政府，在 150 余万民族杂居地区建立了木里县和 11 个区、58 个乡的自治政府，以及 12 个县、8 个区、11 个乡的联合政府。在 60 余万汉族地区建立了 1 个市、7 个县、31 个区、82 个乡的人民政府。各乡则普遍召开过农民代表会议多次，实际起了代行乡人民代表会议的作用，且普遍已逐步过渡到人民代表会议，成立了乡人民政府和分掌各项具体业务的工作委员会。村一级则按需要设有类似以上性质的小组。1952 年 8 月西康省召开了全省民政工作会议，决定遵照西南区统一规定撤销村一级政权组织，实行代表制（但截至 1953 年 9 月，西康省的村一级组织大部未取消），用乡直接领导居民组（每组 5—25 户，选代表兼任组长）。雅安郊区辖有 3 个乡，市内在市政府下设段，段领导居民小组。

1953 年 6 月至 11 月，西康省在已完成土地改革的 21 个县、1 个市的 512 个乡（镇）进行了基层选举，举行了第一次乡（镇）人民代表大会，选举了 7—11 人组成的乡人民政府委员会，乡政府下设民政、财粮、生产、文教、治安保卫等 5—7 个经常性工作委员会，分掌各项具体业务，且均建立了必要的工作和会议制度。[①]

[①] 西康省人民政府民政厅《关于三年来民政工作几项主要工作综合报告》（1953 年 9 月 5 日）、《西康省一九五三年民政工作总结》、《西康省人民政府民政厅四年来民政工作总结报告》（1953 年 10 月 15 日），四川省档案馆馆藏，资料号：建康 16-8。

郎维伟先生也说道,"康区解放后基层政权相继建立,到1954年除色达外的19个县成立县级人民政府,县以下设立了区政府。区级以下管理社会的成员一般仍有许多是当地的上层人物,但是藏族聚居区以往完全由封建领主的统治系统管理社会的情况已经发生了变化"①,这说明基层政权的管理主体已经发生了重大变化,农村基层政权从人员构成到权利规定已经有了重大变迁。在这变迁的过程中,实际上也包含着重构的一面。尤其是象征着最基层的乡级政权,其变迁与重构在具体操作的过程中更显复杂,因为,毕竟传统的"头人"制度统治乡村的时间太长,统治者不想放弃,被统治者亦有惯性思维,故从传统到新生,实则是一个不易的转换过程。

从1952年4月《西昌县城关区长安乡白鹤村干部登记表》和《西昌县城关区长安乡东德村干部名册》分析当时西康省一些地方的基层政权已基本掌握在贫雇农手中,地主富农已完全被排除在政权之外。其中白鹤村32名干部中贫农21人,雇农1人,中农10人;东德村干部39人,贫农21人,雇农4人,中农14人。干部比较年轻化,白鹤村32人中25人在45岁及其以下,东德村37人有年龄统计,其中31人为45岁以下。但文化程度比较低,大多数不识字,其中白鹤村干部2/3以上不识字;东德村干部39人中33人无文化。具体情况见表6-1和表6-2。

表6-1　　　　西昌县城关区长安乡白鹤村干部登记表②

(1952年4月)

姓名	职别	性别	年龄	文化程度	成分	出身	结婚否	何日何人介绍入团	籍贯	工作简历	备考
蔡慎修	村主任	男	30	初级程度	中农	农业	已结	未入团	西昌	务农	
温德明	副主任	男	36	不识字	贫农	农业	已结	未入团	西昌	务农	乡委员
郑发文	乡委员	男	36	高小	佃中农	手工业	已结	未入团	西昌	务农	武装

① 郎维伟:《1950—1955年在民族政策治理下的四川康区社会》,《西藏研究》2008年第3期,第25页。
② 《西昌县城关区长安乡白鹤村干部登记表》,西昌市档案馆馆藏,资料号:西郊乡(长安乡)132-1-2。

第六章 新中国成立初期西康省政权建设的变迁

续表

姓名	职别	性别	年龄	文化程度	成分	出身	结婚否	何日何人介绍入团	籍贯	工作简历	备考
杨□高	乡委员	男	30	不识字	贫农	农业	已结	未入团	西昌	务农	武装小队长
张刁氏	乡委员	女	57	不识字	贫农	农业		未入团	西昌	务农	兼农协小组长
张仕齐	总代表	男	41	不识字	贫农	农业	已结	未入团	西昌	务农	评产员
王致洪	总代表	男	45	初级程度	贫农	农业	已结	未入团	西昌	务农	
侯树清	总代表	男	42	初级程度	贫农	农业	已结	未入团	西昌	务农	
张治清	农协小组长	男	21	初小程度	中农	农业	已结	未入团	西昌	务农	武装组员
吕德安	农协小组长	男	35	初小	贫农	手工	已结	未入团	西昌	务农	武装组员
李启才	二十户代表	男	46	不识字	贫农	农业	已结	未入团	西昌	务农	
罗怀贞	二十户代表	女	16	不识字	贫农	农业		未入团	西昌	务农	
温启治	二十户代表	男	34	不识字	贫农	农业	已结	未入团	西昌	务农	
尹玉芳	二十户代表	男	38	不识字	贫农	农业	已结	未入团	西昌	务农	
李德民	二十户代表	男	25	初小程度	中农	农业	已结	未入团	西昌	务农	武装分队长
张国富	二十户代表	男	26	初小程度	贫农	农业	已结	未入团	西昌	务农	武装组员
张吴氏	妇女村主任	女	46	不识字	佃中	农业	已结	未入团	西昌	务农	评选小组
杨张氏	妇联副主任	女	57	不识字	雇农	农业		未入团	西昌	务农	
尹嘉贞	妇联组长	女	30	不识字	贫农	农业	已结	未入团	西昌	务农	
彭学贞	妇联总代表	女	25	不识字	中农	农业	已结	1951年3月	西昌	务农	
宋贾氏	妇女总代表	女	28	不识字	贫农	农业	结婚	未入团	西昌	务农	五户代表
陈谭氏	妇女十五户代表	女	50	不识字	佃中	农业	已结	未入团	西昌	务农	
庞刘氏	妇女十五户代表	女	48	不识字	中农	农业	已结	未入团	西昌	务农	换工组长
杨刘氏	妇女十五户代表	女	38	不识字	贫农	农业	已结	未入团	西昌	务农	
李刘氏	妇女十五户代表	女	48	不识字	贫农	农业	已结	未入团	西昌	务农	
朱赵氏	妇女十五户代表	女	30	不识字	贫农	农业	已结	未入团	西昌	务农	

续表

姓名	职别	性别	年龄	文化程度	成分	出身	结婚否	何日何人介绍入团	籍贯	工作简历	备考
温启贞	妇女十五户代表	女	30	初小程度	富中	农业	已结	未入团	西昌	务农	选种代表
尹万氏	妇女十五户代表	女	45	不识字	中农	农业	已结	未入团	西昌	务农	
黄光会	妇女十五户代表	女	23	不识字	贫农	农业	已结	未入团	西昌	务农	
王严氏	妇女十五户代表	女	32	不识字	贫农	农业	已结	未入团	西昌	务农	
杨刘氏	妇女十五户代表	女	42	不识字	贫农	农业	已结	未入团	西昌	务农	
谌周氏	妇女十五户代表	女	30	不识字	贫农	农业	已结	未入团	西昌	务农	

表6-2　　　　**西昌县城关区长安乡东德村干部名册**[①]

（1952年4月15日）

姓名	职别	性别	年龄	文化程度	成分	出身	结婚否	何日何人介绍入团	籍贯	工作简历	备考
李正福	乡妇女主席	女	27	无	中农	农业	已结婚	1951年2月23日何有桂介绍	西昌	村主席村委员	
李国才	二十户代表	男	□	无	贫农	同	已结婚	/	同		
倪启福	二十户代表捐武装	男	23	无	中农	同	未结婚	1951年10月30日余海澄介绍	同		余海澄介绍入团
杨经胜	农协组长	男	51	无	贫农	同	同	/	同		
倪启明	生产委员	男	40	初级二年	富裕中农	同	同	/	同		
倪普敏	妇女十五户代表	女	40	无	雇农	同	同	/	同		

---

① 《西昌县城关区长安乡东德村干部名册》，西昌市档案馆馆藏，资料号：西郊乡（长安乡）132-1-2。

续表

姓名	职别	性别	年龄	文化程度	成分	出身	结婚否	何日何人介绍入团	籍贯	工作简历	备考
李正全	妇女十五户代表	女	32	无	贫农	同	已结婚	/	同		
杨邢氏	妇女十五户代表	女	38	无	中农	同	寡妇	/	同		
张胜先	乡农会委员	男	40	无	贫农	雇工	已结婚	/	同		
李朝坤	村主任乡政权委员	男	27	初级毕业	佃中农	农业	已结婚	/	西昌	1942年当宪兵传令8月	现学校家长委员主席
刘大明	副主任	男	32	老学四年	中农	农业	同	/	同		
张树恭	二十户代表捐武装	男	30	无	贫农	同	同	/	同		
刘海清	二十户代表	男	28	无	贫农	同	同	/	同		捐武装
代光耀	二十户代表	男	42	无	同	同	同	/	同		捐武装
孙殷氏	二十户代表	女	43	无	同	同	同	/	同		
代光平	二十户代表	男	36	无	中农	同	同	/	同		
黄光斗	武装分队长	男	31	老学三年	贫农	同	同	/	同		捐农协组长
代显才	农协会长	男	20	无	贫农	同	同	/	同		捐武装
孙张氏	妇女副主任	女	31	无	贫农	农业	寡妇	/	西昌	/	
巫进珍	妇女十五户代表	女	25	无	贫农	同	已结婚	/	同		
张李氏	十五户代表	女	43	无	贫农	同	寡妇	/	同		
刘龚氏	十五户代表	女	35	无	中农	同	已结婚	/	同		
胡张氏	十五户代表	女	42	无	雇农	雇工	已结婚	/	同		
范李氏	十五户代表	女	46	无	贫农	农业	已结婚	/	同		
李代氏	十五户代表	女	24	无	贫农	同	已结婚	/	同		
骆苗氏	十五户代表	女	46	无	雇农	同	寡妇	/	同		
李段氏	乡妇女委员	女	29	无	佃中农	同	已结婚	/	同		
代黄氏	妇女□□	女	□	无	中农	农业	已结婚	/	同	/	

续表

姓名	职别	性别	年龄	文化程度	成分	出身	结婚否	何日何人介绍入团	籍贯	工作简历	备考
谢云	青年组长	男	26	私学三年	贫农	农人	结	未	西康西昌	伪政府当过兵	
曹秉全	二十户代表	男	33	无	贫农	农人	结	未	同		
袁娄氏	二十户代表	女	27	无	贫农	农人	结	未	同		武装分队长
罗王氏	二十户代表	女	42	无	雇农	农人	结	未	同		
郑明章	二十户代表	男	51	男	中农	农人	结	未	同		
袁赵氏	妇联副主席	女	36	无	中农	农人	结	未	同		生产委员
赵忠美	妇女村主任	女	25	无	贫农	农人	结	未	同		
袁李氏	十五户代表	女	65	无	贫农	农人	结	未	同		
袁黄氏	十五户代表	女	55	无	贫农	农人	结	未	同		
袁李氏	十五户代表	女	33	无	中农	农人	结	未	同		
杨郑氏	妇女委员	女	53	无	中农	农人	结	未	西康西昌		

二 雅安县蔡龙乡的建政经验及启示

西康省解放以后，为了取得建设农村基层政权的经验，进一步推广与健全巩固人民民主政权的基层组织，使乡村政权成为人民民主的坚实基础，以适应国家经济建设之需要，在西康省民政工作会议后，由西康省民政厅与雅安专署、雅安县府，共3个单位组织建政工作组，人员一共7个（内有专县各1人），于1952年10月10日开始在西康省雅安县蔡龙乡展开建立农村基层政权的试点工作，在同年11月3日结束，历时23天，取得了良好成绩。

蔡龙乡是雅安县第一区基础比较好的乡，共辖10个自然村，82个居民组，共1553户，计5609人，并有水碾磨28座，油房7座，砖瓦厂10座。解放后经过一系列的社会改革运动，1951年又进行了"土改复查"，在各种运动中，涌现出了大批积极分子，他们一般都比较纯洁，作风正派，并能联系群众，为群众所拥护。而群众觉悟亦比较高，绝大多数都加入了自己的组织。蔡龙乡在土改前后共开过九次农民代表大会，在土改结束后，在农代会的基础上选举了乡政府委员及乡长（乡主席）。并在1952年的7月、9月召开过两次人民代表会议（实际还是农代会，因为除农民外，并未吸收其他各界一个人）。这说明，新中国成立后在建立农村基层政权的初期，农民是最主要也是唯一的力量，虽然成分单一，但是由农民自选的这种方式，却也恰恰体现了农村基层政权中"农村"二字的特色。这与解放前有着本质的区别，因为，该时渗透农村的基层政权是保甲，而无论保长还是甲长的任命，都与普通老百姓是无关的，保甲长本身也是由具有一定身份的人士担当，与普通百姓关联甚少。如李巨澜先生在论述民国时期新乡绅阶层的形成与影响时就曾说道："南京国民政府成立后，国民党政权即根据'以党治国'方针，采取各种举措加强对乡村地区的控制，建立新的乡村基层政权。其重要措施之一就是努力培养出一个受过新式教育、依附和服务于国民党政权、迥别于传统的新式乡村精英阶层，作为乡村社会中最主要的政治力量，取代土豪劣绅对乡村权力的控制，以确保乡村基层政权组织对于国民党政权的效忠以及国家政令的贯彻执行。"而这些新式乡村精英阶层，"往往兼具官绅商学多种身份，他们所具有的知识、声望、财产及政治身份，是其地位形成与稳固的基本前提"[①]。而蔡龙乡的这种实践，也一定程度上体现了西部民族地区农村的特点，因为，在缺乏近代工业而且商业也不是十分发达的情况下，加之新中国成立以后农民翻身做主了，农民成为主要的选举与被选举者就成为理所当然了。

在具体建立乡村政权的过程中，蔡龙乡结合着民族地区的特点，比较稳妥地实施了建政工作。

首先，在具体建政的过程中，根据蔡龙乡的实际情况，把群众当前的迫切需要，作为了压倒一切的中心工作，以期获得群众的支持，即坚持走群众路线。在建政的过程中，工作人员认识到必须发动群众大力进行防疫卫生运动，制止死亡，抢救病灾，否则要发动群众建政将是空谈。因此，蔡龙乡是在解决群众这一迫切需要的基础上来结合当地中心工作（秋征）进行建政的。在具体步骤上，大体上分为了解情况宣传

---

① 李巨澜：《试论民国时期新乡绅阶层的形成及其影响》，《华东师范大学学报》（哲学社会科学版）2003年第4期，第17—18页。

政策，划分居民组、选举代表、召开代表会、确定今后制度等几个步骤：首先通过各种会议，如干部会、群众会、建团会和家庭座谈会、个别访问等，了解情况；然后根据活生生的事实，进行关于防疫卫生、秋征减免，人民当家做主的重要性以及居民组与互助组的性质、团结生产等一系列的宣传教育工作。同时组织了雅安专区的防疫卫生队，到疫情最重之狮子村，经过整整5个整夜免费抢救之后，治好400余人，严重的病情被压下去，停止了疫病的蔓延，安定了人心，因而把群众对政府埋怨的情绪，转变为热情拥护政府的情绪。如龙洞村代表说："真是我们自己的政府，我乡病死人了，政府觉得心痛，即设法抢救，要是国民党反动政府，哪怕死上一万一千个人，他还管你那个，该要什么还是要什么。"① 在此基础上，工作组进一步启发群众，以新旧政府对比，回忆过去的生活情况、社会地位等，从而提高了群众的觉悟。之后，群众们从飞仙关大桥的建筑和给他们免费治疗等问题中，认识到了人民政府真是取之于民、用之于民。因而给顺利完成征粮任务，作了思想准备。从回忆过去中，群众亦认识到没有人民政府和共产党，蔡龙乡的恶霸地主也无法打垮。

为了改善干部与群众关系，加强团结，启发干部群众自我检讨，对不合理的问题提出处理意见，蔡龙乡建政工作组又对群众进行了特别说明：虽经过一系列的运动，打垮了敌人，但仍有敌人至今还在伺机活动，如不团结，就会给敌人造下可钻的空子，我们农民就要吃苦。对某些退坡松劲思想，工作组采取了两种办法：一种是尽量采取一人一职制，裁并重叠机构，对某些临时性的委员会，宣布撤销（任务已完毕的）代表主任副主任等。村干部轮流值班，农忙时若在乡以上政府开会误工，三天以上者可适当帮工，以解决其实际困难。如澄清村代表李汉清说："这回建政弄好了，分工明确后，各负各责，办事人多了，工作一定能办好，生产也能推得走。"另一种是对一些落后思想，则发动群众，在选举代表中，进行适当的批判。如龙洞村张士彬（常委），经小组会群众教育后，自己做了检讨，又积极干起来。（民政部按：应本

---

① 西南军政委员会民政部《通报》（1952年12月23日），四川省档案馆藏，资料号：建川044-1-31。

团结爱护精神教育提高,一般应避免开群众性批评会,以防形成"一脚踢开"的意外事故。)陇阳村武装小队长李明沛,在启发回忆教育后说:"今天翻了身,我不能忘本,我晓得这碗饭来得不容易,工作我一定要干,我不干叫谁干。"平石村三组群众评论李在言(当时乡长)时说:"他懂得政策,就是工作中不积极负责,只要今后能改,我们还是要选他。"[1] 李亦对病人的问题,作了痛心的检讨。在解决了这一系列的问题的基础上,进行了社会主义前途教育,使干部群众坚定了建设幸福生活的胜利信心。

其次,工作组依据区划的原则和居住自然情况,经过群众充分的酝酿讨论,在取得全体群众的同意后,具体而详细地重构了蔡龙村基层政权。具体做法是,将蔡龙村调整为9个自然村(原10个村,昝村与石梯村合并),71个居民组,最大的27户(平原),最小的11户(山地),一般平均在20户左右。组与组、村与村、乡与乡的划界,首先取得双方群众同意,经过上一级政府批准才划的(如不能先经农会讨论,亦要经扩大干部会议讨论)。在居民组划定后,以村为单位,召开了居民会议,说明村不是一级政权,代表主任、文教卫生、治安保卫、护林水利等5个经常性的工作委员会,各委员会的人员9人到11人(原则是一村一个,便利工作),以政府名义聘请积极分子、技术人才参加。主任委员由有关的乡政府委员兼任,正、副乡长依据地区、部门分工领导,委员特别是村主任,绝大多数都是一人一职,村代表正、副主任等,进行轮流值班分工。村上视需要有的还设有小组,如拥军、治安保卫小组等。乡政府委员会及各种委员会,会议汇报时间为10天至15天。

最后,在基层政权基本建立的情况下,工作组还对前期建政工作进行了总结,并准备发动群众再继续进行各种建政后续工作。如在蔡龙乡代表会议后的第7天,全乡进行了卫生大检查,召开了全乡的评比、发奖大会。在6天之内,全乡清除垃圾16万多斤,通沟1401丈,灭鼠979只,填塞耗子洞460多个,除草742方丈,积肥5800多斤,灭苍蝇

---

[1] 西南军政委员会民政部《通报》(1952年12月23日),四川省档案馆馆藏,资料号:建川044-1-31。

14斤，臭虫跳蚤1斤2两，蚊子2斤5两，打捞沙虫5斤3两，修人行道1400多丈。并出现了一个模范村（原死人多，病情重的狮子村），9个模范组，9个模范户，而这些也都获得了广大群众的称赞和政府的奖励（锦旗、毛巾、肥皂等）。这些巨大成绩的取得，再一次证明了人民群众的智慧和力量是无穷无尽的。过去干部与群众之间的某些不团结（如狮子村）、闹宗派（如澄清村）也迎刃而解了。

雅安县对于蔡龙乡在农村基层建政过程中取得的成绩给予了充分肯定，但与此同时，县政府也实事求是地对建政过程中出现的问题与教训进行了总结。如1952年12月23日，在蔡龙乡建政工作结束后不久，西康省人民政府就对于蔡龙乡建政试验工作做了总结报告。报告总结道："雅安县蔡龙乡的实验建政工作，解决了过去存在的若干问题，又发现了很多严重问题。其处理问题的观点和方法，是依据群众当前迫切的要求而着眼的，这是完全正确的，值得我们某些农村工作同志仿效，但对建政本身的具体工作，解决得还不够彻底，亦应引起注意。"①

第一，该乡部分乡村干部，存在着换班思想，工作组虽用对比和回忆的方法教育了干部，并启发他们做了自我检讨，但未进一步结合当前地主和反革命分子的某些破坏事实，来提高乡村干部的阶级觉悟和政治警惕，并深入细致地解决乡村干部的实际困难、使之从思想上、工作上真正解决问题，对县、区某些干部的强迫命令和脱离群众的工作作风，也未予以及时纠正。

第二，根据乡村的实际情况，如硬性规定"一人一职"，是有困难的。如何减少会议，也缺乏具体明确的办法。各地在今冬明春建设工作中，应切实注意解决乡村干部的工作与生产矛盾，如对非脱离生产的乡村干部，在农忙时因公耽误生产超过几天，可酌情给予适当的帮工，每年最多不能超过多少天，以免乡村干部脱离群众，并经县级批准为宜。乡村干部一般的最多不能兼几职。哪些会非开不可，哪些会可以不开或少开，每个月不能超过几次会议等，应由今冬第一批建政的地方，将这方面的经验，加以综合报省，以便统一规定，俾能有效地解决乡村干部

---

① 西南军政委员会民政部《通报》（1952年12月23日），四川省档案馆馆藏，资料号：建川044-1-31。

困难，健全乡村的组织和制度。为了减少乡村干部麻烦，各级各单位任意往下发表格的现象，必须适当地控制，应由办公厅召集有关单位商定控制办法。

第三，各级机关，要搞实验工作，或到乡村做任何工作，都应估计到乡村干部和群众的时间与精力，一个乡不能允许有两个不同性质的实验工作（据说雅安县这种现象还不是个别的）。且各级机关典型实验，也不必都到基础较好的乡去进行工作，否则不仅使乡村干部烦不胜烦，疲于应付，形成三头受气，以致产生松劲换班思想，甚至可能使好乡变为坏乡，且我们的各种政策，也将难以贯彻。关于省、专区、县、市要到雅安县及市所属各乡去做实验工作，应由民政厅协同区党委农村工作组与雅安专区、县、市各有关单位，拟订具体办法，经领导批准后，加以实施，以统一典型实验的步骤和减少各乡村干部的麻烦。即是说，在选择典型的同时，也要照顾全面工作。

第四，该乡今年就病死了101人，这反映了我们某些干部，只要任务，不要政策，把上级要求和群众利益对立起来，这是严重脱离群众的官僚主义表现，应由人民监察委员会和有关单位加以检查，追究责任后，给予应得的处分。今后要彻底纠正这种坏现象的发生。此种情况，估计干部中还不是个别的，应引起各县警惕并进行检查。

第五，该乡个别村，互助组与居民组混淆不清，甚至硬性规定要本居民组在一起互助，不许和其他居民组互助，这是违反自愿两利原则，各地在建政时，也检查一下。

第六，土改中有些遗留问题，在这次建政中没有得到解决，这也说明了单纯的建政观点，各地须在这次建政工作中，将土改遗留问题全部解决。

综观上述总结出来的六个方面，我们可以发现，新中国成立初期雅安县以蔡龙乡作为农村基层建政的重点，其目的就是为了通过这个事例来发现与解决西部民族地区农村基层建政过程中可能出现的一系列问题。在总结蔡龙乡经验的同时，西康省人民政府对于蔡龙乡建政试验也提出了几点经验教训。

第一，不管何种部门进行任何工作，若把广大群众当前最迫切的要求，置之于不顾，要想单纯完成自己的所谓"中心任务"，是根本不可能的。因为包括农村基层建政在内的一切工作，都要发动群众，与依靠广大群众，才能取得胜利，即前面所提群众路线才是工作中应该坚持的路线。蔡龙乡这次所以能在短期内完成建政任务，其根本原因，就在于把群众当前最迫切的要求，确定为压倒一切任务来解决。如果工作组对严重的病疫情况置之于不顾，那么要取得上述这些成绩，是难以设想的。

第二，经验证明，在进行工作时，必须采取"突破一点，取得经验，推动指导全面"的领导方法，才易于收到事半功倍之效。蔡龙乡这次以平石村这个自然村为重点，干部配备较强，因之易于取得经验推动指导各村工作。

第三，必须依靠各种组织活动，去进行各项工作，否则就无法摆脱包办代替的形式。蔡龙乡工作组这次工作开始时，没有很好地依靠农协发挥其组织作用，使工作在开始时，受到了某些影响。

第四，选举代表或委员时，要充分发扬民主，根据条件展开评比，使干部以自我检讨和群众批评相结合，不仅对干部进行了教育，坚定了工作信心，且亦教育鼓舞了群众，加强了团结，改善了干群关系。但仍有个别干部（区）对疫病流行所遭受的痛心损失没有深刻检讨，以致影响了群众批评政府的勇气。特别是西部民族地区，由于处于基层的农民过去很多都是奴隶身份，根本就无权利可言，建政中更应该抓住这一特点，充分使农民享受到新政权带来的新权利，只有有了这个比较以后，他们才会积极参与新政权建设与拥护新政府。

第五，在人民代表会议中，任何一个提案，都必须分别轻重缓急，慎重处理，务使"事事有着落，件件有交代"，这样才能取信于民。蔡龙乡在对待个别提案时，就没有明确答复，致使某些代表感到"没有解决他的问题"，这也是应该纠正的。对此，蔡龙乡建政工作组在前期建政经验的基础上，又提出了一些建议：（1）由于工作组的时间紧迫，以致对少数干部多占果实，个别贫雇农未分到房子、土地等问题，未能及时处理，只有留待土改复查中给予解决，以利团结生产。（2）建政后，蔡龙乡虽已建立了一套比较完整的组织和制度，但县、区领导上，必须继续耐心地帮助他们，以便使它逐步健全和巩固起来。（3）各级各部门派往农村的工作组，尽可能和当时当地中心工作结合起来，并通过一定的组织去进行工作。否则彼此强调重要，干部与群众势必处于无法应付的状态。尤其是某种材料和表格，在省直属各单位即可解决，有的县区就可能解决，不必一一都到乡村去调查，以免增加乡村干部和群众可以避免的麻烦。如有万分必要，可经过一定的机关（县或区）控制，再到乡村调查，以免混乱。（4）对乡村干部，特别是村干部，工作和生产的矛盾，有关机关应制定适当的帮工和补助办法（如在农忙时连续误工三日以上者可让群众帮工等），以便逐步解决这个历史的矛盾。

这些经验和启示对西康等地其他各级政权的建立起到了很好的示范作用。

三 西康省各级人民代表会议（大会）制度的逐步建立及其政权的职能和作用

截至1953年9月，西康省除普雄、美姑、布拖尚未正式建县外，43县市均普遍地召开了各界人民代表会议即各族各界人民代表会议，最多的9次，最少1次。在少数民族地区召开的各族各界人民代表会议，实质上已代行了人民代表大会的职权，选举了县的政府委员会及代表会议的常务委员会。各乡则普遍召开过农民代表会议多次，实际起了代行乡人民代表会议的作用，且普遍已逐步过渡到人民代表会议，选举了乡的人民政府委员会。

西康省的代表会议（大会）基本体现了以工人阶级领导，工农联盟为基础的人民民主专政的性质。其代表具有广泛性，会议也发挥了民主监督的作用。在雅安所属的汉人地区，1953年召开的代表会议，50%以上是工人、农民，妇女代表则逐步增加，由开始不足3%增加到11%以上，最多的荥经县达到30%。在民族地区还根据各族人口数字，以及政治经济各方面的具体情况推定代表。如义敦县1953年的151名代表中，有105人为农民代表，12人为喇嘛，14人为政府及党群机关代表，其中妇女代表占1/5强。各地代表在初期是指定的，后来逐步改为民主协商推选。会议充分发扬民主和代表会议对政府的批评监督。如会东县的第一次人代会，总计收到提案达242件，其中134件是批评性的。这不仅教育了干部，而且密切了政府与群众的联系，有代表反映说:"硬是人民政府,说话硬顶事。"

到1953年,根据中央选举委员会《关于基层选举工作的指示》,西康省成立了省选举委员会领导全省的基层选举。1953年6月至11月,西康省在已完成土地改革的21个县、1个市的512个乡(镇)分两批进行了基层选举,并举行了第一次乡(镇)人民代表大会,选举了乡人民政府委员会和上一级的人民代表。在少数民族聚居地区的藏区19个县(除泸定外)、凉山彝区的6个县(喜德县除外)和西昌专区的木里县,以及汉族聚居县内的相当于区或乡的少数民族聚居区,则采用协商办法,产生了出席上一级人民代表大会或人民代表会议的代表。普选的过程是先进行了人口的调查登记,并使广大乡村干部受到群众的批评鉴别,使他们受到一次深刻的教育,对个别违法乱纪和人民群众极不满意的分子进行了清除,把群众爱戴的联系群众的人选举到基层政权中来。在基层选举中,西康省各地贯彻了"普选服从生产""通过普选推动生产"的精神,发挥了乡村干部的积极性,并通过普选广泛动员了群众,有力推动了生产,战胜了自然灾害,普选地区均得到了增产。这是通过普选取得的第一个成绩。第二个成绩就是大大改善了干群关系,使干部改进了工作作风和工作方法,密切了党和政府与人民群众的关系。第三个成绩,通过普选,普遍整顿了基层政权组织,基本上克服了"五多"现象,主要的乡村干部做到了一人一职,加上必要的工作和会议制度,这既提高了乡村干部的工作热情和工作效率,又使他们有充分的时间从事自己的生产。第四个成绩,各乡(镇)第一次人民代表大会由于会前做了充分的准备,因而一般都开得很好。大会都围绕当时的中心工作和群众的迫切要求,充分发扬民主,反复讨论,做出切实可行的决议,会后代表带头贯彻执行。如天全县始阳镇,在会后普遍整顿了互助组,发挥了群众的生产积极性,涌现了5个玉米丰产组,21个丰产户,3个丰产村。这使干部群众体会到,政权建设就是搞好生产,建设好祖国,从而提高了群众的政治热情。第五个成绩,在少数民族杂居的地区,经过普选更加加强了民族团结,解决了多年的历史纠纷,受到少数民族人民的热烈欢迎。西昌县大桥乡彝族自治区的头人和群众由衷地歌颂道:"毛主席是太阳,把满山的雪(即解决冤家纠纷)都融化了。"

第六章　新中国成立初期西康省政权建设的变迁

　　开好各级人民代表会议，也成为推进西康省各项工作的关键。每年代表会议都围绕当时的中心工作确定中心议题，1953年各县代表会议均以生产建设为中心，结合贯彻婚姻法，团结治安等工作。代表会议充分发扬了代表的积极性和主动性，他们总是积极主动地想出各种办法解决各种实际问题。如1952年8月，汉源县旱情非常严重，该县召开的第四届各代会中，代表们不仅在会上热烈地讨论了抗旱保苗、抢种、补种等具体办法，还明确提出"田里掉了田里找，地里赊下地里要"的口号。会议结束后，全县普遍展开了各种形式的抗旱保苗的工作，仅发动群众挑水保苗的田地即有5406亩，短期内救活秧苗万余亩，挽回损失两成至三成。西康省通过各族各界代表会议也加强了民族团结。截至1953年9月，西康全省召开了164次县各代会，调解了历史上的冤家案万余件，结束了过去因民族仇恨而相互残杀的现象，加强了民族间的往来。如历史上从来不与外界往来的康北色达地区，在1952年也派出了他们的代表参加藏区第三届人民代表会议，并明确表示愿意在人民政府的领导下团结起来，为建设新色达而努力。而广大农村地区，普遍召开了多次乡农民代表会议，对建立革命秩序，摧毁封建势力起了极大的作用，尤其是1952年西康全省民政会议召开以后，各地召开乡人民代表会议的普遍增多，乡人民代表会议的召开对进一步动员和组织人民群众完成土改复查、爱国增产及贯彻婚姻法运动起到了保障作用，并通过这些运动的开展培养了许多密切联系群众的可靠基层干部，推动了各项工作的顺利开展。

　　正是由于各级政权的逐步建立和巩固，推动了西康省政治、经济、文化各方面的发展，提高了中国共产党和人民政府在各族人民中的声望，密切了政府与人民群众的关系，建立和巩固了中国共产党在多民族地区的执政基础和群众基础。西康省大部是山地，土地瘦寒，农业产量不高，每人能得的平均年产量不过450斤，最少的只有50斤，其中部分贫瘠的山区每年都严重地存在无灾亦荒的季节性和规律性的春夏荒。加上旱灾、水灾、虫灾、霜雹灾、地震等各种自然灾害，使西康地区的人民生活十分困苦。面对各种灾情，各级人民政府大力领导生产自救，密切配合有关部门，运用人民代表会议（大会）及其他各种会议，有计划、有步骤地发动群众抗旱保苗等。如1952年的汉源、会理、石棉等县采用挑水灌田，找水源等办法共保苗19680亩。又通过提倡副业生产，并帮助打开销路和预购办法，增加人民群众收入。如宝兴县副业生产收入折合大米260万斤。1953年石棉、汉源、宝兴等8县副业收入折合大米5380000斤，对解决灾荒起到了一定的作用。有的地方发动政府机关干部下乡带领群众除虫保苗等，如卢山县发生病虫害以后，发动县一级机关全体干部在星期日下乡领导并带领群众除虫，很快制止了虫害，挽救了农作物。政府部门又通过开展自由借贷，以工贷账，发动灾区互助互借等，解决了部分灾民困难。据统计，1952年借出大米3万斤，解决了1076户的缺粮困难。1953年，石棉、会理等7县共借出328557斤大米，解决了10953人一个月的口粮。此外，通过以工贷账办法解决灾民困难，再结合省里发放了大批救济粮款，其中新中国成立初期的3年已发放210万斤大米，190亿元（应为旧币）救济款，救济了822450人（不包括1953年夏荒救济的人数），其中救济款有40亿元用来购置寒衣95500套，再加上部队送来15703件和西昌专署所属各县捐助2000件，共救济了15万无衣和缺衣的贫苦农民。1953年，在党组织的发动下，各机关团体募捐寒衣5万件。正是通过一系列措施，解决了灾民的生产和生活困难，也提高了群众的生产积极性。如汉源县三交乡领取救济粮的163户灾民中，有130户实现了增产。总之，新中国成立后的3年多时间里，在中国共产党和人民政府的正确领导下，在各级干部的协同努力下，放手发动群众，逐步提高了群众觉悟，西康各地基本战胜了各种灾害，发展了生产，人民生活逐步改善。同时，政府部门还不断总结经验，改进发放救济粮款的手续和方法，得到普遍赞许。有灾民说："政府的救济粮恰恰发在节节上""要不是人民政府救济，哪有力量搞生产"。还有少数民族群众说："从没有看见过这样关心人民的政府，毛主席就像父母，活菩萨""要不是共产党来，真活不出来，再不好好搞生产，真是对不起毛主席"。[1]

西康省解放后，在农村基层，面临的一个十分紧迫的问题就是如何

---

[1] 西康省人民政府民政厅《关于三年来民政工作几项主要工作综合报告》（1953年9月5日）、《西康省一九五三年民政工作总结》、《西康省人民政府民政厅四年来民政工作总结报告》（1953年10月15日），四川省档案馆馆藏，资料号：建康16-8。

第六章　新中国成立初期西康省政权建设的变迁

在比较短的时间内完成新的各级政权建构,以巩固人民民主专政。此中,它也与别的地区城乡建政工作有着共性,这在全国几乎一样,即在取得政权后,"中国共产党作为一个外来的陌生者,为了对农民进行充分的社会动员,就需要进行乡村社会的动员和重建工作"[1]。而在西部民族地区尤其显得重要,个中原委,一是因为西部边疆地理位置的重要性,二是因为长期以来,西部民族地区经济、文化的不发达,致使处于基层的民众根本没有机会享受到任何民主,也没有感受到以往政权给予他们的任何保护。因此,作为新政权的塑造者,为了政权获得广大民众的支持,中国共产党必须对各级政权进行重构,但是,推倒一个旧政权虽说不容易,但是,重建一个新社会更谈何容易。在西部民族地区,更因其地域特点与历史原因等,政权建设尤其是农村基层政权的重建与汉族聚居区有所不同。本章之意,意图通过对新中国成立初期西康省各级人民政权的建立和乡村权力结构的重构进行探讨,总结其经验教训,可为当今民族地区的政权建设和基层组织建设,尤其是农村基层组织建设,提高基层管理人员的素质和水平,解决民族问题,建设社会主义民族新乡村,完善民族地区基层社会民主管理制度,建设社会主义民族大家庭提供一定的历史借鉴。

---

[1] 陈益元:《醴陵县农村基层政权建设研究(1949—1957)》,复旦大学博士学位论文,2004年"内容摘要"第1页。

第七章　新中国成立初期四川乡村社会治理的其他举措

新中国成立初期，中国共产党领导四川各族人民建立新的权力结构的同时，还采取了多种措施对乡村社会进行有效的治理，本章略举三方面。一是贯彻婚姻法，实现男女平等，解放生产力，为乡村社会顺利发展奠定了更好的群众基础；二是禁绝烟毒，促进乡村经济的健康发展，为乡村社会发展奠定良好的物质基础；三是取缔封建会门，扫除封建势力在乡村社会的最后根基，为乡村社会治理提供更好的社会基础。

第一节　贯彻婚姻法，实现男女平等，解放乡村社会生产力

1950年4月13日，中华人民共和国中央人民政府委员会第七次会议通过，同年4月30日中央人民政府主席毛泽东发布命令，自1950年5月1日起公布实施《中华人民共和国婚姻法》。《婚姻法》明确规定了两条原则："第一条　废除包办强迫、男尊女卑、漠视子女利益的封建主义婚姻制度，实行男女婚姻自由、一夫一妻、男女权利平等、保护妇女和子女合法利益的新民主主义婚姻制度。第二条　禁止重婚、纳妾。禁止童养媳。禁止干涉寡妇婚姻自由。禁止任何人借婚姻关系问题索取财物。"并对结婚、夫妻间的权利和义务、父母子女间的关系、离婚、离婚后子女的抚养和教育、离婚后的财产和生

活等做了明确的规定。①

婚姻法颁布后，即开始在全国宣传贯彻婚姻法。

贯彻婚姻法的目的，第一，废除包办强迫婚姻，实行男女婚姻自由，建立民主和睦、团结生产的家庭。这主要是针对旧社会里青年男女的婚姻大事是受父母包办或强迫的，因而是不自由的状况，要改变封建老规矩，实现结婚须由男女双方本人完全自愿，不许任何一方对他方加以强迫或任何第三者加以干涉，也就是由结婚双方自己决定自己的婚姻大事，自己选择自己中意的对象，并根据自己的自愿由双方自己到政府去登记申请结婚。当然可以征求父母和别人的意见。同时也针对婚姻被包办与强迫，或婚后被虐待而迫不得已提出离婚的情况，规定婚姻自由包括结婚自由和离婚自由，改变"好女不嫁二夫""好女不离婚，离婚不正经"等封建老话，但也反对轻率离婚，离婚必须经政府和法院调解，调解无效时才准许离婚。第二，废除男尊女卑、重男轻女的封建婚姻制度，实行一夫一妻、男女权利平等的新民主主义婚姻制度。这是针对旧社会里，妇女在家庭中得不到平等待遇，甚至被当作货物一样买卖，被当作牛马一样使唤，并且常常被打骂，严重的有身体被伤害、生命被杀害的现象，改变所谓"在家从父，出嫁从夫，夫死从子"的封建老规矩；也是针对有钱人三妻四妾，穷苦人讨不起老婆；十六七岁的姑娘嫁给十二三岁的儿童当童养媳；媳妇在家庭中受到公婆和丈夫的种种虐待等这些不合理的现象，使男女双方，特别是妇女能摆脱可能是一辈子痛苦的婚姻，妇女能被看成平等的人，有权参加工作和社会活动，享有与男子同等的财产和姓名权等，建立互敬互爱，互相扶养，和睦团结，共同负起劳动生产，抚育子女责任的新民主主义的婚姻。第三，废除漠视子女利益的封建婚姻制度，实行保护妇女和子女合法权益的新民主主义婚姻制度。这是针对旧社会里，父母不把子女当作社会的成员看待，而把他们当作私有物，父母可以任意处置，子女的利益受到漠视的现象，如许多子女受到虐待或遗弃，父母可以任意溺死或抛弃婴儿（尤其是女婴）、非婚生（私生）子女或前夫前妻所生的子女往往受到

---

① 《中华人民共和国婚姻法》，中共中央文献研究室编《建国以来重要文献选编》，中央文献出版社1992年版，第一册，第172—177页。

歧视和虐待。所以必须保护子女利益,就是保护新社会的后代。婚姻法规定:父母对所有子女(包括非婚生、私生子女或前夫前妻所生的子女,养子养女)有抚养教育的义务,严禁歧视、虐待或遗弃;非婚子女享有与婚生子女同等的权利,离婚后父母对子女仍有抚养教育的义务等。同时婚姻法也规定子女对父母有赡养扶助的义务。第四,婚姻法禁止重婚、纳妾、童养媳、干涉寡妇的婚姻自由以及借婚姻关系问题索取财物等封建恶习。

贯彻婚姻法的意义。第一,实行婚姻法,有利于打破几千年来强加在妇女身上的封建束缚,使妇女得到解放。第二,婚姻法实行后,也可以打破封建婚姻的束缚,自由地去选择自己合意的配偶。男子,只要对方同意,就可以不费钱财而结婚,夫妻一起劳动生产,使家庭生活得到改善。第三,父母公婆的最大权益得到保障,也不用为子女的婚姻操心费钱,也有益于老人的身心健康。第四,婚姻法保护了后代子孙,使子女受到良好的教育和成为建设新社会的身心健康的后代。所以新民主主义的婚姻制度,打破了劳动人民的最大枷锁,使家庭生活充满了幸福和快乐,符合劳动人民的利益。同时,新社会里大家都重视劳动,男女、人民内部更加团结,把劳动看成最神圣的事业,尤其是解放了占人口半数以上的妇女,使她们积极生产,推动工农业的大规模发展,大家协力同心建设新中国。[①]

贯彻婚姻法运动的性质、方针和方法。政务院关于贯彻婚姻法的指示明确指出:"婚姻制度的改革,虽是一种反封建的民主改革,但它不同于农村中的土地改革和其他社会改革。因为婚姻制度的改革是人民内部的思想斗争,是以先进的思想反对落后的思想——封建思想,从人们思想中清除旧社会遗留下来的关于婚姻问题方面的封建意识,这就需要有长期的、细致的、耐心的工作,而不能采取粗暴急躁的态度与阶级斗争的方法,想在一次运动中就完全解决问题。""在运动中又必须坚持教育的方针。""决不能在短期内采用粗暴的办法去加以'消灭'。"具体的方法是,分别不同情况采取不同的方法处理,即"对于大量的既

---

① 中央贯彻婚姻法运动委员会《贯彻婚姻法宣传提纲》,双流县档案馆馆藏,资料号:华阳县委1-1-138。

成的包办买卖婚姻及因婚姻不自由而造成的家庭不和睦现象，基本上应采取批评教育、提高觉悟、改善与巩固夫妻关系的办法；对极少数严重违反婚姻法，夫妇关系十分恶劣，确实无法继续维持的，应该准许离婚，但必须经过认真的调解说服工作，以取得广大群众的同情；对于一般干涉婚姻自由和违反婚姻法行为但未造成严重恶果的干部或群众，经过深刻的揭发、批判和教育，只要他决心改正错误，不必再予以处分；对于极少数虐待、杀害妇女以及干涉婚姻自由而造成严重恶果致民愤很大的严重犯罪分子，则须按法律予以应得的惩罚。"而且中央要求，"在处理群众婚姻问题的实际工作中，必须遵守婚姻法的原则和规定，不得违反或歪曲"。"人民群众和干部中的婚姻案件，应当按照正常的法律手续，由区人民政府或县、市人民法院加以处理。"还特别告诫各级党委加强对婚姻法运动的领导，随时注意发现和克服乡村中可能发生的混乱和偏向。①

婚姻法颁布后，即开始在全国各地进行了贯彻执行，到1953年1月，已取得了不少成绩，但发展不平衡。许多地区的领导机关认真向群众宣传了婚姻法，正确处理了婚姻纠纷，群众的觉悟大大提高，基本摧毁了封建主义婚姻制度，树立了新民主主义的婚姻制度，出现了许多互敬互爱、勤劳生产的模范夫妇和民主团结的模范家庭，在各种政治活动和经济建设事业中，发挥了积极的作用。但大部分地区，则由于领导机关和干部对婚姻法缺乏正确全面的了解，因而没有严肃地、正确地宣传婚姻法和正确处理婚姻纠纷，甚至有些干部对执行婚姻法采取抗拒的态度，支持旧的封建恶习，干涉婚姻自由，以致在这些地区包办买卖婚姻还很流行，妇女继续受压迫、受虐待，甚至因婚姻不自由而自杀或被杀的现象依然不断发生。死者多系青壮年，大部分是妇女。这不仅侵犯了妇女的平等权利和婚姻自由，"而且影响了人民内部的团结，影响了国家的生产建设和社会秩序"。所以1953年2月1日政务院总理周恩来签署《中央人民政府政务院关于贯彻婚姻法的指示》，要求以1953年3

---

① 《中央人民政府政务院关于贯彻婚姻法的指示》（1953年2月1日）、中国共产党中央委员会《关于贯彻婚姻法运动月工作的补充指示》（1953年2月18日），成都市档案馆馆藏，资料号：85-1-79。

月为贯彻婚姻法运动月，在全国范围内（少数民族地区和尚未完成土地改革的地区除外），开展一个大规模的宣传婚姻法和检查婚姻法执行情况的群众运动，目的就是要"根本摧毁包办强迫、男尊女卑的封建主义婚姻制度；树立男女平等、婚姻自由的新民主主义婚姻制度，从而建立民主和睦、团结生产的新式家庭，以增强国家经济建设与文化建设的力量"①。1953年2月18日，中国共产党中央委员会又做出《关于贯彻婚姻法运动月工作的补充指示》，"要求各级党委必须根据两个指示，积极准备，同时督促各级人民政府和人民团体进行各项准备，以便坚决地正确地进行这个运动"②。

贯彻婚姻法运动月概况。贯彻婚姻法运动实际在全国先后推行是1953年3月至5月。在2月1日中央人民政府政务院关于贯彻婚姻法的指示发布后，各级贯彻婚姻法运动委员会即根据指示开始进行运动的准备工作，先后在全国各农村、工矿、街道进行了2726个典型试验，训练了347万余名基层干部和大批宣传员及人民群众中的积极分子，并颁发了《贯彻婚姻法宣传提纲》，印发了2000多万份宣传婚姻法的各种宣传品，利用报告、座谈、广播、说唱、戏剧、幻灯、电影等方式，在全国范围70%左右的地区向广大人民群众展开了宣传，在运动开始，各地曾发生程度不同的急躁冒进的偏差，但被及时发现而纠正，运动重新进入正轨，稳步进行，从而取得了应有的成绩。这是自婚姻法颁布以来，第一次全国范围的有系统地普遍地宣传婚姻法，也有系统地揭发和批判了社会上存在的婚姻上的封建思想和封建恶习，检查了县以上各级法院、民政部门主管婚姻事务的人员及区、乡（村）政府干部执行婚姻法的情况。还根据中央贯彻婚姻法的政策，对许多婚姻问题进行了正确的处理。如通过说服教育的方法，对因封建婚姻制度造成的家庭不民主、不和睦现象，号召他们自觉改善。得到广大人民群众的拥护。成千上万人改善了家庭关系，他们采取开民主会议等形式，婆婆、丈夫和媳妇互相检讨，改正错误，其中许多还订立了互敬互爱公约。对夫妻关系

---

① 《中央人民政府政务院关于贯彻婚姻法的指示》（1953年2月1日），成都市档案馆馆藏，资料号：85-1-79。
② 《关于贯彻婚姻法运动月工作的补充指示》，成都市档案馆馆藏，资料号：85-1-79。

十分恶劣，经调解仍无法共同生活的准予离婚。对要求解除童养媳关系的批准他们的要求。对要求结婚又符合条件的男女发给他们结婚证。

四川各地贯彻婚姻法运动的成效不一，总的来说，城市好于乡村，经济发展水平好的地区好于边远地区。

成都市是在1953年年初根据中央指示成立了成都市贯彻婚姻法运动委员会及办公室，并于同年3月5日起在全市范围内开展了贯彻婚姻法的宣传教育运动，对各阶层人民进行了广泛而系统的婚姻法教育。运动采取了说服教育的办法，在这次运动中，成都全市共举行报告会1293次，390779人直接到会听了报告。还通过举行图片展览、幻灯、曲艺、电影、戏剧、座谈会等形式3000多次宣传婚姻法。使婚姻法宣传做到了家喻户晓，深入人心。经过贯彻婚姻法运动，成都市的社会风气发生了很大变化，封建婚姻制度、封建思想与习俗已遭到群众与舆论的普遍批评，男女平等、婚姻自由得到群众拥护。广大群众普遍认识到强迫包办、男尊女卑的封建婚姻制度的罪恶和婚姻自由的美好。因而群众普遍反对封建的婚姻制度，拥护新婚姻法。婚姻自主，家庭和睦的新风气、新道德开始在全市范围内树立；虐待妇女的现象基本消灭了，虐待打骂子女的现象也大大减少了；男女在生产上的积极性大大提高了。群众由衷地说，旧婚姻有四害：害夫妻、害婆媳、害子孙，也害了生产。新婚姻有四好：夫妻好、婆媳好、生产好、生下的娃娃也好。[①]

璧山县贯彻婚姻法运动是在县委领导下，在全体干部的努力下，采取通过生产，整理互助合作，紧密结合宣传婚姻法的工作方针，使运动既取得了成绩，也存在一些错误的偏向和问题。其经过如下：根据地委及专区贯彻婚姻法运动委员会指示，在县委直接领导下，于1953年2月7日成立璧山县贯彻婚姻法运动委员会，县委书记任主任委员，另有副县长、县妇联主任任副主任委员，工会、青年团、法院、人民检察署、民政科、各界妇女、工商联等有关单位共17人担任委员。下设办公室，县妇联主任任办公室主任，并设秘书组、检查组、宣传组等，以此掌握推动整个运动并负责上下联系，处理日常问题等。各区也成立了贯彻婚姻法运动委员会，并设办公室，指定专人负责。为了取得经验，

---

① 《成都市五年来贯彻婚姻法的情况》，成都市档案馆馆藏，资料号：85-1-183。

指导全面，璧山县还确定城西乡为委员会直接掌握的重点乡，以五区、八区为重点区，由县委负责同志分别掌握。运动经历了三个具体的阶段。第一阶段主要是训练干部，培养骨干。2月28日城西乡的重点宣传开始，比一般区乡提早一步。经过了解情况，训练骨干，宣传教育解决家庭矛盾，订立家庭公约及评选模范，树立典型等阶段，于20日结束。2月底贯彻婚姻法运动委员会办公室设立并开始办公。3月1—9日训练了全县2/3的区乡脱产干部（4天学习有关贯彻婚姻法的文件，3天学习互助合作、爱国增产运动的有关精神，最后1天学习反对官僚主义，违法乱纪，强迫命令等），3月5—8日训练了全县乡村非脱产干部。机关干部从3月1日起停止了政治经验的学习，用两周时间以专门学习婚姻法为主。2月底至3月初还召开了宣传员代表会议、妇代会、各代会，开办了讲解员训练班等。3月10日后各区乡干部回到各区，由各区委召集未受训练的1/3脱产干部于12日和13日进行了两天学习。之后干部回到各乡结合生产将贯彻婚姻法运动全面展开。第二阶段是全面正确地展开宣传，交代政策的阶段。从3月12日至20日左右结束。在这一阶段大部分区乡均通过生产，大力展开了宣传，发挥了各种宣传方式和各种力量的作用，根据中央宣传婚姻法提纲及中共中央补充指示，针对群众的顾虑及存在的问题交代政策，以稳定群众情绪，全面发动群众。第三阶段是解决家庭矛盾，树立典型，并把宣传婚姻法导向经常化。这个阶段是在宣传教育普遍深入的基础上，群众政治觉悟便有了提高，有许多一般家庭纠纷自动和好了，一些有更大家庭矛盾的家庭也主动找工作人员解决。这时各级干部也有意选择了有代表性的和有条件解决的家庭矛盾帮助解决，以推动其他家庭矛盾的解决。同时大力表扬团结和睦的模范人物和模范家庭，以树立典型，并逐渐把宣传婚姻法导向经常化。重点乡村由于领导力量强，普遍组织了对婚姻法的学习、座谈。到3月25日，除少数需要补课的外，大多数地方宣传婚姻法运动结束，干部的精力和活动均全部投入生产工作。从璧山贯彻婚姻法运动来看，运动开展的程度不一致，大致分为三种类型：第一类是较好的区乡村（2个区、19个乡、166个村，约占1/3的地区），如六区八塘乡、依风乡、八区的城西乡、七区的城南乡等，做到了与生产密切结合组织宣传婚姻法的力量，使受到婚姻法教育的人数占全部人口的80%，有部分过去关系不好的婆媳、夫妻自愿和好,只有极少部分人对婚姻法认识不够。第二类是一般性的地区,约占45%的区乡村,受到婚姻法教育的有50%以上,但也有相当部分干部群众未领会婚姻法精神,少部分群众未受到婚姻法的教育。还有15%属于第三类,是干部思想不明确,政策没有交代下去,运动没有开展或出现了偏差。总之,璧山县通过贯彻婚姻法运动,训练了干部和关心群众婚姻问题的积极分子,使干部在思想上划清了新旧婚姻制度的界限,明确了婚姻法的政策、精神、目的、范围及做法,通过大力宣传教育,推动了运动的发展,为以后长期贯彻婚姻法打下了基础。而由于大力宣传教育,在第一类及第二类地区乡村的大部分群众划清了新旧婚姻制度的思想界限,在广大农村增加了婚姻自由、男女平等、团结和睦、民主的新气氛,从而提高了生产的积极性,推动了生产。①

江津县贯彻婚姻法运动大约在1953年2月底到3月进行。如江津县城关区的贯彻婚姻法运动是在1953年2月28日开始到3月底结束。运动经历了三个阶段:第一阶段是组织力量,集训干部,做好运动的准备工作阶段②。这一阶段,一方面集中干部学习了中央贯彻婚姻法运动的有关指示、贯彻婚姻法的宣传提纲和其他各地的经验介绍,使每个同志进一步明确了运动的性质、目的、方针、政策和具体做法等。另一方面召开了各基层工会的党团员大会,党的宣传员会议,段、村、工会、工商联代表大会,在这些大会上反复交代政策,使参会者明确贯彻婚姻法运动的性质、目的、方针、政策等,以打通他们的思想,使他们在思想上重视对婚姻法的贯彻。第二阶段是向群众深入宣传婚姻法的阶段。在这个阶段通过广泛组织群众座谈讨论婚姻法,并配合金钱板、花鼓词、幻灯、戏剧、街头标语、男人会、青年会、老年会、院子会以及黑板报、电影等进行宣传教育,向群众宣传婚姻法的基本精神和贯彻婚姻法运动的性质、目的、方针、政策等。在宣传教育群众时注意结合群众的切身利益和当时的实际,说明封建婚姻制度的危害,并用新婚姻制度

---

① 璧山县贯彻婚姻法运动办公室《璧山县贯彻婚姻法运动工作总结报告》(1953年4月5日),璧山县档案馆馆藏,资料号:8-1-386。
② 江津县城关区委员会《贯彻婚姻法运动总结报告》(1953年4月8日),重庆江津区档案馆馆藏,资料号:1-1-135。

带来的幸福事实教育群众，对群众有很大的启发，提高了他们对婚姻法的认识。第三阶段是在群众自觉的要求下，解决群众中的家庭纠纷。在大张旗鼓的宣传教育结束后，对发现的大小家庭矛盾376件通过宣传教育进行解决，大部分成功和解。又由于大力宣传民主和睦的新家庭的幸福、好处，一些家庭还自觉地订立或修改了家庭公约。通过宣传贯彻婚姻法运动，城关区出现了很多民主和睦、团结生产的新家庭，大大地减少了家庭纠纷。有群众说："婚姻法真是好，如毛主席早来解放十年，不知要少死多少人啊。"运动也促进了生产的发展，有的群众表示，今后一定好好搞好生产。有的家庭还订出了生产计划。江津县白沙区贯彻婚姻法运动也是在1953年3月进行的，通过婚姻法的学习，很多群众认识到婚姻法的好处，说："婚姻法好，就是要一家人笑笑和和，有吃有穿，才有办法，家庭才能幸福。"由于一般群众都对婚姻法有了全面的正确的认识，所以夫妻关系也有了很大的改善。[①]

巴中县城关区是1953年3月进行的贯彻婚姻法运动，第一步是由上而下，由内而外，先干部后群众交代有关政策，坚持说服教育的方针。通过贯彻婚姻法运动，化解了133起家庭矛盾，涌现了模范夫妻7对，建立了民主和睦的新家庭，从而使新婚姻法在群众中顺利贯彻执行。在贯彻婚姻法运动中，也依法惩治了个别违法分子，如虐杀婴儿的寡妇等，由区报请法院依法判处有期徒刑。对结婚登记，区里指定了专人负责处理婚姻登记等问题，在1953年自由结婚186起，夫妻意见不合离婚的有30起，但这离婚的30对很快组建了60对好夫妻。由父母包办婚姻而解除婚约的有13起。通过贯彻婚姻法运动，沉重打击了阻碍社会前进的封建婚姻制度，为后来进一步贯彻新婚姻法扫清了障碍。[②]

平昌县贯彻婚姻法运动委员会于1952年12月成立，并培训了1643名宣传员。1953年3月开展了宣传婚姻法运动月活动，全县从上到下广泛宣传婚姻法有关精神，提倡婚姻自由，男女平等，一夫一妻，切实

[①] 江津县白沙区委员会《贯彻婚姻法运动工作汇报》（1953年3月27日），重庆江津区档案馆馆藏，资料号：1-1-135。
[②] 《巴中县城关区一年来的工作总结》，巴中县巴州区档案馆馆藏，资料号：33-1-20。

保护妇女儿童利益。对破坏婚姻法的犯罪分子进行打击。通过婚姻法的宣传教育，998名被父母包办的婚姻被解除，79个寡妇改嫁组织新家庭。宣传婚姻法运动月结束后，对婚姻法的宣传转入常态化，即是随时结合婚姻登记向结婚当事人宣传婚姻法，提醒男女双方对婚姻问题一定要慎重对待。①

西康省也在1953年结合以生产建设为中心，开展了贯彻婚姻法运动。②

贯彻婚姻法运动月后，结合中心工作，贯彻婚姻法走向经常化、常态化，妇女更加了解了自己在各方面的权利，婚姻、家庭、母亲和儿童都受到国家的保护，因而政治觉悟更加提高，更加努力参加生产，出现了更多团结和睦的家庭。③

贯彻婚姻法运动取得的成绩。第一，通过贯彻婚姻法运动，严重打击了婚姻问题上的封建思想，有力支持了人民群众争取婚姻自由的斗争，起到了移风易俗的作用，因而在社会风气上有了很大的转变。实行婚姻自由与男女权利平等，开始得到社会舆论的同情，包办儿女婚事和虐待妇女的行为已开始受到社会舆论的谴责。民主和睦的新式家庭大批出现，要求自由结婚的青年男女到区、乡政府登记的人数显著增加，虐待甚至杀害、伤害妇女的现象普遍减少，有些地区已停止了这种现象的发生。第二，广大人民群众获得了婚姻自由，封建枷锁被打破，夫妻、婆媳关系改善了，从而解放和发展了生产力，促进了生产的发展，使生产效率显著提高。由于男女群众的生产积极性空前高涨，妇女参加社会活动尤其是生产的积极性更加提高，无论农村还是厂矿，出现了团结、和睦、愉快劳动的新气象。第三，贯彻婚姻法运动也教育了各级人民政府的干部，使他们进一步明确了贯彻婚姻法的重大意义，认识了贯彻婚姻法工作的长期性、复杂性、艰巨性和坚持教育方针的重要性，加强了各级干部执行婚姻法的责任感和群众观点，给后来继续贯彻婚姻法打下

---

① 四川省平昌县地方志编纂委员会编纂《平昌县志》，四川科学技术出版社1990年版，第228页。

② 西康省人民政府民政厅《关于三年来民政工作几项主要工作综合报告》（1953年9月5日），四川省档案馆馆藏，资料号：建康16-8。

③ 《成都市五年来贯彻婚姻法的情况》，成都市档案馆馆藏，资料号：85-1-183。

了基础。但运动在各地的广度和深度仍是不平衡的。① 第四，贯彻婚姻法运动也提高了党和人民政府在群众中的声望，巩固了党的执政基础。有群众说，毛主席做了这等好事，不知救了多少人。只有人民政府才关心人民的家务事，家庭变和好了，连小孩也知道了婚姻法是保护子女利益的。②

第二节 禁绝烟毒，促进乡村经济的健康发展

尽管从清代到民国，中国曾累次禁烟，但到新中国成立初期仍然是烟毒泛滥，到处烟馆林立，山区普遍种植鸦片，贩运、吸食、制作烟毒者众多。烟毒危害极大。大量种植鸦片使很多本可种植粮食的土地被挤占，农村经济畸形发展；而大量吸食毒品的人身体健康受到极大损害，劳动能力减弱；土匪、恶霸、会门勾结制售、贩运毒品，甚至武装押运，严重影响城乡社会秩序，所以禁烟禁毒是利国利民的大事，它有利于国家的建设事业的发展，对促进乡村经济健康运行，安定社会秩序，增进人民身体健康，树立新的社会风尚，严密国家组织都有积极意义，是与剿匪反霸及取缔会道门等工作密切相关的乡村治理重要举措，也为乡村社会发展奠定了良好的物质基础。

以川东为例，边缘山区尤其多种植鸦片者，据不完全统计，几乎达到无户不种，年产鸦片15000两，城口县有5个乡，烟地即占1085亩。巫山、巫溪、武隆、石柱、彭水、南川、黔江等县烟地达1000亩以上，其他地方零星种植的也存在。烟毒的贩运主要是军阀与官僚武装押运，地主恶霸与乡保人员也利用地痞流氓或勾结土匪大量贩运，所以烟毒遍及全川东地区。仅仅据大竹、垫江、江北、秀山、黔江五个县的统计，贩运烟毒者即达1022人。制作烟毒者也较多，仅据涪陵、奉节、广安、江北、江津等县统计即有749人。有的是手工制作，有的是雇请技师使用机械制作。吸食烟毒者各地都很多，如万县市瘾民达到总人口10%，

---

① 刘景范：《中央贯彻婚姻法运动委员会关于贯彻婚姻法运动的总结报告》，成都市档案馆馆藏，资料号：85-1-79。
② 江津县城关区委员会《贯彻婚姻法运动总结报告》（1953年4月8日），重庆江津区档案馆馆藏，资料号：1-1-135。

忠县的瘾民4.7万人，开县的瘾民3万人，其他种烟地区和与大城市比邻的地区吸食鸦片者也不少。据万县市、忠县等20县的不完全统计，瘾民达231960人。烟馆多分布在较大的城镇，万县市在新中国成立前就有300多家，其他各地均有大大小小的烟馆。由于种烟面积过大，造成粮食的大量减产，形成严重的缺粮现象。吸食烟毒不仅危害人民健康，而且严重危害人民的生产和生活，因吸食烟毒而倾家荡产沦为乞丐、娼妓者更是不计其数。据涪陵敦仁镇三保、八保、十二保3个保的统计，因父母家属或本人吸烟毒而沦为妓女者有21人，倾家荡产的29户，大多数成为流氓、赌棍，或者沦为盗、匪，造成了极其严重的危害。[1] 川北的烟毒也十分严重，青川、平武、北川、通江、南江、万源等县，新中国成立前是四川著名的种烟地带，种植面积非常辽阔。由于封建势力与国民党官吏串通一气，公开大量种植贩卖，部分农民也以种烟为生。万源、大竹河田镇150里的长形地带遍种大烟，剑阁专区公开开设烟馆2158座，吸食贩运者达6万余人。[2] 四川其他各地烟毒危害均很严重，因此，新中国成立后，禁绝烟毒也成为治理城乡社会的重要举措。

1950年2月24日，周恩来签署《国务院关于严禁鸦片烟毒的通令》，明确指出，为了保护人民健康，恢复与发展生产，号召各级人民政府和人民团体广泛团结人民一致起来，限期禁绝鸦片和其他毒品。通令明确要求各级人民政府设立由政府民政部门、公安部门、各人民团体人员组成的禁烟禁毒委员会，民政部门负责组织。要求禁绝的内容包括禁绝种烟（少数民族地区采取慎重措施，有步骤地禁种）、禁绝贩运制造和售卖烟土毒品（犯者从严治罪）、吸食烟毒者限期戒除（政府应配制戒烟药品和设立戒毒所帮助瘾民医治）[3]。

开展禁绝烟毒运动的目的，就是"彻底扫除旧社会遗留下来的污毒和渣滓，树立新的社会风气，增强人民健康，严密国家组织，以利今

---

[1] 《川东人民行政公署民政厅一九五〇年工作报告》（1951年4月），璧山县档案馆馆藏，资料号：8-1-7。

[2] 川北人民行政公署《关于肃清烟毒运动的指示》（1952年8月9日），万源县档案馆馆藏，资料号：2-1-6。

[3] 《国务院关于严禁鸦片烟毒的通令》，中共中央文献研究室编《建国以来重要文献选编》，中央文献出版社1992年版，第一册，第128—129页。

后经济建设事业的顺利进行"。肃毒运动的方针就是"事先准备，摸清底细，广泛宣传，各界动员，统一步调，配合动作，重点打击，全面肃清，严格控制，做到既稳且准"。在肃毒运动中打击的重点是集体或大量的制、贩、运毒的主犯、惯犯、现行犯，以及严重违法的工作人员。其处理的原则就是"大案（包括制、贩、运）从严，小案从宽；惯犯从严，偶犯从宽；主犯从严，从犯从宽；抗拒从严，坦白从宽；少数从严，多数从宽"①。1952年8月9日，川北人民行政公署《关于肃清烟毒运动的指示》还对制、贩、运毒品，种植鸦片，工商业资本家制、贩、运毒品，历史毒犯，逮捕毒犯，民主人士涉毒等问题处理的具体界限做了明确的规定。

1950年3月1日，西南军政委员会发布关于1950年春耕指示，要求各地严禁种植鸦片。1950年7月31日，西南军政委员会又颁布了《关于禁绝鸦片烟毒的实施办法》及《关于开展禁烟禁毒工作的指示》，并先后发出关于禁烟禁毒的布告和指示多种。很快西南各地禁烟禁毒工作即获得了不少成绩，在群众中进行了宣传教育，若干地区由于领导重视，成立了各级禁烟委员会，正确地执行了禁烟政策，造成了群众性的禁烟禁毒运动。据不完全的资料统计，已查获鸦片及各种毒品6万两，仅昆明一市封闭转业烟馆500余家，重庆、贵阳等地均召开了万余人的群众大会，当众焚毁烟数万两，并处决重大烟贩4名，一部分地区教育改造了不少烟民。在种植鸦片方面，各级也积极发动群众，力争彻底禁绝。但也有些地区对这一工作不够重视，所以，1950年11月16日，西南军政委员会又发出《关于开展禁烟禁毒工作的指示》，要求各级人民政府必须重视禁烟禁毒工作，因为它对各项建设事业，特别是对农业生产的恢复和发展，对社会秩序的安定，对人民身体健康都有密切的关系。所以，指示要求各级政府必须依靠人民群众，深入发动群众，进行广泛的宣传教育，使广大群众了解烟毒的危害，广泛宣传禁烟禁毒办法，说明人民政府彻底禁绝烟毒的决心。"只有发动群众，教育群众，依靠群众的自觉性与积极性，造成群众的禁烟运动，才能使企图贩运制

---

① 川北人民行政公署《关于肃清烟毒运动的指示》（1952年8月9日），万源县档案馆馆藏，资料号：2-1-6。

售的不法分子在广大群众的监督下不敢妄为，使吸食者在群众的劝导与督责之下戒除。"[1]

1950年12月下旬，西南军政委员会根据其7月31日颁布的《关于禁绝鸦片烟毒的实施办法》制定了《西南区禁绝鸦片烟毒治罪暂行条例》，条例共15条，对种植鸦片，利用各种交通工具（包括武装贩运、轮船、汽车、木船装运等）及其他运输方式贩运毒品，开设烟馆，制造毒品、毒具，政府工作人员及军警包庇烟毒行为等如何处罚做了具体规定，并明确要求将缴获的烟毒、烟具等当众全部焚毁。[2]

四川各级人民政府结合当时的中心任务深入宣传中央和西南军政委员会的指示精神，获得了广大群众的热烈拥护与支持。如川北地区结合各种群众运动，有力地打击了毒贩，据不完全统计，到1950年8月以前，全区已经处死毒犯45人，判刑175人，被管制者68人，在押44人，并收缴大烟55466两，吗啡459两，烟具5600套，分别集中瘾民16742名戒毒，其中戒除毒瘾者16500人，因而大大减少了烟毒的流行。[3]

为了进一步加强禁烟工作的领导，川东行署又在1950年11月正式成立了川东区禁烟禁毒委员会，川东地区各县、各区也先后成立了禁烟禁毒机构，有的乡保成立了禁烟禁毒分支机构和戒毒所。1950年年底，《西南区禁绝鸦片烟毒治罪暂行条例》的颁布，又使各地明确了如何结合法律制裁烟毒犯罪的方针。在各级人民政府禁烟禁毒委员会的领导下，经过广泛的宣传，人民群众很快掌握了党和政府的政策，所以得到了广大人民群众的大力协助，又结合法律制裁，川东地区禁烟禁毒在第一年就取得了很大的成绩。第一，掀起了群众性的禁烟禁毒运动。川东各地在各界代表会和农民代表会议及各种群众会议上都专题讨论了禁烟禁毒问题，并结合减租退押工作进行了广泛宣传。江北、万县、涪陵、江津、广安等地举行了数千人甚至数万人的群众大会，当众焚毁烟毒和

---

[1] 西南军政委员会《关于开展禁烟禁毒工作的指示》（1950年11月16日），达州市档案馆馆藏，资料号：17-1-218。
[2] 《西南区禁绝鸦片烟毒治罪暂行条例》，达州市档案馆馆藏，资料号：17-1-218。
[3] 川北人民行政公署《关于肃清烟毒运动的指示》（1952年8月9日），万源县档案馆馆藏，资料号：2-1-6。

烟具等，并对首要的烟毒犯公开审判枪决；各学校、各团体结合禁烟禁毒表演了秧歌、短剧，用标语、墙报等进行了各种宣传，在群众中起了很好的推动作用。经过这些工作，许多人戒除了烟毒，如涪陵一地投戒的烟民就有1863人，江津县城区投戒的烟民158人，并有66人自动交出了烟毒和烟具。第二，基本实现禁种。在经过宣传教育后，原种植鸦片极多的秀山、彭水、巫溪、石柱、黔江、巫山、城口等地，1951年基本已经无人种植，即便有个别偷种的现象，也在教育帮助和群众的监督下铲除了。第三，在禁绝贩运毒品、禁止制作毒品和查封烟馆方面也收到了很大的成效。据不完全统计，仅奉节、涪陵、巫山、广安、江北、邻水、永川、万县8个县即破获贩运、制售烟毒案件1346起，抓获大小烟贩1000余人，其中12人判处死刑（奉节1人、涪陵4人、巫山3人、广安1人、万县2人、永川1人），判刑93人，科罚金者490人，取保释放者200余人。查获收缴烟毒2万余两加354包，各种烟具2837件，沃水、非拉丝、氯化钾、纯碱等制毒原料700余两加大小300余瓶，查封烟馆297家，没收制作沃水机器1部。在严密的查禁措施下，还有许多贩运和制作售卖烟毒者被迫转业做其他工作。第四，对瘾民的施戒工作也取得了相当的成绩。川东地区对瘾民的改造工作，一方面采取发动群众帮助其自戒的方法，另一方面很多地方设立了戒烟所对瘾民集中施戒，通过一年的工作，脱瘾的瘾民据不完全的统计，有5183名。第五，在发动群众检举揭发，协助缉拿烟毒犯，劝诫烟民戒烟，以及发动改造后的烟民进行宣传和参加查缉烟毒的工作等，也取得了相当的经验和成效。例如，邻水县缉捕大烟犯秦国璋，就是由邻水县第二区农民协会捕获归案的，其他各地也在这方面有相当的成绩和经验。根据个别地方只做一般性的宣传，未坚决查缉烟贩和查封烟馆；少数干部对禁烟政策理解不够，处理烟贩过于宽大，对吸食毒品者教育不够；有部分地区收缴的烟毒未及时当众烧毁的缺点和偏向，川东区计划1951年采取进一步的措施禁绝烟毒：继续贯彻执行宣传教育的政策，切实做到完全禁绝种植鸦片，已经种植的必须全部铲除。在城市、交通要道、比邻地区重点布防，运用各种手段严密查缉贩运、制造和售卖毒品的罪犯；在广大农村依靠农民协会等进行严格查缉，做到不使死不悔改的烟贩漏网，根本消除转入地下的秘密烟馆和制造毒品的窝点。对吸食烟毒的瘾民，由城市到乡村逐步进行戒除，采取劝导为主，强制为辅，重点登记，发动群众互助劝戒监督的办法，首先帮助劳动群众戒吸，并协助解决其职业问题。尚未设立戒烟所的地方，根据当地情况，酌设戒烟所，力争瘾民全部脱瘾。各地可根据具体情况，确立禁烟禁毒重点，建立示范区，以取得经验指导禁烟禁毒工作的推行。①

禁烟禁毒开展起来后，到1952年四川许多地区达到了禁种、禁运，甚至禁吸的目的。如简阳县1950年2月成立了禁烟禁毒委员会，并在各区设立分会，各乡设立支会。次年，简阳全县设立禁烟所23个，将3297名吸食毒品者进行了集训，达到其中的98%戒绝了毒瘾。又通过禁止栽种鸦片；烟民限期必须登记，限期戒绝；对罪大的烟毒犯进行坚决处理；缴获大批烟毒、烟具进行销毁等措施；1952年又以龙泉、简城、三岔、平泉、石板、洛带、石桥、镇金为重点在全县范围内开展肃毒运动，使全县种植鸦片和吸食烟毒基本绝迹。② 新津县于1952年开展了禁烟肃毒运动，收缴各种烟具和烟毒当众焚毁，将各种烟馆摧垮，逮捕重大烟毒犯，勒令吸食烟毒的瘾民限期戒绝烟瘾，使百年难禁的烟毒一禁而绝。③

据西康省人民政府民政厅1953年10月的统计，西康省在新中国成立后四年时间里破获烟毒案3000多件，取缔烟馆2000多家，缴获烟毒421万多两，烟具3万多件。另据不完全统计，脱瘾的瘾民3万多人，他们脱离烟瘾后投入生产，增强了发展乡村经济的力量。而且汉人地区做到了禁种和禁运，贩毒者大为减少。但少数民族地区禁种和禁运、禁毒任务还很艰巨，因为对少数民族地区的禁烟禁毒一直采取有计划的慎重进行的态度，"一切应经过少数民族代表会议协商同意，逐步达到禁绝烟毒目的"。④ 在禁烟禁毒运动的初期，"一般只进行宣传教育工作，

---

① 《川东人民行政公署民政厅一九五〇年工作报告》（1951年4月），璧山县档案馆馆藏，资料号：8-1-7。
② 四川省简阳县志编纂委员会编纂《简阳县志》，巴蜀书社1996年版，第513页。
③ 四川省新津县志编纂委员会编纂《新津县志》，四川人民出版社1989年版，第652页。
④ 《西康省人民政府民政厅四年来民政工作总结报告》（1953年10月15日），四川省档案馆馆藏，资料号：建康16-8；西南军政委员会《关于开展禁烟禁毒工作的指示》（1950年11月16日），达州市档案馆馆藏，资料号：17-1-218。

妥善地通过当地民族干部出面劝告。如原（原件如此，应为愿，引者注）自动交出毒品者，可开群众会议，由其本人表明态度，当场焚毁，不愿交出者不得强迫①"。

各地在禁绝烟毒的运动中，也创造了许多好的经验：第一，与剿匪反霸及取缔会道门密切联系，注意查清各种烟毒犯的幕后操纵分子，严究其背景和烟毒来源，可取得更大战果。第二，对烟毒犯教育说服，让他们自己坦白，主动交出烟毒。第三，宽大与镇压相结合。第四，以毒攻毒，以烟犯检举烟犯，烟犯破获烟犯。第五，查烟毒时，要察言观色，细心检查，才容易发现问题。第六，注意掌握制、售、吸的烟民等材料，多作突击检查。第七，城乡并重，才能使烟毒犯没有空子可钻，取得好的禁绝效果。第八，随时注意宣传禁绝烟毒政策，打消烟民的思想顾虑。②

第三节　取缔封建会门，扫除封建势力的最后根基

取缔封建会道门是镇压反革命运动的重要环节。如前所述，会道门在四川尤其是乡村大行其道，道众不乏其人，而且他们与匪特、地主豪绅相勾结，严重影响社会秩序的安定和人民群众的生产生活，因此取缔反动会道门是巩固人民民主政权，破除旧的乡村秩序，扫除封建势力的最后基础，治理乡村社会的重要内容，也为乡村社会治理提供了更好的社会基础。

四川大规模取缔会道门的工作主要分两次，第一次是1950年下半年到1951年。1950年8月17日西南军政委员会主席刘伯承签署西南军政委员会令，明令公布反动会门组织为非法，应严格取缔。命令发到各省、区、市人民政府、各公署、各部门，再转发到县人民政府、区、乡

---

① 川北人民行政公署《关于肃清烟毒运动的指示》（1952年8月9日），万源县档案馆馆藏，资料号：2-1-6。

② 西南军政委员会《通报川南各地查禁烟毒中的问题及经验》（1950年10月23日），达州市档案馆馆藏，资料号：17-1-218；《达县人民政府一九五零年民政工作报告》，平昌县档案馆馆藏，资料号：12-1-3。

公所执行。① 这次取缔工作使很多道首登记，交出组织，改过自新，重新做人，搞好生产从事劳动。但仍有少数道首不知悔改，继续作恶，造谣破坏，有的地方甚至还比较严重。如1953年1月璧山县公安局在总结1952年工作时认为，镇压反革命运动中对土匪（匪首、惯匪）、特务、恶霸、反动党团骨干都打击得比较彻底，只有反动会道门打得最不彻底，"仅占原有骨干数的百分之三四点八三"。经过1952年的摸底调查，"摸出的会道门已证实为反动的有七种，属于迷信和未弄清是非的共有十六种，已证实的道首计有点传师以上道首一〇八人，坛主以上道首一五八人"②。因此又在1952年摸清会门情况的基础上，1952年12月到1953年上半年各地进行了第二次取缔反动会道门的斗争。四川各地根据全国第五次公安会议和四川省委指示精神，各县先进行摸底，然后贴出布告和采取各种宣传措施，明确取缔政策，再进行具体的取缔工作。

开始取缔工作时有的地区是首先贴出布告，广播宣传等让群众明确取缔政策。如新津花桥乡头天先贴出布告，第二天又进行广播，明确要取缔的反动会道门有一贯道、真天道、圣贤道、保一天道、教化道、三青道、孔孟道、中庸道、忠诚道等，取缔这些道的原因是它们反动反人民的性质，它们在解放前欺骗群众入道，用度王魂、功德费、供果费、开荒费、入道费等让群众出钱，为反革命活动聚敛钱财；这些道门往往又在政府推行各项中心工作时造谣破坏，反对政府政策法令的执行；破坏新中国的各项建设，不让老百姓过好日子。所以人民政府为了保护人民的翻身事业，巩固革命的胜利成果，坚决取缔反动会门。办法是按照"镇压与宽大相结合的方针"，即"首恶必办，胁从不问，立功受奖"。布告明确说明了政府将根据道门人士的不同表现和不同情况进行完全不同的处理。"道长、点传师、领袖，应自动坦白向政府登记，愿意悔改自新交清组织罪恶活动与骗人工具，停止活动改邪归正立功赎罪表现的道首，一律从宽处理。如果在登记时阳奉阴违隐瞒组织分散道产，毁灭

---

① 《川东行政公署令》（1950年8月26日），璧山县档案馆馆藏，资料号：8-1-20；《璧山县人民政府令》（1950年9月7日），璧山县档案馆馆藏：资料号：8-1-8。
② 璧山县人民政府公安局《一九五二年年终总结》（1953年1月18日），璧山县档案馆馆藏，资料号：1-1-83。

证据，登记后仍暗中继续与反革命之反动会道门联系，隐瞒道具道产，藐视政府法令，欺骗造谣破坏活动或抗拒登记不自新坦白交代者，就依法严加惩办不予宽容。对一般小道首（一般坛主）只要进行悔过登记不予追究处理。至于那些被骗入道的道徒，他们是无罪的，只要他们早脱离道门声明退道不再参加反动会门的活动，政府不予追究，对他们一视同仁，不予歧视。凡在五一年取缔反道登记时职务未报确实，如坛主登记成道徒，前人或点传师登记成坛主或道徒都可补行手续，老老实实的按真实职务向人民政府登记。"①

成都市取缔反动会道门的工作是在1951年5月下旬全面开始的，以取缔一贯道为主，所以6月1日市政府发布了取缔反动组织一贯道的布告。整个取缔斗争是在中共川西区党委和成都市委的统一领导下，由镇压反革命委员会负责进行的，主要进行了四方面的工作：一是多渠道多种途径收集核实一贯道道首材料，做好取缔的充分准备；二是集中统一行动，捕获反动道首，震慑反动势力；三是展开多种形式的宣传活动，广泛动员和发动群众，兴起取缔一贯道的高潮；四是由市政府发布通告，阐明一贯道的性质和罪恶，明令其解散。（具体细节，请参见中共四川省委党史研究室组织编纂，徐学初主编《四川的城市接管与社会改造》，四川人民出版社1997年12月第1版，第319—332页。）

巴县取缔反动会道门的工作是在县委的统一部署下，在各区委的领导下，在公安部门摸底调查的基础上，广泛发动各乡村干部群众，于1953年1月下旬到2月上旬突击进行的，各区的工作方式，工作效果不尽相同。

巴县第十一区是先召开了区委会议，传达和认真研究巴县县委的指示，明确了取缔反动会道门的方针政策，并提出了区委的工作意见。1953年1月16日又召开了全区163人的扩大会议，传达县委指示和区委会议的精神，区委书记郭又新提出，运动的要求是"达到家喻户晓，人人皆知，使群众划清敌我思想界限，彻底摧垮反动组织"。工作方法是点面结合，发现问题，及时处理。并号召共产党员、共青团员起骨干带头作用。区委统一使用力量，实行干群包干负责。通过各种大小会议

---

① 花桥乡政府广播内容，新津县档案馆馆藏，资料号：180-1-34。

展开取缔工作,使运动深入人心,人人仇恨其反动组织。之后,以乡为单位,分十组进行讨论,以此端正了区乡干部对取缔运动的态度,因此取缔工作从上到下、从始到终进行得比较顺利。全区 10 个乡取缔工作以情况复杂、问题较严重的西彭、跳蹬、白沙三乡为重点,配备了区的较强干部协助工作,并且区领导亲自掌握进行,其他 7 个乡也配备了一定的力量协助进行。在全区取缔运动中,召开了 2 次区乡干部大会,全区性的 1 次公审大会(到会代表 3200 人)。全区以 6 个乡的统计,全乡性的控诉大会共有 5 次,到会人数 9054 人。全乡性的扩大会议(包括全乡各部门、各系统、党团员等)共计 22 次,参加人数 4612 人。全村性会议 1077 次,参加人数 21222 人。街头宣传 31 次,9717 人受到教育。通过夜校宣传 37 次,参加人数 5555 人。办黑板报、大字报 25 块,深入 335 户住户宣传,受到教育人数有 1640 人。总计 6 个乡动员宣传力量 1116 人,通过各种方式宣传教育了干部和群众达 63399 人,占 6 个乡总人口的 90% 以上。通过宣传动员,交代政策,自动登记的道首有 58 人(包括归根道 35 人,中和道 11 人,刀儿教 3 人,一贯道 9 人),自动声明退道的道徒有 963 人(包括中天道 181 人,上天道 61 人,一贯道 51 人,归根道 379 人,中和道 229 人,高峰山教 34 人,刀儿教 20 人,天德胜教 8 人)。其中出自白沙乡的最多,58 名道首中 15 人来自白沙,占总比例 25% 多,道徒 963 人中有 211 人是白沙乡的,占总比例 21% 多。十一区取缔运动有一定的广度,但深度不够,根据摸底,全区共有各种道首 71 人,但只登记了 58 名,还有 13 人未坦白登记。只能在以后的工作中处理;群众对封建会道门和反动会道门两者的区别还没有清楚的认识,还需加强对群众的教育。①

  巴县第八区的取缔工作是在以生产为中心的总方针下突击进行的。从 1953 年 1 月 21 日全面展开,到 2 月 4 日基本结束,历时 15 天。在运动展开之前,1 月 18 日区委召开了区、乡干部扩大会议,结合当时的生产任务布置了取缔任务,详细交代了取缔政策和取缔反动会道门的重要意义、目的,并在各部门抽调了适当力量配合公安部门同志分赴各

---

① 《巴县第十一区区委向县委的报告》(1953 年 2 月 16 日),重庆巴南区档案馆馆藏,资料号:1-1-148。

乡，配合乡镇干部展开工作。区里紧接着又召开了公安员、宣传站长、团支委等会，贯彻有关精神。1月21日运动全面展开后，先逮捕了道首13名，暴乱匪首6名，恶霸1名，共计20名。22日各乡召开了人民代表会议，贯彻取缔工作，使代表先在思想上认识反动会道门的本质和开展一个轰轰烈烈的取缔反动会道门运动的意义，并利用积极分子带领退道，控诉、启发其他代表。如石龙乡代表刘元淑（女）在会上接受教育后，就大胆揭发了反动会门的罪恶活动和造谣事实，以及如何榨压群众的真相，激起了全体代表的愤怒，当场就有15个代表表示退道。通过开好代表会，组织力量，采取各种形式，深入村、组、户，进行宣传，掀起了取缔斗争高潮。全区前后召开斗争会8次，当众宣布管制22名道首，使运动向纵深发展，道徒纷纷表示退道，至运动结束，全区退道的道徒1378人，登记悔过的道首76人，缴获反动经书415册，供具71件，反动大件（师条）70份。总而言之，在县委和区委的正确领导下，各级干部积极努力，进行了不同形式的宣传教育，交代政策，依靠积极分子，兴起了群众性的取缔反动会道门的热潮，运动得到正常发展，一般群众对反动会道门的本质有了根本的认识，道徒纷纷表示退道，道首登记自首，同时也逮捕了罪大恶极的道首和匪首20名，基本打垮了反动会道门的组织。但由于时间短，运动的展开也不平衡，有的乡、村未真正行动起来，也有干部对政策领会不够清楚，因此出现错误宣传和违反政策的现象。[①]

巴县取缔会道门工作搞得最好的是第五区。"在上级党委的直接领导下，加上同志们的积极努力，全区反动会道门的组织基本上已达到彻底摧垮，全区不管哪个村哪个角落的群众皆已得到了发动和受到了具体的教育。"巴县第五区取缔工作之所以取得好的成绩，原因在于：第一，在区委的正确领导下，组织强有力的力量。取缔工作开始后，区委书记和区长专门召开了各机关、团体、学校和企业部门等各方代表会议，广泛动员一切可以抽调出来的力量，全部投入工作中。区委、区公所的领导和同志们在集中学习政策后便全部深入各乡领导群众开展宣

---

① 中共巴县八区委员会《"取缔反动会道门"工作报告》（1953年2月8日），重庆巴南区档案馆藏，资料号：1-1-148。

传，连电话员都轮流担任了几天宣传工作。税务所、合作社等部门除抽出一定力量配合各乡宣传外并彻底包干本部门的宣传和负责完成交给他们的任务。因此全区的干部、人民代表、积极分子等几乎全部参加了取缔工作，其中公安干部脱产6人，不脱产110人，区乡干部167人，村干部1002人，学校老师205人，积极分子900人，共计2390人参加了对反动会道门的取缔工作，其中包括中共党员80人，共青团员510人。第二，采取丰富多样的宣传方式，教育干部和群众。1953年1月21日，召开了各乡人民代表扩大会议，揭发反动会道门的罪恶，传达取缔会道门的范围界限和政策精神。之后以居民小组为单位，由居民代表负责召集全组居民酝酿讨论，号召登记与退道。与此同时，为了弥补居民小组贯彻政策不深入的现象，各乡又组织全部力量几次下到村召开村民大会，反复交代政策，分组讨论，号召在小组中声明退道。这就使取缔工作稳定推进。为了使取缔运动深入人心，达到家喻户晓、老幼皆知的目的，巴县五区还采取了丰富多样的形式宣传：如在每村成立宣传小组选出专人负责，动员全体群众、老师、党的宣传员和其他积极分子进行训练，投入宣传，成为宣传骨干。学校老师和小学生们也组织起来，成立机动宣传小组，不仅利用黑板报、大字报、快报、漫画等广泛展开宣传，惠民、鹿角、迎龙等乡的小学生们和长生乡的小学老师们还创造了守候在黑板报和漫画旁随时向路过的群众详细介绍其中内容的办法，提高了观众情绪和接受能力，出现了围观群众拥塞道路的现象。长生、樵坪、迎龙等乡的老师们还深入茶馆、酒店进行宣传，并以街头教唱控诉反动会道门歌曲的办法吸引群众的注意力，得到群众的普遍欢迎。后来为了适应群众的要求，将歌单印了几百份发给乡间的农民，真是山林草地，街头巷尾歌声一片。而鹿角等乡还采取了各组织自行贯彻包干的办法，如妇联包干其所属妇女等。惠民等乡还针对道首和道徒的思想顾虑，创造了问答宣传的办法，由一人扮演道首或道徒，故作不懂政策与存在顾虑的样子问，另一人则以政策来进行答复。长生、鹿角、惠民等乡既在街头成立宣传站用喇叭宣传，又把学生和青年等组织起来以秧歌队、街头剧口头宣传，还以金钱板、花鼓戏、快板等在街上与村中展开深入的宣传，广福、迎龙、樵坪、惠民等乡更排好了话剧分赴各地上演，使宣传进一步深入。全区还利用夜校进行宣传，在夜校的社教干事领导下,将一切政治课程均改为取缔反动会道门的课程,同时各群众老师在夜校校长和教导主任的领导下,又分工组织学员下村与回家宣传。此外,情况交流与日报制度的建立,更推动了取缔工作的深入推进。巴县第五区两次出了宣传简报和一次斗争大会宣传材料发给各乡进行交流经验。并印制了宣传情况日计表与宣传情况统计表发给各乡,促使各乡建立正规汇报制度与认真研究执行每日填表。宣传组员每天向小组长汇报,小组长按日记载向乡公所汇报,而且长生乡还规定了汇报三要点:"今天以什么方式进行了几次宣传";"宣传了多少群众";"宣传的效果怎样"。据统计全区全乡性大会162次,接受宣传人数为4346人;全村性大会152次,接受宣传人数18035人;村以下小型会议2465次,接受宣传人数39110人;送到户宣传2315户,接受宣传人数8742人;夜校宣传1942次,接受宣传人数9643人;街头演讲71次,接受宣传人数11266人;话剧宣传11次,接受宣传人数6170人;化妆宣传71次,接受宣传人数4941人;啦啦队和快板宣传19次,接受宣传人数2707人;控诉斗争会16次,接受宣传人数8784人;其他宣传21次,接受宣传人数5700人。共计有120344人次接受过宣传教育。另外办了黑板报99块,大字报621张,漫画16张。第三,寻找受反动会道门坑害的"苦主",开好控诉斗争大会。根据县委的要求,在1月28日、29日要争取使取缔运动进入高潮,区公所决定首先在天久、广福、长生三乡召开联合控诉反动道首斗争大会,以之进行示范,接着,各乡普遍召开了控诉大会。通过这些大会揭露了会道门整人、害人、强奸、骗钱害死人命的罪恶,掀起了群众性的运动高潮,不仅使群众、道徒对道首激起了无限的愤怒,少数道首也初步认识到自己的罪恶,向群众坦白"号神水"是骗人钱的等。第四,领导注意把握运动的重要环节,机动调配力量,及时纠正发现的错误偏向,才能使全区取缔工作沿着正确方向发展。如取缔工作开始后不久,各乡乡长需要到县里开会,为了避免因此使取缔工作受到影响,区党委于1月24日专门召开了干部会议,留下区里的一定干部配备到各乡成立临时工作组,并在税务所、合作社等部门以及村里半脱产干部中也抽调了一部分人配合各乡工作,区长还留下专门领导工作。所以,使取缔工作的力量不仅没有减少,反而增强了。在运动进行过程中,区领导随时注意各乡工作情况,深入检查,随时发现问题，及时纠正错误，解决问题。如鹿角乡干部力量弱，群众发动不起来，区领导就决定派一个科长前去领导，一面又教育乡干部放手发动群众，很快使这个乡退道人数由27名增加到424名。广福乡领导本身是道徒，与道首有经济往来，所以思想有包袱。于是区长就带着另一个区委亲自下去领导，使该乡群众很快发动起来，原乡领导也积极投入了取缔工作，比原来增加了128人退道，还揭发了3个道首的很多材料。对不少村干部领会政策精神不够，产生强迫命令退道的情况。区领导就布置各乡召开村干部会进行检查，并进一步贯彻了政策，纠正了错误偏向。而运动进入高潮时，各村干部普遍出现松劲思想现象，区领导又布置各乡严格批评，并配备干部到情况最严重的乡进行检查，扭转了这些思想偏向，使扫除会道门残余的工作得以继续进行，被号召自动退道最少的乡也有100多人。第五，正确执行挽救道徒的政策，给道首指明出路，使登记与退道工作顺利进行。根据开始道徒与道首顾虑重重，徘徊观望的情况，区乡村各级人士一方面揭露坏人的谣言，另一方面进一步宣传挽救道徒的政策，在召开的控诉斗争会与管制会上给道首指明出路，并广泛发动检举，给予道首以强大压力，因此登记与退道工作顺利进行。另外对各乡退道与登记情况区里也专门印制了登记与退道情况日计表发给各乡，以便区领导每晚掌握各乡汇报的情况，判断各乡工作深入程度，指导各乡取缔工作。据统计，此次登记中除原掌握的56名道首有7名已被捕外，另有新发现的坛主42名，点传师以上13名，到2月5日止，全区共登记新旧道首计坛主44名，点传师以上60名，其中1名坛主及21名点传师以上骨干已被宣布管制，土匪1名，退道道徒3292人。第六，搞好对道首的管制工作。管制方式上是对被管制者进行教育，写好具结书悔过，令其向群众低头认罪，在群众对其斗争及政府宣布其罪恶事实，管制年限、管制规则与剥夺政治权利后，即由其当众宣读自己的具结书并盖上指印，切实当众悔过。另一方面又由群众代表讲出了监督反革命的具体办法，号召大家贯彻执行，因而使群众对管制工作的认识大大提高了一步。总计全区在这次运动中管制了坛主2名（1名在运动中未登记），点传师以上21名，土匪1名，其他反革命1名。第七，通过检举和审讯，扩大战果。为了扩大线索和给予反动道首等以强大压力，区乡村还通过大小会广泛发动检举，还勒令道首进行检举立功，总计在运动中共收到检举材料74件，涉及外区的14件已整理转走，其余60件区里整理处置。对批捕的道首，采取选择几个能够掌握全面情况的道首重点突击审讯，一般道首待工作稍闲时普遍审讯的办法，其中审讯出新线索5件，分别进行了整理填表后处理，并避免了刑讯逼供情形的发生。第八，周密部署逮捕道首的工作。巴县第五区批准逮捕反动道首7人，土匪2人（其中1人为六区转过来），长生乡逮捕最多，计有道首3人，土匪1人，惠民乡逮捕道首2人，迎龙乡逮捕道首土匪各1人。天久乡逮捕道首1人。广福、樵坪、回龙、迎鹤4乡均未逮捕。逮捕前先布置各乡注意各犯住址，在不在家，即以查户的方式问明去向，行动时由乡长布置乡和村的党团员的武装干部前去执行任务，由于事前做了周密部署，所以只有天久乡1犯潜居重庆经3天调查后于1月24日捕获，其余均顺利逮捕归案，没有出现错捕和违反政策，或由群众扭送的情况。当然整个工作也不是完美无缺，也有个别乡，如樵坪乡存在区领导检查不够，领导不够有力的情况，致使其汇报制度未很好建立，临时才凑数，影响了整个区的总结。①

璧山县经过1952年的摸底调查，对反动会道门的组织系统、来源及所分布的地区和其所做的罪恶事实等都有相当的掌握：一贯道道首、坛主以上材料157名，其中前人4名，点传师26名，坛主127名。这些道首在镇压反革命运动和以前的取缔中处理了一批，还残存坛主以上的道首64名，其中前人3名，点传师12名，坛主49名。县公安局拟捕6名，管制3名，自首登记55名，并订出行动计划，报请上级批准。璧山县公安局还以自己的力量为主，配合有关部门，组织脱产干部61名进行学习，主要是使这些干部通过学习，明确取缔一贯道的意义、目的及如何取缔和分别对待各个道首的具体方针政策。在明确了取缔的意义和政策后，将这些干部分布到有一贯道活动的7个区里的16个乡中的45个村、2个镇的23个段展开取缔工作。各区结合农村生产进行宣传教育工作，时间从1953年4月10日开始，各区均贴出布告，组织宣传，至20日结束。重点的城关区则在4月10日拂晓5时半，以20人

---

① 巴县第五区委员会《取缔反动会道门工作报告》（1953年2月5日），重庆巴南区档案馆馆藏，资料号：166-1-3。

的干部力量，配合35名武装人员，以查户口的方式先逮捕了（之前上级已批准）3名道首。当天9点后就组织力量宣传，晚上还召开了1040人的群众大会，宣传取缔一贯道的意义，揭发被捕道首之罪恶，并交代取缔政策。璧山县取缔会道门的宣传工作，在各级党委的统一领导下，以各自不同的方式组织了766人的队伍，根据上级的指示，结合璧山县的实际情况，用金钱板、花鼓、快板、话筒喊话、黑板报、相声对话、街头演讲、戏剧、现身说法等各种方式进行广泛的宣传；另外还有西南文教部电影放映队应约而来，配合取缔运动在城关、丁家、来凤、狮子等地放映了影片《一贯害人道》。由于各种方式的宣传而受到教育的群众有57741人（其中受到3次以上教育的有19244人），占应取缔会门的16个乡、2个镇总人数143530人的40.2%。取缔是以不妨碍生产为原则，所以各区乡召开的群众大会除重点区是两次外，其余地区均只召开一次。而具体地学习讨论政策的时间多放在晚上的学习会议上，群众和干部的大小会议平均各地区都进行了12次。由于各种形式的宣传大量展开，又针对一些道首和道徒的害怕思想，特别是《一贯害人道》影片和一些道首和受害道徒的现身说法，具体地揭露了一贯道的真面目，教育了一般群众、道徒和道首，普遍认识到一贯道是假的、是害人的。在具体的处理上采取镇压和宽大相结合的政策。如在现身说法大会上，明确宣布这些点传师和机手们由于民愤不大，坦白较好将从宽处理。对在已掀起退道热潮时不登记、不坦白而又有罪恶的道首，进行检举而予以逮捕法办。这样以具体的事例教育群众、道徒和道首们。由于大力的宣传和具体事例的教育，打通了道徒和道首的思想顾虑，逐步提高了他们的认识，因此纷纷要求退道，申请登记，有的道首更加入了宣传的行列，以自己的事例进行宣传，由此进一步发动了群众。璧山县的宣传掌握好了政策，对取缔工作的顺利进行起到了决定性的作用，宣传做到了家喻户晓，也没有死人事件发生。以城关镇为例，全镇居民9000多人，加上学校、机关、工会等12500人，看电影的就有4084人，两次群众大会到会者有2136人（按报到簿统计），两次现身说法表演参加者5100人，段组学习3160人，街头表演无法统计未计算在内。所以除开部分重复数字外，应该是起码每人受到了一次教育。全县各区先后于4月20日结束取缔工作。城关区于21日上午召开了公判大会，由12名道首以及受害道徒进行控诉，坛主陈永华在控诉时竟哭了，因为她的女儿由于吃所谓仙丹被害死了。道徒纷纷要求退道。在群众愤怒如火要求政府严办一贯道道首的罪大恶极分子的气氛下，人民法庭接受了人民的意见，根据中央人民政府惩治反革命条例及取缔反动会道门的政策、方针，依法判处6名道首（其中2名为大足县破案后转来的）有期徒刑，1名道首管制，其余已登记的道首即算处理，不再做任何其他处理，道徒声明退道就行了。最后由公安局总结此次取缔反动会道门工作，并向群众提出，为了巩固已有的成绩，今后要随时随地警惕敌人的破坏活动，最后在群众的欢呼声中，大会结束。璧山县这次取缔运动中，全县声明退道的道徒1550名。[①] 璧山县尤其是城关区等重点地区取缔工作成功进行，取得了很好的经验：第一，党委的重视，干部团结，思想一致，分工明确，包干负责，才能按期完成任务。第二，干部思想明确，艰苦再三地向群众交代政策，不仅达到了取缔反动会门，摧毁其组织的目的，还结合生产，完成了其他中心工作。第三，事前做好摸底工作，掌握具体材料和心中有数，对个别道首有足够的估计是取缔成败的关键。第四，利用活人活事做现身说法，揭发一贯道的内幕及罪恶是推动反道宣传的好办法。[②]

大竹专署所属地区的取缔工作是由专署公安处牵头，在各地党委领导下，吸收一切可能参加的力量，以各级公安部门为主，广泛发动群众，从1952年12月到1953年2月分批分地进行的。从四川解放到1952年，经过一系列的社会改革运动和重点取缔，给了反动会道门一定的打击，打掉了部分反动会道门的头子，初步掌握了一些会道门的情况。但大竹专署地区此前还未进行过对会道门的全面取缔工作，所以当时会道门还很猖獗。会门大道首一面指示下级转入地下单线联系，一面指示下级打入各机关团体内部长期掩护，进行破坏。有的会道门头子则藏身如地洞、密室夹墙内，通过接线人指导下层道首活动。由于镇压反革命运动的强大威力，各类反革命残余纷纷潜入反动会道门，所以会道

[①] 璧山县公安局《取缔反动会道门工作总结报告》（1953年4月25日），璧山县档案馆馆藏，资料号：1-1-125。

[②] 璧山县城关区反道委员会《城关区取缔一贯道的工作总结》，璧山县档案馆馆藏，资料号：1-1-125。

门的破坏活动有增无减，危害各种建设事业。因此，取缔会道门关系新政权的各项建设事业能否顺利进行。因此大竹专署公安处于1952年11月27日，作出《关于全面取缔反动会道门工作的布置》，要求各地"根据省厅指示，及地委关于执行'省委关于执行全国第五次公安会议决议的计划'的计划，确定全区自一九五二年十二月一日至一九五三年二月半，两个半月内，进行全面取缔工作。要求各县充分准备，广泛发动群众，以达到惩办罪大恶极的道首，摧垮其组织的目的"。"必须在党委统一领导下，吸收一切可能参加的力量，以公安部门为主，组织镇反办公室，和摸底工作队，立即展开摸底工作。在整个反道工作中，各县均应根据具体情况确定工作重点，并上报我处备案。"[1]布置取缔工作的文件发出以后，各县即开始组织力量进行取缔工作，如梁山县公安局组织公安人员10人，公安干事4人，派出所所长5人，民警14人，消防队员3人，法庭干部4人，局内干部9人，再由县委工作队抽调35人，共84人，根据工作需要，统一领导，分散使用，进行取缔反动会道门的工作。取缔程序是对会道门情况摸底；整理摸底材料；突击审讯，扩大线索；道首登记；组织道徒当众退道；等等。[2]

总之，通过基层政权的建立和乡村社会治理，新中国成立初期四川乡村社会得到发展，新的社会风尚逐步形成：在四川基层政权建立巩固和乡村治理的过程中，移风易俗，四川乡村社会发生了翻天覆地的变化，农牧业增产、教育卫生事业大发展、农民的社会观念也发生了巨大的变革（如从男尊女卑到男女平等、从"包办婚姻"到自由恋爱结婚、从种毒贩毒制毒到戒毒反毒抵制毒品、从会门帮派盛行到群团组织活跃等），婚姻自主，家庭和睦的新风气、新道德开始在社会上树立……群众的生产积极性空前高涨，妇女参加社会活动尤其是生产的积极性更加提高，无论农村还是厂矿，出现了团结、和睦、愉快劳动的新气象。中国共产党和人民政府在群众中的声望也不断提高，党的执政基础日益巩固。

---

[1] 大竹专署公安处《关于全面取缔反动会道门工作的布置》（1952年11月27日），达州市档案馆馆藏，资料号：17-1-32。
[2] 《大竹区专署公安处对取缔反动会道门工作的补充意见》（1952年12月9日），达州市档案馆馆藏，资料号：17-1-32。

第八章　新中国成立初期四川基层政权建立和乡村社会治理的成功经验

新中国成立初期四川基层政权的建立是在各级党委和政府领导下，采取自上而下领导和自下而上普遍动员群众广泛参加的方式逐步建立起来的。反帝反封建是中国近代民主革命的两大目标，所以，在经济上消灭农村中的封建土地剥削制度和政治上消灭农村的封建势力，建立劳动人民在经济上翻身，政治上当家做主是中国共产党改造乡村社会的既定目标，正是在实现这两大目标的过程中，四川乡村权力结构发生了根本的变化，并取得了治理乡村社会的成功经验：必须坚持中国共产党的坚强领导是搞好政权建设和乡村治理的根本保证；坚决打碎旧的政权，彻底颠覆旧的权力体系，才能建立全新的乡村权力结构；坚持劳动人民翻身解放、当家做主，充分体现人民民主政权的性质；建立一支人民拥护的、能为人民服务、有奉献精神的基层干部队伍才能保持政权的纯洁和党的方针政策的贯彻执行……这些既是毛泽东基层政权建设思想和乡村治理理论的运用和发展，也体现出中国共产党的执政理念和执政规律。

第一节　中国共产党正确的理论和政策指导

为了实现在经济上消灭农村中的封建土地剥削制度和政治上消灭农村的封建势力，建立劳动人民在经济上翻身，政治上当家做主这个中国共产党改造乡村社会的既定目标，废除保甲制度使国民党原有基层政权和士绅袍哥权势都失去赖以存在的制度基础；镇压国民党特务及乡村恶势力以消除反共势力，巩固革命成果；实行土地改革以打破旧的乡村社

第八章 新中国成立初期四川基层政权建立和乡村社会治理的成功经验

会结构,建立新的乡村社会结构。这三者就成为中共在四川改造乡村,重构乡村权力的前提条件。为此,中国共产党对改造乡村社会,重构乡村权力提出了自己的理论及政策,用以指导乡村治理的实践,这是当时四川搞好政权建设和乡村治理的根本保证。

第一,有领导、有秩序、有步骤地彻底消灭农村中的封建势力,依照政府政策法令和法律制度去根本改变旧的乡村权力结构。1950年7月15日政务院公布《农民协会组织通则》,明确规定,农民协会是农民自愿结合的群众组织。它的任务就是"团结雇农、贫农、中农以及农村一切反封建的分子,遵照人民政府的政策法令,有步骤地实行反封建的社会改革,保护农民利益。组织农民生产,举办农村合作社,发展农业和副业,改善农民生活。保障农民的政治权利,提高农民的政治和文化水平,参加人民民主政权的建设工作[1]"。而对各种敌对势力的打击,必须依法办事,要教育群众遵守自己政府的法律,不能乱打、乱杀、乱捉。1949年12月1日,中共中央批准华中局《关于纠正乡村工作干部不良作风的决定》的指示,明确要求除在华中各省实行外,华东、西北、西南及其他有类似情况的地方均须注意纠正同类错误,"尤其是乱打、乱杀、乱捉必须防止及制止,决不能放任"。指示特别提出"注意教育群众及干部尊重自己的人民政府,遵守自己政府的法律,以巩固人民民主专政,战胜敌人"[2]。

第二,废除保甲制度,使人民民主专政在乡村中扎下根基。1949年1月3日,《中共中央关于新解放城市对旧保甲人员的处理办法的通知》明确指出,"保甲制度是国民党反动统治的基层机构,必须废除,保长是国民党反动政府指派的,是国民党反动派统治人民压榨人民的工具和帮凶,应该受人民的审查,有罪者应受惩处[3]。"1950年10月,川北人民行政公署发出《关于彻底废除旧乡保政权建立乡村人民政权的指示》也明确指出,"保甲制度,是封建专制主义和国民党反动统治最

---

[1] 《农民协会组织通则》,四川省档案馆馆藏,资料号:建北1-137。
[2] 《关于纠正乡村工作干部不良作风的决定》,中共中央文献研究室编《建国以来重要文献选编》,中央文献出版社1992年版,第一册,第48、50页。
[3] 中共四川省委党史研究室组织编纂,徐学初主编《四川的城市接管与社会改造》,四川人民出版社1997年版,第35—36页。

基层的政治基础，它直接而残酷地压迫着束缚着乡村中的广大人民，向为人民所深恶痛绝"。因此要求随着减租退押运动的开展，迅速着手彻底废除旧的乡保政权，取消保甲制度。这样，使人民民主专政在乡村中扎下根基。①

第三，有策略、有准备、有重点地取缔反动会道门。1950年8月17日西南军政委员会主席刘伯承签署西南军政委员会令，明令公布反动会门组织为非法，应严格取缔。命令指出了匪特地主恶霸操纵反动会门犯下的罪状和社会危害，特别是公开的、大规模的匪特被剿灭以后，会门更成为匪特秘密活动的最好掩护。"查我西南解放以来，特务土匪与封建地主、恶霸相勾结，组织并操纵会门，其意在控制农民，反对组织农民协会，反对减租退押，反对土改，拥护封建势力，造谣惑众，武装叛乱，破坏社会秩序，危害人民生命财产，极为人民所痛恨。"虽经过人民解放军的围剿，部分匪特被剿灭，但还有少数匪特暗中活动，"更以会门团体为掩护，进行反革命阴谋，企图骚扰破坏"。所以西南军政委员会第一次全体委员会会议一致决议："此种会门纯系封建残余非法反动组织，应予严格取缔，俾以确保治安，巩固革命秩序。"②是年12月15日，西南局社会部为执行取缔反动会道门的指示，专门通知指出：我西南地区反动会道门具有强烈的政治活动与一定的社会基础，全区共有160多种会道门，其中破坏性最大、活动最为猖狂、发展最迅速的为一贯道，是目前反革命利用的一种反动组织，应该坚决取缔。又因为会道门与群众迷信等纠缠在一起，因之西南局社会部认为取缔工作是长期的，必须采取有策略、有准备、有重点地稳步进行。③而对利用封建会门进行反革命破坏活动者则进行镇压，《中华人民共和国惩治反革命条例》第八条明确规定："利用封建会门，进行反革命活动者，处

---

① 川北人民行政公署《关于彻底废除旧乡保政权建立乡村人民政权的指示》，四川省档案馆馆藏，资料号：建北5-34。
② 《西南军政委员会令》（1950年8月17日），重庆市档案馆馆藏，资料号：1049-1-299。
③ 中共四川省委党史研究室组织编纂，徐学初主编《四川的城市接管与社会改造》，四川人民出版社1997年版，第320—321页。

死刑或无期徒刑；其情节较轻者处三年以上徒刑。①"1951年6月1日，成都市政府发布了取缔反动组织"一贯道"的布告。布告指出，一贯道系反革命分子所操纵利用的反动组织，他们在新中国成立后与潜伏的特务、反革命分子、不法地主、恶霸等反动武装势力继续勾结，到处散布谣言，恐吓群众，发展其反动组织，阴谋武装暴乱，败坏我人民政府各种法令的实施，实属罪大恶极。因此，要求"自布告之日起，所有一贯道组织，不论其名目如何，均须立即解散，不得再有任何活动②"。

第四，形成人民代表大会（会议）制度，以各级人民代表大会（会议）为最重要机关，建立人民民主的新政权。《中国人民政治协商会议共同纲领》第十二条明确规定："中华人民共和国的国家政权属于人民，人民行使国家政权的机关为各级人民代表大会和各级人民政府。各级人民代表大会由人民普选方法产生之。各级人民代表大会选举各级人民政府。各级人民代表大会闭会期间，各级人民政府为行使各级政权的机关。③"《四川省人民政府关于乡及城镇政权建设的实施办法（草案）》也明确规定乡人民代表会议代行乡人民代表大会职权，"乡人民代表会议经县人民政府批准，并得选举乡长、副乡长及委员，或决议撤换之"④。开始正式确定了乡人民代表大会（会议）制度作为根本改造乡村权力结构的最重要机关。

第五，根据农村实际，解决区乡工作的实际问题，建政要围绕促进农业生产发展为中心。针对全国，也包括四川区乡工作中普遍存在的"五多"问题，毛泽东在1953年3月19日《解决区乡工作中的"五多"问题》一文中特别指出，"农业生产是农村中压倒一切的工作，农村中的其他工作都是围绕着农业生产而为它服务的。凡足以妨碍农民进行生产的所谓工作任务和工作方法，都必须避免"。所以他认为，新中

---

① 《中华人民共和国惩治反革命条例》，中共中央文献研究室编《建国以来重要文献选编》，中共中央出版社1992年版，第二册，第45页。
② 中共四川省委党史研究室组织编纂，徐学初主编《四川的城市接管与社会改造》，四川人民出版社1997年版，第155—156页。
③ 《中国人民政治协商会议共同纲领》，中共中央文献研究室编《建国以来重要文献选编》，中央文献出版社1992年版，第一册，第4页。
④ 《四川省人民政府关于乡及城镇政权建设的实施办法（草案）》，四川省档案馆馆藏，资料号：建川044-1-31。

国成立初期区乡建政工作中出现的"五多"问题,即任务多,会议集训多,公文报告多,组织多,积极分子兼职多,是严重脱离农民群众,损害农民及其积极分子利益的问题,所以必须要求各级党委予以重视和解决。对于当时农村中很多乡存在的几十种委员会和积极分子兼职过多的情况,毛泽东认为都是妨碍生产,脱离群众的,"也应坚决地但是有步骤地加以改变"①。《四川省人民政府关于乡及城镇政权建设的实施办法(草案)》也明确规定:"划乡应以便于领导群众,进行生产和行政管理为原则。"②

第六,把坚持党和政府的领导同发动群众统一起来,发扬民主,建立贫雇农和其他劳动人民当家做主的新型乡村权力结构。1949年12月1日,中共中央批准华中局《关于纠正乡村工作干部不良作风的决定》的指示,明确强调了把党的领导同发动群众统一起来,以及发扬民主的重要性,要求把对上级负责、对党负责同对群众负责统一起来。指示提出,"所有群众工作干部均应接受群众的监督,由群众分别批评或赞同拥护,这样才能把对上级负责,对党负责与对群众负责统一起来"。乡村工作干部必须用民主的作风去进行活动,命令主义、官僚主义、尾巴主义都是错误而必须纠正的。③ 1951年1月,毛泽东明确提出要使农民高高兴兴减租退押、清匪反霸、分田地,并且要将乡村政权和武装掌握在以贫雇农为骨干的人们手里。"使农民高高兴兴地减了租,退了押,清了匪,反了霸,分了土地,农会、乡政权和民兵都掌握在以贫雇农为骨干的人们的手里,那就很好了。"④1951年3月14日川南农协则发出《关于农协如何形成雇贫领导核心的通知》,通知指出,现在各地许多农协会领导成分不纯,雇贫未形成领导核心,因此要求必须进一步地、更好地调整各地的农协领导成分,逐步减少中农领导比重,以及洗刷其

---

① 《解决区乡工作中的"五多"问题》,《毛泽东文集》,人民出版社1999年版,第六卷,第271—273页。
② 《四川省人民政府关于乡及城镇政权建设的实施办法(草案)》,四川省档案馆馆藏,资料号:建川044-1-31。
③ 《关于纠正乡村工作干部不良作风的决定》,中共中央文献研究室编《建国以来重要文献选编》,中央文献出版社1992年版,第一册,第50—53页。
④ 《土改工作应注意的主要之点》,《毛泽东文集》,人民出版社1999年版,第六卷,第138页。

第八章　新中国成立初期四川基层政权建立和乡村社会治理的成功经验

他的一切阶级异己分子，形成雇贫农的领导核心。①

第七，根本摧毁包办强迫、男尊女卑的封建主义婚姻制度，树立男女平等、婚姻自由的新民主主义婚姻制度，从而建立民主和睦、团结生产的新式家庭，以增强国家经济建设与文化建设的力量。1950年5月1日起公布实施《中华人民共和国婚姻法》。《婚姻法》明确规定了两条原则"第一条　废除包办强迫、男尊女卑、漠视子女利益的封建主义婚姻制度，实行男女婚姻自由、一夫一妻、男女权利平等、保护妇女和子女合法利益的新民主主义婚姻制度。第二条　禁止重婚、纳妾。禁止童养媳。禁止干涉寡妇婚姻自由。禁止任何人借婚姻关系问题索取财物"。并对结婚、夫妻间的权利和义务、父母子女间的关系、离婚、离婚后子女的抚养和教育、离婚后的财产和生活等做了明确的规定。② 婚姻法颁布后，即开始在全国宣传贯彻婚姻法。1953年2月1日政务院总理周恩来签署《中央人民政府政务院关于贯彻婚姻法的指示》，要求以1953年3月为贯彻婚姻法月，在全国范围内（少数民族地区和尚未完成土地改革的地区除外），开展一次大规模的宣传婚姻法和检查婚姻法执行情况的群众运动，目的就是要"根本摧毁包办强迫、男尊女卑的封建主义婚姻制度；树立男女平等、婚姻自由的新民主主义婚姻制度，从而建立民主和睦、团结生产的新式家庭，以增强国家经济建设与文化建设的力量"③。

第八，彻底扫除旧社会遗留下来的污毒和渣滓，树立新的社会风气，增强人民健康，严密国家组织，以利国家经济建设事业的顺利进行。1950年2月24日，周恩来签署《国务院关于严禁鸦片烟毒的通令》，明确指出，为了保护人民健康，恢复与发展生产，号召各级人民政府和人民团体广泛团结人民一致起来，限期禁绝鸦片和其他毒品。开展禁绝烟毒运动的目的，就是"彻底扫除旧社会遗留下来的污毒和渣

---

① 川南农协《关于农协如何形成雇贫领导核心的通知》（1951年3月14日），川南区农民协会编印《川南农民》。
② 《中华人民共和国婚姻法》，中共中央文献研究室编《建国以来重要文献选编》，中央文献出版社1992年版，第一册，第172—177页。
③ 《中央人民政府政务院关于贯彻婚姻法的指示》（1953年2月1日），成都市档案馆馆藏，资料号：85-1-79。

滓，树立新的社会风气，增强人民健康，严密国家组织，以利今后经济建设事业的顺利进行"。肃毒运动的方针就是"事先准备，摸清底细，广泛宣传，各界动员，统一步调，配合动作，重点打击，全面肃清，严格控制，做到既稳且准"[①]。

正是有了中国共产党正确的理论和政策指导，才使四川基层政权得以建立和巩固，各项乡村治理的措施得以有效实施，并取得了巨大的实践效果和积累了丰富的经验。

第二节 各级党委和政府的坚强领导

四川、重庆、西康各地基层政权的建立都是在各级党委和政府领导下，采取自上而下领导和自下而上普遍动员群众广泛参加的方式逐步建立起来的，这是新中国成立初期四川基层政权建立和乡村治理成功的重要保证。对在经济上消灭农村中的封建土地剥削制度和政治上消灭农村的封建势力，建立劳动人民在经济上翻身，政治上当家做主的目标任务，各级党委、政府都给予了高度重视和积极领导，从中央到地方制定条例、规划、确立明确的人民代表大会（会议）制度、发出详细的指示统一部署，领导干部亲自下乡指导、派出工作组蹲点等，使农村中的土地改革和改造乡村政权，建立新政权的整个过程都得到上级党组织和政府的精心领导，乡村权力结构在有序中改变。如1950年7月14日政务院第41次政务会议通过，1950年7月15日公布《农民协会组织通则》明确规定了农民协会的性质、任务、职权等；1950年12月8日政务院第62次政务会议通过《乡（行政村）人民代表会议组织通则》《乡（行政村）人民政府组织通则》；川南人民行政公署则是在1950年12月13日向各专署、市、县人民政府发出了《关于彻底废除保甲制度，改进乡村政权的指示》；1952年12月20日四川省政府制定《四川省人民政府关于乡及城镇政权建设的实施办法（草案）》；1951年重庆市政府制定《重庆市乡人民代表会议组织通则》《重庆市乡人民政府暂行组织规程》；1951年

[①] 川北人民行政公署《关于肃清烟毒运动的指示》（1952年8月9日），万源县档案馆馆藏，资料号：2-1-6。

第八章 新中国成立初期四川基层政权建立和乡村社会治理的成功经验

12月中共川东区党委政策研究室制定《川东区乡（村）人民政府暂行组织通则》等。重庆第七区为使建乡工作有计划、有步骤地进行，经区委书记、公安分局长及市民政局工作组于1950年7月18日研究，确定以区委会吴岳山同志、区政府吴立人同志、黑什子分驻所所长梁相民同志、唐家沱分驻所所长陈先水同志等组成朝阳河建乡筹委会，并定朝阳河乡（后来应叫唐家沱乡）暂以原一保至五保为范围，此后重庆市民政局工作组即制定宣传要点，派干部分赴黑什子、朝阳河五里坪等地进行广泛宣传，并于7月26日与区委会、区政府、区农协的代表会商决定在唐家沱分驻所第三段即上五里坪首先建立村政委员会，以资实验。在上五里坪（后称上坪村）建村成功后再推进建立了其他的村。① 有的乡由于封建势力强大，形势复杂，原有的农协组织干部成分不纯，贪污腐化，所以在土改工作组的帮助下建立了乡政权，也起到了纯洁基层组织的一定作用。如华阳县永安乡政府最初就是这样建立起来的。② 正是由于各级党政领导的重视，干部思想明确，四川各地的建政工作才能顺利进行。因此，坚持中国共产党的坚强领导也是搞好基层建设和乡村治理的根本保证，正如中共巴县八区委员会《1952年年终总结报告》所说，"我区一年来的工作，是在毛主席'增产节约'的伟大号召下，以生产为主的总任务、总方针，结合'三反''五反'，查田定产，民主建政，建党建团，及发展各种组织等一系列的运动进行的。由于上级党的正确领导，各级干部的努力，及广大群众的拥护，基本上完成了各种任务，因而也取得了较大的收获"。各级党组织也都积极的发挥领导作用，促进乡村社会各方面的发展。③ 巴县第一期乡村干部训练班能够取得较大的成绩的主要原因首先就是"由于党委的重视，县委在接到办训练班的指示后就作了详细的研究和周密的计划，而且县委书记还亲自到新华书店去选购教材，结果买到了'农村生产互助合作教材'等材料，从而才使我们

---

① 《建村工作总结报告》（1950年8月8日、18日），重庆市档案馆藏，资料号：1075-1-277。
② 《永安乡土改工作队关于建政工作的总结报告》，双流县档案馆藏，资料号：华阳县永安乡政府93-1952-46（64）。
③ 中共巴县八区委员会《1952年年终总结报告》（1952年12月29日），重庆市巴南区档案馆藏，资料号：巴县县委1-1-91。

能按此教材结合实际情况编出一套较完整的讲课提纲来，这一问题获得了解决，等于解决了整个训练班的2/3的困难，同时县委委员亦亲自参加讲课和不断地给我们一系列的原则性的指示和具体指导，如指导我们如何密切结合实际，并专门给我们研究解答报告的问题等，故能否办好训练班的关键在于党委重视与否。"①

第三节　紧密结合中心工作

四川各地基层政权建立和乡村治理的过程中，都十分强调建政与当时的中心工作相结合，不单纯建政，不耽误农时，不影响生产和其他必要的工作，使建政和生产两不误，这是乡村建政和乡村治理顺利进行的关键因素。如江北县第四区是在1952年搞好冬季生产，整理巩固提高互相组，发展合作，做好第二年大生产的准备工作，并结合搞好其他工作的基础上进行的民主建政工作。也是在先重点建乡取得经验，再全面铺开的办法。江北县第四区选择了群众基础较好，群众觉悟很高，封建势力基本打垮的龙兴乡作为重点：原龙兴乡划分为龙兴乡和普福乡两个乡，龙兴乡作为重点建乡试点。该乡不是土改复查重点，因此以生产为中心结合搞的民主建政工作，且白天生产，晚上展开建政工作。龙兴乡人民代表会议也特别让代表明确建乡是为了搞好生产，如李伯文说，正式建立乡人民政府是为了当前搞好互助组，推动冬季生产，主要播好小麦、丰产，做好水稻丰产的准备。又如高峰村代表每个订出计划掌握一个常年互助组。新发村代表订出1953年1月积肥50万斤。粉壁村订出一个月的计划，一个月内补修堰塘九口，争取完成，做好新修塘准备工作。石塔村立即就动工补修埝九道。龙山村在一个月内小麦除草两次，淋了两次，定出一定作宝塔式小麦丰产竞赛，找高峰村挑战。新发村代表李明才说，要巩固我们的合作社，必须把投机进来的自耕农胡德珍（保长）清洗出去。② 1952年12月江北县第五区以高桥乡重点建乡时召

---

① 中共巴县委员会《巴县第一期乡村干部训练班总结报告》（1953年1月3日），重庆市巴南区档案馆馆藏，资料号：巴县县委1-1-144。
② 《江北县第四区公所民主建政工作进度情况》，重庆渝北区档案馆馆藏，资料号：1-1-25。

开的乡人民代表会议也专门制订了生产计划,决定要精耕细作、消灭板土、小麦丰产、发动群众修补埝塘、积肥等,把生产作为中心。① 江津县在 1952 年 12 月召开了农村工作会议,传达了西南农村工作会议精神之后就结合冬季生产,整理互助组织及土改复查,进行了建政工作。② 中共巴县八区委员会一直都注意乡村的生产工作,在紧张的"三反"运动中,除由每乡农协主任领导生产工作外,区并抽调生产等部门干部,组成工作组,以接龙三村为重点领导生产,汲取经验,推动全区抓好防旱抗旱,秋收秋耕,集肥、互助合作等工作。在查田定产时又及时纠正了各乡单打一的搞查田定产工作而忽视生产的偏向,通过建党和农民教育,群众的生产情绪更高了,据典型调查统计,田 1951 年总产 25012817 斤,1952 年为 26013329 斤,增产 1000512 斤(4%),土 1951 年总产 9416186 斤,1952 年为 10357804 斤,增产 641618 斤(6.8%)。③ "为适应增产需要,应首先发展临时季节性的互助组,同时又根据这三六〇个互助组的反映,绝大多数的组是不符合组织的三大原则的,而且还有三十七户富农参加,其中有七户富农现在还在雇工,一户还掌握了领导权,因此,在发展临时性互助组的同时,应进行整理现有的组,使之合乎三大原则与纯洁组织,而在进行发展整理时,应是在增产的原则下来进行,不要为组织而组织,这样反而影响了生产,如果不这样,不仅违反了组织起来的基本原则,而且是脱离群众的做法,因此,绝不能急躁或强迫编组,同时应认真贯彻男女一齐发动的方针,不得偏废一面。"④ "重点是放在生产互助合作方针政策上。"⑤ 成都市的普选工作也是伴随着国家的社会主义经济建设工作而密切结合而进行的。普选工

---

① 《江北县第五区公所重点建乡工作总结》(高桥乡),重庆渝北区档案馆馆藏,资料号:1-1-25。

② 《江津县人民政府五个月以来工作综合报告》(1953 年),重庆江津区档案馆馆藏,资料号:9-1-48。

③ 中共巴县八区委员会《一九五二年年终总结报告》(1952 年 12 月 29 日),重庆市巴南区档案馆馆藏,资料号:巴县县委 1-1-91。

④ 中共巴县委员会《巴县第一期乡村干部训练班总结报告》(1953 年 1 月 3 日),重庆市巴南区档案馆馆藏,资料号:巴县县委 1-1-144。

⑤ 中共巴县委员会《巴县县委关于第二期乡村干部训练班的简报》(1953 年 2 月 5 日),重庆市巴南区档案馆馆藏,资料号:巴县县委 1-1-144。

作和过渡时期的总任务结合起来，对群众进行了深入而广泛的民主宣传教育，通过普选中展开的各项民主活动，人民的主人翁觉悟大大提高，认识到普选与自己的切身利益以及选举代表对进一步巩固人民民主专政的重大意义，从而积极地参加普选工作。群众还从生产、工作、学习等不同的岗位，以主人翁的实际行动来迎接普选，如工人们提出："坚决遵守劳动纪律和超额完成增产计划，建设社会主义祖国。"机关工作人员提出："密切联系群众，提高效率，做好工作。"学生们提出："争取'三好'的优良成绩。"……①

通江县1953年召开的首届乡镇人民代表大会，各乡在大会上的提案内容一般是抓住了生产这个中心，如至诚乡到会代表26人共收提案51件，长乐乡在半年来的工作计划中，除确保当年超额完成全面增产6%的任务外，并决议春耕前修新塘1口，整修旧塘4口，新修埝8条，整修旧埝21条，新打蓄水池45个，植活树122株，并巩固提高常年性标准的互助组8个，季节性互助组30个。和平乡在代表会议上对如何领导互助合作及今后生产做了深入讨论和研究，并作出决议，今后代表与乡村干部具体分工，包干负责，除主动搞好自己的互助组和生产去带动别人外，并分段分点包干负责，进行帮助和领导，这些为后来顺利开展互助合作运动与确保完成当年全面增产6%的光荣任务，树立了鲜明的奋斗目标，培养了领导力量，创造了有利的条件。②

璧山县在开展基层选举时，特别注意和生产密切结合，尤其是浦元乡普选试验时在这方面做得非常好。一方面在大春播种，收割小麦的农忙季节，领导普选的干部结合生产推广秧苗的少秧密栽顺利完成了户口登记；后又领导栽秧总结，互助组推行算账，号召积肥、施肥、薅早秧以及防旱、抢栽、抢种，在此过程中完成了候选人的讨论推选；在补栽补种和薅二次秧等生产活动中完成了代表的选举等等。另一方面他们特别注意利用农事空隙开会，白天干部则深入至田间、土里帮助做农活，在中午休息或中途稍事休息时宣传生产和普选，晚上以院邻、互助组、

---

① 《成都市五年来人民民主政权制度建设情况》（1954年），成都市档案馆馆藏，资料号：85-1-182。
② 《通江县第九区关于普选工作总结报告》（1954年2月8日），通江县档案馆馆藏，资料号：33-1-34。

居民组为单位开会，平时至少三天才开一次会。做到开小会、少开会、不乱开会。而且还通过普选满足群众迫切的生产要求，从而完成了爱国增产计划的制订。所以普选不仅没有影响生产，还促进了生产的发展。①

在基层选举中，西康省各地贯彻了"普选服从生产""通过普选推动生产"的精神，发挥了乡村干部的积极性，并通过普选广泛动员了群众，有力推动了生产，战胜了自然灾害，普选地区均得到了增产。

四川贯彻婚姻法运动也是如此，运动中一个重要的经验就是贯彻婚姻法必须紧密结合生产，在讨论生产问题时，联系如何贯彻婚姻法以解放生产力，在讨论贯彻婚姻法问题时，研究如何有利于发展生产。因此，贯彻婚姻法不仅没有妨碍生产工作，反而成为推动生产的动力。②

取缔会道门的工作也是以不妨碍生产为原则，四川各地具体的学习讨论取缔政策的时间多放在晚上的学习会议上。

第四节 坚持劳动人民翻身解放、当家做主

不管何种部门进行任何工作，如果把广大群众当前最迫切的要求，置之于不顾，要想单纯完成自己的所谓"中心任务"，是根本不可能的。因为包括农村基层建政和乡村治理在内的一切工作，都是要发动群众，依靠广大群众，才能取得胜利，即中国共产党的群众路线才是工作中必须坚持的路线。发动群众，密切联系群众，倾听人民群众的呼声，向人民群众学习，走群众路线也是中国共产党领导人一贯倡导的。1951年2月7日，毛泽东号召要先发动群众，整顿基层组织，才能搞好土地改革。"要加快发动群众，整顿基层组织，接着进行分田。"他说这样做是完全必要和最迅速的，"土地改革的正确秩序，本来应当如此"③。这也是邓小平在主政大西南时特别提倡的原则。1951年6月25日，邓

---

① 璧山县选举委员会抄送浦元乡普选试验工作报告（1953年7月），璧山县档案馆藏，资料号：8-1-499。

② 刘景范：《中央贯彻婚姻法运动委员会关于贯彻婚姻法运动的总结报告》，成都市档案馆馆藏，资料号：85-1-79。

③ 《土地改革要有秩序分阶段进行》，《毛泽东文集》，人民出版社1999年版，第六卷，第139页。

小平在中共中央西南局召开的"七一"纪念活动报告员大会上的报告明确强调"联系群众是我党的生命"。他号召"每一个党员都必须用心听人民群众的呼声，了解他们的迫切需要，并帮助他们组织起来，为实现他们的需要而斗争。每一个党员都必须决心向人民群众学习，同时以革命精神不疲倦地去教育人民群众，启发与提高人民群众的觉悟。中国共产党必须经常警戒自己脱离人民群众的危险性，必须经常注意防止和清洗自己内部的尾巴主义、命令主义、关门主义、官僚主义与军阀主义等脱离群众的错误倾向。这是每一个党员联系群众必须遵守的原则，是衡量党员品质的重要标准之一。每一个党员必须了解对党负责与对人民负责的一致性"。邓小平说，中国共产党的优良传统就是从不脱离群众，并为群众制定符合他们利益的斗争纲领，并组织他们斗争。正因为中国共产党联系群众，所以人民群众才响应和拥护中国共产党的号召，信赖中国共产党，党才能不断领导群众走向胜利。[1]

在禁烟禁毒运动中，西南军政委员会也特别要求各级人民政府"发动群众，教育群众，依靠群众的自觉与积极性，造成群众的禁烟运动，才能使企图贩运制售的不法分子在广大群众的监督下不敢妄为，使吸食者在群众的劝导与督责之下戒除"[2]。

1950年6月《川北区当前施政方针》就明确乡村政权的性质是"直接接近群众的机关，是人民政府的基层组织，关系重大"[3]。

中共璧山县第六区委员会在1950年的工作总结中，提到了经验第一条就是掌握政策与依靠群众。他们为了发动群众及运用社会力量，尽可能地召开各种会议，向群众明白地讲解政策法令，并利用标语、漫画、话剧等方式结合中心工作进行宣传，使群众从听信谣言逃避新政权到逃避敌人，给党和政府送情报，给剿匪部队带路，劝土匪自新，主动当评议员、农民代表会代表等，再到拿起枪自卫，配合剿匪部队作战，盘查放哨，联防清匪，甚至为此牺牲生命，所以广大工农大众，尤其是

---

[1] 《永远记取党的斗争经验和教训》，中共中央文献研究室编《邓小平文集》（一九四九——一九七四年），人民出版社2014年版，上卷，第256—257页。

[2] 西南军政委员会《关于开展禁烟禁毒工作的指示》（1950年11月16日），达州市档案馆馆藏，资料号：17-1-218。

[3] 《川北区当前施政方针》，通江县档案馆馆藏，资料号：33-1-1。

农民成为完成征粮任务等的最大保证。如农民庞树臣、夏树之、刘大庸等均在黑夜给政府报告匪情，使政府能主动出击打击敌人，推动了工作的开展。刘大庸后来被土匪逮捕，英勇牺牲。农民胡汝阳、彭超然争取了许多土匪自新等等。①

川南土改工作队还逐渐把乡村干部是不是真正为群众服务作为整顿乡村组织的基本标准，"对于乡村干部是不是真能为群众服务，渐渐的提出批评，后我们就根据这些意见，作为整顿组织的基本材料"。在培养农民积极分子过程中，特别注意启发他们树立为群众服务的观点和热情。②

西康省雅安县蔡龙乡在展开建立农村基层政权的试点工作中，在短期内完成建政任务，其根本原因，就在于把群众当前最迫切的要求，确定为压倒一切任务来解决。该乡根据实际情况，首先把群众当前的迫切需要，作为压倒一切的中心工作，发动群众大力进行防疫卫生运动，制止死亡，抢救病灾，就是在解决群众这一迫切需要的基础上来结合当地中心工作（秋征）进行建政的。③

1952年12月江北县第五区以高桥乡重点建乡时明确了要通过民主建政，整顿农村组织。所以由群众充分酝酿后选出的乡人民代表会议的村干代表贫雇农占绝大多数，其中中农占总代表数的15%，贫农代表占总代表数的78.7%，雇农代表占代表总数的5.3%，原干部选为代表的占总代表数的53.2%，农会会员被选为代表的占总代表数的46.5%，妇女参政占总数的23%。而且乡政府委员会、乡长、副乡长完全由乡人民代表会议民主选举，会议还做出关于生产、农会会费、农业贷款等决议，会议精神也有切实的措施贯彻落实，可以说基本确立了贫雇农当家做主的乡村权力结构。④

---

① 《中共璧山县第六区委员会一年来的工作总结》（1951年1月），璧山县档案馆馆藏，资料号：1-1-11。
② 《川南行署土改工作队第二队工作总结》（1951年11月），四川省档案馆馆藏，资料号：建南5-42。
③ 《西南军政委员会民政部（通报）》（民政[52]字第0324号，1952年12月5日），四川省档案馆馆藏，资料号：建川044-1-31。
④ 《江北县第五区公所重点建乡工作总结》（高桥乡），重庆渝北区档案馆馆藏，资料号：1-1-25。

成都市乡镇政权建立过程中取得的经验也是首先要广泛发动群众，依靠广大群众，才能取得胜利。当时成都市各区、乡在较短时期内即完成了建政任务，其根本原因，就在于把群众当前最迫切的要求，确定为压倒一切任务来解决。如果对民生情况置之于不顾，那么要取得民主建政的成绩，是难以设想的。

在1953年全国贯彻婚姻法运动中，各地向人民群众宣传婚姻法，也是结合群众的切身利益，从群众当时所具有的水平出发，适应群众的思想发展规律，循循善诱，逐步提高，从而达到了预期的目的。[1]

第五节　充分发扬民主和政策推进相互结合

坚持劳动人民翻身解放、当家做主，建立代表会议制度，充分发扬民主，又贯彻国家政策，体现人民民主政权的性质，是当时四川各地建政和乡村治理的重要成功经验。如江北县58个乡、603个村、8个区公所，曾在1951年6月9日及10月27日分别召开了两次会议，贯彻和推动各项政策及工作，其中包括：①为抗美援朝捐武器并超额完成捐献计划。②推动土地改革的胜利完成。③组织中苏友好协会。④初步开展乡镇一级人民民主政权的建立工作。通过这些会议充分发扬民主，使政府与人民的联系更加密切起来，同时人民受到民主生活的教育，主人翁的感觉和责任感逐渐提高。[2] 在群众充分讨论酝酿的基础上进行了划村和居民小组的工作。1952年12月28日召开的龙兴乡人民代表大会的代表是在群众反复酝酿讨论的基础上产生的。人民代表还大胆向乡政府委员提出意见，委员们虚心接受。正、副乡长选出后明确表明态度，今后如何办好人民交给的事业。[3] 1952年12月江北县第五区以高桥乡重点建乡的每一个步骤都充分听取了群众意见，经

---

[1] 刘景范《中央贯彻婚姻法运动委员会关于贯彻婚姻法运动的总结报告》，成都市档案馆馆藏，资料号：85-1-79。

[2] 《江北县人民政府一九五一年度工作总结》，重庆市渝北区档案馆馆藏，资料号：江北县府14-3-9。

[3] 《江北县第四区公所民主建政工作进度情况》，重庆渝北区档案馆馆藏，资料号：1-1-25。

群众充分讨论酝酿。① 乡的工作必须深入小组深入群众，在实践中逐步明确开好代表会议是最好的基本的工作方法，如巴县高滩乡把要讨论的中心议题及乡的一切中心工作与群众要求，都提在代表会议上讨论并作出决议。从1月的春耕生产，到7、8月的秋收，无论插秧、薅秧、施肥、积肥、搭谷、选种、犁田、耕田搞副业、搞互助组等，在会议上均进行了讨论并作出明确的决议。如1952年2月旱象严重时，乡人民政府提出了召开代表会议来解决防旱问题，大力宣传抗旱防旱的意义，经群众广泛酝酿，反复讨论。在召开会议时，各居民组都通过代表，把意见办法，甚至所订的小组计划，带到代表会议上去讨论。由于会议要解决的问题与群众的迫切要求是一致的，所以就很快地集中群众的意见，做成明确的决议，再到群众中去执行。② 成都在发展人民民主政权制度，实行普选过程中，由于充分发扬民主和对选民进行民主教育及政策宣传，选民政治觉悟大为提高。同时在选举过程中，又注意解决选民的实际问题和困难，如设立托儿站，分批轮流参选等办法，保证选民能够充分行使权利，1953年成都参选人数各区平均达到93.27%，区乡代表得票平均达到95%以上。③ 西康省雅安县蔡龙乡在具体建政的过程中，根据蔡龙乡的实际情况，把群众当前的迫切需要，作为了压倒一切的中心工作，以期获得群众的支持，即坚持走群众路线。

由于真正发扬了民主，干部就会自觉地接近群众，改正错误，如重庆第七区上坪、庆平、和平、新村、朝阳、新农等村在建立村政权时积极分子犯有错误的自动纠正错误：（1）庆平村曹占云（唐家沱点征粮评议分会副主任）在征粮中评成分时未邀粮户参加，评错上粮户成分，在预选会前一面积极催收公粮，一面和群众靠拢，并在预选大会上公开检讨愿虚心地接受群众意见。（2）和平村妇女代表李淑华村选前对人态度生硬，自高自大，说话不讲方式使人难堪，听到要建村怕群众不选

---

① 《江北县第五区公所重点建乡工作总结》（高桥乡），重庆渝北区档案馆馆藏，资料号：1-1-25。
② 《巴县高滩乡建乡十个月来工作情况调查报告》，重庆巴南区档案馆馆藏，资料号：巴县县政府2-1-52。
③ 《成都市五年来人民民主政权制度建设情况》（1954年），成都市档案馆馆藏，资料号：85-1-182。

她，便自动改变对人态度，并与过去她所妒忌的妇女代表戴正辉团结和好，面向群众。其丈夫申义全（市农代会代表）并随时代她出主意，生怕得罪了群众。（3）上坪村苏炳成（市农代会代表）原顾虑当村长后，开会办事耽误生产，经教育认识建村重要后，自动召集农会组长座谈建村，并积极布置会场，催交公粮。

四川在禁绝烟毒时也是将掌握政策和发扬民主，由人民代表会议做出决定相结合，这是主政大西南的邓小平明确要求的。"西南禁绝烟毒是一个很重要的政策问题。必须采取不收购、不抵缴粮款，政府明令封闭烟馆，没收房屋、烟具、存土，严惩秘密烟馆，严厉判处烟贩，劝说戒绝吸食烟毒，对政府禁绝烟毒深入宣传，种烟地区召开人民代表会议，做出决议严禁种植等禁烟办法。[①]"

第六节 典型示范与阶段推进有机融合

四川、重庆、西康各地基层政权的建立和乡村治理都是先进行典型或重点试验，然后分阶段推进的，是典型示范与阶段推进有机融合而逐步取得成功的。如四川一些地方的建乡试点在1951年年底即开始了，如巴县高滩乡的建乡工作就是于1951年12月底开始进行典型试验的。重庆市郊区乡级政权的建立工作首先是在1951年4月以第二区石马河乡为重点进行实验，取得经验后陆续推动与协助各区（县）由点到面地展开。而重庆市各区乡政权建立过程基本相似，先进行典型示范再推广到全区。如第三区的乡村民主建政工作是在有步骤、有计划、有领导的情况下较顺利进行的，时间是从1951年7月1日正式开始，8月8日全部结束，首先选择山洞乡为重点建乡，得出经验后指导其他乡建乡，所以时间比其他乡提早5天。各乡一般从宣传到召开乡人民代表会议，选出乡长，共10天时间。工作步骤可分为四个阶段。第四区是以歇台子为典型示范，取得经验后全面展开。第四区将歇台子、石桥铺、杨九3个乡经划分小后，建成歇台、石桥、黄泥3乡（杨九乡因发展前途非

[①] 《禁绝烟毒要掌握好政策》，中共中央文献研究室编《邓小平文集》（一九四九——一九七四年），人民出版社2014年版，上卷，第51—52页。

农业缘故未建)。具体的过程也分几个步骤。西康省雅安县也是以蔡龙乡为重点建乡实验的,在具体步骤上,大体上分为了解情况宣传政策、划分居民组、选举代表、召开代表会、确定今后制度等几个步骤。巴县高滩乡的建乡工作和西康省雅安县蔡龙乡的重点建乡实验还在1952年11月、12月被西南军政委员会民政部通报各省(市)民政厅(局),各专署、市、县人民政府,作为典型建乡经验,要求各地学习他们的经验。①

在此后乡政权的进一步建立和巩固的阶段也是如此,将重点实验取得经验与阶段推进普遍推进结合。如江北县第五区接受巴县建乡经验,经过区内抽调干部组织建乡工作组,各乡干事参加,先进行重点建乡工作,以便通过重点建乡吸收经验,各乡干事再回去普遍展开民主建政工作。② 在基层普选,正式建立乡人民代表大会的阶段也是如此。如璧山县的基层选举是分两个时期完成的:第一期于1953年5月开始,先在浦元乡进行重点试验,取得经验后于7月又在其他12个乡和城关区先后展开。第二期1954年1月开始至4月初完成。③ 平昌县的普选工作也是先进行普选试点乡的工作,再将这些取得试点乡工作经验的干部配备到第一阶段普选的17个乡1个镇指导完成普选工作,之后进行第二阶段的普选,由此完成全县的普选工作。④

第七节 建立一支立场坚定、人民拥护、有奉献精神的基层干部队伍

建立一支立场坚定、人民拥护的、能为人民服务、有奉献精神的基层干部队伍才能保持政权的纯洁和党的方针政策的贯彻执行。在民

---

① 《西南军政委员会民政部(通报)》(民政[52]字第0324号,1952年12月5日),四川省档案馆藏,资料号:建川044-1-31。
② 《江北县人民政府一九五二度年终总结》(1953年1月10日),重庆渝北区档案馆藏,资料号:14-3-17;《江北县第四区公所民主建政工作进度情况》《江北县第五区公所重点建乡工作总结》,重庆渝北区档案馆藏,资料号:1-1-25。
③ 《璧山县基层选举工作报告》,璧山县档案馆藏,资料号:8-1-513。
④ 《平昌县第一期普选工作总结》等,平昌县档案馆藏,资料号:1-1-16。

主建政工作中，"总的说来，在政治思想都提高了一步，干部思想、作风大有转变，划清了资产阶级与无产阶级的思想界线（限），知道了贪污、浪费的可耻与罪恶，而树立了廉洁朴素的作风。官僚主义，脱离群众，不深入实际，不了解情况的现象也比以前好多了。一般群众对党和政府的认识也更进一步，生产情绪比以前高涨。因此，虽遭受了天灾，但仍然增产（田增 4%，土增 10%）。并评选区劳动模范 22 人，现全区群众都在原有思想与生产的基础上，搞好互助合作运动，为迎接即将到来的大生产运动[①]"。"只有大胆放手的让群众自己选举才能真正发挥人民民主的力量，选举出来的代表才能真正保证代表的进步性和纯洁性。[②]" 1952 年 12 月江北县第五区以高桥乡重点建乡时由群众讨论乡政府干部候选人名单，群众讨论时对候选人都提出了缺点，但大多赞成他们为候选人。但认为严家村农会主任王世荣作风不正不坦白，不赞成他当乡政府候选人；石墱村农会主任赵泽民对群众问题的解决看人说话，不主持正义，并挪用农贷款数 10 万元，群众也不允许他当乡农协委员。选举出乡人民政府委员、乡长、副乡长后，选举出的乡长发言，明确表示今后忠实为人民办事，如乡长武荣义、副乡长胡天碧均表示坚决干到底，为实现共产主义的美满社会，为提高群众热情和当家做主的实感而努力。[③] 重庆第七区最先建立的上坪、庆平两村已自动先后召开村委就职大会，开始正式行使职权，这两村由于地主较多，封建势力浓厚，村委认识到环境的险恶，故团结得很紧密，在农贷减租，整理农会、妇女会，调解村民纠纷，追收公粮尾欠等工作中充分地表现了高度责任心，保证政府的政策法令不打折扣地和群众见面：办理农业贷款——上坪庆平两村都已根据区政府对贷款的指示，着手布置贷款，并分组调查讨论，从最苦的贷起，上坪村并开会订出村贷款等十七项工作计划，村委王素英情愿无偿借锄、犁、耙等

---

① 中共巴县八区委员会《一九五二年年终总结报告》（1952 年 12 月 29 日），重庆市巴南区档案馆馆藏，资料号：巴县县委 1-1-91。
② 《民政局工作小组参加二区石马河乡建立乡政权试点工作报告》，重庆市档案馆馆藏，资料号：1075-1-384。
③ 《江北县第五区公所重点建乡工作总结》（高桥乡），重庆渝北区档案馆馆藏，资料号：1-1-25。

第八章 新中国成立初期四川基层政权建立和乡村社会治理的成功经验

农具给副村长田兴发,互相商定都不贷款,让贫农先贷,力求做到贷款的公平合理合法,在群众中印下优良印象。① 重庆在建村时当选人的誓词是:"我现在被大家选出来当本村的村政委员,今后一定要全心全意地为本村劳动的弟兄姐妹们服务,坚决彻底地执行上级人民政府的政策、法令,虚心地接受上级人民政府的领导和全村人民的意见,并积极生产带头劳动,为建设人民的新的家乡而奋斗,决不仗势欺人,不假公济私,不贪污舞弊,不违法乱纪,如有违法失职,危害人民利益的行为,愿受上级人民政府和全体人民最严厉的处分,仅在这里向大家宣誓。"② 明确了基层干部的职责是全心全意地为本村劳动的弟兄姐妹们服务,坚决彻底地执行上级人民政府的政策、法令,虚心地接受上级人民政府的领导和全村人民的意见,并积极生产带头劳动,为建设人民的新的家乡而奋斗,决不仗势欺人,不假公济私,不贪污舞弊,不违法乱纪。西康省雅安县蔡龙乡是雅安县第一区基础比较好的乡,解放后经过一系列的社会改革运动,1951年又进行了"土改复查",在各种运动中,涌现出了大批积极分子,他们一般都比较纯洁,作风正派,并能联系群众,为群众所拥护。而群众觉悟亦比较高,绝大多数都加入了自己的组织。

同时,四川各地也注意加强对乡村干部的培养训练,进一步提高了乡村干部的素质。1950年12月25日,川北人民行政公署指示各专员、县长、市长,要求有计划地实施对乡村干部的大规模教育。教育内容主要有五个方面:第一,进行立场和品质教育,提高乡村干部的阶级觉悟,让他们分清敌我界限,树立完整的群众观点,坚决站稳劳动人民立场,坚决为劳动人民服务。第二,进行政策法令教育,让乡村干部加强政策观念,知道干什么?怎么干?哪些能干?哪些不能干?第三,进行作风教育,树立群众观点。使乡村干部明确群众路线并具体执行群众路线,紧紧依靠贫雇农,巩固地团结中农和其他一切劳动人民及贫苦知识分子。中立富农,孤立并打击地主。树立民主作风。第四,进行前途教

---

① 《建村工作总结报告》(1950年8月18日),重庆市档案馆馆藏,资料号:1075-1-277。
② 《誓词》,重庆市档案馆馆藏,资料号:1075-1-277。

育,加强爱国主义和国际主义教育,使他们了解国际国内形势,了解我们革命的目的和光明幸福的前途,坚定革命胜利的信念。第五,进行文化教育,提高文化水平。① 各地相应地展开了对乡村干部的教育训练,取得了很大的成效。如巴县通过乡村干部训练坚定了他们的信心,推动了各方面工作的开展:"此次乡村干部训练班是在县委直接领导下进行的,自十二月七日开始至二十一日结束,计历时十五天,共到学员六五四人,其中乡干部六三人,村干部五九一人,均多系农村中的骨干分子。""这次训练的收获是很大的,主要是使学员明确了农村经济发展的方向,懂得了组织起来的原则、方针及党的领导的重要性,从而坚定了信心,同时也使领导上进一步掌握到了全县生产互助合作组织的情况,为今后开展互助合作运动及增产打下了良好的基础。""取得了较大的成绩,这成绩不仅反映在训练班内并已由他们带回去了,最近根据几个调查组去了解的结果,一般回去后,都在积极地行动起来了,如十区百节乡联合村封世文学习回去后集中全组农民传达了三晚上,继又总结过去互助组所犯的毛病,然后征求大家意见,是否愿意再继续组织起来,(大家都愿组织起来)后再分别召开院子会及家庭会,进行酝酿、讨论,他们的意图是先整顿、后发展。"②

年轻化是乡镇干部的主流,如从1952年12月巴县第二区、三区、六区分别选取两个乡乡政府干部进行年龄分析③,绝大多数乡干部都是二三十岁的年轻人,有的才十八九岁,平均年龄基本都不超过30岁,如第二区走马乡政府委员共13人,年龄最小的18岁,最大40岁,平均数27.3岁。第二区石板乡政府委员共11人,年龄最小22岁,最大38岁,平均数29.9岁。第三区泗河乡共有干部16人,年龄最小18岁,最大54岁,平均数30.6岁。第三区玉屏乡人民政府成立时,共有干部14人,年龄最小19岁,最大38岁,平均数24.2岁。第六区新建仰山乡乡政委员及工作委员会委员共15人,1人年龄不详,最小19岁,最大47岁,平均数25.7岁。第六区新建冠山乡乡政委员及工作委员会委

---

① 《川北人民行政公署指示》,平昌县档案馆馆藏,资料号:12-1-3。
② 中共巴县委员会《巴县第一期乡村干部训练班总结报告》(1953年1月3日),重庆市巴南区档案馆馆藏,资料号:巴县县委1-1-144。
③ 涉及多个文件,无法命名。巴县档案馆馆藏,资料号:2-1-175。

员共 15 人，年龄最小 18 岁，最大 36 岁，平均数 24.1 岁。这表明当时乡镇干部的年轻化成为主流，新一代干部正在逐步成长，整个乡村权力结构的确发生了巨大的变化，呈现朝气蓬勃的景象，对乡村经济的发展起到了推动作用。

附　录

以下各附录均为笔者从各地档案馆收集的原始档案编录而成。

附录一　农民协会组织通则[①]

（1950年7月14日政务院第41次政务会议通过，
1950年7月15日公布）

第一章　总则

第一条　农民协会是农民自愿结合的群众组织。

第二条　农民协会的任务是：

（1）团结雇农、贫农、中农以及农村一切反封建的分子，遵照人民政府的政策法令，有步骤地实行反封建的社会改革，保护农民利益。

（2）组织农民生产，举办农村合作社，发展农业和副业，改善农民生活。

（3）保障农民的政治权利，提高农民的政治和文化水平，参加人民民主政权的建设工作。

第三条　根据中华人民共和国土地改革法，农民协会是农村中改革土地制度的合法执行机关。

第二章　会员

第四条　凡雇农贫农中农、农村手工业工人及农村中贫苦的知识分子，自愿入会者，得乡农协委员会批准后，即可成为农民协会会员。凡

[①]《农民协会组织通则》，四川省档案馆馆藏，资料号：建北1-137。

被派到农村中从事农民运动的工作人员均得加入农民协会,加入时,需取得当地农民大会或农民代表大会通过。

在土地改革完成后,富农要求入会者,经乡农民大会或乡农民代表大会通过后,亦得成为农民协会的会员。

第五条　农民协会会员的权利如下:

(1) 在农民协会内,有发言权、表决权、选举权、被选举权;并有建议撤换农民协会工作人员的权利。

(2) 有取得农民协会各项合法利益并取得农民协会合法保护的权利。

(3) 有享受农民协会所举办的文化、教育及经济事业的优先权。

第六条　农民协会会员的义务如下:

(1) 遵守会章。

(2) 服从组织。

(3) 执行决议。

(4) 缴纳会费。

第三章　组织

第七条　农民协会的基层组织是乡(或相当于乡的行政村)农民协会。乡以上,组织区农民协会,县农民协会,专区农民协会及省(行政署)农民协会。

市得设市郊农民协会,统一领导该市所辖郊区的区、乡农民协会。大行政区得视情况需要,由有关各省农民协会会同商定,召开大行政区农民代表大会,成立大行政区农民协会。

第八条　农民协会的组织原则是民主集中制:少数服从多数,下级服从上级,会员服从组织。

第九条　各级农民协会行使权利的机关是各级农民代表大会,其职权是根据政府法令和上级农民协会指示及当地农民要求,决定农民运动的方针和计划,审查农民协会委员会的工作报告,选举农民协会委员会。

第十条　各级农民代表大会的产生方法如下:

乡农民代表大会的代表,由全乡农民直接选举之。没有加入农民协会的农民经乡农民协会委员会之批准,亦得参加选举。县和区农民代表大会的代表由乡农民大会或乡农民代表大会选举之。省和专区农民代表大会的代表，由县农民代表大会选举之。

各级农民代表大会代表的名额，由各级农民协会委员会根据具体情况拟定，提请上级农民协会批准之。

第十一条　各级农民代表大会的会期由各省农民协会章程规定之。

第十二条　在农民代表大会闭会期间，农民协会委员会是农民协会行使权力的机关，各级农民协会委员会由各级农民代表大会选举委员及候补委员若干名组成之，由委员互推主席一人，副主席一人至数人，主持会务。在委员会下得设若干部门，分工办事。

第十三条　各级农民协会委员会委员的任期由各省农民协会章程规定之。

第十四条　在农民协会尚未成立的地区，得由当地人民政府召开临时农民代表会议，选举委员若干人，组成农民协会筹备会，执行农民协会委员会的任务，并具有与农民协会委员会同等的职权。在正式召开农民代表大会选举出农民协会委员会后筹备会的任务即告结束。

第十五条　各级农民代表大会和农民协会委员会对于违反农民协会章程和纪律者，得按照具体情况给予处分。对会员个人的处分是劝告、警告、撤销工作以至开除会籍。对整个组织的处分是指责，部分改组其领导机关，撤销其领导机关并指定临时的领导机关，以至解散整个组织并派人重新组织之。

第十六条　各级农民协会委员会认为必要时得召集农民协会代表大会。

第四章　经费

第十七条　农民协会经费的来源，是会员的会费和人民政府的补助。

农民协会会员每人每年缴纳会费一斤米。

农民协会需用的房屋和设备由人民政府拨给之。在利用邮政、电报、电话、铁路、公路、航运等方面，农民协会享有与同级人民政府机关所享受的同等待遇。

第十八条　农民协会经费收支，应定期向农民代表大会报告，经代表大会审核批准后，向农民公布。

第十九条 各省农民协会应根据本通则制定各该省农民协会统一的章程,经省农民代表大会通过后,公布实施。在本通则公布前已制定农民协会章程者,如有与本通则抵触之处,应根据本通则加以修正。

第二十条 本通则经中央人民政府政务院政务会议通过后公布实行。

附录二 区人民政府及区公所组织通则[①]

(1950年12月8日政务院第62次政务会议通过)

第一章 总则

第一条 凡需作为一级政权的区得由县人民政府呈请省人民政府批准设区人民政府,适用本通则第二章的规定。

第二条 凡不需作为一级政权的区,设区公所为县人民政府的派出机关,适用本通则第三章的规定。

第二章 区人民政府

第三条 区人民行使政权的机关为区人民代表大会(或代行职权的区各界人民代表会议,以下各条款同)和区人民政府,在区人民代表大会闭会期间,区人民政府即为区的行使政权的机关。

区人民政府委员会为区一级政权的地方政权机关,受县人民政府领导。

第四条 区人民政府委员会由区人民代表大会选举区长一人,副区长及委员若干人组成,并由县人民政府报请省人民政府批准任命。

第五条 区长、副区长及委员的任期为一年,连选得连任。

第六条 区人民政府委员会在县人民政府领导下行使下列职权:

(一)执行上级人民政府的决议和命令;

(二)执行区人民代表大会通过并经上级人民政府批准的决议事项;

(三)领导检查区人民政府各部门及所辖各乡的工作;

---

① 《区人民政府及区公所组织通则》,重庆市档案馆馆藏,资料号:1075-1-380。

（四）提请县人民政府任免所辖各乡人民政府的乡长副乡长及委员；

（五）废除、修改或提请县人民政府废除、修改所辖各乡人民代表大会或代表会议与上级人民政府政策法令相抵触的决议。

第七条　区长主持区人民政府委员会会议及行政会议，直接领导区人民政府的工作，副区长协助之。

区人民政府委员会得依地区分工，负责指导、检查各乡人民政府的工作。

第八条　区人民政府设秘书一人及助理员若干人，分工办理各项工作。

第九条　区人民政府因工作需要，得设各种经常的及临时的委员会。

第十条　区人民政府委员会会议每月举行一次，由区长召集之，必要时得提前或延期召开。委员会会议须有委员过半数的出席始得开会，须有出席委员过半数的同意始得通过决议。

区各界人民代表会议的主席、副主席、区人民政府的秘书、助理员等均得列席区人民政府委员会会议。

第十一条　区人民政府的行政会议，由区长召集之，区人民政府的副区长、秘书、助理员等均出席。

第三章　区公所

第十二条　区公所设区长一人，副区长、秘书及助理员若干人，由县人民政府委派之。

第十三条　区公所执行县人民政府交办事项，并承县人民政府之命，指导、监督与协助所辖乡人民政府的工作。

第十四条　区公所因工作需要得设各种经常的及临时委员会。

第十五条　区公所的行政会议由区长召集之，副区长、秘书及助理员等均出席。

第十六条　区公所为便于传达政策联系群众，推动工作起见，得召开干部扩大会议，由下列人员一部或全部参加：

（1）乡人民代表大会或乡人民代表会议主席、副主席、乡人民政府乡长、副乡长。

（2）区和乡人民团体的负责人。

（三）其他有关人员。

第四章 附则

第十七条 本通则经中央人民政府政务院政务会议通过后施行，其修改同。

附录三 区各界人民代表会议组织通则[①]

（1950年12月8日政务院第62次政务会议通过）

第一条 凡需作为一级政权的区，得设区各界人民代表会议由区人民政府召集之。

第二条 区各界人民代表会议的代表名额，视区的人口多寡而定，但最多不得超过一百二十人。

第三条 区各界人民代表会议代表资格：凡反对帝国主义、封建主义，官僚资本主义，赞成共同纲领，年满十八岁之人民，除患精神病及被剥夺政治权利者外，不分民族、阶级、性别、信仰均得当选为代表。

第四条 区各界人民代表会议的参加单位及代表名额之分配，由区人民政府依照下列项目拟定，报经县人民政府批准之。

（一）区域代表以乡为单位产生，由乡选民直接选举或乡人民代表大会或乡人民代表会议选举之。

（二）区人民政府的代表，由区长、副区长等充任之。

（三）区人民团体的代表，由区人民团体选派之。

（四）其他方面的代表，由区人民政府邀请之。

（五）民族杂居之区，少数民族的居民人数较多者，得单独选举其代表。

第五条 区各界人民代表会议代表的任期：区各界人民代表会议未代行区人民代表大会职权以前，可每次推选代表，连选得连任。从代行区人民代表大会职权时起，每届人民代表会议代表的任期为一年，连选

[①] 《区各界人民代表会议组织通则》，重庆市档案馆馆藏，资料号：1075-1-380。

得连任。

各选举或选派代表的单位经与区人民政府商定后,得随时更换其代表,特邀代表,亦得由区人民政府决定更换之。

第六条 区各界人民代表会议的职权:

(一)听取区人民政府的工作报告提出批评与建议;

(二)向区人民政府反映人民的意见和要求,讨论并建议本区兴革事宜;

(三)向人民传达并解释区各界人民代表会议议决事项,并协助区人民政府动员人民推行之;

(四)协助区人民政府贯彻人民政府的施政方针和计划,推行各项工作。

第七条 区各界人民代表会议经县人民政府批准,并得代行区人民代表大会的如下职权:

(一)听取与审查区人民政府的工作报告;

(二)建议与决议本区兴革事宜;

(三)选举区人民政府区长、副区长和委员,并得决议撤换之。

第八条 区各界人民代表会议的决议,有与上级人民政府的政策法令抵触时,上级人民政府得予废除,修改或停止其执行。

第九条 区各界人民代表会议设主席一人,副主席若干人,由代表会议选举之,负责主持会议,联系代表,并协助区人民政府进行下届区各界人民代表会议的筹备工作。

主席、副主席当选为区长、副区长时得兼任。

区各界人民代表会议不设常驻机关。

第十条 区各界人民代表会议须有代表过半数的出席始得开会,须有出席代表超半数的同意始得通过决议。

第十一条 区各界人民代表会议每三个月开会一次,必要时得提前或延期召开之。

每次会议应审查上次会议决议的执行情形。

附录四　乡（行政村）人民代表会议组织通则

（1950年12月8日政务院第62次政务会议通过）

第一条　乡（行政村——下同）人民代表会议由乡人民政府召开之，一般代行乡人民代表大会职权。

第二条　乡人民代表会议的代表名额：五百户以上的乡，五十人至八十人，一百户至五百户的乡，三十人至五十人，一百户以下的乡，二十人至三十人。

第三条　乡人民代表会议代表资格：凡反对帝国主义、封建主义，官僚资本主义，赞成共同纲领，年满十八岁之人民，除患精神病及被剥夺政治权利者外，不分民族、阶级、性别、信仰均得当选为代表。

第四条　乡人民代表会议代表按居民居住的自然情况划分选区，由选民选举之，必要时可由乡人民政府和乡人民团体共同商定，报区人民政府批准（在不设区人民政府的地区，报请县人民政府或其授权之区公所批准）特邀代表若干人。

民族杂居之乡，少数民族的居民人数较多者得单独选举其代表。

第五条　乡人民代表会议代表的任期：乡人民代表会议代表每年改选一次，于春节前后举行，连选得连任。经选民多数同意，得随时更换其代表；特邀代表，经乡人民政府和乡人民代表会议主席、副主席及乡人民团体共同商定，报区人民政府批准（在不设区人民政府的地区，报请县人民政府或其授权之区公所批准），亦得随时更换之。

第六条　乡人民代表会议职权如下：

（一）听取与审查乡人民政府的工作报告；

（二）向乡人民政府反映人民的意见和要求；

（三）建议与决议本乡兴革事宜；

（四）审议本乡人民负担及财粮收支事项；

（五）向人民传达并解释乡人民代表会议议决事项，并协助乡人民

---

① 《乡（行政村）人民代表会议组织通则》，重庆市档案馆馆藏，资料号：1075-1-380。

政府动员人民推行之。

第七条　乡人民代表会议经县人民政府批准，并得选举乡长、副乡长及委员或决议撤换之。

第八条　乡人民代表会议的决议，有与上级人民政府的政策法令抵触时，上级人民政府得予废除，修改或停止其执行。

第九条　乡人民代表会议设主席一人，副主席若干人，由乡人民代表会议选举之，负责主持会议，联系代表，并协助乡人民政府进行下届会议的准备工作。

主席、副主席当选为乡长、副乡长时得兼任。

乡人民代表会议不设常驻机关。

第十条　乡人民代表会议每月开会一次，必要时得开临时会议。每次会议应报告并检查上次会议决议的执行情形。

第十一条　乡人民代表会议须有代表过半数的出席始得开会，须有出席代表超半数的同意始得通过决议。

第十二条　各选区的代表得互推代表主任一人，在乡人民政府领导下，联系代表推行各项工作。

第十三条　凡土地改革尚未完成的地区，在乡人民代表会议召开前，乡农民代表大会或农民代表会议得执行乡人民代表会议的职权。

附录五　乡（行政村）人民政府组织通则[①]

（1950年12月8日政务院第62次政务会议通过）

第一条　乡人民行使政权的机关为乡人民代表大会（或乡人民代表会议——下同）和乡人民政府。在乡人民代表大会闭会期间，乡人民政府即为乡的行使政权的机关。

乡人民政府委员会为乡一级的地方政权机关，受区人民政府领导；在不设立区人民政府的地区，受县人民政府领导及区公所的监督指导。

第二条　乡人民政府委员会由乡人民代表大会选举乡长一人、副乡长及委员各若干人组成之，乡长、副乡长及委员经区报县人民政府批准

[①] 《乡（行政村）人民政府组织通则》，西昌市档案馆馆藏，资料号：40-1-7。

任命之。

第三条 乡长、副乡长及委员的任期为一年,连选得连任。

第四条 乡人民政府委员会的职权:

(一)执行上级人民政府决议和命令;

(二)实施乡人民代表大会通过并经上级人民政府批准的决议案;

(三)领导和检查乡人民政府各部门的工作;

(四)向上级人民政府反映本乡人民的意见和要求,并提出兴革意见。

第五条 乡长主持乡人民政府委员会会议,并领导全乡工作,副乡长协助之。

第六条 乡人民政府设文书一人,承乡长之命办理文书事宜;并视工作需要设各种经常的及临时委员会,其主任委员得由乡人民政府委员兼任。

第七条 乡人民政府委员会会议,每十天或半月开会一次,由乡长召集之,并得开临时会议。委员会会议须有委员过半数的出席始得开会,须有出席委员过半数的同意,始得通过决议。

第八条 本通则经中央人民政府政务院政务会议通过后施行,其修改同。

附录六 四川省人民政府关于乡及城镇政权建设的实施办法(草案)[①]

1952 年 12 月 20 日

第一章 总则

第一条 本办法根据"乡(行政村)人民代表会议组织通则""乡(行政村)人民政府组织通则"、中央关于乡的区划标准及编制人数的通知暨西南第一次民政工作会议关于乡及城镇政权建设的基本精神,并依照四川省实际情况制定之。

---

① 《四川省人民政府关于乡及城镇政权建设的实施办法(草案)》,四川省档案馆馆藏,资料号:044-1-31。

第二章 乡的区划

第二条 划乡应以便于领导群众,进行生产和行政管理为原则,以人口、山川、河流、交通及经济等条件为主要根据,并须照顾群众生活习惯和原有生产组织。

第三条 乡的行政范围:本中央"乡宜大不宜小"的精神,基本上照原有状况不动,个别过大者可进行调整。(原川南、川北各县划小或又合并者均不再变动,原川西各县,人口密集,亦基本不动,过大者可适当调整;原川东各县可酌情适当调整,但亦不宜变动过大。平坝地区一般人口在一万五千人左右则不动,丘陵地区在一万人左右则不动,高山地区人口在七千人左右则不动。)

第四条 在划乡时,凡有插花飞地,均须加以适当调整。凡区划变动,不论划小、并大或调整插花飞地,事先均须征得群众同意。

第五条 乡、村名称应经群众讨论,以当地主要地名命名(乡经县批准,村经区批准。)村不是一级政权,不制发图记及悬挂吊牌(乡的挂牌图记另行规定)。

村下按居民居住的自然情况,以五户至二十五户为一居民小组,每居民小组产生代表一人,为乡人民代表会议代表,并由代表兼任小组长。在乡人民代表会议闭会期间,一方面负责联系所代表的居民,及时反映居民的意见和要求;同时又在乡人民政府领导下,领导其所代表的居民进行各种工作。每乡一般以不超过八十个居民小组为宜。

村设代表主任一人,副代表主任一人至二人,由该村各居民代表互推产生。在乡人民代表会议闭会期间,在乡人民政府领导下,负责联系代表,进行各项工作。

第三章 乡人民代表会议

第六条 乡人民代表会议由乡人民政府召开之,但在区划和组织变动后,新建立的乡,初次召开乡人民代表会议时,应以原有乡、村人民团体主要干部,组成乡人民代表会议筹备委员会召集之,一般代行人民代表大会职权。

第七条 乡人民代表会议的代表名额:三千人以下的乡二十名至六十名;三千人至五千人的乡六十名至八十名;五千人至七千人的乡八十名至一百名;七千人以上的乡一百名至一百三十名。

第八条　乡人民代表会议代表资格：凡反对帝国主义、封建主义，官僚资本主义，赞成共同纲领，年满十八岁之人民，除患精神病及被剥夺政治权利者外，不分民族、阶级、性别、信仰均得当选为代表。

第九条　乡人民代表会议代表的产生：每居民小组由选民选举代表一人（代表兼小组长）。必要时，亦可特邀代表若干人，有些乡，如少数民族的居民人数较多但又够不上成立民族民主联合政府条件者，得单独选举其代表。

第十条　乡人民代表会议代表的任期：乡人民代表会议代表每年改选一次，于春节前后举行，连选得连任。经选民多数同意，得随时更换其代表；特邀代表，经乡人民政府委员会和乡人民代表会议主席、副主席共同商定，报区人民政府批准，亦得随时更换之。

第十一条　乡人民代表会议职权如下：

1. 听取与审查乡人民政府的工作报告；
2. 向乡人民政府反映人民的意见和要求；
3. 建议与决议本乡兴革事宜；
4. 审议本乡人民负担及财粮收支事项；
5. 向人民传达并解释乡人民代表会议议决事项，并协助乡人民政府动员人民推行之。

第十二条　乡人民代表会议经县人民政府批准，并得选举乡长、副乡长及委员，或决议撤换之。

第十三条　乡人民代表会议的决议，有与上级人民政府的政策法令抵触时，上级人民政府得予废除，修改或停止其执行。

第十四条　乡人民代表会议设主席一人，副主席一人至二人，由乡人民代表会议选举之，负责主持会议，联系代表，并协助乡人民政府进行下届会议的准备工作。

主席、副主席当选为乡长、副乡长时得兼任。乡人民代表会议不设常驻机关。

第十五条　乡人民代表会议每月开会一次，必要时得开临时会议。每次会议一般以不超过一天为宜。

第十六条　乡人民代表会议须有代表过半数的出席始得开会，须有出席代表超半数的同意始得通过决议。

第四章　乡人民政府

第十七条　乡人民行使政权的机关为乡人民代表大会（或乡人民代表会议）和乡人民政府。在乡人民代表大会闭会期间，乡人民政府即为乡的行使政权的机关。

乡人民政府委员会为乡一级的地方政权机关，受区人民政府领导；在不设立区人民政府的地区，受县人民政府领导及区公所的监督指导。

第十八条　乡人民政府委员会由乡人民代表会议选举乡长一人，副乡长一人至二人及委员七人至十一人组成之。乡长、副乡长及委员经区报县人民政府批准任命。

第十九条　乡长、副乡长及委员的任期一年，连选得连任。

第二十条　乡人民政府委员会的职权：

1. 执行上级人民政府决议和命令；
2. 实施乡人民代表会议通过并经上级人民政府批准的决议案；
3. 领导和检查乡人民政府各部门的工作；
4. 向上级人民政府反映本乡人民的意见和要求，并提出兴革意见。

第二十一条　乡长主持乡人民政府委员会会议，并领导全乡工作，副乡长协助之。

第二十二条　乡人民政府设文书一人，承乡长之命办理文书事宜。

第二十三条　乡人民政府委员会会议每十天或半月开会一次（村代表主任可列席），由乡长召集之，并得开临时会议。每次会议上必须检查乡人民代表会议的执行情况，民主讨论乡的主要工作并作出决定，加以贯彻。每次会议一般以不超过半天为限。委员会会议须有委员过半数的出席始得开会，须有出席委员过半数的同意，始得通过决议。

第二十四条　乡人民政府委员会委员按民政、生产、财粮、文教、卫生、武装、治安等进行分工。

第二十五条　乡人民政府可根据工作需要，设各种经常性或临时性的工作委员会。经常性的工作委员会，一般可设立以下五种：

1. 生产建设委员会：主管农业生产、水利、护林、交通、救灾、兽疫防治等。
2. 文教卫生委员会：主管群众文化教育的普及及医药卫生等。

3. 治安保卫委员会：主管防奸、防谍、防火、防盗等。

4. 拥军优属委员会：主管烈军属的代耕、慰问、优待等。

5. 调解委员会：主管群众纠纷的调解。

在文教卫生事业发达的大乡，文教卫生可分设成文教、卫生两个委员会；在沟渠较多水利事业较大的乡，原设有水利委员会的，可不变动。

各种工作委员会设正、副主任委员各一人，委员三人至五人。

第二十六条　乡人民政府脱离生产干部，一千人以上的乡二人，一千人至三千人的乡二人至三人，三千人至五千人的乡三人至四人，五千人至七千人的乡四人至五人，七千人的乡五人至六人。一般为乡长、副乡长、文书、生产、财粮、武装、民政等，由各县具体确定之。

乡人民政府脱离生产干部的供给及乡人民政府办公费、会议费等按规定执行，严禁摊派。

第五章　城关和场镇

第二十七条　城关、非农业人口在一万人以上而不够设市条件的，设城关区人民政府；非农业人口在一万人以下的，设相当于乡的城关镇人民政府。不论设区或设镇，都受县人民政府领导。

第二十八条　场镇：非农业人口在一万人以上的，设相当于区的镇人民政府受县人民政府领导。非农业人口在一万人以下一千五百人以上的，设相当于乡的镇人民政府，受区人民政府领导；在不设区人民政府的地区，受县人民政府领导及区公所的监督指导。

交通方便，工商业较发达的场镇：非农业人口虽不足一万人，经省批准仍可设相当于区的镇人民政府；非农业人口虽不足一千五百人，经县批准仍可设相当于乡的人民政府，归区领导。非农业人口在一千五百人以下，工商业又不发达的小场镇，应划入乡内。

第二十九条　城关区和相当于区的大场镇，应参照"大城市区各界人民代表会议组织通则"，由区（镇）人民政府召开区（镇）各界人民代表会议，经县人民政府批准，得代行人民代表大会职权。但不设立常驻机关。各界人民代表会议每年召开三次至四次，代表名额六十人至一百二十人。

城关区人民政府和相当于区的镇人民政府，参照"区人民政府和区公所组织通则",组织之。其人员按区公所编制设置,但区(镇)长宜配备相当于县级的干部充任。城关区和相当于区的大场镇,其下可设居民委员会,一般以人口一千人至三千人组成。居民委员会的组织,职权参照西南军政委员会民政部"关于十万人口以上城市建立居民委员会试行方案"试行。

第三十条 城关镇和相当于乡的场镇,应参照"乡人民代表会议组织通则",由镇人民政府召开镇人民代表会议,经县人民政府批准,得代行人民代表大会职权。人民代表会议一般一月一次,代表名额四十人至八十人。人民代表会议的代表,除居民代表外,应有人民团体、机关、工厂、学校、部队等方面的代表。

城关镇人民政府和相当于乡的镇人民政府,参照本办法第四章"乡人民政府"组织之,生产委员改设工商委员,生产建设委员会改设市场管理委员会:主管城乡物资交流及市场交易等。另增设房产管理委员会:主管公产及房地产等。在烈军属不多的城镇,可不设拥军优属委员会。其脱离生产干部:三千人以下的镇二人,三千人至五千人的镇三人,五千人以上的镇四人,但镇长宜配备相当于区级的干部充任,或由区长兼任。副城关镇和相当于乡的场镇,人口在二千人以上的,其下可酌设居民委员会,其组织、职权参照西南军政委员会民政部"关于十万人口以上城市建立居民委员会试行方案"试行,或设代表主任一人至二人,负责上下联系,推动居民小组工作。人口在二千人以下的场镇,只划分居民小组,由镇人民政府直接领导进行工作。

第三十一条 划入乡内的小场镇,工商业比重大的设场镇管理委员会,设委员三人至五人,由副乡长负责领导;农业比重大的设代表主任一人,副代表主任一至二人,在乡人民政府领导下专门负责领导小场镇的工作。

第六章 附则

第三十二条 本办法经四川省人民政府行政会议通过,西南军政委员会批准后施行,其修改同。

第三十三条 本办法不通用于少数民族地区。

附录七　关于彻底废除旧乡保政权建立乡村人民政权的指示[①]

川北人民行政公署　1950年10月

（一）保甲制度，是封建专制主义和国民党反动统治最基层的政治基础，它直接而残酷地压迫着束缚着乡村中的广大人民，向为人民所深恶痛绝。但当川北解放初期。由于我们干部少而弱，群众又没有发动和组织起来，为了便于集中力量征粮剿匪，因此对旧的乡保政权，确定采取控制使用，以达到逐渐改造与准备彻底废除的方针。半年多的事实证明这一方针是完全正确的。

（二）经过半年多的工作，特别是经过最近的大力发动群众，广大人民的政治觉悟已日益提高，农民协会已相当普遍建立。更由于全区即将展开大规模的减租退押运动，旧的乡保政权如不废除，它必将成为减租退押运动的一个巨大障碍。因此，人民群众纷纷要求废除旧的乡保政权，建立人民自己的乡村新政权。在减租退押反霸过程中，就乡保政权如令它继续存在下去，不但使减租退押运动不能彻底胜利，而且足以使我们在政治上脱离群众而犯严重错误。因此，我们现在的方针，应该是随着减租退押运动的开展，迅速着手彻底废除旧的乡保政权，取消保甲制度。这样，使人民民主专政在乡村中扎下根基，以便在明年继续加强的基础上，于明冬土地改革以后，在乡村中实行人民普选，进一步健全人民民主专政。

（三）从减租开始，到明年减租结束，即为彻底废除旧的乡保政权和普遍建立乡村人民政权时期。各乡人民政府照工作图须使减租与改造乡村政权紧密地结合进行。整个减租过程，应该就是改造乡村政权的过程。各县于征粮结束以后减租开始以前，即应宣布废除保甲制度，停止旧乡保政权的一切活动，同时以县为单位，集中所有旧乡保长受训，甲长一般不必一同集中受训，因他们大部系农民，过去作恶不大，有时也

[①] 《关于彻底废除旧乡保政权建立乡村人民政权的指示》，四川省档案馆藏，资料号：建北5-34。

同样受到国民党匪帮和旧乡保长的欺压。但在群众运动中,对甲长也须采取适当的方式进行教育,并正确解决他们与广大农民之间存在着的问题。对集中受训之乡保长,须进行如下教育:

(1) 讲解我们对旧乡保人员分别对待的方针;

(2) 讲解保甲制度之本质和它给予广大人民之痛苦;

(3) 讲解旧乡保人员的前途与他们应采取的态度;

(4) 讲解今冬明春我们实行减租,明年以后实行土改之目的及其必要性。

然后进行坦白反省过去的罪恶行为和反动思想。

旧乡保人员受训时还应本评功检过的精神处理以往,务必做到区别对待,而分功大罪小,真正劣迹等,即应紧接着分别地郑重地分清是非轻重,给予适当的处理,不得草率从事。对其中少数成分好,过去表现尚好,解放后为人民服务又有功劳者,在受训中应予表扬,并通过他们起带头作用,打通思想。受训完毕后,仍应适当分配其工作,但以不回原地工作为宜。对其中少数过去作恶多端,解放后仍有劣迹及其他不法行为者,则应依法严惩。对其中过去作恶多端,解放后已停止作恶现在又能悔过守法的分子,只适当赔偿人民的损失,则可本宽大教育之方针,从轻处理,予以立功自赎的机会。这一分别对待的方针务须严格把握住,否则就要出乱子,犯错误。为了把握好,各县人民政府与工作团须派坚强干部亲自领导并须发动他们自己用民主评议方法进行。

(四)于旧的乡保人员调县集训的同时,即由乡的农代会选举正副乡长报县人民政府批准任命或由县人民政府委派充任。待条件成熟时,正式选举出乡人民政府委员会,正、副乡长各兼一委员,分掌民政、财政、生产、公安、文教及乡村人民武装等事宜。委员成分一般贫雇农应占三分之二,但必须吸收三分之一的中农和贫苦知识分子或农村其他劳动人民参加(农会主席一般的要选为委员)。乡人民政府脱离生产之工作人员,以五人为限(正副乡长、农会主席、自卫队指导员、通信员)。

乡以下,即以原来的保改设村,称某某乡第几村。村采代表制,每村设一代表主任,由各居民小组之代表与代表主任组成村代表会,村代表主任由村农代会或农民大会选举,负责处理全村日常公务。

村以下以原来的甲改设居民小组称为某某村第几居民小组。每组设一代表,由各居民小组农民大会选举,居民小组代表均不脱离生产。

(五)根据中央人民政府和西南军政委员会的规定:乡村农民大会、农民代表大会及其选举出的农民协会委员会,为减租和改革土地制度的合法执行机构。在减租土改时期,农村一切权力实际上都掌握在农代会和农协会手里。因此,必须十分注意保持农代会和农协会领导成分的纯洁性,只有领导成分纯洁了,减租土改运动的司令机关才会领导得正确。也只有这样,才能健全农代会和农协会。在这样农代会和农协会基础上建立的乡村人民政权,才是人民民主政权。

(六)在土改未完成人民未实行普选以前,农村中有三种组织形式,其性质与政权不能混淆:农协会是由农民阶级组成,是农村人民政权的基本依靠,但它不应该代替政权;农代会则是乡人民代表大会未召开前农村政权的合法机构,故应经常召开讨论与决定全乡村的大事。乡长与乡人民政府委员会是主持与处理乡人民政府日常工作的负责人,他们应对乡农代会负责,执行乡农代会的决议,并定期报告工作。

(七)乡与村的范围,可以适当减小。但每一个乡应有一个场为中心。在减小乡与村时,应在群众中进行充分动员,彻底走群众路线。如以主观主义命令主义去减小,必然会产生不良的影响,甚至出乱子,这点务必注意。

(八)在尚为土匪控制的边沿地区,仍以保持旧的乡保为宜,继续采取控制、暂时使用、逐渐改造的方针。同时建立剿匪委员会,以便一边集中力量剿匪,一边发动由农民群众组织农协会,积极制造彻底废除旧乡保政权的条件,一俟条件成熟,则可宣布废除旧乡保政权,而建立乡村的人民民主政权。至于少数民族聚居的地区,则完全按其原来民族习惯,实行区域自治,不适用此规定,我们的任务在一个相当长的时期内,是认真帮助他们进行生产和开展文教卫生事业。

附录八　重庆市乡人民代表会议组织通则[①]

1951 年

第一条　本通则根据中央人民政府政务院颁布之乡人民代表会议组织通则之规定并结合本市郊区具体情况制定之。

第二条　乡人民代表会议由乡人民政府召开之，代行乡人民代表大会职权。

第三条　乡人民代表会议的代表名额，依各乡人口多寡而定之，一千户以下的乡，以不超过一百名为原则，一千户以上的乡，以不超过一百三十人为原则。

第四条　凡反对帝国主义、封建主义，官僚资本主义，赞成共同纲领，年满十八岁之人民，除患精神病及被剥夺政治权利者外，不分民族、阶级、性别、信仰均得当选为乡人民代表会议之代表。

第五条　乡人民代表会议代表按居民居住的自然情况划分选区，由选民选举产生。必要时可由乡人民政府和乡人民团体共同商定，报区人民政府批准（巴县由县人民政府或其授权之区公所批准）特邀代表若干人。

第六条　乡人民代表会议代表每年改选一次，于春节前后举行，连选得连任。经选民多数同意，得随时更换其代表；特邀代表，经乡人民政府和乡人民代表会议主席、副主席及乡人民团体共同商定，报区人民政府批准（巴县由县人民政府或其授权之区公所批准），亦得随时更换之。

第七条　乡人民代表会议职权如下：

一、听取与审查乡人民政府的工作报告；

二、向乡人民政府反映人民的意见和要求；

三、建议与决议本乡兴革事宜；

四、审查本乡人民负担及财粮收支事项；

五、向人民传达并解释乡人民代表会议议决事项，并协助乡人民政府动员人民推行之。

[①]　《重庆市乡人民代表会议组织通则》，重庆市档案馆馆藏，资料号：1075 - 1 - 380。

第八条　乡人民代表会议经区（县）人民政府同意，市人民政府批准，并得选举乡长、副乡长及委员，或决议撤换之。

第九条　乡人民代表会议的决议，有与上级人民政府的政策法令抵触时，上级人民政府得予废除，修改或停止其执行。

第十条　乡人民代表会议设主席一人，副主席一人至三人，由乡人民代表会议选举之，负责主持会议，联系代表，并协助乡人民政府进行下届会议的准备工作。

主席、副主席当选为乡长、副乡长时得兼任。

乡人民代表会议不设常驻机关。

第十一条　乡人民代表会议每月开会一次，必要时得开临时会议。每次会议应报告并检查上次会议决议的执行情形。

第十二条　乡人民代表会议须有代表过半数的出席始得开会，须有出席代表超半数的同意始得通过决议。

第十三条　各选区的代表得互推代表主任一人，在乡人民政府领导下，联系代表推行各项工作。

第十四条　本通则经市人民政府委员会会议通过，报请西南军政委员会批准施行，其修改同。

附录九　重庆市乡人民政府暂行组织规程[①]
1951 年

第一条　本规程根据中央人民政府政务院颁布之乡人民政府组织通则及重庆市区人民政府暂行组织规程第七条之规定制定之。

第二条　乡人民行使政权的机关为乡人民代表大会（或乡人民代表会议——下同）和乡人民政府。在乡人民代表大会闭会期间，乡人民政府即为乡的行使政权的机关。

乡人民政府委员会为乡一级的地方政权机关，受区人民政府领导；在巴县受县人民政府领导及区公所的监督指导。

第三条　乡人民政府委员会由乡人民代表大会选举乡长一人、副乡

[①]《重庆市乡人民政府暂行组织规程》，重庆市档案馆馆藏，资料号：1075-1-380。

长一人至二人及委员七人至十三人组成之,乡长、副乡长及委员经区(县)报市人民政府批准任命。

第四条 乡长、副乡长及委员的任期为一年,连选得连任。

第五条 乡人民政府委员会在区(县)人民政府领导下行使下列职权:

一、执行上级人民政府的决议和命令;

二、实施乡人民代表大会通过并经上级人民政府批准的决议案;

三、领导和检查乡人民政府各部门的工作;

四、向上级人民政府反映本乡人民的意见和要求,并提出兴革意见。

第六条 乡长主持乡人民政府委员会会议,并领导全乡工作,副乡长协助之。

第七条 乡人民政府设文书一人,较大的乡,得酌增设办事员一人,承乡长之命办理各项事宜,并视工作需要设各种经常的及临时委员会,其主任委员得由乡人民政府委员兼任。

第八条 乡人民政府之文书,办事员由乡长提请区(县)人民政府批准任免之。

第九条 乡人民政府委员会会议,每半月举行一次,由乡长召集之,并得根据需要召开临时会议。委员会会议须有委员过半数的出席始得开会,须有出席委员过半数的同意,始得通过决议。

第十条 本规程经市人民政府委员会会议通过后,报请西南军政委员会批准施行,其修改同。

附录十 重庆市人民政府区公所暂行组织规程草案[①]

1950 年 1 月

第一条 在目前群众尚无健全组织的过渡时期,区公所之建立尚无必要,但为适应城市交通方便,人口与政治、经济、文化集中之特点,

---

① 《重庆市人民政府区公所暂行组织规程草案》,重庆市档案馆馆藏,资料号:1075-1-274。

采用市直接领导方式，提高效能，简化政权机关，紧缩区的编制，特制订此规程。

第二条 区公所为市府派出机关，不成为一级政权（称为重庆市人民政府第某某区公所），区之领导属于市人民政府，在工作业务方面，受民政局直接指导，向市府负责，办理一切交办事项，并负责向市府反映情况，发现问题，提供意见，作为市府决定和推行政策之依据。

第三条 各区行政区划及区次顺序，暂不变更，以后需要变更时，再行明令公布。

第四条 区公所之组织及人员编制如下：

甲、市城区（一至七区及十一区）

（一）区长一人，副区长一人，综理全区行政工作，由市政府委派之。

（二）秘书一人，承区长之命，综核文稿并主持日常事务。

（三）会计兼总务一人，办理区经费收支，及编造预决算，并兼办伙食总务等事项。

（四）文书兼收发一人，负责缮校、保管文书及收发文件等事项。

（五）通信员、公务员、炊事员各一人。

（六）民政助理员一人，办事员二人，办理民政方面工作。

（七）生产合作助理员一人，办事员二人，办理生产合作事项。

乙、市郊区（八区以下各区，十一区除外）带农村性质，其人员编制，除按市城区办理外，并按下列增设之。

（一）增设财粮助理员一人，会计一人，出纳一人，办事员二人，办理财粮方面工作。

（二）增设通信员一人，民政办事员一人。

丙、城区及郊区均得设调解委员会及优恤委员会，其组织规程另定之。

第五条 区公所工作范围如下：

（一）关于民政方面 办理调解、优抚、急赈、救济、文化、礼俗等工作。

（二）关于财粮方面 办理农业税标准之评定征收；土地问题，包括公地出租管理及财政局交办等工作。

（三）关于生产合作方面　办理烈军工属及贫苦市民、农民生产事项。如手工业、小本工商业、群众合作社、农业生产互助、城乡物资交流，必要时办理银行交办贷款之事项。

第六条　废除旧有保甲制度，但为目前工作的推行的方便计，区以下得依据自然地理形势，户口多少，并参照原来保甲范围，为适当之调整划分。

（一）市城区　区以下设街，（按原来每保划为两个街）置正副街长各一人，街以下划为若干小组，每组设组长一人。

（二）市效区　区以下划为行政村（按原来每保划为二行政村）村以下设若干小组；村设村政委员会，置正副主任各一人，委员若干人，村政委员为小组当然组长。

以上各负责人，由民众推选地方公正进步人士担任，在群众组织尚未建立时期，由区公所指定公正较积极的人士充任之，均为义务职。

第七条　区设区务会议，每周举行一次，由区长召集之，必要时由秘书秉承区长之命召集，秘书、会计、助理员参加，其他人员在必要时得列席。

第八条　本规程自公布之日起施行之。

附录十一　华阳县中兴镇人民政府一九五三年工作总结[①]

在今年三月八日将原"镇管会"奉令改为"华阳县中兴镇人民政府"，从那时起与原"镇管会"所搞的工作便提高了一步（前镇管会虽然作了些工作但都是被动的，上级发啥才搞啥，其他工作便不过问。）在春季爱国卫生突击运动中，是在全镇轰轰烈烈地展开的，并做到家喻户晓，在运动中是有成绩的。过后又进行修整街道和市场调整的工作。为了使今年的大春能够保证得到丰收，我镇帮助烈军属、转业军人和居民在银行贷了肥料贷款二百万元。还发给秋季烈军属的子女入学补助费

[①] 《华阳县中兴镇人民政府一九五三年工作总结》，双流县档案馆馆藏，资料号：华阳县政府 7-1-109。

和发给贫苦居民的夏荒救济等各项工作。在那段工作时间的脱离生产的干部有镇长熊绍云、副镇长付董成、治安黄存远、文教邹长明，因为熊镇长在区上的事情多，到镇上来的时间少，所以工作中还不能全面。

今年七月在中兴镇展开了伟大的普选运动，在这一运动胜利结束的基础上，人民重新选出自己的代表和镇长、委员，通过这运动后镇上的工作更较前提高了一步。为了支援祖国的工业建设和社会主义改造，镇上来说主要是对私营工商业者进行社会主义改造，同搞好月税月清的税收工作和住公产房的租金收入等项工作，以便积累资金来支援国家工业建设。

普选后镇上的欠税户七十三家共欠四千二百六十万元，经我镇同有关机关研究，组织力量在二月时间就把所欠的税款交清（对实在有困难的酌情减免）。镇上还有欠公产房租的贰佰伍拾家，共欠租米叁万贰仟伍佰斤，现在我镇正在催收该款。截至本月三十日，据不完全统计已完成欠租米贰万玖仟叁佰肆拾叁斤，折合人民币贰仟贰佰捌拾捌万柒仟伍佰元，预在今年全部交清（但其中有个别居民生活困难的应酌情减免，要在一九五四年的上半年才能决定减免）。在社会教育方面是正在发展和巩固当中，市场管理是日益好转，社会治安也加强起来了，这些工作都是根据党的政策法令来进行的，并且充分地发挥了每个人民代表的积极作用和各个干部的努力。现将各项工作总结于下。

（一）工作成绩

1. 税收工作：经过普选过后，镇上明确了税收工作是镇上的主要工作（未普选以前镇上对税收没有过问，因此普选后便把全镇欠税户统计一下共有七十三家（一九五二年至一九五三年七月份）共计欠税四千二百六十万元。）这样严重的欠税情况下，我镇急会同有关机关单位研究后组织协税小组，把欠税户组织学习。经过学习和启发教育，和指明工商业者的光明前途，这样在二月内交清了欠税款肆仟贰佰叁拾万另两千元，余下的二十万八千元是减免了的。

2. 房租工作：镇上欠房租的还是一个严重的问题。从建政（九月三日）止共欠房租米叁万贰仟伍佰斤。在这项工作，我镇主要是依靠各人民代表和大小组长首先到群众中去宣传，着重说明我们所收来的钱是作国家工业建设资金，经过这样宣传和教育后，各个欠房租的思想认识提高了一步，踊跃地交清租米。截至本月三十日，据不完全统计共缴欠租米贰万玖仟叁佰肆拾叁斤，折合人民币贰仟贰佰捌拾捌万柒仟伍佰元，该项工作预计今年全部收清（但有个别生活困难亦得减免，要在一九五四年上半年才能减免。）

3. 社会文化教育方面：

①中兴镇居民业余学校，是从一九五二年下期开始办的，那时的群众先生四人，由于组织的领导和群众先生一贯地积极耐心工作，所以逐步提高了教员质量和学习情绪，现在已经有群众先生八人了。今年下期我镇同文化馆研究，把我镇居民业余学校迁在文化馆并与速成班并合。自从迁到文化馆后，各方面的工作都有显著提高。学校的管理是采取民主管理方式来轮流负责，在未上课前要作好准备工作，如做教案、备课等制度，还要抽时间来进行试教（一周一次）。不但业务上现在积极负责，同时还要学习政治和国音。在教师方面是做到团结互助的，有问题大家商量，每个教员是对自己的工作都非常负责耐心的。领导方面是经常与他们打成一片，有问题是及时与他们解决的。学员的反映也很好。如李光泽反映说："我以前一个字都认不到，到现在我认得到字了，能开发票了，今天想起只有在共产党毛主席的领导下，我们才有学文化的机会，假如在反动派统治，我们还是一个字都认不到。"现在全校已经发了校章，是"华阳县中兴镇居民业余学校"。

②图书室工作：中兴镇图书室成立后给广大人民在文化上带来了新的科学知识。图书室经过二十多天的改修，在今年十月十六日正式开幕了。在开幕前，有工商联、中心一校、幼儿园、县教委、常委会、县卫生协会等单位送有图书四十多本，二张图画，其余的书是由文化馆发给的四百五十多本。现有书籍五百二十五本（内有连环图一百一十二本）。这些书籍当中有少数是新出版的，其余的大部分是一九五〇或一九五一年出版的。在培修时请泥木工五十五个半和买瓦角子瓦、油漆、石庆等，共用去人民币壹佰贰拾万元，是公产厕所款开支的，但不够现借培修公房的钱用的。图书室有报三份是镇人民政府的。在初开放有收音机壹部、电灯壹盏，每月就需要电费柒万柒仟元。镇上的收入来看是不够开支的，但用处和效果不大，所以我们在十一月份就暂时停止了。从十月十六日起，我室开放到现在有两个多月，在最初开放时，看书的

人不多，多数是学校的小朋友借连环图看。经过我室的板报宣传和与读者联系，现在来看书的人大部分是成年人，尤其是店员工人多。但我室的图书内容不够丰富，有些读者反映说："你们这里的图书我们都看完了，还行没有新的书。"因此我室在一九五四年订有六种报（人民日报、中苏友好报、四川日报、工商报、四川工人报、四川农民报）、六种杂志（卫生工作宣传、时事手册、学习、西南音乐、四川群众、连环画报），每季（三月）需要人民币拾捌万贰仟柒佰元。在今年十月份四川省图书馆在我县建立了图书流通站，它是由五个图书室组成的，中兴镇、大面、桂溪、文星、太平，以中兴镇图书室为图书流通中心站，其他的图书室是支站。这个图书流通工作是初次创办的，主要是把图书室充实，并要把图书流通到有组织的工农群众中去，使每本图书都能起到它更大的教育作用。同时，工农群众的政治文化水平也能逐步提高，对提高生产、建设祖国提供了有利条件。每月的图书都要换一次，并由中心站将本月来的工作总结交四川省图书馆。在展开总路线的学习时，我室共出了四次黑板报（材料是上级发的），所收的效果是很大的。如出刊的《决不能把粮食卖给奸商》，有个农民看了就反映说："我们把粮食卖给公司，二天还可以买回来，价钱又不会涨，把粮食卖给奸商二天拿了一半多的钱，还买不回来。"共计来看板报的人约有一千七百多人。读报组在今年二、三月内共分四个地点读报，那时没有很好组织巩固，因此在三月份时只有一个读报组在读报，普选运动中曾又组织过，但普选后也就没有读了，现在总路线学习当中又组织起来。在这次组织当中接受了以往经验教训，做法是首先把读报员选好，并结合板报宣传，组织是较前提高了，现在共有读报组五个，全部都展开的，是每隔二天读一次报，内容是配合中心工作。现在出刊的板报有三面。

4. 卫生工作：在今年春季爱国卫生突击运动中，是做到有计划有步骤地进行和由浅入深、由重点而达到全面的工作计划。如淘井来说，首先我们发动用水户把水井淘干净，然后再发动水井上加盖子和使用公用水桶。又如挖蛹工作来说，最初发动积极分子五人组织挖蛹组，每天到公共厕所去挖蛹。在这五人的代（原件如此，应为带）动下和我们开会就表扬他们并号召群众向他们学习，这样不就全镇过半数的厕所都进行挖蛹，并选出工作模范和卫生模范分别给予赠品。这运动中的收获：

通过这运动后，群众的卫生常识大大提高了一步。全镇的饮食行业来说，我会先后召开了几次卫生座谈会，经过说服动员后，全镇饮食店都订出了《爱国卫生公约》，饮食上加盖子的要占百分之八十以上，全镇的水井若有六十四口，淘的有五十四口，加盖子和使用公用水桶的二十九口，全镇共挖蛹八万七千六百多个，打鼠一千二百七十九只，厕所改良的六十六个，在大扫除中清除垃圾三十多万斤，发动群众淘水沟、阴沟，共清除污泥三十八万多斤。普选过后动员各街做清洁箱，经过各委员和卫生组长的努力，现在正大街和丁字街已做好清洁箱十三个。三大组（四个行政小组）是典型的打鼠打蝇和冷水消毒的组，从六月十九日其共打鼠103只、打蝇29367个，吃消毒水的有10口家（未吃的六家）。我们主要的工作是搞环境卫生，而且是重点的。在交流大会前十天，我们检查了六次，在检查时各居民都要打扫。这样养成了每天打扫两次地的习惯，但还是有少数不够重视卫生工作。

5. 民政工作：

对镇上的烈军属是经常照顾的，并给他们解决困难。如今年把机关干部的衣服给军属院，这样照顾了部分有困难的军属。镇上有个军属叫李林氏，有八十二岁了，两个儿子参军，家中只有她一人，分田二份出租，虽然我镇每次救济她，但有时生活上还有困难。

在夏荒救济时，共发七十万元，是发给贫苦军属和居民，并根据县上所指示的精神去作的，共发了十六家，每家都是一个人。领到救济金的贫苦军属和居民都说："毛主席真好，照顾我们没有依靠的老孃子。"有的又说："我把钱拿来做小生意，添棉花本钱，今天人民政府的干部好啊。"如李左氏所说："毛主席来了，对我们好照顾啊。我端到碗吃饭都要想起毛主席。"

今年五月一日共帮助军属、转业军人、居民贷肥料贷款二百万元，共解决了二十一家人的肥料问题（田共六十五亩），其中有军属七家，转业军人六家，居民五家，他们把所贷的款都全部购买了肥料。如转业军人蒲贵斌就把所贷的款全部买了糠枯（原件如果，应指一种天然肥料。），他说："我要把庄稼做好，多打粮食，才对得起人民政府的帮助。"

6. 市场管理工作：

①调整市场：原中兴镇每逢赶集时间各本（外）乡的工商户在市

场营业分两个市场（半边街和通济□街）。乡下农民上街购买日用生活品，很感不便并影响了市场管理。我镇会同税务局工商科等协商研究，一致同意将摊贩市场全部划入半边街并分别定出指标，制定各业营业地区。

②加强了市场管理工作：镇人民政府成立后加强了中兴镇摊管会的市场巡逻组的领导，打击不法商人的不服从管理和投机。如原有市场上的秤不统一，现在已完全统一秤了；又如眉州徐四嫂的儿子在我镇争购葫豆，抬高价格，我镇当即会同工商科、税务局将购葫豆的商人集中起来，交代政策，讲明投机奸商的不法行为，指明正当工商业者的正确态度，并停止无营业证的工商户购买，经过二场（应为两个赶集日，原件如此。）时间，胡豆由二万四千元降为一万七八千元（一市斤）。成都市的袁炳林是非正式商人，在市场上抢购慈竹，亦为我镇检查出来给予严肃的批评，并写具悔过书。其他一般市场营业者，必须持有营业证件或农民有村乡的自产自销证明，始准营业，逐渐树立了市场的正常交易。

③整理市容：中兴镇街道多年失修，每逢雨天泥泞载道，影响了市面的交通，街上铺面亦多不洁。我镇成立后，即召集各居民自动在限期内，共同开工，使用沙、石整修，经一场后即告竣工。铺面方面先动员积极经营的工商业者，带动整刷，并由工商各业代表分别动员。全街各户普遍整洁，取消了原有各户遮太阳的破棚烂席，使市场焕发了新的气象。

今年市场与去年相比较，整个来说是繁荣了：牲畜市场一九五三年成交 13175 头，一九五二年成交 8487 头，增加了 15.4%；土布市场减少了，一九五三年上市量 33812 尺，一九五二年 34721 尺，减少了 1.2%。市场一般严重地存在着场外黑市交易，如棉花牌价挂出后，市上的好棉花减少了，甚至无有好棉花，同时上市量也逐渐减少，但棉纱上市好的很多。粮食方面自硬性执行价以来，一般的有提高等级的现象，尤其是大米便有部分商人化整为零，偷漏货物税、市管费。五月十四日有中兴屠商尹大定、陈又兴压价购买兴隆乡和平村王四兴家肥猪一只十八万元，重140斤，共值三十一万元，同时又购买东寺村张德心家肥猪二只四十五万元，重250斤，可卖八十五万元，已交工商科处理。

此类压价抗价商人实属不少，亦有个别农民贪图眼前利益而违反市场规则，如中兴关东寺农民贾玉忠的坏苕子充好苕子用墨染黑出售，欺骗农民。外县商人取得合法手续，不准跨界跨业，菜籽、小麦、胡豆都组织联购；花纱布市场根据县政府指示，农民购花超过五斤必须取得乡政府的证明；外县棉商执采购证，经我县工商行政部门批准；我县商人亦需执采购证到指定市场进行采购，但不得超过其资本额。土布棉纱现在是分等论价来进行管理，但都做得不够好。在管理的过程中感觉困难的是，对买方不能辨别农民或商人，有些商人就钻空子，为了追逐利润就超过其经营范围跨行跨业，而说自己是农民，但无法区别；另外还有中兴花生业商贩王学明、华明松经常购花生196斤或197斤，照差二三斤故意不买够起征点，而合法地漏掉了货物税。这些事情相当多。

今年开过交流会，花纱市场已逐渐增多，价格也转正常，合作社也能收到部分棉花，农民购买土布甚多，占市场成交量四分之一。牲畜也较繁荣，每每架子猪有一百五十头，奶猪有一百余头，价格较交流会前每斤降低一千元。

7. 治安武装工作：

建政后首先就是组织学习，逢阴历的三、六、九日，学习二点钟，有时并展开批评与自我批评，并有派出所同志参加，同派出所结合搞工作。本年四月十二日查出本镇居民左书德、陈景陶、杨吉三等在协和乡和平村林济川的楼上吸食鸦片烟，于是将毒具拿获缴派出所，并给予该三犯教育，叫他们写了保证书。

此外不管在什么时候，或是有中心工作以及镇人民政府所布置的工作，所以在社会秩序上没有出什么问题，在对反革命的管理及反属的教育方面：反革命是三天或十天汇报一次，并进行教育，使他们在劳动中改造并进行了解，加强管制和取消管制，并教育应戴罪立功；反属教育是讲明一人犯罪一人当的政策，使反属安心生产。在目前护仓冬防工作是加强了的。每晚十二点钟进行戒严治安，每晚二人武装并由八人来轮流负责护仓及冬防工作。在十二月份我镇所贴的布告（是中央人民政府对计划供应和市场管理）第二天清早组长来镇上就说布告被坏人撕了。这个事情当即就同派出所研究，现在正在调查中。

（二）镇上的财经收支情况

1. 收入：今年共计收入秤钱人民币肆佰零贰万柒仟捌佰元

2. 支出：今年我镇共支出（添补办公费或做检查、订报、电费和照顾贷款居民等）人民币肆佰壹拾玖万肆仟伍佰肆拾伍元（全年我镇共领办公费人民币叁拾壹万陆仟肆佰元，因该办公费不够镇上的实际开支，前我镇同财科民政科研究，故将必须支出的在秤钱内支付。）

不敷人民币壹拾陆万陆仟柒佰肆拾伍元。

（三）存在问题

1. 镇上对消防用的器具是没有的，就是有，都是二十几个坏水桶和坏水枪，要是发生火情是无法进行消防工作的。为了使今后能把消防工作进一步地搞好，我镇曾造过预算须要购买水炽壹部和火警哨子、水枪等消防用具，共须用人民币壹仟贰佰伍拾万元。

2. 镇上的办公费，每月就须人民币玖万伍仟元（定报三份、电灯四盏在内）但其中没有其他开支，每月我镇所领办公费伍万贰仟捌佰元，不敷人民币肆万贰仟贰佰元。

（四）今后工作计划

1. 加强干部政治学习：脱离生产的干部是每天早晨学习，委员每个星期学习，二点钟各大小组长每十天学习一次，以提高政治思想水平，来更好地为人民服务。

2. 经常教育工商户走国家资本主义的道路：要把资本主义的私营工商业改变成社会主义的企业，必须首先鼓励资本主义工商业向国家资本主义的方向发展，逐步地实现社会主义改造，并指出私营工商业的光明大道，教育工商业者树立爱国的行动，努力创造条件，积极地自觉地争取走上这条光明的道路。服从国营经济领导。

3. 税收和房租工作：在现有的基础上，来对工商业者进行爱国主义的教育，说明缴纳工商税是工商业者应尽的光荣义务。房租是我们国家财经收入之一部，是把积累的资金，拿来支援国家工业化建设的。依靠各人民代表和各干部的力量，并号召各工商户和居民拿出实际行动来，完成月税月清和月租月清的工作，在每月的三十日或三十一日交清。

4. 为繁荣市场和使行人便利交通，我镇根据各街情况需安电灯三十盏（原水电厂安有八盏）使晚上的行人不怕天黑，也能使较远的人能上街来。这样对市场繁荣方面是有很大利益的。

谨呈

华阳县人民政府秘书室

镇长　熊绍云（盖章）
华阳县中兴镇人民政府
一九五三年十二月三十一日

附录十二　土改后农村基层组织领导骨干的实际情况[①]

通过一系列的反封建斗争（特别是土地改革），农村基层组织的领导骨干不论在出身成分、思想作风、工作表现各方面，均较纯洁和显著提高，根据双龙思居两乡及酉阳一区钟岭镇的调查，品质坏作风恶劣的干部是极少数。长寿双龙乡农协村政小组长、人民武装小队长以上干部共1514人中，工作积极者占33.42%，一般的占42.87%，消极者占17.44%，作风恶劣者占6.27%。合川思居乡小组长以上干部730人中，出身成分、思想作风都好的占72.33%（酉阳一区钟岭镇历史清白作风好，只思想不纯者占86.07%），仅作风有毛病的占24.66%（酉阳一区钟岭镇此类干部占8.95%），本质坏作风恶劣者占3.01%（酉阳一区钟岭镇此类干部占4.98%）。详情分述如下。

（一）双龙乡

1. 农会委员全乡共298人（其中雇贫农191人，工人、贫民22人，中农79人，其他6人），目前工作表现如下：

工作积极者105人，占35.12%。工作一般者123人，占41.28%。工作消极者50人，占13.7%。作风恶劣贪污腐化或包庇地主者20人，占6.8%。

2. 村政委员共194人（其中雇、贫农114人，工人贫民15人，中农44人，富农3人，其他18人），目前工作表现为：

[①]《土改后农村基层组织领导骨干的实际情况》，四川省档案馆馆藏，资料号：建东1-182。

工作积极者91人，占47%。工作一般者74人，占38.14%。工作消极者16人，占8.25%。作风恶劣或包庇地主者13人，占6.7%。

3. 村政、农会小组长共710人（其中雇贫农392人，中农204人，工人、贫民33人，富农1人（系村政小组长），其他80人），目前工作表现为：

工作积极者204人，占28.7%。工作一般者305人，占43%。工作消极者158人，占22.25%。作风恶劣贪污或包庇地主者43人，占6.05%。

4. 武装队小组长以上干部共312人（其中贫雇农155人，中农107人，工人、贫民16人，其他34人），目前工作表现为：

工作积极者106人，占34%。工作一般者147人，占47.11%。工作消极者40人，占12.8%。作风恶劣或贪污、包庇地主者19人，占6.09%。

5. 以上四项干部共1514人，占农业人口的8.47%（其中雇贫农852人，中农434人，工人、贫民86人，富农4人，其他138人），目前工作表现为：

工作积极者506人，占33.42%。工作一般者649人，占42.87%。工作消极者264人，占17.44%。作风恶劣或贪污包庇地主者95人，占6.27%。

（二）思居乡

1. 农会委员及妇女代表共276人。其中出身成分、思想作风都好的222人，占80.43%。出身成分好而作风有毛病者41人，占14.86%。本质坏作风恶劣者13人，占4.71%。

2. 村长共26人。出身成分思想作风都好的18人，占69.23%。出身成分好而思想作风有毛病者7人，占26.92%。本质坏作风恶劣者1人，占3.85%。

3. 农会小组长及政权的邻长共360人。出身成分思想作风均好的238人，占66.11%。出身成分好而作风不好者115人，占31.94%。本质坏、作风恶劣者7人，占1.95%。

4. 人民武装小队长以上干部共68人。出身成分思想作风都好者50人，占73.53%。出身成分好而作风不好者17人，占25%。本质坏、作风恶劣者1人，占1.47%。

5. 以上四项干部共730人，占农业人口的5.64%。出身成分思想作风都好的528人，占72.33%。出身成分好而作风有毛病者180人，占24.66%。本质坏、作风恶劣者22人，占3.01%。

（三）酉阳一区钟岭乡小组长（村政、农协、人民武装在内）以上的干部201人，占总人口的4%（其中雇贫农170人，中农31人）。历史清白作风好，仅思想不纯者173人，占86.07%。历史清白作风不好者18人，占8.95%。成分不纯、作风恶劣者10人，占4.98%（酉阳地委估计第三类干部，全区可达10%）。

附录十三　基层人民代表大会情况统计表①

璧山县第二区基层人民代表大会情况统计表（1953年3月19日②）

项目\数目\乡别	合计	男	女	工人	雇农	贫农	中农	贫民	小手工业者	自由职业	小商小贩	工商业者	其他	共产党员	青年团员	互助组长	军模范	劳模
总计	273	227	46	1	2	163	85		5	5	5		7	35	83	159	1	7
梓潼乡	61	50	11			39	17		1	1			3	12	16	37	1	2
双柏乡	38	31	7	1	2	26	5		4					6	10	23		1
大兴乡	39	33	6			22	13			1			3	3	11	21		1
三教乡	44	37	7			28	12			1	2		1	3	16	27		3
丹凤乡	50	41	9			26	21			1			1	8	15	23		
长石乡	41	35	6			22	17			1	1			3	15	18		

说明：1. 小手工业者指占有少量手工工具、作坊、原料等生产资料，自己从事独立的手工业生产，以成品出卖作为全部或主要生活来源的人，一般不雇用工人，有时雇用补助性质的助手和学徒，但仍以本人的手工劳动为其主要生活来源。

2. 小商小贩指没有或只有少量资本，向商人或小生产者购入商品向消费者出售，不雇请工人或店员，自己从事商品流通过程中的劳动为生活之全部或主要来源的人。

3. 工商业者指占有工业或商业资本，雇用工人或店员以进行商品生产或商品流通，取得利润作为收入之全部或主要来源的人。

---

① 《基层人民代表大会情况统计表》，重庆市璧山县档案馆藏，资料号：8-1-392。
② 时间可能存疑，因为如果是经普选后选出的基层代表似乎没有这样早。

璧山县第三区基层代表统计表（1954年4月□日）

乡别\项目	合计	男	女	工人	雇农	贫农	中农	贫民	小手工业者	自由职业	小商小贩	工商业者	其他	共产党员	青年团员	互助组长	劳动模范	备考
来凤乡	30	21	9	4		2	6	16	1				1	3	5			
青杠乡	99	78	21		7	53	33	3			1		2	16	27	32		
鹿鸣乡	70	52	18			44	25				1			5	20	30	1	
石龙乡	72	58	14	1	3	43	21		1	1	2			8	18	19		
新桥乡	73	58	15		5	39	29							15	18	40		
四平乡	73	58	15		4	46	21							15	18	28	1	
中兴乡	69	54	15			46	22	1						8	10	18	1	
合计	486	379	107	5	21	273	157	20	2	2	3		3	70	116	167	3	

璧山县第四区基层人民代表大会情况统计表（1954年3月27日）

乡别\项目	合计	男	女	工人	雇农	贫农	中农	贫民	小手工业者	自由职业	小商小贩	工商业者	其他	共产党员	青年团员	
总计	572	467	105	1	15	301	223	4	5	9	7	1	6	46	142	
广普乡	77	62	15			35	39	1		1	1			8	17	
凤凰乡	86	69	17			61	23		2					14	20	
二郎乡	34	26	8	1	1	21	10						1	1	2	
丁家乡	19	15	4			2		2	5	1	6		3			
定林乡	67	56	11		12	30	22		2				1	5	16	
凉风乡	69	58	11			39	30							6	21	
广兴乡	70	60	10			33	37							3	23	
新场乡	51	39	12		2	23	22	1		1	1		1	4	11	
健龙乡	99	82	17			57	40		1			1	5	31		

璧山县第五区基层代表统计表（1953 年 月 日）

乡别 \ 项目	合计	男	女	工人	雇农	贫农	中农	贫民	小手工业者	自由职业	小商小贩	工商业者	其他	共产党员	青年团员	互助组长	其他	模范
总计	242	201	41	44	133	57		3	1	3	1		33	72	80	55	1	
大塘乡	64	55	9	42	21					1			7	14	24	17	1	
新民乡	50	41	9		31	18		1					9	16	20	5		
大路乡	65	53	12	2	39	19		2		2	1		10	15	16	24		
龙溪乡	63	52	11		42	20			1				7	27	20	9		
浦元乡	50	39	11															
保家乡	37	29	8															
接龙乡	93	81	12															

说明：1. 小手工业者指占有少量手工工具、作坊、原料等生产资料，自己从事独立的手工业生产，以成品出卖作为全部或主要生活来源的人，一般不雇用工人，有时雇用补助性质的助手和学徒，但仍以本人的手工劳动为其主要生活来源。

2. 小商小贩指没有或只有少量资本，向商人或小生产者购入商品向消费者出售，不雇请工人或店员，自己从事商品流通过程中的劳动为生活之全部或主要来源的人。

3. 工商业者指占有工业或商业资本，雇用工人或店员以进行商品生产或商品流通，取得利润作为收入之全部或主要来源的人。

后　　记

《新中国成立初期四川基层政权的建立与乡村社会治理》一书在全体成员的努力下，在大家的帮助下，即将完成，在此之际，对几年来大家的辛勤努力和各方帮助，本人表示由衷的感谢。

感谢中国第二历史档案馆、四川省档案馆、成都市档案馆、重庆市档案馆，重庆市图书馆、西昌市档案馆、新津县档案馆、双流县档案馆、达州市档案馆、万源县档案馆、宣汉县档案馆、通江县档案馆、南江县档案馆、平昌县档案馆、简阳市档案馆、重庆垫江县档案馆、巴中市巴州区档案馆、重庆渝北区档案馆、重庆巴南区档案馆、重庆江津区档案馆、国家图书馆、四川省图书馆、四川大学图书馆、西南交通大学马克思主义学院图书资料室等档案馆和图书馆的领导和工作人员在资料查阅方面为本书提供的帮助和方便。

感谢四川大学王庭科教授，西南交通大学鲜于浩教授，电子科技大学邓淑华教授，四川省社科院杨先农教授，成都市委党校黄国华教授对本书提出的宝贵修改意见。感谢四川师范大学王川教授为本书研究提供资料。也感谢西南交通大学马克思主义学院对本书出版给予的支持。

感谢我的家人对本书研究提供的支持和帮助，尤其是我家先生李平陪同我到多地查阅资料，帮助录入资料，等等。

谢谢你们了！！！

本书由西南交通大学马克思主义学院冉绵惠教授总体设计、统稿和撰写大部分内容，全程查阅资料、录入资料等。西南交通大学马克思主义学院副教授邓小林、余琼，彭晓伟博士，眉山广播电视大学副教授张兴友等参与完成部分内容的撰写和查阅资料、录入资料等工作。具体撰写分工是：冉绵惠撰写第一章、第二章、第三章、第四章、第七章、第八章；彭晓伟、余琼撰写第五章；邓小林、张兴友撰写第六章；冉绵惠、彭晓伟、余琼、邓小林编写附录。

大家辛苦了！！！

西南交通大学马克思主义学院冉绵惠于西南交大蓉杏园
2016 年 12 月 15 日